EJU

日本留学試験
EJU

실전모의고사

기술·독해

머리말

일본 대학에 진학을 희망하는 일본어 학습자(여러분)에게 있어서 일본유학시험은 피할 수 없는 관문입니다. 일본유학시험에서 측정되는 것은 대학교에서 공부를 하는데 필요한 아카데믹 일본어 능력입니다. 하지만, 시험인 이상 시간과 형식에 제한이 있어, 여러분의 일본어 능력이나 아카데믹 일본어 능력을 전부 측정할 수는 없습니다. 시험에서 측정하는 것은 여러분 능력의 극히 일부입니다.

그 때문에 정말은 일본어 능력이 높은데 발휘할 수 있는 자기 능력과 시험에서 측정되는 능력이 달라 좋은 점수를 받지 못했다는 경우가 있습니다. 그런 경우에는 자기 능력을 충분히 발휘하도록 능력의 사용 법을 시험에 맞추어야 합니다.

그러나, 그것을 진짜 시험에서 갑자기 발휘할 수는 없으니 시험에서 어떠한 능력이 요구되는지 사전에 알 필요가 있습니다.

본서에는 독해와 기술 6회분의 모의 시험과 그 해설이 들어가 있습니다. 모든 문제를 일본유학시험과 동일한 형식으로 작성했습니다. 이 6회분 모의 시험을 통해서 일본유학시험에서 어떤 능력이 요구되고 있는지 이해해 주세요. 그리고 여러분의 일본어 능력을 시험에서 측정하는 능력에 맞춰주세요. 본서 6회 시험 중에 기술은 12개의 주제가 있고, 독해는 102개의 문장이 있습니다. 이 정도 양을 시험과 동일하게 연습해 두면, 시험에 관해서도 잘 알 수가 있고 대책을 세울 수 있을 터입니다.

반복해서 말하지만, 일본 유학시험에서 측정되는 능력은, 여러분 일본어 능력의 일부입니다. 하지만 대학교에 진학하겠다는 목표가 있는 이상, 일본 유학시험이 중요하다는 것에 변함은 없습니다. 여러분이 매일 공부해서 키운 능력을 시험에서 충분히 발휘할 수 있도록 본서를 이용해 주세요.
본서를 통해서 여러분이 일본으로 진학하겠다는 목표에 조금이라도 가까워질 것을 기원합니다.

요시카와 타츠

EJU는 일본 대학으로의 유학을 꿈 꾸는 수험생들에게는 반드시 치러야 할 과제입니다.

EJU 점수 만으로 합격 불합격이 결정되는 것은 아니나, 명문 대학으로 진학하기 위해서는 반드시 치러야 할 통과 의례입니다. 다른 일본어 시험과는 다르게 아카데믹한 일본어로 구성되어 있고, 사고력과 이해력까지 묻는 문제들은 단순히 어학시험으로만 생각한 수험생들을 간혹 곤란하게 만들곤 합니다. 일본어 능력에 비해서 고득점을 받지 못하거나, 반대로 일본어 능력에 비하여 높은 점수를 받는 경우도 목격되고 있습니다. 따라서, 기존의 어학 학습 방법뿐만 아니라, 사고력과 이해력을 높이는 훈련과 요령 등이 필요하게 됩니다.

이 책은 모의고사 6회분으로 구성되어 있어, 그 실전적 연습을 충분히 할 수 있을 뿐만 아니라, 문제의 구성과 난이도 관점에서도 현장에서 강의하고 있는 입장에서 보아, 초급자부터 상급자까지 각각의 레벨에서 충분이 얻을 수 있는 내용들로 가득 차 있다고 보입니다. 특히, 과거 출제되었던 문제들의 테마 분석이 이루어져 있어 유사 테마 문제에 쉽게 접근 할 수 있도록 유도하였으며, 파생될 수 있다고 판단되는 예상 문제의 테마까지 다루고 있어, 모든 레벨의 수험생에게 유용하게 쓰여질 것이라 믿습니다.

저자의 해설을 보다 쉽게 전달하려 노력했으며 현장에서 강의하고 있는 전문가로서, 도움이 될 만한 풀이 요령 측면도 첨가하여 서술하였으니, 꼼꼼하게 읽어 보신다면 분명 문제를 풀어나가는 몇 가지 중요한 팁을 얻어 갈 수 있으리라 생각합니다.

미약한 힘이나마 이 교재를 통하여 학습한 수험생이 모두 뜻하는 성적을 얻기를 기원합니다.

유충열

EJU
시험 개요

EJU 란?

'Examination for Japanese University'의 약자로, 일본 대학 등에 입학을 희망하는 자에게, 일본 대학 등에서 필요로 하는 일본어 능력 및 기초 학력 평가를 실시할 것을 목적으로 실시하는 시험입니다.

2001년 12월에 폐지된, 일본 대학 등에 입학할 때 일본 대학(학부) 등 고등 교육 기관의 대부분이 수험할 것을 의무로 하고 있었던 '일본어 능력시험'과 '사비 외국인 통일 시험'의 2개 시험이 통합되어 2002년부터 연 2회(6월 및 11월) 일본 및 해외에서 실시되고 있습니다.

출제 과목

EJU시험의 출제 과목은 일본어, 종합과목, 수학, 이과(화학, 물리, 생물)이며, 각 대학교가 지정하는 수험과목을 선택하여 수험해야 합니다. 또한, 일본어를 제외한 모든 과목은 일본어와 영어 중 출제언어를 선택할 수 있습니다.

과목별 점수

과목	목적	시간	득점 범위
일본어	일본 대학 등에서의 공부에 대응할 수 있는 일본어 능력을 측정한다 .	125 분 정도	독해 0~200 점
			청독해 · 청해 0~200 점
			기술 0~50 점
이과	일본 대학 등의 이과계열 학부에서의 공부에 대응할 수 있는 기초적 학력을 측정한다 .	80 분	0~200 점
종합과목	일본 대학 등의 문과계열 학부에서의 공부에 대응할 수 있는 기초적 학력을 측정한다 .	80 분	0~200 점
수학	일본 대학 등에서의 공부에 필요한 수학의 기초적인 학력을 측정한다 .	80 분	0~200 점

- 일본어는 기술, 독해, 청독해·청해의 3가지 영역으로 구성되어 있습니다.
- 이과는, 이과 3과목(화학, 물리, 생물) 중, 수험을 희망하는 대학이 지정하는 2과목을 선택해 수험해야 합니다.
- 이과와 종합과목을 동시에 수험하는 것은 불가능합니다.
- 수학은 코스1과 코스2로 구성되며, 수험을 희망하는 대학이 지정하는 코스를 수험해야 하지만, 문과계열 학부 및 수학을 필요로 하는 정도가 비교적 낮은 이과계열 학부에서 많이 필요로 하는 수학 코스1, 수학을 고도로 필요로 하는 학부에서 요구하는 수학 코스2가 있습니다.
- 득점 범위는 일본어 기술을 제외하고, 상대평가로 표시됩니다.

성적 결과

- 성적은 7월말, 12월말에 우편 통지 및 JASSO EJU 홈페이지에서 확인 할 수 있습니다.
- 성적의 유효 기간은 각 대학별로 상이합니다.

출제 내용 분석과 대책

독해

특징

-한정된 시간에 17개의 문장을 읽어야 합니다.

대책

① 하나하나 문장을 차분하게 읽는 것이 아니고, 우선 문장 전체를 대략 읽어 대체적인 내용을 파악하고 나서(스키밍) 문제에 관한 부분을 다시 읽는 학습자가 많을 것으로 생각됩니다.

② 문제 형식에 익숙해지는 것이 중요합니다.

✿ 문장 읽는 법이나 시간 배분, 문제 형식에 익숙해져 자기 나름의 전략을 세워 주세요.

문제 형식

-(2010년 이후부터) 단문, 중문, 장문 3개의 형식으로 구성되어 있습니다.

-문제 Ⅰ~ⅩⅦ까지 17개의 문장을 읽어야 합니다.

-시간은 40분입니다.

독해 문제의 구성

문제 형식	글자 수	총 문제 수
단문 형식(1문)	300~500자 정도	10개 정도 (1문제는 정보검색 문제)
중문 형식(2문)	300~600자 정도	6개 정도
복문 형식(3~4문)	800~1000자 정도	1개

✿ 정보 검색 문제는 캠퍼스 제패니즈라고도 불리며, 게시물이나 광고, 안내 내용을 파악하는 문제입니다. 최근에는 Ⅱ번에 배치되는 경우가 많습니다.

✿ 그림이 들어가 있는 문제도 있는데, 그림은 주로 문장의 단어를 설명하기 위해서 사용되는 경우도 있지만, 문장 내용과 관계가 있는 경우도 있습니다.

✿ 중문이나 복문처럼 하나의 지문에 여러 문제가 있는 경우, 한 개의 정답과 다른 한 개의 정답은 서로 영향을 주지 않도록 되어 있습니다. 한 개의 정답을 몰라도 포기하지 말고 다른 한 개 문제의 정답을 찾을 수 있도록 합시다.

문장 종류

–논리 전개가 확실한 설명문, 논설문, 의견문

대책

① 쉽게 포기하지 말고 끝까지 문장을 읽어야 합니다.
문제에 출제된 문장을 읽으면 반드시 대답할 수 있게 문제가 만들어져 있습니다.

② 평소부터 여러가지 지식을 흡수하도록 노력합시다.
특정한 지식이 있어야 풀리는 문제나 이과, 종합과목, 수학 과목에 관련된 내용은 독해 문제로 출제되지 않습니다. 단지, 여러 분야의 지식을 갖고 있으면 문장을 이해하기 쉬워지니 다양한 지식을 흡수하는 것이 좋습니다.

③ 상식으로 문제를 풀면 안 됩니다.
본문에 써 있지 않은 내용은 설령 바른 내용이라도 정답이 아닙니다. 상식이나 편견으로 선택지를 고르지 않도록 합시다.

✿ EJU 시험은 대학교에서 공부나 생활, 연구를 하기 위한 능력을 측정하는 시험이므로, 에세이나 소설, 일기 등은 거의 출제되지 않습니다.

질문 타입

질문	분류
A 이 문장에서 필자가 가장 하고 싶은 말은 어느 것입니까?	문장 전체 요지
B 이 문장의 내용과 일치하는 것은 어느 것입니까?	문장 전체 요지
C 밑줄 부분 '이것'이 가리키는 내용으로 가장 적당한 것은 어느 것입니까?	일부 내용
D 밑줄 부분 '~'의 이유로 가장 적당한 것은 어느 것입니까?	일부 내용
E 밑줄 부분 '~'의 예로 가장 적당한 것은 어느 것입니까?	일부 내용
F 이 문장의 (A)에 들어갈 것으로 가장 적당한 것은 어느 것입니까?	일부 내용

대책

① A와 B는 문장 전체에서 요지를 이해하고 대답해야 합니다.
A와 B는 형식은 다르지만, 양쪽 다 문장 전체 요지를 이해하고 대답해야 한다는 점은 공통돼 있습니다. 단지, B타입은 선택지 내용을 본문에서 하나하나 확인해야 하는 경우도 있습니다.

② C, D, E 타입의 문제는 밑줄 앞뒤에 정답과 연결되는 내용이 있는 경우가 많으니, 밑줄 부분 앞뒤 문장을 자세히 읽어 봅시다.

③ F는 괄호에 문장을 넣는 경우와 키워드를 넣는 경우가 있습니다. 어떤 경우에도 '추측'이 아니고 '논리적'으로 정답을 도출해 낼 수 있도록 되어 있으니 본문을 꼼꼼히 읽도록 합시다.

✿ 질문 타입에 따라서 문장을 읽는 방법을 바꾸면 효율적으로 문제를 풀 수 있습니다.

기술

특징

-두 개의 주제에서 하나를 선택하여 400자 이상, 500자 이내로 자신의 의견을 서술

-제한 시간은 30분

대책

① 자신의 의견과 그 근거가 되는 이유나 예시를 쓸 수 있는 주제를 가능한 빨리 파악합시다.
30분 안에 400자 정도의 문장을 적어야 하므로 천천히 생각할 시간은 없습니다.

② 자신의 의견이나 이유, 예시 아이디어를 메모해 둡니다.
좋은 아이디어가 떠오르지 않을 경우에는 다른 주제로 바꾸어도 좋습니다.

③ 반복해서 연습해 두는 것이 좋습니다.

④ 원고용지 사용법을 학습해 두어야 합니다.

질문 타입

A '좋은 점, 나쁜 점' 타입

B '찬성, 반대' 타입

C '과제 해결' 타입

D '향후를 생각하는' 타입

대책

① A는 2018년 2회, 2020년 2회에 출제된 타입입니다. 좋은 점과 나쁜 점 양쪽을 언급해야 합니다.

② B는 2018년 1회, 2021년 1회에 출제된 타입입니다. 어떤 의견에 대해서 찬성인지 반대인지를 적어야 합니다. 반대 입장의 의견(반론)도 언급해야 합니다.

③ C는 2017년 2회, 2021년 2회에 출제된 타입입니다. 주로 사회적인 과제를 제시하고 그것이 해결되지 않는 이유와 해결 방법을 적습니다. 화제가 되고 있는 사회 현상에 관해서 이해해 두면 도움이 됩니다.

④ D는 2019년 1회에 출제된 타입입니다. 어떤 현상이 일어나는 이유를 생각하고 향후 그것이 어떻게 될지 자신의 생각을 '논리적'으로 적어야 합니다.

목차

본책

EJU 빈출 어휘 part1

<EJU 빈출 어휘 part1>은 하기 QR코드로 다운로드 해서 사용하실 수 있습니다.

위 학습 부가 자료는 시원스쿨 일본어 홈페이지(japan.siwonschool.com)의 수강신청▶교재/MP3와 학습지원센터▶공부 자료실에서 다운로드할 수 있습니다.

목차

별책

아스크사 일본어 버전 해설

아스크사 <일본어 버전 해설>은 하기 QR코드로 다운로드 해서 사용하실 수 있습니다.

위 학습 부가 자료는 시원스쿨 일본어 홈페이지(japan.siwonschool.com)의 수강신청▶교재/MP3와 학습지원센터▶공부 자료실에서 다운로드할 수 있습니다.

第1回
模擬試験

記述問題

記述問題は，二つのテーマのうち，どちらか一つを選んで，記述の解答用紙に書いてください。

解答用紙のテーマの番号を○で囲んでください。

文章は横書きで書いてください。

記述問題

以下の二つのテーマのうち，どちらか一つを選んで400 ~ 500字程度で書いてください（句読点を含む）。

1.

近年，外国から来る旅行者に対して，国に入るときに税金を課す国が増えています。

外国からの旅行者に税金を課す理由はなんでしょうか。そして，今後，外国からの旅行者に課す税金はどうなっていくと思いますか。あなたの考えを述べなさい。

2.

近年，ものやサービスを何人かで共有するシェアリングエコノミーが増えています。

シェアリングエコノミーが増える理由は何でしょうか。そして，今後，シェアリングエコノミーはどうなっていくと思いますか。あなたの考えを述べなさい。

読解問題

読解問題は，問題冊子に書かれていることを読んで答えてください。

選択肢1, 2, 3, 4の中から答えを一つだけ選び，読解の解答欄にマークしてください。

Ⅰ　次の文章の内容と合っているものはどれですか。　**1**

苔（こけ）という言葉を聞いたとき，どんなイメージが湧（わ）くでしょうか。苔庭のしっとりとした苔を思い浮かべるかもしれません。このような好ましいイメージとは逆に，薄暗い湿った地面や石垣にへばりつくように生えている小さい植物，あるいは植えた覚えもないのに勝手に生えてくる厄介者（やっかいもの）というものかもしれません。夏のあいだ庭の水やりを絶やさなければ，次の春には苔が自然に生えてくるのは確かです。庭石に苔をつけたいと思うならば，毎日水やりを欠かさないことが大切だと教わったこともあります。これらの好ましくない印象が示すような，湿った場所を好むものが多いこと，そして体が小さいこと，知らないあいだに増えてくることは，実は確かに苔の本質をよく言い当てています。というのも，これらの性質はすべて，コケ植物が最も原始的な陸上植物であることの現れだからです。

（秋山弘之『苔の話　小さな植物の知られざる生態』中央公論新社）

1. 多くの人は苔というものにそれほど強い印象を持っていない。
2. 好ましい印象とは反対に苔は厄介な性質を持っている。
3. 苔に対する好ましくない印象は苔庭から作られたものである。
4. 苔に対する印象は苔の性質を適当に言い表している。

II　学生が自分で見つけたボランティアを大学に認めてもらうには，何をすればいいですか。 **2**

ボランティア登録について

大学では，ボランティア募集の情報をボランティア支援センター前に掲示しています。年間600件程度，企業や社会福祉施設，小中学校，地域などからボランティア募集の情報が集まります。学生のみなさんは積極的にボランティア活動に参加してください。

ボランティア活動をする際には，まずボランティア支援センターでボランティア登録を行ってください。登録を希望する学生は，下の登録票に必要事項を記入の上，学生証とともにボランティア支援センターに提出してください。ボランティア登録をした人は，掲示された内容と同じ情報をボランティア支援センターのウェブページで見ることができます。参加したいボランティア活動が決まったら，ボランティア支援センターに申し出てください。

また，大学を通さず個人で見つけたボランティア活動については，自分自身で参加手続きを行ってください。ボランティア支援センターでボランティア登録をしなくても参加できますが，ボランティア登録をすることで大学の認めたボランティア活動とみなされ，けがや事故にあった場合に学生保険の適用対象となります。安全，安心に活動するために，個人で活動する際も忘れずにボランティア登録をしてください。

なお，ボランティア活動を行った全ての学生は，活動終了後すみやかに活動報告書をボランティア支援センターに提出してください。

〈ボランティア登録票〉

学籍番号：

学部：

氏名：

1. ボランティアの参加手続きを大学を通して行う。
2. ボランティア支援センターのウェブページで登録をする。
3. ボランティア登録票と学生証をボランティア支援センターに提出する。
4. ボランティア活動報告書をボランティア支援センターに提出する。

III　ゆっくり話すことが怒りのコントロールに有効なのは，なぜですか。　**3**

「ゆっくり話す」ことは，「怒り」のコントロールにも非常に有効です。

クレーム対応のとき，先方がものすごい剣幕で，早口でまくしたててくる，という場面があると思います。「怒り」とは，「緊張」よりも激しい神経の興奮状態ですから，「早口」になるのです。

その場合，相手の「早口」につられて，こちらも「早口」になるとともに，売り言葉に買い言葉で，相手の「怒り」に巻き込まれて，こちらも怒りがこみ上げてキレやすくなります。ここでクレーム対応の側がキレてしまうと，先方は怒り心頭の状態となり，クレームがこじれて大変なことになります。ビジネスの現場ではよくある話です。

その場合，「ゆっくり話す」ことを意識すると，相手の「怒り」にのみ込まれない。いつも通りの平常心で対応することができます。

「まったく…おっしゃる通りで…ございますが…弊社(へいしゃ)としましても…最善の方向で…対応させていただいて…おります」

*渡部陽一(わたなべよういち)さんのように，ゆっくりと噛みくだくように話すと，不思議なことに相手の話す速度が徐々にダウンしてきて，相手の怒りも収まってくるのです。

心理学では，これを「感情伝染」といいます。相手の「怒り」がコチラに伝染して怒ってしまうのではなく，「冷静」なコチラの感情を相手に伝染させて，相手の感情をクールダウンさせる。やるべきことは，「ゆっくりしゃべるだけ」です。

（樺沢紫苑『いい緊張は能力を2倍にする』文響社）

＊渡部陽一(わたなべよういち)：日本のテレビに出ている人。ゆっくり話すことが特徴

1. ゆっくり話すと自分の話した内容が相手に伝わりやすいから
2. ゆっくり話すとそれにつられて相手も冷静になってくるから
3. ゆっくり話している間にクレームへの対応を考えられるから
4. ゆっくり話すことで自分の怒りが徐々におさまってくるから

IV　次の文章の（　A　）から（　D　）には，「目的」か「目標」が入ります。その組み合わせとして，最も適当なものはどれですか。 **4**

多くの人々は，大学での学業，ビジネス，研究，さらには普段の生活で，特定の何かに向かって段階的に行動・努力し日々を送っているものです。その「何か」が目的や目標になります。しかし皆さんは，この「目的」と「目標」の違いを意識しながら，日々の行動をとっているでしょうか。ひょっとすると皆さんは，「目的」と「目標」を混同しているかもしれません。

…（略）…

率直に言えば，目的は生涯をかけて取り組むもの，目標はその夢に向かうために取り組むべき行動やその道筋を示したものです。例えば筆者が研究者になった目的は，「誰もが利用しやすく，環境への負荷も低い交通環境を実社会で実現すること」でした。これがまさに生涯をかけた仕事です。

そして今の目標は，「高齢者や障がい者，子どもなどの誰もが利用しやすく，環境低負荷にもつながるノンステップ式の電動バスを開発し，普及させること」です。

…（略）…

目標とは，目的を達成するための1つのステップにすぎません。「（　A　）」を達成するうえでの目指すべき行動や，その道筋を示したものが「（　B　）」です。目的がないのに目標だけがある，目標がないのに目的だけがあることは，研究計画ではありえないのです。（　C　）が定まって，初めて（　D　）も生まれるのです。

（西山敏樹『大学1年生からの研究の始めかた』慶応義塾大学出版会）

1. A：目標　B：目的　C：目的　D：目標
2. A：目的　B：目標　C：目的　D：目標
3. A：目標　B：目的　C：目標　D：目的
4. A：目的　B：目標　C：目標　D：目的

V　次の文章の内容と合っているものはどれですか。 **5**

よく,「イルカは意識を通して人間にいろいろなことを語りかける」とか「私はイルカと心で会話をした」といった話がありますが, これは本当でしょうか。少なくとも, 毎日イルカと顔をあわせている水族館のトレーナーや, 研究者からそんな話を聞いたことはありませんし, もちろん私もそういう経験は持ち合わせていません。これらの話には, 科学的な根拠はありませんが, しかし, もし実際にそういうことが実現したら, 素晴らしいことですね。

内容の真偽はともかくとして, 大切なことは, イルカの行動を, 私たち人間がどう受け取るかということです。イルカにとっては単なる本能的な行動であっても, こちらの取り方によって, イルカが語りかけてくれたように思えたり, 何かを教えられたように感じたりするのかもしれません。

イルカが, テレパシー能力を実際に秘めているかどうかはわかりませんが, こういった話は「イルカは賢い」ということが発端となっているようです。そこで, もっとイルカについて正しく理解し, いらぬ誤解を招かないためにも,「イルカは賢いのか」ということについて改めて考えてみることにしましょう。

(村山司・笠松不二男『ここまでわかったイルカとクジラ　実験と観測が明らかにした真の姿』講談社)

1. イルカは人間と意思疎通ができる。
2. イルカにはテレパシーの能力がある。
3. イルカと話ができると人間は誤解している。
4. イルカが賢いことは科学的に証明されている。

VI　次の文章の下線部「この共通理解」が指す内容として，最も適当なものはどれですか。 **6**

言語空間の作り出す空気とはどのようなものだろう。

例えば，自分たちの担任教師の服装のセンスが「悪い」という認識が，そのクラスの暗黙の了解になっていたとする。特にその先生の「セーター」が格好悪いということで，その先生に「セーター」というアダ名をつけていたとする。

そこへ転校生がやってきた。その転校生のいる場で，誰かが「セーター」という言葉を使うとする。一同がドッと笑う。転校生だけは意味がわからないので笑わない。そこに気まずい沈黙が生まれてしまう。転校生が「ここは同調した方が良い」と判断して，意味がわからないにもかかわらず笑ったとすると，事態はさらに悪化することもあるだろう。

本来であれば，最初に「セーター」という言葉を使った子供が，「あのね，転校してきたばかりだからわからないと思うけど，あの先生って着ているものの趣味が悪いでしょ。特にセーターが最悪だから，アダ名にしてるのよ。親や他のクラスの子に言ったらダメよ」と断りをしておけば何の問題も起きなかったはずである。

だが，これは意外と困難だ。なぜなら，この共通理解というのは，明らかに担任の先生の陰口だから「後ろめたい」のであるし，また「自然発生的に生まれた言葉」だから誰も口に出して説明したことがないからである。

（冷泉彰彦『「関係の空気」「場の空気」』講談社）

1. 担任の先生にセーターというアダ名を付けていること
2. 担任の先生がいつもセーターを着るようにしていること
3. セーターという言葉が出たらみんなで笑うようにしていること
4. 最初にセーターという言葉を使った子供が説明するようにしていること

VII　次の文章の「自然を活用した時計」は，どのようにして時刻を知らせますか。　**7**

自然を活用した時計の中で，美しく，ロマンチックな雰囲気が漂うのは花時計でしょう。ただ，一般的に花時計と言うと，花壇(かだん)の上を大きな針が回る時計を指すようですが，これは，花壇時計であって，正しい花時計ではありません。本物の花時計は，植えられている花の開花で，時刻が分かる時計です。

最も有名な花時計は，1750年頃に，スウェーデンの植物学者カール・リンネが，開花や閉花時刻が明確な草花を円状に植えてつくりました。植物には生き延びるための適正な環境がそれぞれあるので，地域と季節が変われば配置する植物も変わりますが，リンネは植物でも時刻を表示できることを立証したかったのです。

植物が開花するのは，光を感ずるからではなく，体内時計のコントロールによることが実験で確かめられています。生物が生存していくためには，日照や気温など環境の変化に対応しなければなりませんが，生物の体内時計は外部環境のリズムに自分のリズムを合わせる役目をもっています。植物にとって花を咲かせることは，子孫を残し，増やすために重要な作業ですが，風雨にも耐える丈夫な外茎や葉と違って，大切な部分を無防備にさらけ出すことになるため，適切な時期に，なるべく短時間で受粉作業を済ませたいという事情があります。

（織田一朗『時計の科学　人と時間の5000年の歴史』講談社）

1. 花が植えられた花壇に時計の針がついていて時刻を知らせる。
2. 開花や閉花のタイミングが違う花を植えて時刻を知らせる。
3. 生物が生きるために必要な日照や気温を使って時刻を知らせる。
4. 体内時計をコントロールすることで時刻を知らせる。

VIII　次の文章で筆者が最も言いたいことは何ですか。 **8**

人は食べ物を家族や仲間と分け合って一緒に食べる動物であると言われているように，仲間と一緒に食事をすることは原始の時代から人間だけが行ってきた文化行為なのである。動物としては体力の弱い存在であった人類は，仲間と協力しなければ獲物を捕えることが難しかったから，捕えた獲物は仲間と分け合って一緒に食べたのである。動物は獲物を得ればすぐに奪い合いになる。

100万年の昔，人類が火を使うことを覚えたとき，人々は炉(いろり)を囲んで暖を取り，火を使って食べ物を調理して一緒に食べることを始めた。食物を一緒にたべることで仲間の結束を固め，食物を分け与えることで愛情や友情を示したのである。それから食事の場は人々が集まり憩う中心になった。これが仲間と一緒に飲食する「共食」の始まりである。ファミリー（家族）とは大鍋を囲んで食べる人を意味し，一緒にパンを食べる人がコンパニオン（仲間）であるように，食物を家族や仲間と一緒に食べることは家庭や社会集団を形成する基本行為であった。人間だけが食物の分配と共食をすることにより，家族という特有の集団を築くことができたのである。

（橋本直樹『食べることをどう考えるのか　現代を生きる食の倫理』筑波書房）

1. 人は昔から仲間と協力して獲物を捕らえてきた。
2. 人は昔から火を使うことによって食事を豊かにしてきた。
3. 人は昔から食事を通して仲間との結束を強くしてきた。
4. 人は昔から家族を単位として社会生活を送ってきた。

IX　次の文章の下線部「エシカル消費」の説明として，最も適当なものはどれですか。 **9**

皆さんは「エシカル」という言葉を聞いたことがありますか？　「エシカル」とは，直訳すると「倫理的な」という意味で，法律の縛りはないけれども多くの人が正しいと思うこと，または社会的規範を意味します。最近，日本でも「エシカル消費」が注目され始めていますが，ここでいう「エシカル」とは，人や地球環境，社会，地域に配慮した考え方や行動のことをさします。皆さんが普段食べたり，飲んだり，着たり，使ったりしている製品はすべて，誰かがどこかでつくってくれています。しかし，今の世の中では，私たち消費者が製品を手にした時，その裏側にはどんな背景があるのか，なかなか知ることができません。もしかしたら，その背後には劣悪な環境で長時間働く生産者や，教育を受けられず強制的に働かされている子どもたち，美しい自然やそこに住む動植物が犠牲(ぎせい)になっているかもしれません。さらに，生産という行為は，資源の過剰な消費，エネルギーの浪費，土壌をはじめとする自然環境の破壊，製品をつくる時に使う有害な化学物質の排出などによって，気候変動という問題を引き起こす一因にもなっているのです。「エシカル」な消費とは，人や地球環境の犠牲の上に立っていない製品を購入することであって，いわば「顔や背景が見える消費」ともいえます。

（永田佳之『気候変動の時代を生きる　持続可能な未来へ導く教育フロンティア』山川出版社）

1. 消費者が製品の背景を知って人や環境に配慮された製品を買うこと
2. 働く人が劣悪な環境で働かなくていいように企業が労働環境を整えること
3. 生産者が資源を効率的に使ってエネルギーの消費をおさえた製品を作ること
4. 政府が法律を作って環境によい製品を買うように消費者に勧めること

X　次の文章の内容と合っているものはどれですか。 **10**

私の専門分野は，人が身体知を学ぶさまについての研究である。頭で計画して実行するというよりは，身体の発露として繰り出す実践的な知恵のことを「身体知」と呼ぶ。…（略）…

身体知は，いつの間にか体得していることが多い。しかし，意図的に学ぶことも多々ある。スポーツ，楽器演奏，ダンスなど，身体スキルは身体知であり，練習しないと体得することはできない。俳優，デザイナー，アーティストというプロフェッショナルな人々の技も身体知である。初めからプロ性を示す天才俳優もいるにはいるが，若いときには*大根ぽかった役者が次第に渋い味を出す俳優へと進化を遂げることもある。「いろいろ考えて，実践して，演技するという身体知を学んだんだなあ」と敬服する。

…（略）…

私は，身体知を学ぶためにはしかるべき方法があると考えている。やみくもに練習しても体得はかなわない。私の基本思想の第一は，「自分の身体が感じていること（以下，「体感」と書く）に向き合って，体感の微妙な差異や類似性を感じ，反応するように身体を制御することを目指す」ことだ。第二に大事なことは，体感の差異を感じて制御する域に達するためには，ことばの力をうまく利用することが肝要であるということだ。

（諏訪正樹『身体が生み出すクリエイティブ』筑摩書房）

*大根：大根役者のことで，演技が上手ではない役者のこと

1. どんな人でも生まれたときから身体知を持っている。
2. 楽器演奏家や俳優はみんな身体知を身につけている。
3. 正しい方法で練習をすれば身体知は身につけられる。
4. 身体知は生活でのさまざまな場面で役立つ。

このページには問題はありません。

XI　次の文章を読んで後の問いに答えなさい。

山で出会う動物で，もっとも生命の危険を感じるのが熊である。本州の南側で出会う熊はツキノワグマであり，１万頭以上も生息している。また北海道にはヒグマがおり２千頭前後が生息しているといわれる。

警戒をしていても熊と会った瞬間は声が出ない。しかし急激な動きは禁物で，できるだけ熊から目を離さないようにし，ゆっくりと動いて熊から離れるようにすること。

熊のなかでも怖いのは子熊。かわいいのでつい近寄りたくなるが，子熊は母熊と一緒にいることが多く，母熊は遠くから子熊を見ているケースが多い。そのため子熊にかまうと「危害を加えられている」と思い込んで興奮した状態で飛び出してくるのだ。これは熊だけでなく，野生動物全般的にいえること。

対処法としては熊鈴がある。熊鈴の効果についてはいろいろといわれるが，あるガイドは２か月の間に６回も熊と出会ってしまったそうである。６回とも出かけた場所が小屋の近場ということもあり，熊鈴をつけていないときであった。そう考えると，熊鈴には効果があると思える。また北海道では多くのガイドが熊撃退スプレーを所持している。しかし飛行機には持ち込めなかったり，熊と５～10mほど近づかないと効果がなかったりするため，無理をして持つ必要はないだろう。

（能勢博他『科学が教える　山歩き超入門』エクシア出版）

問1　下線部「熊のなかでも怖いのは子熊」とありますが，その理由として最も適当なものはどれですか。 **11**

1. かまっていると子熊に攻撃されるから
2. うっかり近寄ると母熊に襲われるから
3. ゆっくり離れても子熊は後からついてくるから
4. 目を離したすきに子熊に荷物を取られるから

問2　下線部「熊鈴には効果があると思える」とありますが，筆者がそう考える理由として最も適当なものはどれですか。 **12**

1. 熊鈴がついている山小屋に熊が現れたことがないから
2. あるガイドは熊鈴をつけていない時にだけ熊に会ったから
3. 熊撃退スプレーより効果があると研究で明らかになったから
4. 熊鈴があると，熊に会う回数が増えるから

XII　次の文章を読んで後の問いに答えなさい。

私たちは，幼い頃から徹底的に科学的・合理的な考え方を叩き込まれ，理性こそが最も信頼できるものだと教え込まれて育ってきています。しかし，…（略）…直観というものは理性を越える洞察力を持っている。目に見えるものを超えて，対象の本質を見抜くことが出来る。直観は，人間に生まれつき与えられた素晴らしい感覚なのです。

この直観は，使えば使うほど精度の上がっていくものなのですが，残念なことに，多くの現代人はこの素晴らしい感覚をほとんど使うことなく，すっかり錆付(さびつ)かせてしまっています。むしろ，かえって乳児や自閉症児，重症な精神病や認知症の患者さんなど，言語の機能がうまく働いていないような場合に，ほとんど直観のみで周囲に反応している様子が見られることがありますが，その様子を見ていると，なかなか嘘のない鋭い反応だな，と感心させられることがあります。たとえば，赤ちゃんを抱いたときに，ある人だけが火のついたように泣かれてしまう光景があったりしますが，きっと赤ちゃんは，大人には見えないその人の何かに反応しているのでしょう。しかし，理性の発達した大人たちにはまったくその理由が分からない。これを赤ちゃんの気まぐれととるか，直観的反応と見るかでは，大きな違いがあるでしょう。

（泉谷閑示『「普通がいい」という病』講談社）

問1　下線部「その理由」が指すものとして，最も適当なものはどれですか。 **13**

1. 赤ちゃんが理性で反応する理由
2. 赤ちゃんの理性が発達する理由
3. 火を見ると赤ちゃんが泣いてしまう理由
4. 赤ちゃんがある人にだけ泣く理由

問2　この文章の内容と合っているものはどれですか。 **14**

1. 直観は訓練しなければ得られない感覚である。
2. 直観は使うことによって磨かれる。
3. 現代人は直観で判断する場面が多い。
4. 大人になると直観で物事を考えるようになる。

XIII　次の文章を読んで後の問いに答えなさい。

コミュニケーションは人間に限らず，動物にも見られる基本的な営みです。コミュニケーションは，もともと人間や動物が生きるために必要な手段でした。敵の襲来を仲間に伝え，獲物を互いの協力のもとに捕獲するためにはコミュニケーションは不可欠です。これまで，コミュニケーションのあるべき姿は，メッセージの授受を無駄なく正確かつ高速に実行できることであると述べてきました。メッセージの伝達が不正確であったり，遅れたりすれば命取りになりかねないわけですから，コミュニケーションに効率性が求められるのはごく自然なことです。

一方，私たちのこれまでの歴史を振り返ってみると，分業の徹底，産業の発展，技術や医学の進歩により，生きるために行動するという差し迫った状況からは解放されつつあります。コミュニケーションも同様です。従来のように生きるため，あるいは必要に駆られてという動機ではなく，楽しむためにコミュニケーションを行なう機会が圧倒的に多くなっています。日常のおしゃべりはもちろん，携帯電話，電子メール，ブログなどを用いて人々がコミュニケーションを楽しむ姿は，もはや見慣れた光景となりました。

このような新しい時代には，効率性の追求に汲々(きゅうきゅう)としていたかつてのコミュニケーションはいかにも窮屈で堅苦しく，人々には受け入れられにくくなっています。多少の無駄やすれ違いを許容できる，ゆとりのあるコミュニケーションを人々は求めるようになってきました。

（石井健一郎『「情報」を学び直す』NTT出版）

問1　下線部「コミュニケーションに効率性が求められるのはごく自然なこと」である理由として，最も適当なものはどれですか。 **15**

1. 効率的な方が，経済的に有利になるから
2. 効率的であれば，仲間を増やしやすいから
3. 効率的でなければ，文明や科学が発達しないから
4. 効率的でなければ，死ぬかもしれないから

問2　下線部「ゆとりのあるコミュニケーションを人々は求めるようになってきました」とありますが，その背景として最も適当なものはどれですか。 **16**

1. コミュニケーションに費やす時間が変化したこと
2. コミュニケーションに使う道具が変化したこと
3. コミュニケーションを行う相手が変化したこと
4. コミュニケーションを行う動機が変化したこと

XIV　次の文章を読んで後の問いに答えなさい。

職業とは，仕事のことです。収人があって，かなりの時間をさいていて，それで生活を支えている，そういう活動をいいます。

職業の反対は，趣味です。趣味と職業はどう違うでしょうか。やっている内容に違いがない場合もあります。違いは，やり方です。趣味は，気が向いたときにやります。好きだからやるので，気が向かなければやりません。

趣味と似ているものに，ボランティアもあります。ボランティアは，ふつう，ほとんど，あるいはまったく報酬をもらわないので，それで生活できません。親切で，善意でやっているもののことですね。やりたいからやる。やれるからやる。余裕がなければやらない。これが，趣味・ボランティアの世界です。

趣味・ボランティアの特徴は，あてにならないことです。たとえば，今日はよろこんで活動していても，明日は休むかもしれません。あてになりません。あてにならないものは，社会の基盤にはならないのです。

これに対して，仕事の特徴は，嫌なときでもやることです。嫌でも，仕事だから，やらなければならないから，やります。

仕事は，本人にとっては，負担なのです。嫌なときでも，やらなければならないから。けれども，本人以外のひとから見ると，これはとてもよいことです。本人も，生活できるだけの報酬をもらえるのだから，よいことでもあります。報酬をもらえるからまあいいや，と納得するしかないのですね。

（橋爪大三郎『面白くて眠れなくなる社会学』PHP研究所）

問1　この文章で述べられている「仕事」と「ボランティア」の違いとして，最も適当なものはどれですか。 **17**

1. 時間をさくか，さかないか
2. 気が向かないときでもやるか，やらないか
3. やることが楽しいか，楽しくないか
4. 趣味と似ているか，似ていないか

問2　下線部「これはとてもよいことです」とありますが，どうしてよいことなのですか。 **18**

1. 本人の気分に左右されず，あてになるから
2. 本人以外の人が嫌な気分になるわけではないから
3. 本人が納得するだけの報酬がもらえるから
4. その仕事が本人以外の人の助けになるから

XV　次の文章を読んで後の問いに答えなさい。

ところで，日本人の口から二言目には聞かれる言葉に「しかたがない」「しょうがない」という表現があります。

なんらかの困難な事態に直面する際，粛々（しゅくしゅく）と諦めをもってその状況を受け入れる時に口にする慣用句です。

地震や台風，津波などの被害に遭って途方にくれた挙句（あげく），「しかたがない」という一言を漏らすのは当然のことでしょう。

被害の事実を受け入れて，そこからどのように再び日常の生活を取り戻してゆくか，考え行動を起こす他に方策はないからです。

…（略）…

ところが，不正の被害にあった際に，「しかたがない」という姿勢に終始するなら，不正の原因である人々の責任を追及することなく放置することになります。

会社内の不正も，政界の腐敗も，不正としてその責任を追及するのではなく，あたかも自然災害の被害にあったかのように不運として受け止め，これをしかたがない，と諦めてしまうのは，不正を黙認するに等しく，消極的不正を犯していることになってしまいます。

このように，「しかたがない」という一言には，日本人が，不正をあたかも不運であるかのように理解する傾向が表現されています。「しかたがない」と言って現実をあきらめて耐えようとする日本人は，同時に消極的不正を犯しやすい傾向をもつというわけです。

（将基面貴巳『従順さのどこがいけないのか』筑摩書房）

問1　下線部「消極的不正」の説明として，最も適当なものはどれですか。　**19**

1. 地震や台風，津波のような自然災害にあうこと
2. 不正を知ってもその責任を追及しないこと
3. 不運で起きたことを不正として追及すること
4. 会社や政界で見つからないように不正すること

問2　この文章の内容と合っているものはどれですか。　**20**

1.「しかたがない」という言葉は，日本人の心の支えになっている。
2. 日本人は「しかたがない」という言葉で不正を黙認する面がある。
3. 困難な事態を乗り越えたとき，日本人は「しかたがない」という言葉を使う。
4. 最近は以前と違う意味で「しかたがない」という言葉が使われている。

XVI　次の文章を読んで後の問いに答えなさい。

人間は，なんで進化し続けてきたのか。多くの人が昔から考えてきた問いです。

この問いに対する仮説が，進化論です。みなさんもチャールズ・ダーウィンの進化論は耳にしたことはあるでしょう。

科学とは，答えではなくすべて仮説で，最も確からしい仮説が優秀だと説明しました。ダーウィンの進化論も，もちろん答えではなく仮説です。しかも，この仮説を巡っては今でも論争が続いています。

ダーウィンの唱えた「自然淘汰説」は優れた仮説のひとつです。自分のいる環境に適応できた生物が，多くの子孫を残すことで，その特徴が広まるという考えです。つまり，ランダムに起こる変異が，たまたまその生物がいる環境に合う形の変化であれば，生き残りやすいということになります。

…（略）…

じつは，これには反論があります。1960年代に，国立遺伝学研究所の木村資生先生は，大多数の進化は有利でも不利でもない中立な変異が，偶然に集団に広まったと考える「進化の中立説」を唱えました。自然淘汰説派との間に激しい論争が起こりましたが，今では，大部分は中立的で，一部の有利な変異に自然淘汰が働いたと考えられるようになっています。ただこれで決着がついたわけではありません。というのも，ふつう仮説の確からしさは，実験で再現をして確認していくものです。しかし，進化は再現できません。

（吉森保『LIFE SCIENCE　長生きせざるをえない時代の生命科学講義』日経BP）

問1　下線部「ダーウィンの進化論も，もちろん答えではなく仮説です」とありますが，「答えではなく仮説」である理由として最も適当なものはどれですか。 **21**

1. 再現できないから
2. 確からしい仮説ではないから
3. 他の人から反論されたから
4. 他にいくつも仮説があるから

問2　第5段落にある「木村資生先生」の説は，結果的にどのようになりましたか。 **22**

1. 議論がされて，完全に否定された。
2. 議論がされて，全面的に正しさが認められた。
3. 議論されたが，結論は出ていない。
4. 議論もされずに，無視された。

XVII　次の文章を読んで後の問いに答えなさい。

遺跡を掘ると，陶磁器が大量に出土する。遺物の多くの割合を陶磁器が占めることも珍しくない。しかし，それはその遺跡の時代の人々が陶磁器ばかりを使っていたことを示すものではない。陶磁器は重要ではあっても生活の一部を占めているに過ぎない。それでも他の種類のものに比べて大量に見つかる第一の理由は，陶磁器の化学的な特性によるものである。木製品や紙製品など有機質の遺物は腐ってなくなり，また金属製品なども錆(さ)びて消えてゆく。それに対して，陶磁器は腐らず，錆びることもない。土の中に埋もれても消えてしまわないので，他の素材の遺物よりも残ることになる。

また，陶磁器の製品や道具としての特性も見つかる量に関係している。まず陶磁器はガラスなどと同じく「ワレモノ」と言われるように，脆(もろ)くて壊れやすいものである。物理的に頑丈なものよりも脆くて壊れやすい方がよく残るというのは矛盾(むじゅん)しているように思えるが，壊れないものであれば長期間，使用され続けるため，なかなか廃棄されない。壊れやすいと，すぐ捨てられ，また新しいものを使い始める。壊れては捨て，壊れては捨てるという行為を繰り返して，結果的に遺跡に大量に残されることになるのである。

そして，陶磁器は壊れた場合に再利用が難しいことも理由の一つである。壊れても金属製品であれば，*熔解(ようかい)することで再利用できるし，木製品や紙製品などは最終的には燃やして熱エネルギーに変えて利用することもできる。陶磁器の場合，そうした再利用が難しい。そのため，一度，壊れるとそのまま捨てられることが多く，遺跡から大量に出土することになる。

さらに陶磁器は1個だけつくられるのではなく，燃料を節約することから，一度に多くの陶磁器がつくられる。量産品であるため，大量に遺跡から見つかるということになる。

それでは，資料としての価値はどうかと言えば，陶磁器は歴史資料としてとても恵まれている。小さい子どもにとって容易な創作表現方法の一つは「お絵かき」であり，「粘土細工(ねんどざいく)」ではないかと思う。二次元の表現が最もしやすいのがお絵かきであり，三次元の表現を行いやすいのが粘土細工である。つまり，作り手が自分の意図を表現しやすい方法であり，陶磁器はそれらがともに使われている。商品であれば，使う人の文化や社会を考えて売れるようにつくるので，結果としてそれらが反映されたものがつくられる。言い換えれば，陶磁器を見ると，反映されている文化や社会を知ることができるのである。

陶磁器は壊れやすいと述べたが，壊れやすいので次々と新しいものがつくられる。生産，消費，廃棄の一連のサイクルが非常に早い。そのため，変化が早い市場のニーズに応えたものがつくられる。市場のニーズがその時代や地域の社会を反映していることは言うまでもない。

（野上建紀『陶磁考古学入門　やきもののグローバル・ヒストリー』勁草書房）

*熔解(ようかい)する：とかすこと

問1　下線部「遺跡を掘ると，陶磁器が大量に出土する」理由として，最も適当なものはどれですか。 **23**

1. 捨てられる量が多く，土の中でもなくならない性質を持っていたから
2. 当時の人々が，その時代のことを後世に伝えるために大量に埋めたから
3. 紙や木，金属に比べて貴重だったので，大切に保管されていたから
4. 作られる量は多くなかったが，壊れにくく，長持ちしたから

問2　下線部「それら」が指すものとして，最も適当なものはどれですか。 **24**

1. ガラスや金属
2. 木製品や紙製品
3. お絵かきや粘土細工
4. 文化や社会

問3　筆者が考える陶磁器の歴史資料としての価値について，正しいものはどれですか。 **25**

1. 陶磁器の中には有名な人が作ったものがあり，それらは資料としての価値が高い。
2. 陶磁器は大量に出土するため，資料としての価値はあまりない。
3. 陶磁器はその時代の文化や社会を映し出すため，資料としての価値がある。
4. 陶磁器は子どものお絵かきや粘土細工のようなもので，資料としての価値はない。

- memo -

- memo -

- memo -

第2回
模擬試験

記述問題

記述問題は，二つのテーマのうち，どちらか一つを選んで，記述の解答用紙に書いてください。

解答用紙のテーマの番号を○で囲んでください。
文章は横書きで書いてください。

記述問題

以下の二つのテーマのうち，どちらか一つを選んで400～500字程度で書いてください（句読点を含む）。

1.

スマートフォンやタブレット端末を赤ちゃんや小さい子どもの育児に使う，スマホ育児が増えています。しかし，スマホ育児には良い点がある一方で，問題となる点もあるようです。

スマホ育児について，良い点と問題点の両方に触れながら，あなたの考えを述べなさい。

2.

近年，都会で生まれ育った人が田舎に移住する例が増えています。しかし，田舎に移住することには良い点がある一方で，問題となる点もあるようです。

都会で生まれ育った人が田舎に移住することについて，良い点と問題点の両方に触れながら，あなたの考えを述べなさい。

読解問題

読解問題は，問題冊子に書かれていることを読んで答えてください。

選択肢1，2，3，4の中から答えを一つだけ選び，読解の解答欄にマークしてください。

I　下線部「私って優しいでしょう?」と言った人の心理は，どのようなものだと考えらますか。 **1**

誰でも人は，自分に言って欲しいことを言うものである。他人から自分へ向けて言って欲しい言葉を，自分から発してくる場合がよくあるのだ。そこから相手の関心を知ることもできる。

たとえば，「私って優しいでしょう?」「僕は役に立っているかなぁ?」「僕自身は勉強家とは思わないけど……」などと口癖のように言う人がいる。注意していないと聞き飛ばしてしまうような言葉だが，いったん気づくとよくわかる。

これはまさしく「そのような言葉を自分に対して言って欲しい」と，サインを出しているのである。「いま自分は優しさや役に立つことに興味が向いているのだよ」と，相手のほうから答えを出してくれているのだ。ここを注意深く読み取ると，相手の関心が把握できる。

こうした言葉を覚えておいて，少し時間がたってから，相手に向けて「あなたの優しいところにホッとする」と言うと，相手はたいへん喜んでくれるだろう。「この人は自分の事をわかってくれる!」と非常にご機嫌になるかもしれない。ここから相手の中にプラスの感情が生まれるのだ。

そして，このようなプラス感情を持つところから，良い人間関係は始まる。こちらへ信頼感を抱いてもらう端緒(たんしょ)になるのである。

（鎌田浩毅『ブリッジマンの技術』講談社）

1. 自分の口癖を相手に注意して聞いてほしい。
2. 自分が相手に対して優しく接しているか確認したい。
3. 相手に「あなたは優しい」と言ってもらいたい。
4. 相手が自分に優しくしてくれるかどうか確認したい。

II　参加者は，特別講義の中のどの部分で山田氏の演奏を聴きますか。　**2**

特別講義のお知らせ

三線を通して考える音楽療法と伝統文化の接点
ー琉球民謡と沖縄の文化ー

みなさんは音楽を一人で楽しむものだと思っていないでしょうか。もちろん一人で楽しむこともできますが，それだけではなく，音楽には人と人を結びつけたり，人の心を癒やしたりする効果があります。音楽を通して人の心をケアするのが音楽療法です。

この特別講義では，沖縄の伝統的な楽器である三線を使った音楽療法について学習します。講義は，三部で構成されます。第一部は講演で，世界的に有名な三線奏者である山田太郎氏に沖縄の伝統的な音楽の琉球民謡を演奏していただいたのち，三線の歴史についてご講演いただきます。第二部はワークショップで，実際に参加者が三線に触れながら，音楽療法の基本について学びます。講師は引き続き山田太郎氏です。第三部では，参加者が各パートに分かれ，三線を使って琉球民謡を1曲演奏します。演奏を通して，音楽療法の効果を体感することができます。

第一部　講演「沖縄の伝統楽器三線とその歴史」講師　山田太郎氏

第二部　ワークショップ「三線体験と音楽療法」講師　山田太郎氏

第三部　演奏「沖縄の伝統音楽　琉球民謡」

日時：10月8日（水）　13:00 ～ 16:00
会場：大学会館第一ホール
対象：本学の学生50名

1. 第一部
2. 第一部と第二部
3. 第三部
4. 第二部と第三部

III　次の文章で筆者は，学生の新聞離れの原因は何だと言っていますか。 **3**

最近聞いた話です。ある放送局に*内定した大学生のうち，新聞を購読していたのは，ほんの一握りにすぎず，しかも**系列の新聞を読んでいた学生はひとりもいなかったとか。新聞を読んでいると答えた学生は，いずれも***日経新聞を購読していたそうです。

「就職活動には日経新聞」という神話が健在だというべきか，志望する放送局の系列の新聞を読むというところまで頭が回らないのか，なんともはや，というエピソードでした。

…（略）…

もちろん日経新聞を読んでもいいのですが，ビジネス経験のない学生のうちに日経新聞をとっても，十分な理解は無理でしょう。ましてやふだん新聞を読み慣れていないのですから，わからないことだらけのはずです。その結果，「ああ，新聞って難しいんだな」ということになって，むしろ新聞離れを引き起こしそうな気がします。最近の学生たちが新聞離れを起こしているのは，「日経新聞を読まなければ」という強迫観念から手に取り，新聞一般に対して絶望してしまったからではないかとすら思ってしまいます。

（池上彰『<わかりやすさ>の勉強法』講談社）

*内定する：会社に就職が決まること

**系列の新聞：放送局と同じグループの新聞会社の新聞

***日経新聞：「日本経済新聞」の略。経済を中心に報道する新聞

1. 無理をして日経新聞を読むこと
2. 会社から日経新聞を読むように強迫されること
3. 新聞を購読しても就職の役に立たないこと
4. 新聞の報道内容に絶望してしまっていること

IV　次の文章の（　A　）に入るものとして，最も適当なものはどれですか。 **4**

各種調査で「ふだんやっているスポーツは何ですか?」と聞くと，まず間違いなく1位に挙がるのがウォーキング。それぐらい日本では身近で手軽な運動として人気があります。特にシニア世代になればなるほど，ウォーキングをされている方が増えます。

…（略）…

ウォーキングをすすめられた人のなかには，こう感じる人もいると思います。

「でも，ランニングのほうが運動っぽいし，激しく動くぶんエネルギー消費量も多いんじゃないの?」

実は，そんなことはないのです。ある条件下では，ウォーキングのほうがエネルギー消費量は多くなります。

イタリアの生理学者マルガリア博士らが1963年に，興味深い理論を発表しました。

ランニングのほうはスピードを上げれば上げるほど，エネルギー消費も比例して増えていきます。一方，ウォーキングでは，ゆっくり歩いているときのエネルギー消費量はさほどでもないのに，スピードを上げると加速度的にエネルギー消費が増えることが報告されています。

特に重要なポイントは，次の3点です。

・時速8キロの場合，歩いても走っても，エネルギー消費量はほぼ同じになる。

・時速8キロより遅い場合，歩くより走ったほうが，エネルギー消費量は多くなる。

・時速8キロより速い場合，走るより歩いたほうが，エネルギー消費量は多くなる。

つまり，ウォーキングであっても「（　A　）」のであれば，運動効果はランニングより大きいということです。

（アシックススポーツ工学研究所『究極の歩き方』講談社）

1. 時速8キロ未満で歩く
2. 時速8キロ以上で歩く
3. 時速8キロ未満で走る
4. 時速8キロ以上で走る

V　これまでの日本型の雇用のもとで行われた社員のキャリア形成の特徴として，次の文章の内容と合っているものはどれですか。 **5**

　これまでの日本型の雇用のもとでは，社員のキャリア形成がひとつの会社内で完結してしまっているので，その会社の外に出るとキャリアが通用しないというケースが数多くありました。なぜそのような事態に陥(おちい)ってしまうのかというと，会社が社員のキャリアを考える主体となっていて，入社後の配属先や職務内容を決めるのは会社であり，社員はその命令に従っていれば問題がなかったからです。

　たしかに，会社は社員に対して定期的に研修を実施し，さまざまなスキルを習得する手助けをしてくれています。たとえそれがその会社だけでしか通用しない，カスタマイズされたものであったとしても，会社は社員教育に多くの費用と時間をかけてくれているため，社員ひとりひとりが自らのキャリア形成について真剣に考える必要などまったくなかったというわけです。

　ところが現在，企業全体の総人件費の上昇を少しでも抑えようと，人材教育に割く費用を減少させている企業が増えてきています。*通年採用やそれに伴う**ジョブ型雇用が普及していくにつれて，企業は新卒社員のキャリア形成にかけるコストを縮小していかざるをえないでしょう。すべての社員に定年までの雇用を保証できない時代を控え，企業が手厚い研修によって一律に人材を育てることは不可能になってきているからです。

（中原圭介『定年消滅時代をどう生きるか』講談社）

*通年採用：1年の中で時期を特定せずに人を採用すること
**ジョブ型雇用：ある特定の職務内容で雇用すること

1. 社員は自分のキャリア形成について特に考えず，会社の指示に従えばよかった。
2. 会社に貢献するために，社員は自分のキャリア形成について会社と相談していた。
3. 社外でも通用する人材になるために，社員は常に自分のキャリアについて考えていた。
4. 会社のコストを縮小するために，社員はキャリア形成を自分で行う必要があった。

VI　次の文章の筆者の主張として，最も適当なものはどれですか。 **6**

誰からも愛される「いい人」であることは大切だと思いますが，いい人ぶってみたり，いい人が過剰でありすぎると面倒くさいことが起こります。

たとえば，普通の人が仕事中に軽く「冗談じゃないよな」とか「勘弁してくれよ」と悪態をつく。

これは別に問題視されません。誰にでもあることです。

しかし，いわゆる「いい人」が悪態をついたりすると，「いい人だと思ってたのに」とか「二重人格だ」とか，まるで大悪人のような扱いを受けてしまいます。

一方，イヤな奴とまではいかなくても，多少気難しいとか冷たいとか思われている人が少しでもいいことをすると，ものすごい善行に見えるから不思議なものです。

つまり，いい人ぶっていると周囲から期待されるハードルが高くなり，結果としてとても面倒くさいことになってしまうのです。

また，多少変わり者だと思われているくらいのほうが，余計な頼まれごとをされずにすみます。

わたしも会社に勤めていたころは，周囲から「あいつは残業をしないやつだ」と思われていました。変わり者だと思っていた人もいたでしょう。

しかし，それで苦労したり，損をしたことはありません。わざわざ残業なんかしなくても，就業時間内に結果を出せばいいのです。むしろ，つまらないサービス残業を言いつけられることもなく，気が楽でした。

いい人を演じるメリットよりも，デメリットの方に注目してみましょう。

（本田直之『面倒くさがりやのあなたがうまくいく55の法則』大和書房）

1. イヤなやつになったほうがいい。
2. いい人を演じるのはやめたほうがいい。
3. イヤな人から変わり者と思われるぐらいがいい。
4. いい人ぶらずに本当のいい人になったほうがいい。

VII　次の文章の下線部「東京の地下鉄では，路線ごとに異なる種類の電車が走っている」理由として，最も適当なものはどれですか。 **7**

東京の地下鉄では，路線ごとに異なる種類の電車が走っている。たとえば*銀座線(ぎんざせん)は01系，*都営大江戸線(とえいおおえどせん)は12-000形と呼ばれる電車が走っている。こうしたことは日本では珍しくないが，海外から見れば特殊だ。ロンドンやパリ，ニューヨークなど多数の路線を持つ地下鉄では，複数の路線で同じ種類の電車が走っているほうが一般的だ。日本でも，大阪では**御堂筋線(みどうすじせん)を含む5路線で同じ種類の電車（20系）が走っている。同じ電車を複数の路線で使用したほうが，運用やメンテナンスなどで効率的であることは，容易に想像できる。

ではなぜ東京では，路線ごとに電車の種類がちがうのか。それは，路線ごとに規格を変えたからだ。東京では，銀座線や*丸ノ内線(まるのうちせん)，そして都営大江戸線のように，地下鉄単独で規格を決めた例もあるが，郊外路線と直通運転を実施する路線では，乗り入れ先路線にあわせて規格を細かく変更した例が多い。これが，東京の地下鉄に多くの規格が混在する要因となったのだ。

（川辺謙一『図解・地下鉄の科学　トンネル構造から車両のしくみまで』講談社）

*銀座線(ぎんざせん)，都営大江戸線(とえいおおえどせん)，丸ノ内線(まるのうちせん)：東京の地下鉄の路線名

**御堂筋線(みどうすじせん)：大阪の地下鉄の路線名

1. 地下鉄の運用やメンテナンスなどが効率的に行えるため
2. 多数の路線を持つ海外の地下鉄を見本にしたため
3. 路線ごとに異なる会社が地下鉄の車両を作ったため
4. 地下鉄が乗り入れる郊外の路線に規格を合わせるため

VIII 「位置情報」と「地理情報」の関係を述べたものとして，合っているものはどれですか。 **8**

最近では，「位置情報」という言葉がスマートフォンの普及で耳慣れたものになりました。みなさんがイメージする「位置情報」は，北緯45度東経135度と表記される緯度経度だと思います。実は経度緯度以外にも，住所，郵便番号，駅名なども場所を示すので「位置情報」です。

また，位置情報は，止まっているモノでも，動いているモノでも地球上にあれば位置情報がついています。地理情報は，「位置情報を含んだモノの情報」もしくは「位置情報のみからなる情報」をいいます。例えば，パン屋だと単なるモノの情報です。東京駅前にある（位置情報）パン屋（モノの情報）を組み合わせることによって地理情報になります。地理情報は，地理空間情報とも呼ばれています。

地理情報システムは，「モノの情報+位置情報」である地理情報をコンピュータで扱えるようにしたしくみのことです。…（略）…コンピュータが出てくる前までは，紙地図で地理情報を扱うため，たくさんの地理情報を扱いきれず限界がありました。地理情報システムは，地理情報をコンピュータで扱えるようにしたことで，従来の紙地図に比べ多様かつ膨大な情報を扱えるようになったものです。

（田村賢哉「第5章　地図を使って世界を分析する」長谷川直子編『今こそ学ぼう　地理の基本』山川出版社）

1. 位置情報と地理情報を組み合わせるとモノの情報となる。
2. モノの情報に地理情報を付けると位置情報になる。
3. 位置情報からモノの情報を抜くと地理情報となる。
4. モノの情報がついていない地理情報は位置情報と同じである。

IX　次の文章で述べられている「はしかけ」というグループの説明として，最も適当なものはどれですか。 **9**

博物館はさまざまな学びがおこなえる場であり，この場を使って，自分たちがやってみたいことを学芸員の援助も受けながら自主的におこなうようなグループが各地の博物館に生まれつつある。琵琶湖博物館の「はしかけ」制度は，そのような自主活動グループを作ることを意図した制度である。

博物館の周囲にはいろいろなテーマで活動をしている人がいる。もちろん地域社会には多くの市民団体があり，活動をしている。自分でも何かしてみたいと思うけれども，どこに参加したらいいのだろうとか，こういう活動がしてみたいけれども，既存の会に参加するのは，自分があまりに素人なので敷居が高い，と思っておられる人は多い。そういう人に声をかけて「はしかけ」という名前のグループを作り，その大きなグループのなかでこんなことをしたいと思っている人の声を聞いて博物館のほうからやってみたい人の募集をかけたり，あるいは学芸員がやってみようと思うテーマで人を募集したり，博物館として一緒にやってほしいというようなことをやってくれる人を募集したりと，「はしかけ」グループのなかに小さな個別のグループを作るというサークル活動である。いわば，大学の学生を対象に部活とは別に軽いサークル活動をしているのと同じで，博物館に対して手を挙げてくれた方のなかのサークル活動といえるだろう。

（吉田憲司『放送大学教材　改訂新版 博物館概論』放送大学教育振興会）

1. 博物館がお金を払って仕事を依頼しているグループ
2. 博物館の職員が仕事以外で活動するグループ
3. 博物館と連携する一般市民のグループ
4. 博物館に関する専門的な知識を勉強するグループ

X　次の文章の筆者の主張として，最も適当なものはどれですか。 **10**

私たちは，この世の中を生きるとき，なんらかの形で，生き甲斐(がい)を求めている。生き甲斐のない人生を好んで求める人は，考えることができない。生きるということは，みずからが，そこに意味を見出し，なんらかの有意義性の成り立つことを信じることのできる道程を発見して，そこに自分の人生の基盤を据(す)えて，自己の時間的な生成過程と，振幅(しんぷく)を含んだ多様な遍歴(へんれき)の道を，辛苦や労苦を越えて，歩み進もうとする覚悟にもとづいて初めて成立する。それを可能ならしめるものが，生き甲斐にほかならない。

むろん，その生き甲斐という問題は，さまざまな局面を含んでいて，けっして単純ではない。けれども，生きる意味を信じ，自分の人生を肯定できる道程を発見し，そこで自分の人生の充実を図って生きる，という構造を含まないような人生設計や人間的活動というものは，人間の生き方として，考えることができない。意味や有意義性は，*ディルタイがすでに指摘したように，私たちの生を構成する最も基本的なカテゴリーなのである。

（渡邊二郎『増補　自己を見つめる』左右社）

*ディルタイ：ドイツの哲学者

1. 人生に生き甲斐は必要である。
2. 生き甲斐をもって生きている人は幸せである。
3. 生き甲斐を求めない人生の方が単純で過ごしやすい。
4. 生き甲斐はあったほうがいいが，それが人生の目的ではない。

このページには問題はありません。

XI　次の文章を読んで後の問いに答えなさい。

会話には，それを通じて互いの「関係性」を確認するという機能もあります。

もちろん対等の立場でやり取りする会話もありますが，そうでない場合は，立場の違いを尊重し，関係性を確定させていくという機能を会話は果たしています。

この時に重要な要素となるのが敬語です。敬語を使うということは，相手に対する敬意を言葉遣いで示すということです。

年上の人と自分，取引先の人と自分，会食をしてお金を払う側とおごられる側。立場が変わると敬語の使い方も変わりますが，適切な敬語を使うということは，「自分はあなたとの関係性を認識していますよ」というメッセージです。そのメッセージを会話の中に織り交ぜていける人は「社会性がある」と評価されることになります。

一方，対等な関係の中で敬語を使うのはよそよそしい雰囲気になってしまいます。しかし，互いの関係性がはっきりしていないうちに，対等な言葉遣い，いわゆる「タメ口」で話してしまうと，実はその相手が「かなり年上だった」とか「上司の奥さんだった」などという場合に気まずい空気になってしまい，その後の関係性の再確認がなかなかしにくい状況が生まれてしまいます。

ですから関係性がはっきりしていない相手に対しては，最初は探りをいれながら，適度に敬語を交えて会話を続けるのが正解です。

（齋藤孝『すごい「会話力」』講談社）

問1　下線部「社会性がある」と評価される人は，どんな人ですか。 **11**

1. 適切な敬語を使える人
2. 会食時にお金が払える人
3. 相手を尊敬できる人
4. 誰とでも適切に交流できる人

問2　この文章で筆者は，初対面の人にはどのように接するのがいいと述べていますか。 **12**

1. まずは，「タメ口」で話しかける。
2. まずは，敬語で話し始める。
3. まずは，相手がどんな人か確かめる。
4. まずは，相手が話してくれるのを待つ。

XII　次の文章を読んで後の問いに答えなさい。

外来種など人によって持ち込まれた生物も，在来の生物多様性に影響を与える要因となる。意図的あるいは非意図的に，国外や国内であっても他の地域から人によって持ち込まれた野生生物が，その生物自身のもつ移動能力を超えて，当該地域固有の生態系や生物種に影響を与えることがある。もともと人がある目的のために導入した意図的な例としては，栽培植物，家畜やペット，狩猟対象動物，天敵，餌などで，これらが野外に定着してしまうことがあげられる。人やものの移動に*随伴して意図せず運ばれる非意図的な例としては，資材や農林産物，輸送貨物などに付随して，生物が本来の生息地以外に定着をしてしまうことがあげられる。外来種は，導入先の**生物相の脅威となっていることすらあり，顕著な例としては，固有種が多く生息する***島嶼がわかりやすい。島嶼の生態系は，海によって隔離された長い歴史の中で固有の種が分化し，独特の生態系が形成されてきた特徴を持つため，多くの場合，外来種の影響を受けやすいという脆弱性を有している。

（滝久智・尾崎研一「序章　森林と昆虫」滝久智・尾崎研一編『森林と昆虫』共立出版）

*随伴する：いっしょに移動すること
**生物相：ある地域に住んでいる生物の全種類
***島嶼：島々

問1　下線部の「人やものの移動に随伴して意図せず運ばれる非意図的な例」として，最も適当なものはどれですか。 **13**

1. 外国から輸入した木材に現地のアリがまぎれていて，その場所に住み着いた。
2. 毎年冬になると渡り鳥が海を渡ってきて，その場所で冬を過ごすようになった。
3. 人間にとって危険な動物を駆除するために，天敵である動物が輸入された。
4. 珍しい動物が輸入され，動物園で飼育されることになった。

問2　下線部「顕著な例」とは，具体的に何の例ですか。 **14**

1. 外来種が固有種の脅威となる例
2. 外来種が独特の生態系を形成してきた例
3. 固有種がその場所に多く生息する例
4. 固有種が海によって隔離された場所に住む例

XIII　次の文章を読んで後の問いに答えなさい。

教育について書かれた本は，だいたい二つに分けられます。一つは「どう教育すればいいか」について，もう一つは「教育とは何か」についての本です。

子どものやる気を引き出すにはどうすればいいか，集中力・記憶力・判断力・生きる力を育てるにはどうすればいいか，いい大学に合格する学力を身につけるにはどうすればいいか，などは前者の「どう教育すればいいか」に当たります。世の「教育書」なるものの多くはこのグループに入るでしょう。生まれる前の*胎教(たいきょう)に始まり，赤ちゃんや幼児のしつけ，おけいこごとや早期教育，学校や受験のための勉強，職業教育や社会教育，そして認知症対策に至るまで，どうすればいい成果が得られるかについて書かれた本は**枚挙(まいきょ)にいとまがありません。

しかし本書は，そういうことについては，ほとんど触れていません。特に他人と比べて学業成績を上げるためにどうすればよいかということについては，考えてもほとんど無駄なことなので，はじめから問題にしません。

それが一番重要なのに!?　そうではないのです。本書では生徒も親も一番心配するくらい大事そうな問題が，なぜ考えても無駄なことなのかについて説明します。むしろ教育の問題はそんなところにはないのだということを論じていきます。

（安藤寿康『なぜヒトは学ぶのか　教育を生物学的に考える』講談社）

*胎教(たいきょう)：お腹の中にいる赤ちゃんに対して行う教育

**枚挙(まいきょ)にいとまがない：例がたくさんあること

問1　この文章の内容と合っているものはどれですか。 **15**

1. 教育書の多くはどう教育すればいいかについて書かれている。
2. 教育書は子どもの胎教から認知症対策に至るまで役に立つ。
3. いい大学に合格する学力を身につけるにはよい教育書が必要である。
4.「教育とは何か」について書かれた本が教育には重要である。

問2　下線部「本書は，そういうことについては，ほとんど触れていません」とありますが，その理由として最も適当なものはどれですか。 **16**

1. 筆者は，学業成績を上げる方法についてあまり知らないから。
2. 筆者は，どう教育すればいいかよりも重要なことがあると考えているから。
3. 筆者は，教育とは何かについて考えても無駄だと思っているから。
4. 筆者は，他の本に書かれていることを論じても意味がないと思うから。

XIV　次の文章を読んで後の問いに答えなさい。

かつて，ある大学の研究者グループがX社のブランド価値を試算したところ，三兆数千億円という桁違い（けたちが）の好結果となりました。…（略）…

ブランド価値が高くなればなるほど，消費者は疑うことなく商品を買ってくれるわけだから，企業は，色々な誘惑に駆られることになります。例えば，X社の業績が徐々に悪化するとしましょう。現場の社員は，それまで使っていた高品質の部品をやめ，品質の劣る部品に切り替えるかもしれません。外から見えないため，こんな手抜きをやったところで，売上には大して影響しないからです。これがうまくいけば，味をしめ，X社は，次の手抜きを始めます。他の職場もこれに追随（ついずい）し，手抜きは組織全体に広がっていきます。そもそも，信じて疑わない消費者など，騙（だま）そうと思えば，*赤子（あかご）の手をひねるより簡単に欺（あざむ）くことができるからです。

ブランド価値とは，企業の競争力の源泉であり，企業が最も大切にしなければならない無形資産です。しかし「妥協することのない誠実さ」がなければ，企業は，最も大切であったはずの「信頼という資産」から真っ先に手をつけ，着実にこれを食いつぶしていきます。そして，ある日，突然，**堰（せき）を切ったように問題が表面化し，競争力を完全に失ってしまいます。

（高巖『コンプライアンスの知識』日本経済新聞出版社）

*赤子（あかご）の手をひねる：簡単なことのたとえ

**堰（せき）を切ったように：たまっていたものがあふれ出す様子

問1　この文章で筆者は，企業にとってブランド価値はどのようなものだと言っていますか。 **17**

1. 企業の価値を高めるもの
2. 売り上げに大して影響しないもの
3. 不正をしてでも手に入れたいもの
4. 消費者の資産を奪うためのもの

問2　第二段落で筆者はX社の例を述べていますが，X社が例のように行動した場合，結果的にどうなりますか。 **18**

1. 安い費用で製品を作れるようになり，多くの利益を得る。
2. 多くの客が買うようになり，ブランドの価値が上がる。
3. 他の企業にまねをされて，自社の競争力が失われる。
4. いずれ信頼を失い，客に商品を買ってもらえなくなる。

XV　次の文章を読んで後の問いに答えなさい。

本能という言葉は，特に生物学にかかわりがない人でも，いつかどこかで耳にしたことがあるに違いない，比較的なじみのある言葉ではないでしょうか。皆さんも中学か高校の生物の授業で教わったことがあろうかと思います。そこでは本能とは「動物をしかるべき行動へと駆り立てる，動物に生まれながらに備わっていると想定される性質，あるいはそれによって発現する行動」というような内容で教わったかと思います。ここで「動物に生まれながらに備わった……」は，言い換えると「動物が経験や学習をしなくても実行できる……」という意味です。

このような規定に合致する行動は，一般的には生まれたばかりの新生児か，あるいは生後間もない乳幼児に発現することが期待されます。なぜなら，乳幼児はそれ以前に何らかの行動を経験する機会がほとんどないからです。それゆえ彼らが示す行動は彼らがはじめて行う行動であり，それ以前に経験したことがない行動だからです。こういうわけで新生児あるいは乳幼児など，生後間もない子供の行動は本能の定義によく合致すると考えられます。

（小原嘉明『本能　遺伝子に刻まれた驚異の知恵』中央公論新社）

問1　下線部「このような規定」を言い換えたものとして，最も適当なものはどれですか。 **19**

1. 生物学の定義
2. 本能の定義
3. 動物の定義
4. 学習の定義

問2　下線部「生後間もない子供の行動は本能の定義によく合致する」理由として，最も適当なものはどれですか。 **20**

1. 乳幼児は，過去の経験がないから
2. 乳幼児であっても，本能が備わっているから
3. 乳幼児は，経験していないことはできないから
4. 乳幼児は，動物のように行動をするから

XVI　次の文章はよい授業環境を作ることについて述べた文章です。文章を読んで後の問いに答えなさい。

生徒が自然に声を出せる雰囲気を教師側が意図的に作りましょう。自習時間や休憩時間は，教室の空気が授業とは大きく違っています。緊張感がなく，リラックスし，笑顔で友達と話をしています。これと同じ状況を授業中に作ることは必ずしも適切ではないかもしれませんが，情意フィルターを下げ(＝リラックスさせ)，話がしやすい空間を作ることが，生徒を積極的に授業に参加させるには必要不可欠です。もちろん，緊張感を持たせることも大切ですが，50分間ずっと張り詰めた空気では，生徒も疲れてしまいます。(　A　)と(　B　)。これら2つの相反する空気を授業の中でバランスよく織り交ぜることで，メリハリのある授業が生まれます。

教師が指名しなくても，生徒の答えや意見が活発に飛び交う教室は非常にリズムが良く，心地よいものです。逆に教師が一方的に知識伝達型で授業を進め，本来中心になるべき生徒が終始受身の授業では，双方ともにノレません。生徒を積極的に参加させるためには，「自分たちも先生と一緒に授業を作っていて，授業づくりのひとりの役者として重要な役割があるのだ」という気持ちを持たせることです。そうすれば責任感も生まれます。

(静哲人他『英語授業の心・技・愛　小・中・高・大で変わらないこと』研究社)

問1　（　A　）と（　B　）に入るものの組み合わせとして，最も適当なものはどれですか。 **21**

1. A：教師　　　B：生徒
2. A：安心感　　B：緊張感
3. A：授業時間　B：自習時間
4. A：意図的　　B：積極的

問2　この文章で筆者が言いたいこととして，最も適当なものはどれですか。 **22**

1. 生徒が授業にノレるようにリズムのいい音楽をかけるといい。
2. 教師も生徒も常に緊張感をもって授業を行ったほうがいい。
3. 教師だけでなく生徒にも実際に授業をさせたほうがいい。
4. 生徒が話しやすい雰囲気を作って積極的に授業に参加させるといい。

XVII　次の文章を読んで後の問いに答えなさい。

わたしたちは，物理的にも非物理的にも多様な「しきり」を行っている。ここでは，それらにかかわる空間的・時間的しきりを見ておきたい。まず，空間的しきりから検討してみよう。

たとえば，朝夕の満員電車の中では，理不尽なことにわたしたちは見ず知らずの他人と身体を接触させざるを得ない状態を強いられている。

通常，わたしたちは，距離（空間）がとれるものであれば，見知らぬ他人とはかならず一定程度離れたところに身体を置く。空間的に他者とのしきりを無意識につくっているのである。そのしきりは，おそらく動物的な行動としてあると思われる。たとえば，レストランに入ると，席を見回す。できるだけ，気持ちのいい席を探して目で確認する。その条件は，かなり複雑かもしれない。窓からの眺め，通路の人通り，そして間違いなく他人の席との距離を求める。この距離は他人との「しきり」である。

こうした，わたしたちに備わっている*プリミティブなしきり感覚を満員電車の空間は，圧倒的な力で消失させてしまうのである。

同じ電車でも特急などのように，指定席がある場合，そこは自由席とは異なって，定員を超過して人が詰め込まれることはない。指定席があれば，もちろん座席に座って移動できるということが最大のメリットであるが，同時に，定員を超過しない，つまり他人との距離がある程度確保できるということもまた，快適さを保証してくれる。いわゆる**グリーン車の場合，座席がゆったりとして，身体を伸ばすことができ，くつろぐことができる。また同時に，他人との個体間距離が広がることが，快適さにつながる。これが，列車の個室であるなら，他人と空間を共にすることなく，完全に距離を保てる。快適このうえない。航空機の座席でも同様のことがいえる。空間をとることが，身体にくつろぎを与えると同時に，他者とのしきりを生んでくれる。このしきりの感覚にこそ，人々は，特別料金を払っているのではないか。

満員電車の中で，わたしたちは身体を接する他人との距離を物理的にはとれないとなると，非物理的にとることを考え始める。たとえば，目をつぶることで，視覚的に現状を消し去ろうとする。わずかに車窓から外の風景が見えれば，それを眺める。考え事をする。新聞を広げる空間はないので，小さな本が読めればそれを読む。とにかく現状を遮断（しゃだん）しようとつとめる。ウォークマンのようなヘッドフォン・ステレオの出現は，室内空間に固定されることなく音楽や音を室内から自在に引き離し，わたしたちに新しい感覚や意識をもたらした。と同時に，満員電車の中で，音の異空間を与える装置ともなった。携帯電話が登場してからは，携帯電話もまた，異空間を与えるものとなっている。電車の中で，携帯電話のメールを送受信することで，たちまちメディア空間の中に入っていける。

（柏木博『「しきり」の文化論』講談社）

*プリミティブな：根源的な

**グリーン車：特急列車や新幹線で指定席以上の追加料金を払って乗る特別な座席

問1　筆者は第五段落で，電車や航空機の席について述べていますが，ここではどんなことに人は特別料金を払うと言っていますか。 **23**

1. 他人との距離をとること
2. 座席を確保すること
3. より速く目的地に到着すること
4. 乗務員からよりよいサービスが受けられること

問2　筆者はこの文章で，満員電車で他人と身体を接触せざるを得ない状況のときには，どうすればよいと言っていますか。 **24**

1. 空いている電車に乗り換える。
2. 音楽プレーヤーや本を他人との間に挟む。
3. 他人が聞いている音楽に意識を集中させる。
4. 頭の中でしきりを作る。

問3　この文章の内容と合っているものはどれですか。 **25**

1. 人はもともと物理的，もしくは非物理的に他人と距離をとろうとする。
2. 人は他人との物理的な距離がとれない環境に入ることで，鍛えられる。
3. 人は他人と親密になる過程で，物理的なしきりを取り除こうとする。
4. 人は他人との理不尽なしきりをなくすため，メディア空間に入っていく。

- memo -

- memo -

- memo -

第3回

模擬試験

記述問題

記述問題は，二つのテーマのうち，どちらか一つを選んで，記述の解答用紙に書いてください。

解答用紙のテーマの番号を○で囲んでください。
文章は横書きで書いてください。

記述問題

以下の二つのテーマのうち，どちらか一つを選んで400 ～ 500字程度で書いてください（句読点を含む）。

1.

電気自動車はエンジン音がしないので，走っているときでも静かです。しかし，静かなことは，良いことばかりではないようです。

自動車の走行音が静かなことの良い点と悪い点の両方に触れながら，自動車の走行音について，あなたの考えを述べなさい。

2.

最近，会社以外の自分の好きな場所で仕事をするリモートワークが増えています。しかし，リモートワークは，良いことばかりではないようです。

リモートワークの良い点と悪い点の両方に触れながら，リモートワークについて，あなたの考えを述べなさい。

読解問題

読解問題は，問題冊子に書かれていることを読んで答えてください。

選択肢1, 2, 3, 4の中から答えを一つだけ選び，読解の解答欄にマークしてください。

I　下線部「変化が生じた」とありますが，どのような変化が生じたのですか。　**1**

海や海岸は重要な観光資源のひとつである。しかし，海や海岸が存在するだけでそこに「訪れるべき価値」があるとは限らない。海や海岸の存在とともに，海や海岸に対する人びとの価値づけによってその空間が「訪れるべき価値」をもったりもたなかったりする。このことは，観光というテーマから海や海岸をとらえる場合には，海や海岸に対する人びとのまなざしに着目する必要があることを意味する。

…（略）…

漁業や舟運での利用を除き，従来さほど高い評価を受けてこなかった「単調な砂浜海岸」に対し，日本人が「訪れるべき価値づけ」を行った重要な転機が海水浴の導入である。海水浴は，日本において導入の時期がかなり明確になる行為のひとつである。海水浴は明治期に日本に導入され，その後の日本における海岸利用や海岸観光地の形成に大きな影響を与えた。また，そのような影響をもたらした背景として，海水浴という行為を通じて日本人の海岸風景に対するまなざしに変化が生じたと考えられる。

（小口千明「第10章　日本における海水浴の受容と海岸観光地の変化」
小口千明・清水克志編『生活文化の地理学』古今書院）

1. 海水浴場だったものが観光地となった。
2. 評価の低かった漁業や舟運が高い評価を受けた。
3. 重要だと思っていたものを重要だと思わなくなった。
4. 価値のなかったものに価値づけがされた。

II　ハイキングへの参加を希望する学生が，最初にしなければならないことは何ですか。 **2**

国際交流ハイキング　参加者募集

みなさん，気持ちよく体を動かしながら，国際交流しませんか？　留学生と日本人学生の交流を目的として，××山への日帰りハイキングを実施します。動きやすい服装と歩きやすい靴があれば，特別な道具は必要ありません。体力に自信がない人でも大丈夫。片道1時間ののんびりしたコースなので，だれでも参加できます。

大自然のきれいな空気を吸いながら，のんびりハイキングをすれば，知らない人ともすぐに仲良くなれるはずです。このチャンスを利用して，たくさん友だちを作ってください。みなさんの参加をお待ちしています。

日時：20XX年10月10日（日）10：00 ～ 15：00（9：45集合）

集合場所：大学図書館前　※大学から登山口まではスクールバスで行きます。

費用：無料

参加資格：○○大学の学生であれば，どなたでも参加できます。

雨天時：小雨の場合は実施します。中止の場合は，当日朝8：30にみなさんにメールを送るので，メールチェックは忘れずに。

申し込み：大学会館1階の学生事務室にある申し込み用紙に必要事項を記入して，そこにある申し込みボックスに入れてください。

その他：活動中にけがをした場合は，学生保険から治療費が支払われます。未加入の人は新たに加入する必要があるので，申し込み用紙の提出前に保健管理センターで保険の加入の有無を確認してください。

問い合わせ：わからないことがあったら，まずは国際交流サークルの山田に電話してください。（山田：090-XXX-XXX）

1. メールをチェックする。
2. 保健管理センターに行く。
3. 大学会館1階の学生事務室へ行く。
4. 国際交流サークルの山田さんに電話する。

III　次の文章の内容と合っているものはどれですか。　**3**

AIが人間の仕事を代替するから，人間はやがていらなくなるというのは幻想だ。

もちろん，誰でもできるような単純作業や何度も繰り返し発生するようなタスクは，どんどん自動化されていくし，AIのほうが得意な仕事もたくさんあるが，それで代替されるのは，人間の仕事の一部にすぎない。むしろ，退屈な仕事から解放された人間が，より専門分野に特化して能力を発揮できるようになる，というのが本来の姿である。

みなさんが現在行っている仕事のうち，あまり頭を使わずにこなせるルーティンワークや，ほかの誰でもできるような簡単な仕事をAIが担ってくれるとしたらどうか。

それによって空いた時間や処理能力を，自分にしかできない分野に振り向けることで，自分の能力が最大限引き出されるようにならないだろうか。それは個人の成長につながるし，ひいては企業の競争力アップにもつながる。「AI＝自動化」と考えてしまうと，コスト削減→生産性向上ばかりに目が向きがちになるが，AIによって，人間がムダな仕事から解放される効果のほうが，長い目で見ればはるかに重要なのだ。

つまり，AIは人間の仕事を奪うのではなく，むしろ，人間の仕事をアシストしてくれる存在といえる。それによって，人間はより人間らしく働けるようになるわけで，人間にとって，AIは最高のパートナーとなり得る存在なのだ。

（堀田創・尾原和啓『ダブルハーベスト　勝ち続ける仕組みをつくるAI時代の戦略デザイン』ダイヤモンド社）

1. 将来AIが人間の仕事を奪って仕事を失う人が増えるだろう。
2. AIは人間の仕事のほとんどを自動化してくれる可能性を持っている。
3. 一部の仕事はAIに任せて人は人にしかできない仕事をすればいい。
4. 人間が手助けすることでAIは能力が最大限に引き出される。

IV 「都市の規模分類」について述べたものとして，この文章内容と合っているものはどれですか。

4

都道府県や市町村など種々の地域を対象として，その地域特性を明らかにする目的でいろいろな地域分類がおこなわれる。そのなかで，最も典型的なものは，都市の分類である。…（略）…

都市の分類に際しての主要な視点は，都市の立地，規模，機能，形態，構造，発達度など多岐にわたっている。このうち，行政目的や市場調査などのためによく用いられるのは，都市の規模分類と機能分類である。

都市は，通常，大都市，中都市，小都市といったように，その規模によって区別されるが，その規模は，一般に，都市の人口の大きさで表わされる。しかし，人口がどの程度であれば大都市であり，中都市であるかといった規模の区分の仕方については，かならずしも定説があるというわけではない。とくに日本のように，通常，都市として用いられている行政上の“市”の実態が実質的な都市の姿を示さなくなっている場合には，人口の大きさが，かならずしも，その都市の実態的な規模を示すとは限らなくなっている。とはいっても，人口100万の市と人口５万の市を比較すれば，やはり実態的な規模も前者のほうが大きいという点については異論の余地はないと思われる。このような観点から，都市の規模を便宜上人口の大きさによって表わすことがおこなわれる。

（大友篤『地域分析入門』東洋経済新報社）

1. 行政目的や市場調査では，都市は人口によって規模分類される。
2. 都市の規模と人口は異なるので，人口は都市の規模分類に使われない。
3. 都市の規模を分類するために人口を用いることに異論の余地はない。
4. 都市の規模については人口に関わらず行政が大都市から小都市を分類する。

V　次の文章の下線部「その」が指す内容として，最も適当なものはどれですか。 **5**

クラシック音楽時代の特徴として，*ラモーによる和声学の確立に代表されるように，音楽理論が飛躍的に整理されると同時に，楽器自体が目覚ましい進化をとげたことが挙げられます。

楽器が進化するということは，すなわち音が安定し，音域が広がり，演奏技術が豊かになる，といったことを促します。

また，楽器が進化するにつれて，合奏用としてオーケストラに迎え入れられるようにもなります。当初は室内楽の編成のように小規模な，あるいは少数の楽器による合奏だったのが，楽器の数が増えることで，オーケストラを構成する人数が増加していきます。

その大所帯に演奏してもらおうと，こんどは作曲家たちが腕を競うように次々と新しい交響曲を発表していきます。さらには，当時の，腕に覚えのある演奏家たちが自身の技術を際立たせるために，あえてテクニックをひけらかすかのような難解な曲を書いていくようになったのです。ピアノでいえばショパンやリスト，バイオリンならパガニーニなどが，その代表格でしょう。

（フランソワ・デュボワ『作曲の科学　美しい音楽を生み出す「理論」と「法則」』講談社）

*ラモー：フランスの作曲家，音楽理論家

1. クラシック音楽を代表する曲を書くこと
2. オーケストラで演奏してもらえるような曲を書くこと
3. ピアノやバイオリンが演奏の中心となるような曲を書くこと
4. 簡単には演奏できないような難しい曲を書くこと

VI　ペンギンの泳ぎについて，今回わかったことは何ですか。 **6**

ペンギンが巧みに泳げるのは，水中で翼の曲げ方を変えて効率よく推進力を得ているから。そんな研究成果を，東京工業大の田中博人・准教授（流体力学）のチームが発表した。ペンギンが泳ぐ姿を多数の水中カメラで撮影し，翼の動きなどを解析した。

ペンギンは，小魚などを追いかけて巧みに泳ぐ。一流の競泳選手が時速８キロほどなのに対し，最速のジェンツーペンギンは時速30キロ以上に達するという。水中で左右の翼を上下にはばたかせて前に進む際，翼を少しだけ「へ」の字のように曲げていることは知られていた。ただ，実際に翼をどう動かしているのか詳細はわかっていなかった。

チームは，長崎ペンギン水族館（長崎市）にある展示用の大型水槽内に最大14台の水中カメラを設置し，ジェンツーペンギン３羽の泳ぐ姿を撮影。翼の付け根１ヵ所と，真ん中付近の２ヵ所に目印を付け，泳ぐ時の動きを「３次元運動解析」という手法で調べた。

その結果，翼を背中側に振り上げて水をかく「打ち上げ」の時と，上げた翼をおなか側に振り下ろす「打ち下ろし」では，翼の曲がり具合が微妙に異なることがわかった。打ち下ろしでは，翼は下向きに10度程度しか曲げないのに対し，打ち上げでは20度以上も曲がっていたという。

（川村剛志「ペンギン，泳ぐコツは翼の曲げ方　東工大，上下の水かく角度解析」
朝日新聞2021年11月30日）

1. 翼の付け根１ヵ所と真ん中２ヵ所を使って，３次元運動をして泳いでいること
2. 最も泳ぐのが速いペンギンは，時速30キロ以上の速さで泳ぐことができること
3. 翼を少しだけ「へ」の字のように曲げながら，上下に動かして前に進んでいる
4. 翼を振り上げるときと振り下ろすときでは，翼の曲がる角度が違うこと

VII　次の文章で筆者はスポーツ医学にとって最も重要なことは何だと言っていますか。 **7**

「スポーツにケガはつきもの」という見方がある。確かに，よく整備されたスポーツ環境の中で適正に行われていたスポーツ活動においても，まったく予測できない原因や要因によってスポーツ外傷・障害，重大事故が発生することがある。

このようなスポーツ外傷・障害，重大事故を早期に発見し，適切な医学的対応（救急処置，正確な診断と治療，リハビリテーション等）を行い，確実にスポーツ現場に復帰できるように尽力することがスポーツ医学の重要な使命である。

しかし，もっと大切なことは，そうしたスポーツ外傷・障害，重大事故がそれ以後も同様の形で発生することがないように，一例一例について丹念に分析することである。過去の同様の事例や関係資料・文献，データ等を収集・整理して，それぞれのスポーツ外傷・障害，重大事故の発生要因の分析を行い，具体的な予防対策を講ずることが，スポーツ医学に求められる重要な学術的・社会的使命である。

（武藤芳照『スポーツ医学を志す君たちへ』南江堂）

1. 選手が自分で医学的対応をできるようにすること
2. ケガが起きたときに適切に医学的対応をすること
3. 同じようなケガが起こらないようにすること
4. ケガがどの程度ひどいか詳しく分析すること

VIII　次の文章の下線部「真の協調的関係」と日本における協調的関係を比較して，日本における協調的関係に欠けていることは何ですか。　**8**

一般に社会性という言葉からイメージされるのは，他人と協調的関係を持つことができるということではないだろうか。とくに学校教育においては「手のかかる子」を「社会性がない」とか「協調的でない」と，評価することが多いように思える。

そして，*わが国では，協調的関係というとき，ともすると他人の言うことをよく聞くということが強調されがちである。すなわち，相手の言い分を認めて譲(ゆず)ることによって仲良くすることが強調される。

しかし，真の協調的関係とは「相手の言い分をよく聞いて尊重すると同時に，自分の考えを伝え生かし，調和的結果を生むこと」なのではないだろうか。アサーティブという言葉がある。これは時には「自己主張的」と訳されることもあるが，現在ではそのまま「アサーティブ」と使われることが多い。

…（略）…

日本語の自己主張という言葉は，どちらかというと否定的なニュアンスを持っている。「あの人は自己主張が強い」とか，「自己主張ばかりしてはいけない」というがごとくである。しかし，アサーティブという言葉は，自分の主義や主張をはっきり言うだけでなく相手の言い分も聞き，きちんと議論できることを指している。したがって，アサーティブであるためには，相手の言い分を聞く能力と，自分の意見や感情を正しく把握していることが必要とされる。

（二宮克美・繁多進『たくましい社会性を育てる』有斐閣）

*わが国：ここでは，日本のこと

1. 自己主張を控えること
2. 自分の考えを伝えること
3. 相手の言うことをよく聞くこと
4. 相手の言い分を認めて譲ること

IX　この文章で筆者が最も言いたいことはどれですか。 **9**

私たちの社会は，１人１人の労働がつながることで，快適な生活を送ることができています。スーパーマーケットやコンビニエンスストアに行くと商品が置いてあり，必要なものを買うことができます。そのお店までどのようにして商品が届いたかを考えると，じつにたくさんの人がかかわっていることがわかります。

まず，商品をつくる会社があり，そこで働いている人がいます。商品生産に機械を使うとすれば，その機械をつくってくれる会社とそこで働く人たちがいます。できた商品は，運送会社によって運ばれますが，運ぶためにはトラックが必要です。トラック製造会社で働いている人がかかわっています。トラックを走らせるには燃料が必要ですから，石油会社で働いている人たちも関係します。…（略）…ちょっと考えただけでも，思ったより多くの人が関係していることがわかると思います。

…（略）…

働くとは，この連鎖のどこを担うかということです。…（略）…社会の仕組みの中に自分の仕事を位置づけるという視点が大切です。ちょっとしたことのように見える仕事でも，鎖素子（くさりそし）（鎖の1つの輪）をなしていて，その輪が途切れると，ものごとが円滑に進まなくなります。どんなに小さな鎖素子にも役割があり，その役割を果たすことで社会がまともな状態に保たれるのです。

（藤村博之『考える力を高めるキャリアデザイン入門　なぜ大学で学ぶのか』有斐閣）

1. どんな仕事でも社会を構成する一つの要素となっている。
2. 店で一つの商品を売るためには多くの人が関わっている。
3. 人と人のつながりに注目すると社会の仕組みが見える。
4. トラックで荷物を運ぶためにはより強い鎖が必要になる。

X　下線部「画家は売れないと30歳くらいでやめてしまいます」とありますが，その理由として最も適当なものはどれですか。　**10**

20代は，仕事面経済面では，きわめて恵まれた時代でした。

はるか昔からいまに至るまで，ずっと画家は食えないと言われ続ける中，僕の絵は売れ続けていました。

…（略）…

日本の場合，画家は売れないと30歳くらいでやめてしまいます。

作品は額縁(がくぶち)に入れると，5センチくらいの幅になります。それが売れずに25点，30点となると，部屋が作品で埋まってしまい，創作スペースや生活スペースを圧迫してしまうのです。

リアルな世界で*テトリスをやるように，作品を動かし，位置をずらしながら，部屋の中を移動しなければならない。

在庫を消化できないと，作品がたまりすぎて，生活も制作もできなくなります。物理的に自分の作品に圧迫されて，やめざるをえなくなるのです。

大学卒業後，同級生のアトリエを訪ねたときのこと。6畳ひと間の彼の部屋は，洗面所まで作品があふれていました。制作スペースは，布団が引かれたままの1畳程度。つまり，生活スペースも1畳です。彼はその後，制作をするのをやめたと聞きました。

マイノリティの話ではなく，これが業界のマジョリティです。そういった立場から見れば，僕の20代はあまりにも恵まれていました。嫉(ねた)まれるのも，当然のことです。

（中島健太『完売画家』CCCメディアハウス）

*テトリス：パズルゲームの一つ

1. お金がなくて生活できなくなるから
2. 20代のように才能に恵まれなくなる
3. 忙しくなって絵を描く時間がなくなるから
4. 自分の部屋がどんどん狭くなっていくから

このページには問題はありません。

XI　次の文章を読んで後の問いに答えなさい。

「トンネルを抜けると雪国であった。……」は，川端康成の名作「雪国」ですが，太平洋側と日本海側の気候には，きわだつ対照的な現象があります。そのひとつは冬の積雪（日本海側）と乾燥（太平洋側）です。こうした気候の違いは，太平洋側と日水海側に生える植物にかなりの影響をおよぼしています。なかでも積雪はそこに生える植物の生育期間や枝のねばりなどに作用したと考えられます。ブナは日本海側にも太平洋側にも分布していますが，両者の間にかなりの違いが見られます。太平洋側のブナは，日本海側のブナに比べて葉が小さく，枝にはねばりがありません。人の腕ほどの太さがあっても，太平洋側のブナの枝は人が乗れば簡単に折れます。日本海側のブナの葉は大きく，枝ばかりか幹にもねばりがあり，若木は冬季には斜面に接して伏せてしまい，雪の中に埋もれています。雪が融けると再び，幹は立ち上がります。このような幹や枝の*可塑性は太平洋側のブナではたいへん劣っています。

こうした違いは積雪の多い地域で顕著に見られますが，日本海側でも積雪の少ない地域では，太平洋側のブナに近いかたちをとります。したがって，この変化は，**対馬海峡などが開いて日本海に暖流が流れ込んで多雪化した，いまから一万年前以降に顕在化したと考えられています。

（大場秀章『森を読む（自然景観の読み方4）』岩波書店）

*可塑性：ここでは柔らかくて力が加わっても元の形に戻りやすい性質の意味

**対馬海峡：九州と朝鮮半島の間の海峡

問1　下線部「太平洋側のブナに近いかたち」を言い換えたものとして，最も適当なものはどれですか。 **11**

1. 冬の間には斜面に接して，雪に埋もれてしまう性質
2. たくさんの雪が木に積もっても，ねばりがあって折れない性質
3. 太い枝でも力が加わると，簡単に枝が折れるような性質
4. 葉が大きく，枝や幹にもねばりがある性質

問2　この文章の内容と合っているものはどれですか。 **12**

1. 太平洋側と日本海側では気候に違いがあり，それがブナの性質にも影響している。
2. 太平洋側と日本海側では気候に違いがあるが，ブナの性質は似ている。
3. 太平洋側と日本海側では気候に違いがないが，ブナの性質は異なるものである。
4. 太平洋側と日本海側では気候に違いがなく，ブナの性質も似ている。

XII　次の文章は，日本の高校の読書活動について述べたものです。文章を読んで後の問いに答えなさい。

読書活動は読書指導の一つです。高校でも朝の10分間読書をはじめとした取り組みの中で，徐々に読書活動が取り入れられるようになってきました。特に生徒が自由に本を選んで読む，いわゆる自由読書が推進されています。自由読書での本（読書材）は，主に物語や小説を中心としており，生徒が読書に親しむ習慣を養うという点では一定の成果がみられます。

ただし，大人数で一斉に行う読書活動は，一人ひとりの専門性を大切にする高校の先生にとっては画一的に見えてしまう面もあるのではないでしょうか。先生自身の信条としてなかなか馴染(なじ)めないという現実も見られます。

朝読書を導入している高校では，生徒にとっても勉強や部活動で忙しい毎日の中にあっても読書時間が確保されていることから好意的に受け止められているという面があります。その一方で，生徒自身の意識にも差があり，活動自体が*形骸化(けいがいか)しているという課題も出てきています。例えば，一斉読書の時間に本を読まずに，宿題をやっていたり，小テストなどの準備をしていたりなどです。

読書活動のように即効性を実感しにくい取り組みについて，高校教員はもとより，生徒自身のモチベーションがけっして高いとは言えない面があります。読書活動では自校の生徒の実態に即して取り組むという視点が欠かせません。

（高見京子・稲井達也『「探求」の学びを推進する高校授業改革　学校図書館を活用して「深い学び」を実現する』学事出版）

*形骸化(けいがいか)：形だけになってしまって内容がないこと

問1　読書活動について，この文章の内容と合っているものはどれですか。 **13**

1. 生徒だけではなく教員にも読書活動に否定的な考えを持つ人がいる。
2. 読書活動を行ったほとんどの高校では，読書活動に成果が見られない。
3. 部活動や勉強で忙しい生徒が多ければ多いほど読書活動は行われにくい。
4. 宿題やテストの方が大切なので，ほとんどの高校で読書活動は行われていない。

問2　筆者の主張として，最も適当なものはどれですか。 **14**

1. 先生の専門性を生かしたような読書活動を行ったほうがいい。
2. 読書活動に時間を取るよりも宿題や小テストに時間を使ったほうがいい。
3. 高校の先生と生徒が話し合って効果的な読書活動の方法を決めたほうがいい。
4. それぞれの学校の事情に合わせて調整しながら読書活動を行ったほうがいい。

XIII　次の文章を読んで後の問いに答えなさい。

複数の動物園で飼育されている動物をひとつの群れに見立てて，国内，時には国外とも連携して，繁殖させていくことを「共同繁殖」という。

日本では，90年代にフンボルトペンギンなど絶滅が心配されるペンギンの共同繁殖の仕組みがうまくまわり始めたのが初期の成功例だ。ペンギンは動物園と水族館が共通して飼っている動物なので，ふだんはあまり接点がない動物園と水族館の交流の場にもなったと評価されている。今，ペンギンを群れで飼っているような動物園水族館に行けば，ほぼ必ず，他の園館生まれの個体がいる。飼育員に聞いてみると，快く教えてくれるはずだ。

一方，ゴリラなどの類人猿のように園の看仮を張る立場の人気動物は，そう簡単にはいかなかった。ペンギンの場合は，群れで勝負する見せ方をしていることが多いので，そのうちの何羽かを交換したりするのも別に抵抗はなかったのだが，これが，「ゴリラの○○」と名前がつき人気者になっている場合にはそうはいかない。そこで，所有権を移さずに繁殖のために一時移動する「ブリーディングローン」という手法が取り入れられて，2010年代になってやっと確立してきたところだ。たとえば「○○動物園のホッキョクグマが繁殖相手のいる○○動物園に移る」とか，「うちのチンパンジーやレッサーパンダは，ブリーディングローンで来ている」などと普通に聞くようになってきた。

（川端裕人・本田公夫『動物園から未来を変える　ニューヨーク・ブロンクス動物園の展示デザイン』亜紀書房）

問1　下線部「快く教えてくれるはずだ」とありますが，何を教えてくれるのですか。 **15**

1. 園館のどこにペンギンがいるか
2. どうやってペンギンを育てるか
3. どれが他の園館から来たペンギンか
4. どこの動物園や水族館にペンギンがいるか

問2「ブリーディングローン」の手法で他の園館に行く動物についての説明として，最も適当なものはどれですか。 **16**

1. 行った先の園館で新たに名前をつけてもらえる。
2. 人気のない園館の宣伝のために他の園館に行く。
3. 他の園館に行っても所属は元の園館のままである。
4. 繁殖が成功しない限りは元の園館に戻って来られない。

XIV　次の文章を読んで後の問いに答えなさい。

世界には，山がけずられて平らになった大平野がありますが，日本の平地は，山がけずられてできた土砂が海や谷あいを埋めてつくった平野や盆地で，平地はおもに*堆積(たいせき)の作用でつくられています。山から土砂を削りだしてそれを運ぶ働きをするのは川ですから，川こそが日本の平地をつくったということもできます。日本の川は，世界の川に比べて急な勾配(こうばい)で激しい流れをもっています。しかし，川がいつも平野をつくるような土砂を運搬しているわけではありません。何十年，何百年に一度といった大洪水のときに，あっというまに厚さ一〇メートルとか二〇メートルといった堆積原(たいせきげん)をつくってしまうのです。

私が経験した例をあげましょう。一九六八年に常願寺川(じょうがんじがわ)で洪水がおこりました。このとき**立山山麓(たてやまさんろく)で，その前年に泊まった千寿ヶ原(せんじゅがはら)の河畔(かはん)の宿が広大な河原の下に消えてしまいました。洪水によって運ばれた土砂が一〇メートル以上も河原を高くしたのです。…（略）…高さが一〇～二〇メートルぐらいの段丘(だんきゅう)なら一日とか二日のうちにできてしまうのだなと自然のすごさにびっくりしました。

（五百沢智也『地図を読む（自然景観の読み方9）』岩波書店）

*堆積(たいせき)：砂や石などが積み上がること
**立山山麓(たてやまさんろく)：立山という山のふもと

問1　この文章の第二段落は，何の例として挙げられていますか。 **17**

1. 筆者が自然の怖さを感じた例
2. 短い期間に地面の高さが上がった例
3. 大洪水によって大きな被害を受けた例
4. 何百年に一度の大雨が大洪水をおこした例

問2　この文章の内容と合っているものはどれですか。 **18**

1. 日本では山の土砂が川に流れ，川を埋めることで平地になることが多い。
2. 日本では大雨で山がけずられ，その山が平らになることで平地になることが多い。
3. 日本では山が大洪水によって土砂に埋もれて平地になることが多い。
4. 日本では山の土砂を川が運び，海や谷を埋めることで平地になることが多い。

XV　次の文章を読んで後の問いに答えなさい。

人は昔から老いることを続けて来ました。どの時代にも老人は存在しました。…（略）…

にもかかわらず，幼少の頃や思春期，人生の盛りの時期について書かれたものと比べると，老年を主題とした著作はより少ないように思われます。文学作品について考えてもその傾向は明らかです。恋愛小説にしても親と子の葛藤（かっとう）を描く作品にしても，*冒険譚（ぼうけんたん）や歴史小説にしても，いずれも**青・壮年期の人物が主人公として活躍しています。歴史小説の中には主人公の老境が描かれるケースもありますが，それは盛んな生の結末としての扱いを受けるにとどまり，老いそのものの実質が主題として追究されているとは言い難い。

死は年齢に関係なく深刻な出来事ですが，老いたる末の死は若い季節の死に比してより自然であり，当然の事態の到来とも受け取られ，劇的な要素に欠けているためかもしれません。あるいは，老いるにつれて行動範囲が狭くなり人との接触も限られて来るので，ドラマが成り立ちにくい，とも考えられます。

しかしこれだけ老後が長くなってくれば，その中に何が沈み何が隠れているかをあらためて検討し，吟味し，確かめ直す作業が求められるのではないか。かつては稀（まれ）なことであった長寿が少しも珍しくはなくなった以上，今は劇的なものとしてではなく，日常的な光に浮かび上る主題としての老いの問題に取り組む必要が生れて来たのだ，とも言えそうです。

（黒井千次『老いるということ』講談社）

*冒険譚（ぼうけんたん）：冒険の物語

青・壮年期：青年期と壮年期。10代半ばから60代ごろまでの時期問1　この文章の第三段落「死は年齢に関係なく…」では，理由が述べられています。何に対する理由が述べられているのですか。 **19

1. 人は誰でも老いたる末に死を迎える理由
2. 若者より老人の方が文学作品を多く読む理由
3. 老人や老いを主題にした文学作品が少ない理由
4. 歴史小説ではよく主人公の老境が描かれる理由

問2　筆者の主張として，最も適当なものはどれですか。 **20**

1. もっと老いに目を向けるべきだ。
2. もっと長生きするべきだ。
3. もっと老人を敬うべきだ。
4. もっと老後の生活を考えるべきだ。

XVI　次の文章を読んで後の問いに答えなさい。

資源とは，*広辞苑(こうじえん)によれば「生産活動のもとになる物質，水力，労働力などの総称」。また，日本国語大辞典によれば「産業の材料・原料として見た地下の鉱物，山林，水産物，水力などの類」と定義される。両者の共通点は，生産活動にかかわる水，森林といった幅広いモノを想定している点である（労働力など人的なものを定義に含める場合もあるが，本書ではそれを除いたものとして考える）。いいかえるならば，資源とは，人々の営みを支える存在であり，かつそれが自然に存在し，人がつくりだすことができないものととらえることができるだろう。資源は，それぞれの特性の違いから様々な形で分類されている。例えば資源の自律的な回復可能性を基準にすれば，枯渇(こかつ)性資源と再生可能資源の二つに大別することができる。前者は，石炭，石油，金属といった鉱物資源，後者は，水，森林，漁場，温泉，大気，土地などがあげられる。両者の資源は，個々の特性によってその利用・管理のありようが異なるだけでなく，資源をめぐる議論の内容にも違いが生じている。枯渇性資源である石炭，石油，金属資源は，原料，エネルギー源としての側面が重視されるため，開発主体の展開に議論が集中し，資源管理の側面については，公害による汚染問題など他の資源との関係の範囲内で議論が行われる。一方，水や森林といった再生可能資源は，地域住民の生活や**生業(なりわい)と密接に結びつくため，資源の持続的な管理（保全）のありようが重要な論点となる。

（高柳友彦『温泉の経済史　近代日本の資源管理と地域経済』東京大学出版会）

*広辞苑(こうじえん)：日本で有名な辞書の一つ

**生業(なりわい)：仕事のこと

問1　この文章で定義づけている「資源」として含まれるものはどれですか。　**21**

1. 労働力
2. 時間
3. 金銭
4. 温泉

問2　この文章の内容と合っているものはどれですか。　**22**

1. 枯渇性資源は資源管理について議論されないが，再生可能資源は議論される。
2. 枯渇性資源は資源管理について議論されるが，再生可能資源ほどではない。
3. 枯渇性資源は資源管理について主に議論され，再生可能資源はそれが議論されない。
4. 枯渇性資源も再生可能資源もどちらも第一に資源管理について議論される。

XVII　次の文章を読んで後の問いに答えなさい。

子供は普通，児童期を終わり，いよいよ悩み多き思春期に入り，そして青年期を終え，成人になり，本格的に社会に羽ばたいていきます。しかし羽ばたく力の強い子や弱い子，羽ばたいているだけで飛ぼうとしない子，などさまざまです。これはまさに自立の意志（自立心）と自立力の問題なのです。自立心とは，親から精神的に，また経済的に独立し自立したいという気持ちあるいは意欲のことです。自立力というのは，そのように自立することができる能力（社会に出て自らの力で生きていくために必要な知識やスキルを獲得し発揮することができる力。たとえば社会や会社で評価される資格の取得・活用の能力や，営業や研究開発などの職務遂行能力，農業や漁業などの一次産品の生産能力，など）です。

たとえいかに自立力が高くても，本人に強い自立の意志がなければ，自立するという行動は具体的には生まれません。またどんなに自立したいという気持ちが強くても，自立力が弱ければ，自立という行動に踏み切れません。かりに自立したとしても，仕事に必要な能力がないために，その自立は失敗に終わるでしょう。つまり子供がしっかり自立した生活を送るには，本人に高い自立力と，強い自立の意志が必要なのです。ただしこの自立力を効率的に学習したり，また発揮させるうえで，高い社会性（対人関係能力）と問題解決能力が不可欠です。

言うまでもなく実際，自立力の強い子もいれば弱い子もいます。自立力の強い子は，自己意識も強く主体性や独立心も強い，場合によっては競争心や支配力も強いかもしれません。普通，自立力と自立の意志は相互作用の関係にあります。自立の意志が強くなると，自立力も強くなる，その逆もあります。つまり一言で言えば，自立力の強い子は明確なアイデンティティを持っているということができます。これが明確になるのは青年期に入ってからです。自分は何をしたいのか，何をしなければならないのか，どういう人間なのかがかなり分かっているのです。アイデンティティが確立しているから自立しようとする意志も強くなり，また自立力が強いから，アイデンティティ確立の努力も強くなっていきます。

（林伸二『自立力　思春期・青年期の問題と，その解決策』風詠社）

問1　この文章で述べられている「自立力」の例として，適当なものはどれですか。 **23**

1. できるだけ親と会わないように，遠いところに引っ越しをした。
2. 友だちといつも連絡が取り合えるように，SNSのグループを作った。
3. 一人暮らしをするために，親からお金を借りてアパートを借りた。
4. トラックの運転手になるために，大きい車が運転できる免許をとった。

問2　下線部「その自立は失敗に終わるでしょう」とありますが，その理由として最も適当なものはどれですか。 **24**

1. 子供の自立心が弱いから
2. 子供の自立力が弱いから
3. 子供の自立心も自立力も弱いから
4. 親が適切な援助をしないから

問3　この文章の内容と合っているものはどれですか。 **25**

1. 自立心が強い子供は，自立力も強くなることが多い。
2. どんな子供でも青年期を過ぎて成人になれば自立心が強くなる。
3. 自立力の弱い子供の自立力を高めるには親の助けが必要となる。
4. 子供が青年期に入ると自立心とともに競争心や支配力が強くなる。

第4回
模擬試験

記述問題

記述問題は，二つのテーマのうち，どちらか一つを選んで，記述の解答用紙に書いてください。

解答用紙のテーマの番号を○で囲んでください。
文章は横書きで書いてください。

記述問題

以下の二つのテーマのうち，どちらか一つを選んで400 ~ 500字程度で書いてください（句読点を含む）。

1.

現在，様々な国で，日本の新幹線のような高速鉄道を作る計画があります。しかし，高速鉄道は必要ないという人もいます。

高速鉄道を新たに作る必要性について，あなたの考えを述べなさい。

2.

日本の多くの小学校では，教室やトイレ，校庭など学校の掃除を児童が自分たちでします。しかし，児童が掃除をする必要はないという人もいます。

児童が学校を自分たちで掃除する必要性について，あなたの考えを書きなさい。

読解問題

読解問題は，問題冊子に書かれていることを読んで答えてください。

選択肢1, 2, 3, 4の中から答えを一つだけ選び，読解の解答欄にマークしてください。

Ⅰ　下線部「森林生態系の劣化」の状況を説明したものとして，適当なものはどれですか。 **1**

過度な人為開発・資源利用（オーバーユース）に伴う森林生態系の劣化は，森林に生息する昆虫類に大きな負の影響を及ぼしてきた。それは必ずしも奥山や人里離れた森林だけに言えることではない。実際に，都市近郊林や里山など我々が普段目にする身近な場所でも多くの昆虫類が森林の破壊・改変によって姿を消した。過去に記録された昆虫類のリストを見れば，ここ数十年間でいかに多くの森林性昆虫類の個体群が局所絶滅・衰退したかを理解することができる。*我が国の場合，高度経済成長期に比べると人為開発による森林への圧力は低下しているように見えるが，小規模な森林減少・改変は継続しており，依然として森林性昆虫類はオーバーユースの危機にさらされている。また，世界的に見た場合，東南アジアなどの熱帯林を中心に，毎年膨大な面積の森林が農地や放牧地への土地転用や商業伐採により失われており，昆虫類に及ぼす深刻な負の影響が懸念されている。

（曽我昌史「第1章　森林減少や改変による影響」滝久智・尾崎研一編『森林と昆虫』共立出版）

*我が国：ここでは日本のこと

1. 日本では，高度経済成長期以降，森林生態系の劣化は止まっている。
2. 日本では，高度経済成長期以降，森林生態系の劣化に改善が見られる。
3. 日本だけでなく，東南アジアなどでも森林生態系の劣化が見られる。
4. 日本以上に東南アジアなどの熱帯林の生態系の劣化が深刻である。

II　次の掲示の内容と合っているものはどれですか。 **2**

プリンターの利用について

無駄な印刷や不要な印刷を減らして資源を節約するために，印刷管理システムを導入し，みなさんがプリンターで印刷した枚数をカウントします。

1．用紙について

コンピューター演習室，コンピューター自習室の全てのプリンターに用紙がセットされています。万が一用紙切れの場合は，準備室に連絡してください。職員が用紙を補充します。

2．印刷管理システムについて

○印刷枚数を印刷管理システムでカウントします。印刷時には，学生証をプリンターにかざしてください。

○一年間の一人あたりの印刷可能枚数は150枚です。150枚に達したら，エラーメッセージが出て印刷できなくなります。150枚を超えて印刷する場合は，準備室で印刷カードを購入し，プリンターにかざしてください。印刷カード購入の際は，学生証が必要です。

○カラー印刷は，１枚の印刷を白黒印刷の３枚分とカウントします。印刷のサイズは問いません。

3．トラブルについて

最近，プリンターのトラブルが続いています。共用機器なので，大切に扱ってください。プリンターのインクが切れた場合は，すぐに交換するので準備室に連絡してください。用紙が詰まったなど自分で対処できる場合は，自分で復旧してください。プリンターが反応しなくなった，印刷した字がにじむなど，自分で対処できない場合は，そのまま放置せずに必ず準備室に連絡してください。

1. プリンターの用紙は準備室でもらって自分で持って行かなければならない。
2. 印刷カードを持っていても，1年間で150枚以上は印刷できない。
3. 印刷するサイズによって，カウントされる印刷枚数が変わる。
4. プリンターが動かなくなっても，自分で直せる場合は直してもいい。

III　山間地で作られたお茶の味についての説明として最も適当なものはどれですか。 **3**

昔から，お茶は平地よりも山間地の方がおいしいと言われています。確かに，銘茶(めいちゃ)の産地と言われる地域は，川沿いの山間地で，朝晩，霧がかかる所が多いようです。では，なぜ山間地のお茶はおいしいのでしょうか？

山間地は，平地と比べると日照時間が短く，気温が低く，昼と夜の温度差が大きいのが特徴です。そのため，新芽の生長が遅く，摘(つ)み取る時期は遅れます。しかし，茶芽がゆっくりと生長するので，うま味成分が長く保たれる効果があると言えます。また，気温が低く日照時間が短いこと，周りの木々が茶園に日陰をつくることで，カテキン類が少なく，アミノ酸類は多くなる傾向があります。つまり，苦味・渋味が控えめでうま味・甘味が多い茶葉に育つのです。

また，山のお茶には山間地のお茶特有の「山の香り」があるのも値打ちです。

一方，日照時間が長く昼夜の温度差が少ない平地では，すべての味成分が適度な濃さで調和し，山間地よりも味が強くなる傾向があります。

以上のように気象条件や立地条件の違いで，お茶の味や香りは微妙に変わるのです。産地の風景を思い浮かべながら，色々な産地のお茶を試してみてはいかがでしょう？

（NPO法人日本茶インストラクター協会『日本茶のすべてがわかる本　日本茶検定公式テキスト』日本茶インストラクター協会）

1. 平地のお茶に比べて，味が強い。
2. 平地のお茶に比べて，おいしくない。
3. 平地のお茶と比べても，味に違いはない。
4. 平地のお茶に比べて，味に特徴がある。

IV　下線部「差別ではないかという指摘」に対する企業側の言い分に含まれるものとして，最も適当なものはどれですか。 **4**

就職活動において入社を希望する者の採用を決める場合に，一定レベル以上の大学に在籍しているかという基準でふるいにかける，いわゆる「学歴フィルター」が企業によっては存在していると言われています。学歴とは，個人が受けた教育段階別の経歴，すなわち，高校卒や大学卒といった違いを意味するのが普通でしたが，最近は大学間の入試レベルをとらえた学校歴を指す場合が増えてきました。*エントリーシート審査などの初期の段階で大学名だけで不採用となってしまう学生が出るということであり，差別ではないかという指摘があります。

企業側の言い分を想像すれば，有名企業ほど志望者が多くなり，全員を面接するのは難しくなります。そこで入試レベルの高くない大学の優秀な人材を逃してしまうというリスクを負ってでもレベルの高い大学の学生だけを選考対象にした方が確率的に優秀な学生を多く確保できると考えているのかもしれません。

在学している大学のレベルは本人の能力の結果であるから差別ではないという意見や，数多くの企業にとりあえずエントリーしようとする学生がいなくならないかぎり，フィルタリングしなければ企業は応募者をさばききれないという意見もあります。一方，出身校をまったく問わず，面接試験でも面接官の手元の資料には出身校を示さず，面接で尋ねてもいけないという企業もあります。

（細川幸一『大学生が知っておきたい生活のなかの法律』慶応義塾大学出版会）

*エントリーシート：企業への入社を希望する者が提出する志望動機などを書いた書類

1. 入試レベルの高くない大学からも優秀な人材を採用している。
2. 入試レベルの高い大学出身の学生みんなが優秀とは限らない。
3. 出身校を聞くことは禁止されているので面接でも尋ねていない。
4. エントリーする学生数が多いので全ての学生を選考することは不可能だ。

V　下線部「二つの極端な例」を具体的に表したものはどれですか。 **5**

活動空間は多様な目的を持った移動から構成されるが，その中で同じ目的を持った移動の例として通勤を考察してみよう。通勤は，つきあいや買物とは違って，いわゆるラッシュアワーの時間帯に住居と職場の間で大部分の移動が行われる。したがって，通勤行動の性格を決定するのは，住む場所と仕事の場所の選択過程である。これら二つの選択過程をあわせると，二つの極端な例が生ずる。

一つは家族が現在住んでいる住居を動かないで，*世帯主が仕事の場所を探すことになった場合である。職探しの一部として，彼はまず現住所から通勤できる範囲を決め，さらに，その中で仕事の場所の違いがあまり重要とはならない内部境界を決定する。これらの境界は，公共交通機関の利用可能性や個人の移動選択によって違ってくるが，知覚距離として表現される。この知覚境界の中で，仕事の特性と，距離，通勤に要する時間，通勤費用との関係が比較考察される。賃金，職場での地位などの点で少々不満があっても，住居と仕事の場所が近ければ，それで満足することになり，通勤距離は相対的に短くなる。

もう一つは新しい土地に仕事を得た場合である。仕事の場所が定まっているので，それとの関係で住居が選択される。仕事の場所と住居との距離は重要であるが，住宅の規模と価格（あるいは家賃），住宅地区の性格，買物の便利さ，学校への近接性なども考慮される。従って，この場合の通勤距離は長短さまざまである。

（高橋伸夫他『新しい都市地理学』東洋書林）

*世帯主：家族の中で，主な収入がある人

1. 自宅から職場が遠い例と自宅から職場が近い例
2. 世帯主が仕事の場所を探す例と家族が仕事の場所を探す例
3. 通勤にたくさん時間がかかり費用も多くかかる例と少ししかかからない例
4. 住む場所が決まっていて職場を探す例と職場が決まっていて住む場所を探す例

VI　次の文章は，ある本の最初の部分です。この文章の（　A　）と（　B　）に入る言葉の組み合わせとして，最も適当なものはどれですか。 **6**

本書のテーマは「具体と抽象」です。

私たちのまわりの世界は，突き詰めればすべてがこれら二つの対立概念から成り立っています。ところが私たちは普段，これらの関係をほとんど意識することはありません。

具体や抽象という言葉が日常生活で使われる場面を考えてみます。

「具体」という言葉が最も用いられるのは，何かをわかりやすく説明するときに，「具体的に言うと……」とか，相手の話がよくわからないときに「もう少し具体的に話してもらえませんか?」といった場合でしょう。逆に「抽象」という言葉が用いられる場面は，「あの人の話は抽象的でわからない」といった文脈だと思います。

このように，「具体＝わかりやすい」「抽象＝わかりにくい」というのが一般的に認知されているこれらの概念の印象です。つまり，（　A　）というのはわかりにくい，実践的でないといった否定的な形で用いられているのが大抵の場合ではないかと思います。このように，具体＝善，抽象＝悪という印象はとんでもなく大きな誤解です。

本書の目的は，この（　B　）という言葉に対して正当な評価を与え，「市民権を取り戻す」ことです。

（細谷功『具体と抽象　世界が変わって見える知性のしくみ』dZERO）

1. A：具体　　B：具体
2. A：具体　　B：抽象
3. A：抽象　　B：具体
4. A：抽象　　B：抽象

VII　次の文章の下線部「その境界線」が指す内容として，最も適当なものはどれですか。 **7**

　科学の研究では，取り扱う対象の本質的な性質を見いだすために，さまざまな条件を極限，つまり「エッジ」に設定して，そのとき得られた値をもとに洞察するという手法があります。たとえば水（H_2O）の密度が最大になる温度をみると，意外にも0℃ではなく4℃であることがわかります。そこから水という物質が隠しもっている異様な性質があぶりだされてくるわけです。

　そこで，生命を考えるにあたってもこの手法をあてはめてみます。

　地球生命はさまざまな環境に生息しています。それぞれの生物には，それぞれの生存に適した温度，気圧や水圧，湿度，塩分濃度などの条件があります。しかし，なかにはその条件における「極限」ともいえる環境で生きているものがいます。超高温，超高圧，極度の乾燥，あるいは極度の塩分濃度などなど，私たち人間ならたちまち死んでしまう，「地獄（じごく）」としかいいようがない極端な環境で生きている生物たちです。

　彼らのことを「極限生物」と呼びます。そのありようは，私たちがふだんイメージしているような「生物」とはかけ離れたものです。環境を限りなく極限に近づけていったとき，地球生命という現象は，ぎりぎりどこまで成立しうるのか—極限生物はその境界線，つまり「エッジ」を示してくれるのです。

（長沼毅『死なないやつら　極限から考える「生命とは何か」』講談社）

1. 地球生命が生きられるかどうかの境界線
2. 人間が死んでしまうかどうかの境界線
3. 私たちがイメージできる生物かどうかの境界線
4. 生物が快適に生存できるかどうかの境界線

VIII　柔道や剣道で相手に技をかけるタイミングとして良いのは，いつですか。 **8**

日本の伝統的スポーツである柔道や剣道に関しては，攻撃する時にいちばんいい呼吸のタイミングはいつか？　相手のスキのある*呼吸相はいつか？　といった研究が，1950年代から行われています。

まず，自分が技をかけるタイミングですが，柔道では，技をかける直前で呼吸を浅くし，技をかける準備である「崩し」で吸気に入るのがいいという研究があります。さらに，吸気の中期か終期，または呼気の前半で，技をかける直前の「作り」を行い，呼吸を止めて技をかけ，投げ終わるまで止息のままでいる形が，熟練者では多いようです。

技をかけるときに，力がいちばん大きく速く発揮されることが必要です。そのため，吸気から「いきむ」局面がベターとなります。

では，相手の呼吸を見た時，どのタイミングで技をかけるのが効果的なのでしょうか？

まず，先ほど呼吸相と筋力の項で述べたように，相手の反応がいちばん鈍いタイミングは，相手の吸気時だといえます。また，相手が技をかけてこないタイミングである，呼気の半ばもいいかもしれません。相手が技をかけようとする直前に先手を打つわけです。肩を使った胸式呼吸では，呼吸相が相手にわかってしまうため，なるべく腹式呼吸をすること，そして息が上がらないよう，トレーニングで持久力を高めておく必要があります。

（石田浩司『呼吸の科学　いのちを支える驚きのメカニズム』講談社）

*呼吸相：息を吸う，はく，止めるの3つの状態

1. 相手が息を吸っているとき
2. 相手が息をはき始めたとき
3. 相手が息を止めているとき
4. 相手の息が上がっているとき

IX　次の文章の下線部「チーズ製造業にはかなりの経済レベルが必要」とありますが，その理由として最も適当なものはどれですか。 **9**

チーズには食べごろがあることは説明しましたが，最近の問題は，長い熟成期間を待てなくなっていることです。

たとえばアメリカでは，ピザ用のモッツァレラチーズを製造するのに追われていて，チーズをつくるとすぐに凍結させ，シュレッダーにかけて袋詰めをして，世界のチーズチェーン店に出荷しています。したがって，アメリカでは２年や３年ものの長期熟成型のチーズはなかなかつくることができません。チーズを最も多く生産する国であるアメリカでも，そのようなチーズは外国から輸入をしなくてはならないのです。

…（略）…

チーズという食品は，飢饉(ききん)や食糧危機と隣り合わせの開発が進んでいない国や地域でつくることは，残念ながら難しいと思います。熟成とは，たとえば40kg近くもあるような大きく高価なチーズを何百個も長期間，低温で高い湿度に維持された広い熟成庫に寝かしておくという作業です。当然，設備投資や人件費に多大なコストがかかるので，長期熟成品ほど高価になるわけです。しかし，できあがったチーズを売ってお金にすることができるのはずっと先です。したがってチーズ製造業にはかなりの経済レベルが必要とされ，チーズの製造国と輸出国は，経済発展をとげた先進諸国に偏ってしまうことになるのです。

（齋藤忠夫『チーズの科学　ミルクの力，発酵・熟成の神秘』講談社）

1. チーズの材料を輸入するのに多大なコストがかかるため
2. チーズをつくるには高い技術が必要なため
3. チーズをつくって売るまでに時間がかかるため
4. チーズを最も多く生産するアメリカとの競争になるため

X　次の文章の内容を最もよく表しているものはどれですか。 **10**

インターネットがテレビ・ラジオと大きく異なっている点は，私たちが情報を受信するだけではなく，情報を発信することが可能になった点です。これまでは，ラジオ局・テレビ局側だけが発信者としての権限を持ち，私たち個人が不特定多数の人へ発信することは不可能と言って良い状況でしたが，インターネットは魔法使いの杖のように，私たちに発信する方法を与えてくれました。手元のスマートフォンからいくつかのクリックで音声・写真・動画まで簡単に発信できるわけですから，インターネット以前の時代では考えられなかった「発信力」を，誰もが手にしたことになります。個人が特定の個人とつながるだけではなく，個人が不特定多数の人へ，ときには社会の多くの人へ情報発信が可能となり，個人が社会へ訴える力を持ったと言えるでしょう。これまで声をあげられなかった弱者や，社会的に抑圧されている側の人も，インターネット上で意見を表明することが可能となりました。一方，フェイクニュースなどで特定の利益のために，人や社会をだます人も多く出てきました。またネット上で*誹謗中傷(ひぼうちゅうしょう)する投稿やサイトの炎上など，誰かを傷つける発信も容易になったと言えます。

（田中一裕『未来を歩くためのスキル　AI時代に求められる意思決定力』新潟日報事業社）

*誹謗中傷(ひぼうちゅうしょう)する：誰かの悪口を言って傷つけること

1. インターネットによって，誰でも情報発信ができるようになった。
2. インターネットによって，情報の伝達が速く正確になった。
3. インターネットによって，他人を傷つけることが多くなった。
4. インターネットによって，ラジオやテレビの役割が変わった。

このページには問題はありません。

XI　次の文章は，演劇を作る人が書いたものです。文章を読んで後の問いに答えなさい。

二〇世紀に開発された様々な演劇教育の技法の中には，「即興（そっきょう）」が取り入れられているものが多い。これは要するに，繰り返し稽古（けいこ）をしても常に新鮮さを保ち続けるような「精神性」を養う訓練ではなかったかと私は考えている。それはそれで，一つの教育法として間違いではない。

一方，これまで私が採ってきた方法は，まったく別の方向からのアプローチだった。私は，俳優に様々な負荷をかけることによって，新鮮さが保てないかと考えた。この方法論を簡単に説明すると，ある台詞（せりふ）を言うのと同時に，右手ではコップをつかみ，左足では近くの新聞紙を引き寄せるといった形で，俳優に複雑な動作を要求していく。また同時に，その台詞を言っている瞬間に，何が視界に入っているか，どんな音が聞こえているかを強く意識させる。それを総称して，「<u>俳優に負荷をかける</u>」と呼んできた。

一つには，こうすることによって意識が分散され，台詞に余計な力が入らなくなることが，私のそもそもの発見だったのだが，もう一点，この方法を採ると，俳優の新鮮さ，あるいは新鮮に見える要因となっている「無駄な動き」が，普通の場合より長く持続することがわかってきた。稽古を続けても，適度な*マイクロスリップが消えていかないのだ。

（平田オリザ『わかりあえないことから　コミュニケーション能力とは何か』講談社）

*マイクロスリップ：無駄な動き

問1　下線部「俳優に負荷をかける」を言い換えたものとして，最も適当なものはどれですか。 **11**

1. 俳優に複雑な台詞を言わせる。
2. 俳優にやったことのない役をさせる。
3. 俳優に肉体的に負担のかかる動作をさせる。
4. 俳優に複数のことを同時にさせる。

問2　この文章の筆者がとった演劇教育の方法は，どのような効果がありますか。 **12**

1. 俳優の新鮮さが持続する。
2. 余計な動きを減らすことができる。
3. 新鮮な気持ちで演技ができる。
4. 稽古を長く続けられる。

XII　次の文章を読んで後の問いに答えなさい。

「あなたは誰ですか。どんな人ですか」。見知らぬ人に，もしこんな質問をされたら，どんな答えになるだろうか。また，「自分の特徴について，できるだけたくさん挙げてみてください」といわれたらどのくらい多くの特徴が書けるだろうか。就職活動を経験したことがある，もしくはいまから始めようとしている人にはこの質問に答えることが意外と難しいことは身にしみていることだろう。

自分のことは自分が一番よく知っているはずで，そのよく知っている自分のことを説明するのだから，至極簡単なはずだ。ところが，毎年同じ質問を学生たちにしているが，多くの学生は5，6個も出せば後は答えに詰まって考え込んでしまう。「よく考えてみたら，それまであまり自分について意識したことがなかった。人に説明するようなことでもないし……」ということのようだ。

では，なぜこんなに自分のことは語りにくいのだろうか。日本で学生生活を過ごすと，他の人との違いを強く意識し，自分の独自性や特性について誇りに思うといった自尊心を促すような教育はあまり受けないが，そのことが大きな要因ではないだろうか。もし，小さな頃から，「自分に誇りをもちなさい」と言われたり，「あなたが他の人より誇りに思えるところはどこ？」と説明を求められ続けたなら，きっと先ほどの質問の答えは違っていたことだろう。つまり，自分の性格や能力，身体的特徴など自己概念のもととなる性質は変わらないとしても，それらをどのように評価し，どの程度意識し表現するかといった自己概念の把握や表出に関しては，まわりの環境，すなわち文化的慣習の影響も受けているといえる。

（長谷川典子「第2章　自己とアイデンティティ」石井敏他『はじめて学ぶ異文化コミュニケーション　多文化共生と平和構築に向けて』有斐閣）

問1　自分がどんな人かについて質問された学生の特徴として，最も適当なものはどれですか。 **13**

1. 自分の独自性や特性については一切話さない。
2. 自分のことを表現する言葉を知らない。
3. 自分のことについて他の人に言えるような特徴がない。
4. 自分のことについてあまり深く考えていない。

問2　この文章で筆者は，下線部「自分のことは語りにくい」学生に対して，どうすればもっと答えが出るようになると述べていますか。 **14**

1. 学校で学生の性格や能力を伸ばす教育をしたほうがいい。
2. 学生自身が自尊心を高め，表現する機会を増やしたほうがいい。
3. 親が子どもに子どもの性格がどんな性格か指摘したほうがいい。
4. 学生はもっと就職活動の練習をしたほうがいい。

XIII　次の文章を読んで後の問いに答えなさい。

脳が疲労すれば，休日にも体を動かしにくくなってきます。家族からすると，休日の使い方で本人の疲労度が判断できますので重要な観察点になります。

休日を有意義に使おうとすれば，スポーツや釣りなど前もって過ごし方を決めて計画を立てます。例えば日曜日にゴルフに行く計画であれば，少なくとも1ヵ月前からゴルフ場を選び，一緒にプレーする仲間に相談をはじめます。一週間前になったら当日の天候をチェックし，天候次第では服装も気になるところです。早起きのために，前日には予定を入れないことにも思いを広げます。

しかし，脳疲労が強いと状況は異なります。毎日の業務に追われていれば，休日の過ごし方について考えるゆとりもないし，予定を立てないまま休日を迎えることになります。そのうえ，脳に疲労が蓄積していると，軽い散歩も含め動くことが億劫（おっくう）になります。結局テレビを見ながら自宅でゴロゴロと過ごしてしまいます。…（略）…

このように勤労者の休日の過ごし方は，疲労の度合いを判断する目安になります。脳や体力に余力がないと，外出も億劫になり，結果として一日を家のなかで過ごすことになります。本人が気づいていなくても家族から見るとわかりやすい変化なので，早期発見が可能です。「休日に動けない」事実は，限度を超えた脳の疲労が蓄積していると考えてください。

（徳永雄一郎『「脳疲労」社会　ストレスケア病棟からみえる現代日本』講談社）

問1　この文章で述べられている「脳疲労」の強い人の休日の過ごし方の例として，最も適当なものはどれですか。 **15**

1. 家で子どもと遊ぶのに疲れたので，近所の図書館に出かけて本を読む。
2. 同じサッカーチームの選手がけがをしたので，急きょ代わりに試合に出る。
3. コンサートに行くつもりだったが，キャンセルして家でゆっくりする。
4. ハイキングに行く予定を変えて，疲労回復のために温泉に行く。

問2　この文章の内容と合っているものはどれですか。 **16**

1. 脳疲労がたまっていることは，本人が家族に伝えてはじめてわかる。
2. 脳疲労がたまっていることは，家族が本人を観察することでもわかる。
3. 脳疲労がたまっていることは，医者に行ってはじめてわかる。
4. 脳疲労がたまっていることは，仕事の状況から判断できる。

XIV　次の文章を読んで後の問いに答えなさい。

従来の学習理論で言えば，学習活動は，あたかも迷路におかれた*ラットがその脱出ルートを学習する過程のように，個別の**個体が問題や課題空間に置かれ，個別の経験で学習を完結する，といった，個人の営み，という印象があります。

しかしながら，実際の人間の様子をながめてみると，そのまわりには友人や兄弟，親，先生などがいて，むしろ個人で学習するという姿はありません。家庭での勉強は一人で，ということはあっても，少なくとも学校にいる間は，学習時間には必ずまわりに誰か他者がいます。見かけ上，学習はもともと他者といっしょに行っている，ともいえるでしょう。

しかしこれは，その活動が「学習」であれば，見かけ上まわりに他者が大勢いても，基本的には迷路脱出のラットのように，他からの支え無しに，一人で当該の事柄が学べることを前提にしており，補助教材等で外的な資源に頼ることはあっても協同で学習活動をしているとは言えません。学習活動はあくまでも個人の営みで，その成果がテストという形で可視化できるようになっています。

（田中俊也『大学での学び　その哲学と拡がり』関西大学出版部）

*ラット：実験用のネズミのこと

**個体：ここでは，一匹の動物や一人の人間のこと

問1　「ラット」は，何の例として述べられていますか。 **17**

1. 家庭での学習の例
2. 個人で学習する例
3. 学校での学習の例
4. 他者といっしょに学習する例

問2　この文章の内容と合っているものはどれですか。 **18**

1. 周りに人がいたとしても，学習は個人で行われている。
2. 周りに人がいる場合は，協力して学習したほうが効果が上がる。
3. 周りに人がいなくても，いずれ誰かが学習を助けてくれる。
4. 周りに人が大勢いても，個人の学習に役立つ人は少ない。

XV　次の文章を読んで後の問いに答えなさい。

古代ギリシャなどの読書は，自分で読むときはもちろん多くの人に聞かせるために音読が当たり前だった。当時の書物は，文字が*ベタ組みされていて，文章には，区切る段落はもとより，**句読点さえまったくなかった。これは読むためというより，朗読を聞くとき，文字をなぞりながら理解する必要があったからである。

ギリシャ文明から大きな影響を受けたローマでも，教養あるローマ人は非常な読書家で，朗々と書物を読んでは，文章の内容をよく暗記した。たとえば，当時随一の雄弁家といわれた***キケロ（紀元前106～43年）の演説では，テクストが豊かな抑揚とともに聴衆に語りかけられる。それを速記専門の奴隷が書き取り，****パピルスに記録するが，語と語の間には句読点も段落もなく連続して記される。それを読む読者は自分で声に出しながら文字をたどり，演説を再現することで書物に接することを楽しんだ。

ちなみに，文字列に句読点が入ったのは9世紀，単語と単語の間を空けるようになるのは，11世紀から12世紀。段落の登場は17世紀後半になる。単語ごとに区切るという簡単な仕組みが，15世紀の印刷術の発明まで一般化しなかったのは驚きだと現代人は考えるが，当時の人は「少し慣れればそう難しくない」と書いている。

（猪又義孝『世界のしおり・ブックマーク意外史』デコ）

*ベタ組み：文字と文字の間や行間をあけないこと

**句読点：「，」や「。」のような，文を読みやすくするための記号

***キケロ：古代ローマの哲学者

****パピルス：草から作った紙

問1　下線部「少し慣れればそう難しくない」とありますが，何をすることが難しくないのですか。

19

1. ベタ組みの文章を読むこと
2. 演説を書き写すこと
3. 文章を単語ごとに区切ること
4. 句読点や段落を入れること

問2　古代ギリシャやローマの書物の特徴として，最も適当なものはどれですか。 **20**

1. 文字がただ並んでいるものであった。
2. 聴衆に聞かせるために抑揚が記載されていた。
3. 暗記しやすいように句読点や単語の区切りが入っていた。
4. 演説した人の挿絵が印刷されていた。

XVI　次の文章を読んで後の問いに答えなさい。

山に登る（ことを楽しむ）という行為は，中世までは一般的でなかった。山へ登るのは，宗教的行為（神に祈ったり，悪魔を追い払ったりするため）か，峠を越えて山の向こうへ行くためでしかなかった。が，近代になって，「より高い」山へ登ることが競われるようになった。それは「近代的競争行為」にほかならなかったから，登山者は，「競争相手」の登山者のパーティを見つけると，石を投げたり，岩雪崩を起こしたりして，妨害したのだった。

現在の登山を「普通」だと思っているひとびとにとっては信じられないことだろう。が，1865年，「悪魔の棲む山」と怖れられていたマッターホルンに，世界ではじめて登ったエドワード・ウィンパーの記録『アルプス登攀記』には，競争相手のパーティに向かって石を投げたり岩を落としたりして妨害したことが，堂々と書き記されている。

その後，登山は，登山者の安全を重視し，登山者同士が助け合うことをルールとする「近代登山」を確立した。「競争」を否定し，「共生」を選択したのである。それは，「山」という大自然を前にして，単なるゲームではない現実の「死」に直面したからだろう。が，それでもスポーツとして多くのひとびとに楽しまれているのは，競争や勝敗が存在しなくてもスポーツは存在しうる，ということのひとつの証明といえる。

（玉木正之『スポーツとは何か』講談社）

問1　下線部「近代的競争行為」における登山についての記述として，合っているものはどれですか。 **21**

1. 登山者は，競争相手であっても山に入ると協力し合った。
2. 登山者は，宗教的行為によって競争相手に勝とうとした。
3. 登山者は，わざと競争相手を危険な目に遭わせることがあった。
4. 登山者は，競争相手が山でパーティをしているのを見ると邪魔をした。

問2　この文章で述べられている「近代登山」とスポーツの関係として，合っているものはどれですか。 **22**

1. 勝敗がないので，登山はスポーツではない。
2. 勝敗を決める場合にのみ，登山をスポーツとして扱う。
3. 登山はスポーツなので，常に誰かと競うことになる。
4. 登山は勝ちを目指さないスポーツとなっている。

XVII　次の文章を読んで後の問いに答えなさい。

あの人は頭がいいというとき，私たちはその人の何を評価して，「頭がいい」と判断しているのでしょうか。記憶力がいい，計算が速い，むずかしい漢字もスラスラ読み書きできる。事務処理能力が高い，判断が的確である，思慮が深い，独創的な発想をする，表現力が豊かだ――それらがすべて頭のよさを構成する要件であるのは確かです。

しかし，どれも頭のよさの必要条件ではあっても十分条件とはいえません。どれも人間にとって大切な能力ですが，どれかを一つか二つ満たしていても，それで頭がいいとはいいきれないのです。

暗記力に長けていても，知識の量は増えるでしょうが，それがイコール頭脳明晰（ずのうめいせき）とはならない。テストで高い点数をとる，学校の成績がいい。そういう秀才がかならずしも仕事で大きな成果を出すとは限らない。頭のよさというものは限定的な範囲ではとらえきれないものなのです。

頭がいいとはもっと総合的なものです。記憶力や判断力，思考力や集中力，創造力や表現力をはじめ，ものごとを意欲的に学ぼうとする姿勢，「わかる」まで粘り強く調べ，考える力，計画したことをすみやかに実践できる行動力。人の話にじっくり耳を傾け，感情豊かに人と接することのできる対人関係能力。異なる意見も大切にできる寛容さ，自分の間違いや失敗を認められる素直さ，などなど。

そういう「能力」の多くを，できれば高い水準で満たしてはじめて，頭がいいといえるのではないでしょうか。知性，理性，感性，「知，情，意」のすべてがバランスよくそろっている。人間の頭のよさとはその全体像のことではないでしょうか。

したがって当然，そこには「心」の働きが占めるところ大です。…（略）…

以前，病院でこんな例がありました。*認知症を患っているお年寄りの男性患者が毎夜のように，近くの女性患者のベッドに入り込んでしまうのです。看護師などが注意していても，いつのまにかもぐり込もうとして，「またか」と騒ぎになる。「困ったものだ」と周囲の人も悩まされていました。

しかしそうするうちに，その男性患者からだんだんと認知症の症状が消えていき，しだいに正常に近いレベルになり，ついにはほぼ元どおりになって元気に退院していったのです。恋愛感情や性的欲望など心の領域に属する感情が刺激となって，衰えていた脳機能をふたたび活性化したと考えられる例で，こういう事実に出会うと，知能と感情，脳と心が密接な関係を保っていることが実感として理解できるようになります。

ですから，**百マス計算やら脳トレーニングもそれなりの意義がありますが，それよりも人を好きになったり恋をしたりすることのほうが，思考能力を高める方法としては非常に有効だと考えています。脳を鍛えたいなら，知能を使うと同時に心を使うこと，心を磨くことが大切なのです。

（林成之『望みをかなえる脳』サンマーク出版）

*認知症：記憶力など認知機能が低下して日常生活が送れなくなる症状

**百マス計算：100個のマスを使って行う計算トレーニング

問1　筆者は「頭がいい人」はどんな人だと言ってますか。　**23**

1. 頭脳明晰で総合的に物事を考えられる人
2. いくつもの能力がバランス良く高い人
3. 感情豊かでじっくり人の話が聞ける人
4. 一つの能力が飛び抜けて高い人

問2　下線部「こんな例」は，何を説明するための例ですか。　**24**

1.「知，情，意」がバランスよくそろっている例
2. 知能と感情が密接につながっている例
3. 頭がよければ病気を克服することができる例
4. 周囲を困らせることが脳を活性化させた例

問3　この文章で筆者が主張していることと合っているものはどれですか。　**25**

1. 思考能力を鍛えるためには心の働きにも注目すべきだ。
2. 心と体は切っても切り離せない関係にある。
3. 認知症で入院しても恋愛感情を刺激するといい。
4. 脳だけ鍛えても意味がないからやめたほうがいい。

- memo -

第5回
模擬試験

記述問題

記述問題は，二つのテーマのうち，どちらか一つを選んで，記述の解答用紙に書いてください。

解答用紙のテーマの番号を○で囲んでください。
文章は横書きで書いてください。

記述問題

以下の二つのテーマのうち，どちらか一つを選んで400 ～ 500字程度で書いてください（句読点を含む）。

1.

ペットを飼っている人には責任があり，最後まで飼い続けることが求められています。それにもかかわらず，多くのペットが捨てられています。

なぜ多くのペットが捨てられるのか，理由を説明しなさい。

そして，今後，ペットが捨てられている問題をどうすればよいか，あなたの考えを述べなさい。

2.

世界中どこの国でも，子どもに教育を受けさせることは重要なことです。それにもかかわらず，多くの国で教育を十分に受けられない子どもがいます。

教育を受けられない子どもについて，例を挙げ，状況を説明しなさい。

そして，今後，子どもの教育の問題をどうすればよいか，あなたの考えを述べなさい。

読解問題

読解問題は，問題冊子に書かれていることを読んで答えてください。

選択肢1，2，3，4の中から答えを一つだけ選び，読解の解答欄にマークしてください。

Ⅰ　筆者は，下線部「どこで人類が生まれたのか?」という問いに答えるために，何をしなければならないと述べていますか。 **1**

この地球上にいつごろ，どこで人類が生まれたのか?　それを問うには，しかしまず人類とは何か，何をもって人類とするかが問われねばならない。これは考えようによってはなかなかの難問である。…（略）…

話が一気に即物的になるが，探索の依りどころとなるのは化石資料なのだから，その形態のどういう特徴をもって人類と他の，特に*類人猿の祖先とを見分けるのか，まずはそのあたりを最初にはっきりさせておく必要がある。なぜなら，化石が古くなればなるほど現代人との違いが大きくなっていき，おそらくは共通の祖先を持つ類人猿と似たところも増えてきて両者の区別はどんどんむずかしくなっていくはずだからである。しかし，元々どこかに一方は人類へ，一方は類人猿へと分かれる分岐点があったはずであり，現実にはほとんどが破片になっている化石を何とかしてどちらかに識別して話を組み立てて行かねばならない。人類の起源を明らかにするうえでまず求められるのは，その分岐点，もしくはそれにできるだけ近い位置にある祖先の姿を明らかにし，彼らがどの時代，どの地域で，どのようにして生まれたのかを解明することである。

（中橋孝博『日本人の起源　古人骨からルーツを探る』講談社）

*類人猿：オランウータンなど，人に近い特徴を持つ動物

1. 現代人と人類の祖先との違いを見分けること
2. 類人猿に近い種類の動物の化石を調べること
3. 類人猿が現在どこの地域で生活しているか調べること
4. 人類と類人猿に分かれたときの祖先について解明すること

II　水曜日の4時間目に自習室で遠隔授業を受ける場合，何が必要ですか。　**2**

自習室利用のお知らせ

今学期の授業は，教室での対面授業とオンラインによる遠隔授業を併用して行います。対面授業の前後に遠隔授業がある場合，自宅に戻って遠隔授業を受けることが困難なため，自習室内の一部に遠隔授業受講のためのエリアを設けました。対面授業の前後に遠隔授業がある学生は，利用してください。曜日と時間によって開放している自習室が異なるので，下の表を確認してください。

遠隔授業受講エリアはパーティションで仕切られていて，それぞれに机と椅子，電源コードがありますが，コンピュータ自習室を除き，パソコンは設置されていません。パソコンは各自持参してください。自習室では他の学生が自習しているので，遠隔授業受講時には必ずヘッドセットを使用してください。コンピュータ自習室のパソコンにもヘッドセットはありません。

事前予約は不要ですが，席数に限りがあります。万が一，席が確保できない場合は，学生ホールのロビー等を利用してください。

	午前	午後1 13：00-14：40	午後2 14：30-18：00
月曜日	第一自習室	第二自習室	コンピュータ自習室
火曜日	第一自習室	第一自習室	コンピュータ自習室
水曜日	第一自習室	第一自習室	コンピュータ自習室
木曜日	第二自習室	第二自習室	第一自習室
金曜日	第二自習室	第二自習室	第一自習室

※コンピュータ自習室への入室には学生証が必要です。

＜大学の授業時間＞

【午前】 1時間目　9：00-10：30　2時間目 10：40-12：10

【午後】 3時間目 13：00-14：30　4時間目 14：40-16：10　5時間目 16：20-17：50

1. 学生証とヘッドセット
2. 学生証とパソコン
3. パソコンとヘッドセット
4. 学生証とパソコンとヘッドセット

III　次の文章の内容と合っているものはどれですか。 **3**

ちょっと意外な話をします。スパイスには,「味をつける」という作用はありません。もちろん,呈(てい)味(み)成分はあります。呈味とは,「塩味, 酸味, 苦味, 甘味, 旨味」などの味わいのこと。

…(略)…

呈味成分の量の問題も関係しますが,“味がする”ことと“味をつける”ことは別だと考えてください。そして,呈味の要素もきわめて弱いのがスパイスの特徴です。

いまいちピンとこないという方は,自宅にあるカレー粉の缶を開け,中身を指でつまんで食べてみてください。どんな味がしますか？　カレーの味がしますか？　しませんね。感じるとしたら雑味でしょうか。たくさん口に入れすぎると苦味を感じたりするかもしれません。でも決して「おいしい！」と思う人はいない。

カレー粉は複数種類のスパイスを混ぜ合わせたものですが,それ単体でおいしい味がするとしたら,そのカレー粉には塩が含まれている可能性があります。本来,味つけの作用がないカレー粉で作ったカレーがおいしいのは,その鍋の中で炒め,煮込まれた素材の味わいがカレー粉の香りで引き立てられているからなんです。

スパイスに味つけという作用はない。極めて少ない。でもその香りが味を引き出し,引き立てる作用は存分に持っています。

（水野仁輔『いちばんやさしいスパイスの教科書』パイ インターナショナル）

1. スパイスを入れると料理にいろいろな味がつけられる。
2. スパイスには香りはあるが味はほとんどない。
3. スパイスが持つ呈味成分が料理の味をおいしくする。
4. スパイスを混ぜ合わせると煮込まれた素材の味になる。

IV　次の文章の（　A　）に入るものとして，最も適当なものはどれですか。 **4**

ところで冷蔵庫は，単に「冷える」だけで売れるほど甘い製品ではありません。デザインやサイズ面が，他の家電製品に比べてより重要なウエイトを占めています。「生活の変化が最も顕著に現れる家電製品が冷蔵庫である」といっても過言ではないでしょう。その背景にはもちろん，技術面における革新も大きく関わっています。

冷蔵庫が普及し始めた当初の1960年代までは，「食材はその日の分を毎日買うもの」でした。生鮮食料品は傷みやすく，冷凍食品も普及しておらず，巨大なスーパーマーケットが登場する以前ですから，食材をまとめ買いすることはまれだったからです。

やがて物流の整備が進んだことで，食材はこまめに買うより，ある程度の量をまとめ買いするほうがラクで便利という生活様式へと変化していきました。冷凍食品の品質向上もあって，冷蔵庫の中に備蓄する食品の量は増加の一途をたどっていきます。

その結果，（　A　）冷蔵庫に対する需要が伸びてきました。

（西田宗千佳『すごい家電　いちばん身近な最先端技術』講談社）

1. 大型で容量が大きい
2. 軽くて移動させやすい
3. 値段が高くても省エネの
4. 丈夫で壊れにくい

V　次の文章の下線部「あってはならないような不調」が起きたのは，なぜですか。　**5**

人間が書くプログラムというものは些細（ささい）な間違いでも動かなくなってしまう。命令の綴（つづ）りを一ヵ所間違っただけでそもそも実行できなくなってしまうこともある。それは最も単純なコンピュータである*チューリングマシンでも同じことだ。人間が作るプログラムはともかく些細な間違いに弱い。これを伝統的にはバグ＝虫，と呼ぶのだが，些細なバグがシステム全体の崩壊に繋がってしまうことがよくある。…（略）…ちょっと前になるが，複数の大手銀行が合併してできたメガバンクでATMが数日間にわたって使用不能になったことがあった。こんな大規模な，あってはならないような不調が起きるのは，人間が作るプログラムが「きっちり」しているからだ。

きっちりしている，とはどういうことか？　たとえば，自動販売機で飲み物を買うとき，一〇〇回に一回くらいお金を入れてもうんともすんとも言わなくてお金を取られっぱなしになったり，お釣りがたまに増えたり減ったりしたらみな怒るだろう（お釣りが増えるほうはひょっとしたら感謝されるかもしれないが）。いつもちゃんと動作することが保証されていることと引き換えに，ちょっとした間違いでもプログラムは動かなくなってしまう。すべてが一〇〇％ちゃんと動作すると期待されていると，何かが少し異常を来しただけでシステムそのものが停止してしまう。

（田口善弘『生命はデジタルでできている　情報から見た新しい生命像』講談社）

*チューリングマシン：1936年にイギリスの数学者チューリングが作った数学的モデル

1. 人間がプログラムを作るときにはミスが起きやすいから
2. プログラムは内容に一つの間違いがあるとうまく動かなくなるから
3. 機械の操作ミスがあったときに停止するようなプログラムだったから
4. システム全体を崩壊させるために誰かがプログラムにバグを入れたから

VI　下線部「地球上で一番高い山は，実はエベレストではない」とありますが，その理由として最も適当なものはどれですか。　**6**

海底にはいたるところに独立した山があります。陸上にも山はたくさんありますが，海の中は目で見えにくいこともあって，まさに数えきれないほどの山があります。これらは「海山」と呼ばれています。海山の多くはよく見るとある線に沿って並んでいて，山脈のように見えます。むしろ山脈として分布しているものが目立ちます。大西洋の真ん中には，北極海から，火山と温泉と氷の島・アイスランドを経て南極海まで，およそ2万kmにもわたって海底の山脈が連なっています。こうした海の真ん中にある山脈を中央海嶺といい，大西洋にある中央海嶺は「大西洋中央海嶺」と呼ばれています。海底の山脈は陸上の山脈に比べると，その比高（周辺の海底からの高さ）は3000m程度ですが，山脈のすそ野（幅）はなんと1000kmにも及んでいて，全体としてはのっぺりした地形を呈しています。

このように海中までも視野に入れると，地球上で一番高い山は，実はエベレストではないのです。ハワイ島にある火山，マウナケア。標高4205mと陸上の山としてはとるに足らない高さですが，この山は水の上に浮かんでいるわけではありません。標高は海抜で測りますがそれは海面から上の話で，マウナケアは海の底から聳えています。周辺の海底の深さは，およそ5000mあります。つまり，もし海水を取り去ったとすると，なんと9000mを超える巨大な山が出現することになるのです。

（藤岡換太郎『山はどうしてできるのか　ダイナミックな地球科学入門』講談社）

1. 海の底から測った場合にエベレストよりも高い山があるから
2. 海の中にはまだ地上に現れていない高い山が存在するから
3. 山脈の幅で測った場合にはエベレストを越える山脈が多くあるから
4. 海に浮かんでいる山の高さを正確に測るとエベレストを越えるから

VII　次の文章の下線部「その」が指す内容として，最も適当なものはどれですか。 **7**

音楽の長い歴史のなかで，場所，空間，時間の制約から解き放たれて自由に演奏を聴けるようになったのはこの100年ほどのことに過ぎません。19世紀末まではコンサートホール，劇場，教会など，実際に演奏家が音を出している場所に居合わせない限り，音楽を聴くことはできませんでした。新しい曲が作られたときは，初演や再演のコンサートに出かけるか，または出版された楽譜を購入し，家族や仲間と実際に演奏して楽しむというのが唯一の方法だったのです。

ところが，*ベルリナーの円盤式蓄音機が登場した1880年代以降，音楽の楽しみ方はガラリと変わりました。演奏を円盤上に機械的に記録し，専用の再生装置で何度でも聴けるようになったのです。1回限りで消えてしまうその場限りの体験から，繰り返し味わうことのできる楽しみへと，音楽の聴き方に本質的な変化が起こりました。

演奏現場に行かなくても音楽が聴けるようになったとはいえ，当時の音質は現代とは比べ物にならないほど貧弱なもので，生の演奏を聴くのとはまったく別の体験になってしまったはずです。しかし，その場にいなくても繰り返し演奏を追体験できることがどれほど画期的なことだったか，いまの時代からはなかなか想像できません。その衝撃の大きさが，音質や使い勝手の改善を加速させ，音楽を繰り返し聴く環境を大きく進化させる原動力になったのです。

（山之内正『ネットオーディオ入門　オーディオ史上最高の音質を楽しむ』講談社）

*ベルリナー：アメリカの発明家

1. 円盤式蓄音機によって生の演奏の良さが改めて認められたこと
2. 円盤式蓄音機の音質が現代の再生装置と比べてとても悪かったこと
3. 円盤式蓄音機によってどこでも何度でも音楽が聴けるようになったこと
4. 円盤式蓄音機によってその場限りの貴重な体験ができるようになったこと

VIII　ヒトの赤ん坊に「土踏まず」がないのはなぜですか。　**8**

足部のアーチである足底弓蓋(そくていきゅうがい)は，一般に「土踏まず」といわれており，骨，関節，筋肉，靭帯(じんたい)などが一体となった機能的なシステムです。人類が長い時間をかけて身につけた適応現象といえ，湾曲の変化と柔軟性によって，歩いたり，走ったり，凸凹な所でも自由に動けるという，ヒトに固有の運動を可能にしました。

土踏まずは，ヒト以外の動物にはありません。また，ヒトでも赤ん坊にはありません。立つことができない赤ん坊には必要がないのです。成長にともない，立てるようになり，歩きだすにつれて，次第に形成されていきます。

土踏まずの役割は次の四つが挙げられます。すなわち，衝撃吸収，足部の保護，あおり歩行の効率を高める，放熱の四つです。

このうち最も重要な役割は足のバネ，つまり接地の際の衝撃を和らげる働きをしていることにあります。たとえばジョギング中に地面から受ける衝撃は，体重の三倍にもなりますが，それを和らげるのが土踏まずです。土踏まずのこの働きで，さまざまな路面での歩行・走行が力学的にも効率よくスムーズに行われるのです。

（野田雄二『足の裏からみた体　脳と足の裏は直結している』講談社）

1. 足が地面に接地する際の衝撃を和らげる必要がないから
2. 生まれて間もないので環境に適応する準備ができていないから
3. 外を出歩かないので足部を保護する必要がまだないから
4. 動き回らず体温が上がらないので放熱する必要がないから

IX　次の文章によると，一四世紀からどのようにして服を作るようになりましたか。 **9**

一枚の布があるとしよう。これを使って服を作るにはどうしたら良いだろうか。布を体に巻きつけたり，体を布で覆ったりすることもできるが，体の形や大きさにぴったりと合う服を求めるならば，布を切る必要が出てくる。なぜなら布は平面であるが，体は立体だからだ。西洋の衣服が体の形に沿う傾向を取り始めた一四世紀から，布地の裁断はスタイルを決定する重要な要素となった。そこで問題となるのは，どのように布を切るかである。体に直接布を当てて服の形を作りながら裁(た)つこともできるが，誤って鋏(はさみ)を入れてしまえば布は無駄になるし，同じものを二度作ることは難しい。では切り取るべき布の形があらかじめ決まっていれば，どうだろう。服をいくつかの部分に分け，体の各部位に即した形に分割しておく。そして分割された布の形を鋏で切り取り，パーツを縫(ぬ)い合わせれば服が出来上がる。ならば服作りは格段に取り組みやすくなるだろう。このとき，布の切り方を示すガイドの役割を果たすのが「パターン」であり，それは布地を裁断するための型のことを指す。

（平芳裕子『まなざしの装置　ファッションと近代アメリカ』青土社）

1. 体に直接布を当てて服の形を作るようになった。
2. パターンを使って服を分割するようになった。
3. 布が無駄にならないように布に鋏を入れなくなった。
4. 布の切り方を示すガイド役の人を置くようになった。

X　次の文章の内容と合っているものはどれですか。 **10**

動物にとっての警戒警報は鳴き声だ。タカに狙われたリスや，ライオンの鋭い視線を察知したヌーが発する鳴き声が（結果的に）仲間に危険を知らせる。それは「怖い，逃げよう」とするキモチが「自動的に無思考に」横隔膜（おうかくまく）を弛緩（しかん）させ，声帯をせばめ，呼気を鼻腔（びこう）と口腔（こうくう）で共鳴させる。それを耳にした仲間が危険信号ととらえ，いっせいに逃げる。しかし，最初に鳴き声をあげるリスやヌーに特別な意図はない。あなたが藪（やぶ）のなかで突然足もとからニョロニョロと出てきたヘビに驚いて「ワッ！」と発する声とおなじだ。鳴き声が警戒警報を意図する言葉であるならば，知らせるべき相手の状況を脳内でシミュレートできなくてはならない。つまり相手がどう意味づけをするかを想定できなければならないが，リスやヌーにはそのような脳内回路はない。思考や抽象化といった高度な脳作業ができるヒトにおいてさえ，ヘビに驚いたときに発する「ワッ！」は仲間を意識したものではない（でも，それを耳にした同行者はまちがいなくとっさに警戒姿勢をとる）。

動物の鳴き声は意思疎通をはかる言葉でなくシグナルでしかない。性周期にともなう匂いが単なるシグナルに過ぎないのと同じだ。リスやヌーも，そしてヒトも生を追求する意思と欲求は微生物と変わらない。

（三村芳和『カラダの知恵　細胞たちのコミュニケーション』中央公論新社）

1. 動物は，一番早く危険を知ったものが仲間に危険を知らせるために鳴く。
2. ヒトは，突然現れた危険な動物に対して怖がらせるために自然と声を発する。
3. 動物もヒトも突然危険にであって出る声は，仲間への伝達の意図はない。
4. 動物もヒトも危険な場面では，仲間に警戒態勢を取らせるためのシグナルを出す。

このページには問題はありません。

XI　次の文章を読んで後の問いに答えなさい。

新聞の魅力は何でしょう？

私は「ノイズ」だと思います。

新聞を広げて読んでいると，自分が読みたい記事とは関係なく，勝手に目に飛び込んでくる記事があります。

「これ何だろう？　初めて見た」

「世の中こんなことになっていたのか！」

などと興味を持ち，ちょっとネットで調べてみようということもあります。

ネットでは，多くの人は基本的には自分の興味のあることを検索し，読みたいと思っている人のツイッターをフォローします。SNSでつながっている人は，感性も趣味も似ているのではないでしょうか。

すると，目に入ってくるのは，特定の分野の似たような情報ばかり。*タコツボ化していくばかりで，世界が広がっていきません。

一方，新聞では，いやおうなしに，興味のない記事も目に入ります。そこから興味関心が広がっていきます。思いがけない出合いを楽しみにして，私は毎日，新聞を読んでいるのです。

新聞を読んで興味や関心の幅が広がれば，専門分野以外のことでも，人と話せるようになります。たとえば営業マンにとっては，欠かせないスキルでしょう。新聞で仕入れた知識で「いい質問」をし，「この人はちょっと違うな」と信頼を勝ち取れるかもしれません。

（池上彰『考える力と情報力が身につく　新聞の読み方』祥伝社）

*タコツボ化：ある狭い範囲のことだけに関心を向けること

問1　下線部「新聞の魅力」を表したものとして，最も適当なものはどれですか。 **11**

1. 興味のあるなしに関係なく記事が目に入ること
2. 「ノイズ」に関する記事が読めること
3. ネットよりも詳しい記事が載っていること
4. 自分の興味のある記事が読めること

問2　この文章で筆者は何を楽しみに新聞を読んでいると述べていますか。 **12**

1. いい質問ができるようになること
2. 今まで知らなかった人と出合えること
3. 新たに興味をひく記事が見つかること
4. 営業マンに必要なスキルがわかること

XII　次の文章を読んで後の問いに答えなさい。

四季のある日本に住んでいると，花が咲くという現象について季節との関係をまず思い浮かべるだろうが，一年という長いスパンではなくて，一日という短いスパンでも，それぞれの植物にそれぞれの開花特性がある。

たとえば，アサガオといえば，誰もが朝に咲く姿を思い浮かべることは間違いないだろう。逆にマツヨイグサといえば夜咲くイメージだろう。一年を通して，ほとんどの植物は花の咲く時期が決まっているが，一日の中でもやはりそれぞれの植物で花の咲く時間は決まっている。

このことは古くから経験的に知られていたようで，開花する時間が植物の名前となったものがある。その代表がスイレン科のヒツジグサである。この名前は動物のヒツジに由来するものではなくて，江戸時代に用いられた時刻法で未(ひつじ)の刻，現在の時刻に置き換えると午後二時ごろに開花することから名付けられた。このようなことは外国でも認識されていたようで，オシロイバナの英語名は“フォー・オクロック”というが，これはオシロイバナが夕方の四時ごろに咲き始めることから名付けられた。

(岩科司『花はふしぎ　なぜ自然界に青いバラは存在しないのか?』講談社)

問1　下線部「このこと」が指す内容として，最も適当なものはどれですか。 **13**

1. アサガオは朝に咲き，マツヨイグサは夜に咲くこと
2. 一年のどの季節にどの植物が咲くか決まっていること
3. 植物には一日という短いスパンでも開花特性があること
4. 四季のある日本では，季節によって異なる花が咲くこと

問2 「ヒツジグサ」の名前の由来として，最も適当なものはどれですか。 **14**

1. ヒツジグサの花が午後二時ごろ咲くことから，その名前が付けられた。
2. ヒツジグサの花の形が羊に似ていることから，その名前が付けられた。
3. ヒツジグサが羊の好物であることから，その名前が付けられた。
4. ヒツジグサが羊の食事の時間に咲くことから，その名前が付けられた。

XIII　次の文章を読んで後の問いに答えなさい。

学習者がすでにつくり上げている知識の体系に新たな知識を関連づけながら定着させていく学習のことを有意味受容学習という。意味を理解し，これまでの出来事や学んだことに関連づけながら学習すると記憶に定着しやすい。対照的に，そのような意味の理解や関連づけを行わず丸暗記するのが機械的受容学習である。たとえば，パソコンのブラウザを立ち上げて，まったく読むことができない言語を使う国のホームページを探し，20秒間暗記して，それを紙の上に再現してみよう。写真や記号，アイコンの一部などは再現することができたかもしれないが，すぐに内容が尽きてしまうだろう。意味がわからなければわれわれは丸暗記（　A　）に頼るしかない。丸暗記は非常に効率が悪い暗記法なのである。一方，日本語のニュースのページなどを立ち上げて，同じく20秒間暗記し同様に紙の上に再現してみよう。見出し，写真，大まかなニュースの内容，同時にあげられていた広告商品の名前など，さまざまなことが思い出され５分程度は描いていられる。このように意味を理解して学習することは記憶に定着させることの第一歩なのである。

（安部博史「第５章　勉強を教えるチカラ」古川聡編『教育心理学をきわめる10のチカラ〔改訂版〕』福村出版）

問1 （　A　）に入るものとして，最も適当なものはどれですか。 **15**

1. 知識の体系
2. 意味の関連づけ
3. 有意味受容学習
4. 機械的受容学習

問2 下線部「さまざまなことが思い出され５分程度は描いていられる」理由として，最も適当なものはどれですか。 **16**

1. 有意味受容学習が行われているから
2. 機械的受容学習が行われているから
3. 有意味受容学習と機械的受容学習の両方が行われているから
4. そのページが丸暗記できているから

XIV　次の文章を読んで後の問いに答えなさい。

日頃，私たちは何気なく「お茶にしませんか?」と口にしますが，実際に飲んでいるものは「茶」とは限りません。私たちの暮らしの中には，緑茶，紅茶，烏龍茶(ウーロンチャ)からコーヒーやココア，さらにハーブティーや麦茶など，様々な飲み物があります。コーヒーやココアは豆類から作られるので，茶ではないと推測できるでしょう。では，ハーブティーや麦茶などの「茶」は，果たして茶なのでしょうか?

日本では，植物の葉を湯に入れて成分を浸出した飲み物を「茶」と呼ぶ習慣があります。その葉がヨモギであればヨモギ茶，カキの葉であれば柿の葉茶，杜仲(とちゅう)の葉であれば杜仲茶と呼んでいます。

しかし，本来「茶」とは，ツバキ科ツバキ属に属するチャの葉や芽を使用して製造されたものを指します。つまり，日本茶・紅茶・烏龍茶などは茶ですが，他の作物，植物から作られていてチャの葉や芽を含まないものは，茶ではないわけです。それらの「茶ではない茶」は，農林水産省や総務省等の国の生産・消費等の統計などで「他の茶葉」に分類され，本物の茶とは区別されています（但(ただ)し，玄米茶は「他の茶葉」に分類されています)。

お茶は安心して飲まれてきた長い歴史があるため，本来は茶でない飲み物にも茶をつけて呼ぶようなったのでしょう。

(NPO法人日本茶インストラクター協会『日本茶のすべてがわかる本　日本茶検定公式テキスト』日本茶インストラクター協会)

問1　下線部「本物の茶」に分類されるものとして，最も適当なものはどれですか。　**17**

1. 柿の葉茶
2. ココア
3. 烏龍茶
4. 玄米茶

問2　この文章の内容と合っているものはどれですか。　**18**

1.「茶」と呼ばれるものには「本物の茶」ではないものが含まれる。
2.「他の茶葉」に分類されるものを「茶」と呼んではいけない。
3.「他の茶葉」に分類されるものも統計上は「茶」と同じ分類をする。
4. 日本ではツバキ科ツバキ属に属する葉や芽を使用したものだけを「茶」と呼ぶ。

XV　次の文章を読んで後の問いに答えなさい。

突然ですが「障害」はなぜ生じるのでしょうか。

歩けない，見えない，聞こえない，話せない，コミュニケーションが苦手，それらを「機能制限」と言います。そういった，その人にある機能制限が原因でその人が生きにくさを感じているのではないかというところに障害の問題がとらえられてきました。それは「医学モデル」とか，「個人モデル」といわれるとらえ方です。障害をそういったとらえ方で見ると，障害のある人たちが障害のない人たちと同等の生き方をしようとするならば，手術を受けて治しなさいとか，器具を付けなさいとか，リハビリをしなさい，ということだけが求められて，あなた自身が頑張りなさい，努力しなさいということになってしまうのです。

ところが，今の医学の水準では，目が見えない人がどんなに頑張っても目が見えるようになるわけではありません。耳が聞こえない人がどんなに頑張っても耳が聞こえるようになるわけではありません。個人で解決できる領域というのは非常に限られています。そこで，機能制限があることによって社会参加ができない，またはしにくい状態に置かれている人たちが，社会で活躍できるようにするにはどうしたら良いかという議論がなされるようになりました。それが1980年代，イギリスの*マイケル・オリバーという人たちが中心になって出された「障害の社会モデル」という考え方です。

（船越高樹「障害のある学生の支援における大学と大学生協の連携について」
全国大学生活協同組合連合会教職員委員会編『大学生のためのセーフティーネット　学生生活支援を考える』）

*マイケル・オリバー：イギリスの研究者

問1　「医学モデル」についての記述と合っているものはどれですか。　**19**

1. 医学モデルでは，障害を持つ人の生きづらさは解決できない。
2. 医学モデルでは，障害を持つ人が頑張ろうという気持ちになれない。
3. 医学モデルによって，障害を持つ人の機能制限の問題が解決できる。
4. 医学モデルによって，障害を持つ人と持たない人が同等の生活を送れる。

問2　下線部「障害の社会モデル」の内容として合っているものはどれですか。　**20**

1. その人の機能制限が良くなるように社会が手助けすること
2. その人に機能制限があっても社会が対応できるようにすること
3. 機能制限がある人に対して社会全体で治療費を負担すること
4. 機能制限がある人が集まってよりよい社会について議論すること

XVI　次の文章を読んで後の問いに答えなさい。

考えてみれば，現代の就職期の学生に職業についての明確な意識を持てとか，仕事のイメージを思い描けとかいっても，これは土台無理な注文かもしれない。学生という身分と，実社会とがあまりにかけ離れてしまったからだ。いわゆる「サラリーマン社会」と呼ばれるようなものが出来上って以降のことである。

農業をとりあげてみればその間の事情は直ちに理解出来る。それを好むと好まぬとにかかわらず，農村の若い人々は農家の仕事を知っている。親達がどこでどのような農作業に従事しているかは，子供の頃から見て知っているはずである。

商家についてもそのことは言えるだろう。つまり，家が仕事場であるような自営業をいとなむ人々の子供は，それぞれ親の働く様を見て育って来ている。自然のうちに，親を通して職業のイメージが育てられているわけである。

大量の親達が「サラリーマン」と化して日中家にいないようになってから，子供は仕事の絵を失った。働く親の姿が見えなくなってしまった。つまり，家庭と仕事の間に通勤の壁が立ちふさがってしまったわけである。

（黒井千次『働くということ　実社会との出会い』講談社）

問1　下線部「これは土台無理な注文かもしれない」とありますが，その理由として適当なものはどれですか。 **21**

1. 現代の学生は，農家として働いた経験がないから
2. 現代の学生は，親の仕事をする姿を見ていないから
3. 現代では，農業や商業を目指す学生が減っているから
4. 現代では，学生が就職するのが難しくなっているから

問2　下線部「仕事の絵」のここでの意味を具体的に表したものとして，最も適当なものはどれですか。 **22**

1. 日中の家での過ごし方
2. 仕事に対するイメージ
3. 職場に通勤する手段
4. サラリーマンになる方法

XVII　次の文章を読んで後の問いに答えなさい。

今日人類が≪科学技術の時代≫を生きていること，そして多くの人々がそのことを自覚していることに，異議を唱える人は少ないであろう。そして，科学枝術がこれほど生活の隅々に浸透し，大きな威力を発揮している状況は，決して古くからあることではなく，人類の歴史の中ではかなり新しい現象である。産業革命がイギリスで始まったのはほんの二五〇年ほど前のことであるし，それが欧米で本格化したのは一九世紀以降のことである。さらにわが日本に欧米の産業技術が移入され始めたのは，ようやく一五〇年ほど前のことになる。一〇〇万年とも二〇〇万年とも言われる人類の歴史の中で，われわれはかなり珍しい時代を生きていることになる。

科学技術に一瞬たりとも関わらないでは生活が成り立たないという，特殊な状況の中で現代人は生きているわけであるが，この状況下で現代人が科学技術と向き合うときの姿勢は，肯定と否定の双方を含んだ*アンビヴァレントなものになっていると言えよう。

われわれが科学技術にかけている期待は，今日でもかなり大きい。たとえば近年，人工知能やロボットの開発が加速している状況や，それが車両の自動運転システムに応用されようとしていること，また**身障者や高齢者の介助に役立てる途が探られていること等が伝えられている。また医療の分野では，再生医療の進歩に大きな期待がかけられており，これまで手の施しようのなかった難病に，いままでとまったく異なる方法で対処してゆけるかもしれないという希望が膨らんでいる。

だが他方で，科学技術の進歩を否定的に受けとめる見方も，かなり以前から存在してきた。科学技術によって危険が増えているように見える現象は，***枚挙に暇がないほど多い。たとえば，自動車事故でときに人命が失われることは，すでにわれわれに馴染みのものになってしまった。また科学技術にむしろ人間のほうが仕えなければならないような現象も，すでに初期資本主義の時代から見られてきた。当時の工場労働者は，機械を用いた大量生産に従事するために，一日一〇時間以上も働かなければならなかった。今日ときに人間のほうがコンピュータに従わなければならないのに似た状況は，科学技術の確立とともに存在してきたものにほかならない。

（宮坂和男『科学技術の現況といま必要な倫理』晃洋書房）

*アンビヴァレント：矛盾した

**身障者：体に何らかの機能制限を持った人

***枚挙に暇がない：例が多いことを表す

問1　下線部「この状況下」を具体的に表したものとして，最も適当なものはどれですか。 **23**

1. 科学技術が速いスピードで進歩している状況
2. 科学技術が生活に必要不可欠になった状況
3. すべての人が科学技術の発展に関わっている状況
4. 科学技術によって生活が一瞬で変わる状況

問2　筆者は今の時代を「珍しい時代」と言っていますが，どうして珍しいのですか。 **24**

1. 昔に比べて現代は科学の発展スピードが遅くなっているから
2. 人類の歴史から見たら，科学が生活に浸透したのが最近のことだから
3. 現代人のなかには科学技術の進歩に否定的な見方をする人がいるから
4. 人類の歴史の中で科学技術にかける期待が特に大きくなっているから

問3　この文章の内容と合っているものはどれですか。 **25**

1. 科学技術の進歩への肯定的な見方は，初期資本主義の時代には見られなかった。
2. 科学技術にかける期待が大きい現代では，科学技術を肯定的に見る人が多い。
3. 科学技術に対する否定的な見方が，科学の進歩に大きな役割を果たしている。
4. 科学技術の進歩に対する否定的な見方には，過去と現在で共通するものがある。

- memo -

第6回
模擬試験

記述問題

記述問題は，二つのテーマのうち，どちらか一つを選んで，記述の解答用紙に書いてください。

解答用紙のテーマの番号を○で囲んでください。

文章は横書きで書いてください。

記述問題

以下の二つのテーマのうち，どちらか一つを選んで400 ～ 500字程度で書いてください（句読点を含む）。

1.

外国語の勉強のために本を読むとき，「辞書なしでも読めるやさしい本を読んだほうがよい」という意見があります。一方で，「辞書を使ってでも難しい本を読んだほうがよい」という意見もあります。

両方の意見に触れながら，あなたの考えを述べなさい。

2.

子どもに嫌いな食べものがあるとき，「嫌いなものでも子どもに食べさせたほうがよい」という意見があります。一方で，「嫌いなものは子どもに食べさせなくてよい」という意見もあります。

両方の意見に触れながら，あなたの考えを述べなさい。

読解問題

読解問題は，問題冊子に書かれていることを読んで答えてください。

選択肢1，2，3，4の中から答えを一つだけ選び，読解の解答欄にマークしてください。

Ⅰ　次の文章は，仕事におけるリーダーについて書かれたものです。（　Ａ　）に入るものとして，最も適当なものはどれですか。　**1**

中国の古い話の中に，石垣を積んでいる三人の若者の話が出てきます。一人目の若者に「何をしているのだ」と訊けば，「もちろん石を積んでいます」。二人目の若者，「お城の石垣の石を積んでいます」。三人目の若者，「王様が住む頑丈な城を造るために，土台になる石をちゃんと積んでいます」。

では，誰が一番目的にかなって熱心に仕事をしたか。当然，三人目の若者でしょう。自分がしている小さな仕事は，どんな大きな目的を果たすためにどのような理念に基づいて行っているのか。それが明示されると，部下は誇りを持ち，夢を持ち，頑張ってその仕事に取り組むことができます。リーダーに必要なロジックの展開のヒントはここにあるのです。

まず大きな「（　Ａ　）」を示します。そして，その（　Ａ　）を実行に移すための「戦略」を示し，その戦略に時間や具体的な手法を入れた「計画」を示してあげる。そうすると，部下がしっかり動き出すわけです。

（佐藤綾子『非言語表現の威力　パフォーマンス学実践講義』講談社）

1. 仕事
2. 理念
3. 夢
4. ロジック

II　次の掲示で募集している2つのサポートに共通することは何ですか。 **2**

学生サポートスタッフ募集

学生課では，聴覚に障害がある学生のサポートをしてくれる学生を募集しています。

主な仕事は，障害のある学生が受けている授業で音声情報を文字に起こしたり，ノートをとったりします。サポートに入る前に講習を行って，実践練習の機会を設けているので，初めての人でも安心して始めることができます。興味がある学生は，学生課に問い合わせてください。

＜サポート内容＞

◯ノートテイク，パソコンテイク

先生の話や学生の発言などの，音声情報を文字にすることを「テイク」といいます。聴覚障害をもつ学生1名につき，2名の学生がサポートします。ノートテイクは手書き，パソコンテイクはパソコンを使ってタイプします。毎週聴覚障害をもつ学生といっしょに授業に参加するので，サポート学生は自分の授業がない時間帯を選んでサポートしてください。

◯字幕付け

オンライン授業の動画に字幕を付けるサポートです。字幕付けの仕事は不定期で，一つの動画に字幕を付けるのに約2週間かかります。作業は自宅で行い，完成した字幕は学生課で確認をします。軽微なミスは学生課の方で修正をしますが，大きく修正が必要な場合は，学生課からサポート学生に連絡し修正を行ってもらいます。

1. 毎回サポートにパソコンを使う。
2. 毎週サポートに入る前に練習がある。
3. 複数の学生が協力してサポートを行う。
4. 自分の都合に合わせてサポートを行う。

III　次の文章の下線部「二つの共通点」が指す内容として，最も適当なものはどれですか。 **3**

これまで，創造性を生み出してきた偉人たちは，どんなことを努力してその力を発揮してきたのでしょうか?

ミケランジェロ，エジソン，ゴッホ，シェークスピア，ニュートン，フロイド，メンデル，ダビンチなどの歴代の独創的な創造力を発揮して人類の発展に貢献した偉大な人たちは必ずしも大学で学んだ高学歴の持ち主ではなく，これらの偉人には二つの共通点を挙げることが出来ます。

一つは，考えの大きな渦を脳内でどんどん大きくダイナミックに拡大して行くように，目的に向かってそこまで没頭するのかと思うような努力を行っていることです。このため一生結婚することなく独身で過ごした人もおります。真理や芸術性を追い求める場合も，おそらく，普通であれば，もう十分と思われるレベルに達しても，創造力を発揮する人たちは，まだ満足できない高いレベルで物事を考えている方が多いのです。

二つ目は，二つ以上の専門的知識を身につけ，非常に広い視点に立って創作作業を行っていることです。日本では，一つのことを深く掘り下げることでその道の科学者という評価をうけます。これに対して，欧米におけるサイエンスは，元々，専門性の壁をつくらない広く深い視野に立って科学することを意味しております。複数の学問をこなす科学者こそすごい科学者，あるいは，誰もまねの出来ない考えを生み出す人が凄い科学者として評価されています。

（林成之『思考の解体新書　独創的創造力発生のメカニズムを解く』産経新聞出版）

1. 高学歴ではないことと，一生結婚していないこと
2. とことんまで深く考えることと，一つの専門の枠にとらわれないこと
3. 考えをダイナミックに拡大していくことと，一つの専門性を深く掘り下げること
4. 真理や芸術性を追求していることと，科学者として高い評価を受けていること

IV　次の文章の（　A　）と（　B　）に入るものとして，最も適当なものはどれですか。　**4**

私たちの周囲には空気があるが，普段は空気の重さを感じることはない。しかし実際には，空気は大きな力で私たちを押している。この空気が押す力のことを「気圧」という。気圧は，空気が地球の重力で地面側に引きつけられていることで生じる力である。

地面付近の空気は，その上にあるすべての空気によって押されている。その一方で地面の上のほうにある空気は，その上にある空気が少ないため，あまり大きな力を受けない。したがって高いところへ行くほど，空気によって押される力は弱くなる。これを空気の圧力が低い＝「気圧が低い」と表現する。

わかりやすい例では，山頂でお菓子の袋がパンパンに膨れることがある。これは地上付近よりも山の上のほうが気圧が（　A　）ため，袋が空気によって押される力が（　B　）なり，その分，膨れてしまうのだ。これを麓（ふもと）に持ち帰ると逆に袋がペシャンコになってしまうのは逆に，押される力が強くなるからである。

（能勢博他『科学が教える　山歩き超入門』エクシア出版）

1. A：低い　　B：弱く
2. A：高い　　B：弱く
3. A：低い　　B：強く
4. A：高い　　B：強く

V　イメージトレーニングによって，下線部「実際に身体を動かしてトレーニングするのに近い効果が得られる」理由として，最も適当なものはどれですか。　**5**

プロのアスリートやスポーツ選手で，「イメージトレーニングをしない」という人はほとんどいないと思います。自分の技がうまくいく場面，試合の流れ，勝つ場面をありありとイメージすることで，それが現実化するというのがイメージトレーニングです。

イメージするだけで現実化する。そんなことがあり得るのでしょうか？

イメージトレーニングは，スポーツ心理学でも研究が進んでいて，イメージトレーニングが科学的に効果があることが証明されています。

人間の脳は，現実とイメージを区別できないといいます。脳は現実においても想像においても，同じ神経細胞が反応します。だから現実には起こっていないのに，ありありと想像しただけで，脳の中では同じ反応が起こってしまうのです。

自分の身体の動き，実際にどの筋肉を使って，身体がどういう位置にあって，それがどう変わっていくのか。精緻（せいち）にイメージすることは，実際に身体を動かしてトレーニングするのと，脳内では同じ神経が発火するので，実際に身体を動かしてトレーニングするのに近い効果が得られるわけです。

（樺沢紫苑『いい緊張は能力を2倍にする』文響社）

1. 脳を鍛えるために効果的だから
2. 試合の流れを事前に予測できるから
3. 筋肉はイメージしないと動かないから
4. 脳が現実とイメージを区別できないから

VI　社長に言われた仕事をすぐにしなければならないのは，なぜですか。　**6**

社長が「これをやってくれ」という命令を下した場合，社長は本当に「すぐ」でなければ納得できないものです。なぜなら，社長の24時間は，ほかの社員たちにとっての24時間とは全く異なり，ものすごいスピードで進んでいるからです。

それに社長は，いつでも同時並行でいくつもの判断をし，複数の仕事をこなしていかなければなりません。ですから，「すぐ」と言えば，本当に今すぐでなければならないのです。それは，すぐ処理しなかったり，その仕事について考えていると，その間に，ほかの重要な仕事が入ってきていくつも処理しなくてはならないことがどんどん積み上がってしまい，処理できないほど溜まってしまうか，あるいは忘れてしまう可能性があるかもしれないからです。

つまり「待てない」のではなく，「忘れてしまうのが怖い」という思いが潜在的にあるからなのです。

…（略）…

社長に命じられたこと，依頼されたことに対しては，どんなときにもクイックレスポンスを心掛けてください。「すぐやれ」と言われたことはもちろん，できる限り，すぐやるしかありません。

（下山博志『一流のフォロワーになるための社長の支え方』総合法令出版）

1. 社長は仕事が多くてすぐに処理しなければ忘れてしまうから
2. その仕事を処理しなければ会社のほかの仕事が止まってしまうから
3. 社長が「すぐやれ」と言ったのにすぐしなければ社長が怒るから
4. 24時間以内に処理しなければならないほどスピードが要求される仕事だから

VII　次の文章の内容と合っているものはどれですか。 **7**

われわれが知っている恐竜のイメージといえば，まず博物館に展示してある全身骨格によって培（つちか）われたものである。まあ，ほとんどの場合，展示骨格とは言っても，そこに飾られているのは，実物の骨からシリコン・ゴムなどで型取りし，複製したキャスト（雄型）である場合がほとんどだ。…（略）…

あのように組み立てられた骨格は，実際のところ，恐竜の発掘から復元，研究までの長い長い行程の一番最後に付け足される，いわばおまけのようなものにすぎない。ほとんどの場合，研究に用いる本物の骨は，博物館のバックヤードに大事に保管され，研究者からの要請があったときにのみ収蔵庫から出してこられるのである。キャストを作って展示するのは，すでに論文も書きおわり，調べることは調べ尽くし，しかも全身の復元が可能なほど保存のよかったものに限られる。それでも，全身の骨がオリジナルの化石から型取りされる標本などまず皆無に等しい。必ず，体のどこかの骨が欠損していて，他の標本からとったキャストで継ぎ足してあるものと思って間違いないだろう。

（金子隆一『恐竜学のすすめ』裳華房）

1. 恐竜の展示骨格は実物の骨で足りない部分をシリコン・ゴムで補っている。
2. 完全に全身が復元できる恐竜の標本でしか展示骨格は作れない。
3. 人工的に複製した展示骨格が博物館に飾られることはほとんどない。
4. 十分に研究が終わってからでなければ標本から展示骨格は作られない。

VIII　下線部「たちまち奇酒としてしまうだろう」とありますが，その理由として最も適当なものはどれですか。　**8**

酒を発明してから今日までの長い酒の歴史の中で，人類はさまざまな酒を造り，育ててきた。ある酒はいつとはなく消えてしまい，またある酒はすばらしい酒へと変身しながら確実に前進し続けて現在に至っている。…（略）…古代の酒は今の酒からみればすべてが奇酒・珍酒であった。たとえば今日のビールは泡だちがよい上に特有の苦味があって，爽快そのものであるが，古代のビールは発芽した穀物を生のままつぶしてこれでパンを焼き，それに水を加えて自然発酵させたにすぎないから，われわれが古代人に「このビールの味はいかがですか?」といわれたら，おそらく皆が苦笑して，たちまち奇酒としてしまうだろう。

だが古代のビールは麦や他の穀類を原料に選んでいるから，実はまだまともな酒であって，今日，世界の各地に残っている酒や，つい数世紀前まで飲まれていた酒の中には，意外な原料を使った奇酒や珍酒の例が数々ある。酒学上に奇酒や珍酒たる定義はないが，一般的にはその酒を醸（かも）す原料によってこの名を付ける例が多い。この場合の原料は圧倒的に植物系が多いが，なかには動物系原料もある。

（小泉武夫『酒の話』講談社）

1. 古代のビールの原料が今と異なるから
2. 古代のビールの作り方が今と異なるから
3. 古代のビールの飲み方が今と異なるから
4. 古代のビールはパンを焼く材料に使われたから

このページには問題はありません。

XI　次の文章を読んで後の問いに答えなさい。

僕は，一般にビジネス書はあまり読みません（実務書は別です）。ビジネス書があまり好きでないのは，

①ビジネス書は，後出しジャンケンである

②ビジネス書は，抽象化されすぎている

という，おもに2つの理由からです。

たとえば，大成功した*立志伝中（りっしでんちゅう）の，僕も大変尊敬している立派な人物がいます。彼はまた，たくさんのビジネス書を残しています。

僕自身，彼のことは嫌いではありません。でも，彼の書いた本を読んで，「正直，何の役に立つのだろう？」と疑問に思ったことが何度かあります。

彼の本の多くは，晩年，ビジネスの第一線を退いたあとに，口述した内容を筆記したものです。歳を重ねれば，誰だって記憶があやふやになるので，彼も例外ではありません。昨日話した内容と，今日話している内容が違うこともあったのではないでしょうか。

けれど，彼には大成功したという厳然たる事実があるわけですから，何を言っても，正しくなってしまいます。何を話したところで，大成功したという事実があれば，すべては正当化されてしまうでしょう。

極論すればすべての成功体験は後出しジャンケンの最たるもので，読んだところで何か身のためになるのだろうか，といつも思うのです。

成功者があとから自分を振り返って「こうしたから成功した」と述べたところで，それが次の成功をもたらす保証がどこにあるのでしょうか。

成功体験は，いくらでも後づけで考えられます。

（出口治明『本の「使い方」　1万冊を血肉にした方法』KADOKAWA）

*立志伝中（りっしでんちゅう）（の人）：若いときに苦労をして事業などを成功させた人

問1　下線部「ビジネス書はあまり読みません」とありますが，筆者がビジネス書を読まない理由として最も適当なものはどれですか。　**11**

1. それを書いた人が嫌いだから
2. それを読んでも意味がないと思うから
3. 本の内容が難しくて理解できないから
4. 書いた人が不正をして成功した可能性があるから

問2　筆者はビジネス書を「後出しジャンケン」だと言ってます。「後出しジャンケン」を言い換えたものとして，最も適当なものはどれですか。　**12**

1. 大成功した事実
2. あやふやな記憶
3. 次の成功をもたらす保証
4. 後づけ

XII　次の文章を読んで後の問いに答えなさい。

天気をシミュレーションする，といいましたが，どういうことでしょうか？　どうやってコンピュータのなかで天気を再現できるのでしょうか？　実際コンピュータのなかにあるのは，数字の*羅列(られつ)です。コンピュータは，与えられたプログラムによって決められた順番で決められた**四則演算(しそくえんざん)を行なっていって，数字を処理していきます。結果として得られるものも，数字の羅列です。つまり，コンピュータで天気をシミュレーションするには，天気を数字の羅列で表現しなくてはなりません。

天気を表現する数字の羅列とは，何でしょうか？　そもそも天気とは何でしょう？　天気というとまず，晴れ・曇り・雨，これらは空を見ればわかりますね。晴れているときは湿気が少なく，雨のときは湿気が多い。湿気は相対湿度何パーセントというように数字で表現できます。寒い日・暑い日，気温は数字で表現できます。風の強さ，方角，これも全部数字で表現できます。天気を表現するために，大気の状態をこのように要素に分けて，数字で表現します。具体的には，風，気温，湿度，気圧の4つが基本的な大気の要素となります。ここではこれらを気象変数といいましょう。おや，このなかには肝心の天気，晴れ・曇り・雨はありませんね。これについては，湿度と気温から水蒸気の飽和が計算できますから，雲ができるかどうか，雨が降るかどうかは，これらの気象変数から求めることになります。

（三好建正「第7章　天気予報の研究」筆保弘徳・芳村圭編著
『天気と気象についてわかっていることいないこと』ベレ出版）

*羅列(られつ)：ただ並べること
**四則演算(しそくえんざん)：たし算，ひき算，かけ算，わり算のこと

問1　下線部「天気をシミュレーションする」ためには，何が必要ですか。 **13**

1. 天気を数値に変換すること
2. その日の天気を観察すること
3. 天気を言葉で表現すること
4. 天気を見ながら計算すること

問2　下線部「これら」を具体的に表したものとして，最も適当なものはどれですか。 **14**

1. 雨と曇り
2. 寒い日と暑い日
3. 風の強さと方角
4. 気温と湿度

XIII　次の文章は，外国語の音読指導について書かれた文章です。文章を読んで後の問いに答えなさい。

まず大前提として，個人音読させたら原則としてアドバイスを与えましょう。まあまあのレベルで個人個人が読めるということを確認しながら特にフィードバックをせず，次々に指名してゆくのもたまにはアリだとは思います。しかし指導者からのフィードバックなしの音読では，その時読んだことによって音読がうまくなる，ということはありません。まあまあ良いということを伝えて褒めた上で，もう一段レベルアップするにはどうするかを教えてやってください。

どこを直せばいいかわからない，悪いところがない，自分とまったく同じに読めている，と感じられるのであれば，厳しい言い方をすれば，その生徒はもうあなたのクラスにいる必要がなく，「卒業」です。つまり，あなたにはその生徒を指導する力がないことになります。（以前勤務していた大学の英語クラスに，アメリカに14年間住んだ後に帰ってきた学生がいたことがあります。英語に関して私が指導できる点がまったく見当たらず，むしろ怪しい日本語を図書館ででも勉強したほうが良いと判断し，出席を免除しました。）しかし普通はそんなことはないはずです。少なくとも自分と同じレベルになるためには何が足らないか，を必ず指摘し，ステップアップのための努力目標を提示してやりましょう。

（静哲人他『英語授業の心・技・愛　小・中・高・大で変わらないこと』研究社）

問1　下線部「「卒業」です」とありますが，どうして「卒業」なのですか。 **15**

1. 教師が教えることがないから
2. 学校の卒業の時期が来たから
3. 学生が授業についていけないから
4. 学生がアメリカに留学するから

問2　この文章で筆者が述べている外国語の音読指導の方法として，最も適当なものはどれですか。 **16**

1. 音読のレベルアップのためには，アメリカに留学するのがいい。
2. 音読のレベルアップのためには，教師からのフィードバックが欠かせない。
3. 音読のレベルアップのためには，同じレベルの生徒同士で練習するといい。
4. 音読のレベルアップのためには，次々に生徒を指名して読ませたほうがいい。

XIV　次の文章は，チームのリーダーシップについて述べたものです。文章を読んで後の問いに答えなさい。

尊敬している人に褒(ほ)められれば，すごく嬉しいと思うし，励まされればがんばろうと思うし，お礼を言われればやってよかったと思うし，たしなめられれば反省する。しかし，軽蔑(けいべつ)している人に褒められても嬉しくないだろうし，励まされても「おまえががんばれよ」と思うかもしれないし，叱られたら反発することもあるだろう。同じことを言っても，誰が言ったかによって意味は変わる。

チームを作る際にも“基点”になるのは自分なのである。そう考えれば，巷(ちまた)で常識とされている「褒める」→「モチベーションが上がる」という方程式すら当てはまらないことがあるのがなぜか，よくわかるはずだ。

従来の組織行動は，誰が行っても同じ結果が出るという意味での狭義の「再現性」を求めるあまり，このことが盲点となっているように思われる。だからこそ，リーダーシップは最もよく研究されてきたにもかかわらず，わかっていないことが最も多い領域と言われる事態に陥っているのであろう。

自分に自信がある人ほど，心から尊敬する人のもとで働きたいと願うものだ。自分が培(つちか)ってきた能力と限られた時間を，尊敬できる人のために，あるいはできるだけ意味あることに使いたいと思うのは自然なことだからだ。

（西條剛央『チームの力　構造構成主義による“新”組織論』筑摩書房）

問1　下線部「方程式すら当てはまらない」理由として，最も適当なものはどれですか。 **17**

1. 尊敬している人にたしなめられることもあるから
2. 尊敬してない人に褒められても嬉しくないから
3. 尊敬している人に対して反発することもあるから
4. 誰が何を言っても聞きたくないこともあるから

問2　下線部「このこと」が指す内容として，最も適当なものはどれですか。 **18**

1. 褒めても必ずしもモチベーションが上がるとは限らないこと
2. モチベーションを上げるためには褒める必要があるということ
3. 褒めることとモチベーションは無関係だということ
4. 褒めれば褒めるほどモチベーションが下がるということ

XV　次の文章を読んで後の問いに答えなさい。

植物は*スキマに生えるものである。

コンクリートの割れ目，アスファルトのひび割れ，石垣の隙間など，都市部のあちこちで目にするスキマには，しばしば植物がその生を謳歌している。

彼らは孤独に悩んだり，住まいの狭さを嘆いたりなどはしていない。むしろ呑気に，自らの生活の糧であるところの太陽の光を憂いなく浴び，この世の自由を満喫しているところだ。隣に邪魔者が来る心配がないこと，これは，光を他の植物に先取りされ，陰に回ってしまわないよう，常に競争を強いられている植物にとって，なによりの恩恵である。隣の植物と背比べをし続けなくて済む好運，自分のペースで成長していればよいスキマという環境こそは，植物にとってじつに快適な空間なのだ。

…（略）…

都市部に限らず植物は，一般にスキマを活用して暮らす生物である。山岳地帯ではしばしば，岩の割れ目以外，他に根を張る場所として選べるところがない。海岸地帯の**磯や断崖も同様である。植物はもともと，ヒトが都市なるものを建設し，至るところにスキマを作り出す以前から，そうした環境をうまく利用して暮らしてきた。街のスキマの植物は，その<u>古来の能力</u>を，都市のスキマに応用して適応している都市生活者なのだ。スキマの植物の世界を理解することは，植物一般の生を理解する早道の一つでもあるだろう。

（塚谷裕一『スキマの植物の世界』中央公論新社）

*スキマ：隙間のこと

**磯：海のそばの岩の多い場所

問1　下線部「古来の能力」を具体的に表したものはどれですか。 **19**

1. スキマで生きる能力
2. ヒトと生きる能力
3. 都市で生きる能力
4. 海岸地帯で生きる能力

問2　スキマに生きる植物にとってスキマはどのような環境だと考えられますか。 **20**

1. 生きやすい環境
2. 苦労しながら生きる環境
3. 常に競争相手がいる環境
4. 人間に見つかりにくい環境

XVI　次の文章を読んで後の問いに答えなさい。

業種にもよるが，サラリーマンをしていると，時として仕事で文章を書かなければならないことがある。いわゆる仕事上の実用文書だ。企画書，報告書，依頼書，謝罪文（おわびの書），始末書など，いろいろある。

それらをうまく書くにはどうすればいいのかを，考えてみよう。

そこで，まず最初に言いたいのは，その種の実用文には定型があるということだ。こう書くのが普通という，決まり型があるのだから，それは勉強しなければならない。

私も学校を出てから十年間サラリーマンをした時には，そういう型にのっとって実用文書を書いていた。そこから足を洗ってからかなりたつのでもう忘れてしまったが，企画主旨，とか，この企画の波及効果，とか，項目を立てて書いていたような記憶がある。自分の会社のことを弊社（へいしゃ），と書くのだった。

そういう定型は，とりあえず勉強しよう。多分，それを指南する本があるはずだから，買って読むのだ。そして，もっといい勉強法は，先輩社員の書いた過去の文書を読ませてもらうことだ。たとえば企画書なら，その企画は通った，というものを学ぶのがよい。依頼書ならば，その依頼は受けてもらえた，というのを手本にするのだ。

そこまでは，やって当然の努力だ。かつて例を見ない企画書の*ヌーベルバーグを創出しよう，ともくろむ必要はない。まずは，型通りにきっちりと書けることが，実用文書では重要なことなのだ。

（清水義範『大人のための文章教室』講談社）

*ヌーベルバーグ：フランスの映画監督。古い映画作法を壊そうとした

問1　下線部「そこ」が指す内容として，最も適当なものはどれですか。　**21**

1. 学校
2. サラリーマン
3. 型
4. 実用文書

問2　この文章で筆者が最も言いたいことはどれですか。　**22**

1. 実用文書は，古い習慣を壊して新しい形式を見つけるべきだ。
2. 実用文書であっても，自分の個性が出るように工夫したほうがいい。
3. 実用文書を書くときは，過去の自分の経験や記憶を頼りにするといい。
4. 実用文書は，決まりを守ってルール通りに書けばいい。

XVII　次の文章を読んで後の問いに答えなさい。

友だちと別れた後に夕日を見て悲しい気持ちになったり，旅行に行って広大な景色を見て美しいと感じたりする経験は誰でも持っています。喜怒哀楽と言われる私たちの感情は，心と意思決定とどのように関連しているのでしょうか?

友だちと旅行に行く前に，南の島のビーチと，高原リゾートのどちらにするか決める場面で，自分の過去の体験や，テレビやインターネットで見た旅行番組のシーンなどの情報が意思決定の根拠となります。南の島のビーチでとても楽しい体験をした友人の話を聞いていれば，ビーチを選び，高原リゾートで夏の熱さを忘れる映像を見た人は高原リゾートを選ぶ理由となります。一方，過去に海で溺(おぼ)れそうになるなど怖い体験をした人はビーチを避けるでしょう。山での遭難事件の映画を観た人は高原リゾートを避けるでしょう。この例ではプラスとマイナスの感情が意思決定に大きく影響しています。

意思決定の根拠となる「価値観」は，ひとりひとりの過去の体験や，多様な情報の組み合わせに，感情というラベルがつけられて記憶の中に保存されています。私たちの心の中で複雑に形作られた価値観は，体験・情報・感情などが入り交じって形成され，時間の経過の中で，新しく強い体験・情報・感情の情報が入ってくるたびに書き換えられ，更新されます。「価値観」は多様な側面を持ち，倫理的価値観や経済的（金銭的）価値観，哲学的価値観など，多様な視点から形成されています。また1つの価値観と異なる価値観が融合されたり，対立したまま持っていたり，人それぞれの心の中には，何千，何万という細かい価値観が積み重ねられ，複雑に交差しながら形成されています。

このように私たちの意思決定の根拠の源を探ると，人が持っている価値観に行き着きます。人生において大切な意思決定から，日常的な意思決定，私たちが無意識に行っている意思決定まで，これまでの体験・情報・感情をもとにした価値観を評価基準として，最適な意思決定（自分はそう思っている）を行っているのです。

現在AIが行っているデータ分析は，私たちの過去の意思決定の積み重ねを分析して，つまり「結果の集合体」から推測した未来の選択肢を選び出しています。購入した本の履歴からお薦めの本を探して提案し，SNSの文章やアップした写真から好みのレストランをお薦めしてくれます。

今後AIが私たちひとりひとりの多様な情報から，AIがその人の価値観を作り上げて，その価値観をもとに意思決定を支援するようになってくるでしょう（過去のあなたのデータの集積からAIがあなたの価値観を創り出します）。これは，AIが結果から推測するのではなく，ひとりひとりの価値観から相手を推測する「人の思考方法」に近づいていると言えるでしょう。AIが人の考えを先回りして，アドバイスをしてくれることになれば，とても信頼できるAIとなり，人はAIにまるで心があるように感じることになるかもしれません。

（田中一裕『未来を歩くためのスキル　AI時代に求められる意思決定力』新潟日報事業社）

問1　第三段落で述べられている価値観の説明として，最も適当なものはどれですか。 **23**

1. 人はたいてい一つの強い価値観に支配される。
2. 一度作られた価値観は，簡単には変わることはない。
3. 価値観の中でも経済的（金銭的）価値観が最も強い。
4. 価値観は，いろいろな要素が関係し合って作られる。

問2　筆者はこの文章で人の価値観と意思決定はどのような関係にあると述べていますか。 **24**

1. 人は自分の価値観をもとに意思決定する。
2. 意思決定がその後の自分の価値観を変える。
3. 他人の価値観が自分の意思決定に強く影響する。
4. 価値観は意思決定にそれほど影響を与えない。

問3　筆者はこの文章でAIは今後人の意思決定にどのように関わると述べていますか。 **25**

1. AIが人に代わって意思決定を行う。
2. AIが人の意思決定を手伝う。
3. AIが人の意思決定に悪い影響を与える。
4. AIの意思決定が人の意思決定を超える。

- memo -

- memo -

- memo -

- memo -

日本留学試験

EJU 실전모의고사

기술·독해

초판 1쇄 발행 2024년 3월 21일

지은이 요시가와 타츠
펴낸곳 (주)에스제이더블유인터내셔널
펴낸이 양홍걸 이시원

홈페이지 japan.siwonschool.com
주소 서울시 영등포구 영신로 166 시원스쿨
교재 구입 문의 02)2014-8151
고객센터 02)6409-0878

ISBN 979-11-6150-827-6
Number 1-311111-25252500-08

EJU

日本留学試験 EJU

실전모의고사 기술·독해

해설집

시원스쿨닷컴 × ask

読解

第1回

受験番号 Examinee Registration Number		名前 Name	

注意事項　Note

1. 必ず鉛筆(HB)で記入してください。
2. この解答用紙を汚したり折ったりしてはいけません。
3. マークは下のよい例のように、○わく内を完全にぬりつぶしてください。

よい例	悪い例
●	⊗ ✓ ○ ◉ ○

4. 訂正する場合はプラスチック消しゴムで完全に消し、消しくずを残してはいけません。
5. 所定の欄以外には何も書いてはいけません。
6. この解答用紙はすべて機械で処理しますので、以上の**1**から**5**までが守られていないと採点されません。

読解
Reading Comprehension

解答番号	解答 Answer				解答番号	解答 Answer				解答番号	解答 Answer			
	1	2	3	4		1	2	3	4		1	2	3	4
1	①	②	③	④	11	①	②	③	④	21	①	②	③	④
2	①	②	③	④	12	①	②	③	④	22	①	②	③	④
3	①	②	③	④	13	①	②	③	④	23	①	②	③	④
4	①	②	③	④	14	①	②	③	④	24	①	②	③	④
5	①	②	③	④	15	①	②	③	④	25	①	②	③	④
6	①	②	③	④	16	①	②	③	④					
7	①	②	③	④	17	①	②	③	④					
8	①	②	③	④	18	①	②	③	④					
9	①	②	③	④	19	①	②	③	④					
10	①	②	③	④	20	①	②	③	④					

日本留学試験　模試と解説　解答用紙

記述

受験番号 Examinee Registration Number	

名前 Name	

テーマの番号	1	2

1または2のどちらかを選び、○で囲んでください。

横書きで書いてください。

20
40
60
80
100
120
140
160
180
200
220
240
260
280
300
320
340
360
380
400
420
440
460
480
500

日本留学試験　模試と解説　解答用紙

読解

第2回

受験番号 Examinee Registration Number		名前 Name	

注意事項 Note

1. 必ず鉛筆(HB)で記入してください。
2. この解答用紙を汚したり折ったりしてはいけません。
3. マークは下のよい例のように、○わく内を完全にぬりつぶしてください。

よい例	悪い例
●	⊗ ✓ ◎ ◉ ○

4. 訂正する場合はプラスチック消しゴムで完全に消し、消しくずを残してはいけません。
5. 所定の欄以外には何も書いてはいけません。
6. この解答用紙はすべて機械で処理しますので、以上の1から5までが守られていないと採点されません。

読解
Reading Comprehension

解答番号	解答 Answer				解答番号	解答 Answer				解答番号	解答 Answer			
	1	2	3	4		1	2	3	4		1	2	3	4
1	①	②	③	④	11	①	②	③	④	21	①	②	③	④
2	①	②	③	④	12	①	②	③	④	22	①	②	③	④
3	①	②	③	④	13	①	②	③	④	23	①	②	③	④
4	①	②	③	④	14	①	②	③	④	24	①	②	③	④
5	①	②	③	④	15	①	②	③	④	25	①	②	③	④
6	①	②	③	④	16	①	②	③	④					
7	①	②	③	④	17	①	②	③	④					
8	①	②	③	④	18	①	②	③	④					
9	①	②	③	④	19	①	②	③	④					
10	①	②	③	④	20	①	②	③	④					

日本留学試験　模試と解説　解答用紙

記述

受験番号 Examinee Registration Number	

名前 Name	

テーマの番号	1	2

1または2のどちらかを選び、○で囲んでください。

横書きで書いてください。

20
40
60
80
100
120
140
160
180
200
220
240
260
280
300
320
340
360
380
400
420
440
460
480
500

読解

第3回

受験番号 Examinee Registration Number		名前 Name	

注意事項 Note

1. 必ず鉛筆(HB)で記入してください。
2. この解答用紙を汚したり折ったりしてはいけません。
3. マークは下のよい例のように、○わく内を完全にぬりつぶしてください。

よい例	悪い例
●	⊗ ✓ ○ ◐ ○

4. 訂正する場合はプラスチック消しゴムで完全に消し、消しくずを残してはいけません。
5. 所定の欄以外には何も書いてはいけません。
6. この解答用紙はすべて機械で処理しますので、以上の**1**から**5**までが守られていないと採点されません。

読解
Reading Comprehension

解答番号	解答 Answer				解答番号	解答 Answer				解答番号	解答 Answer			
	1	2	3	4		1	2	3	4		1	2	3	4
1	①	②	③	④	11	①	②	③	④	21	①	②	③	④
2	①	②	③	④	12	①	②	③	④	22	①	②	③	④
3	①	②	③	④	13	①	②	③	④	23	①	②	③	④
4	①	②	③	④	14	①	②	③	④	24	①	②	③	④
5	①	②	③	④	15	①	②	③	④	25	①	②	③	④
6	①	②	③	④	16	①	②	③	④					
7	①	②	③	④	17	①	②	③	④					
8	①	②	③	④	18	①	②	③	④					
9	①	②	③	④	19	①	②	③	④					
10	①	②	③	④	20	①	②	③	④					

日本留学試験　模試と解説　解答用紙

記述

受験番号 Examinee Registration Number	

名前 Name	

テーマの番号	1	2

1または2のどちらかを選び、○で囲んでください。

横書きで書いてください。

20
40
60
80
100
120
140
160
180
200
220
240
260
280
300
320
340
360
380
400
420
440
460
480
500

日本留学試験　模試と解説　解答用紙

読解

第4回

受験番号 Examinee Registration Number	

名前 Name	

注意事項 Note

1. 必ず鉛筆(HB)で記入してください。
2. この解答用紙を汚したり折ったりしてはいけません。
3. マークは下のよい例のように、○わく内を完全にぬりつぶしてください。

よい例	悪い例
●	⊗ ✓ o ◉ ○

4. 訂正する場合はプラスチック消しゴムで完全に消し、消しくずを残してはいけません。
5. 所定の欄以外には何も書いてはいけません。
6. この解答用紙はすべて機械で処理しますので、以上の**1**から**5**までが守られていないと採点されません。

読解
Reading Comprehension

解答番号	解答 Answer				解答番号	解答 Answer				解答番号	解答 Answer			
	1	2	3	4		1	2	3	4		1	2	3	4
1	①	②	③	④	11	①	②	③	④	21	①	②	③	④
2	①	②	③	④	12	①	②	③	④	22	①	②	③	④
3	①	②	③	④	13	①	②	③	④	23	①	②	③	④
4	①	②	③	④	14	①	②	③	④	24	①	②	③	④
5	①	②	③	④	15	①	②	③	④	25	①	②	③	④
6	①	②	③	④	16	①	②	③	④					
7	①	②	③	④	17	①	②	③	④					
8	①	②	③	④	18	①	②	③	④					
9	①	②	③	④	19	①	②	③	④					
10	①	②	③	④	20	①	②	③	④					

日本留学試験　模試と解説　解答用紙

記述

受験番号 Examinee Registration Number	

名前 Name	

テーマの番号	1	2

1または2のどちらかを選び、○で囲んでください。

横書きで書いてください。

20
40
60
80
100
120
140
160
180
200
220
240
260
280
300
320
340
360
380
400
420
440
460
480
500

日本留学試験　模試と解説　解答用紙

読解

第5回

受験番号 Examinee Registration Number		名前 Name	

注意事項 Note

1. 必ず鉛筆(HB)で記入してください。
2. この解答用紙を汚したり折ったりしてはいけません。
3. マークは下のよい例のように、○わく内を完全にぬりつぶしてください。

よい例	悪い例
●	⊗ ✓ o ◉ ○

4. 訂正する場合はプラスチック消しゴムで完全に消し、消しくずを残してはいけません。
5. 所定の欄以外には何も書いてはいけません。
6. この解答用紙はすべて機械で処理しますので、以上の**1**から**5**までが守られていないと採点されません。

読解
Reading Comprehension

解答番号	解答 Answer				解答番号	解答 Answer				解答番号	解答 Answer			
	1	2	3	4		1	2	3	4		1	2	3	4
1	①	②	③	④	11	①	②	③	④	21	①	②	③	④
2	①	②	③	④	12	①	②	③	④	22	①	②	③	④
3	①	②	③	④	13	①	②	③	④	23	①	②	③	④
4	①	②	③	④	14	①	②	③	④	24	①	②	③	④
5	①	②	③	④	15	①	②	③	④	25	①	②	③	④
6	①	②	③	④	16	①	②	③	④					
7	①	②	③	④	17	①	②	③	④					
8	①	②	③	④	18	①	②	③	④					
9	①	②	③	④	19	①	②	③	④					
10	①	②	③	④	20	①	②	③	④					

日本留学試験　模試と解説　解答用紙

記述

受験番号 Examinee Registration Number	

名前 Name	

テーマの番号	1	2

⬅ 1または2のどちらかを選び、〇で囲んでください。

横書きで書いてください。

20
40
60
80
100
120
140
160
180
200
220
240
260
280
300
320
340
360
380
400
420
440
460
480
500

日本留学試験　模試と解説　解答用紙

読解

第6回

受験番号 Examinee Registration Number		名前 Name	

注意事項 Note

1. 必ず鉛筆(HB)で記入してください。
2. この解答用紙を汚したり折ったりしてはいけません。
3. マークは下のよい例のように、○わく内を完全にぬりつぶしてください。

よい例	悪い例
●	⊗ ✓ ○ ● ○

4. 訂正する場合はプラスチック消しゴムで完全に消し、消しくずを残してはいけません。
5. 所定の欄以外には何も書いてはいけません。
6. この解答用紙はすべて機械で処理しますので、以上の1から5までが守られていないと採点されません。

読解
Reading Comprehension

解答番号	解答 Answer				解答番号	解答 Answer				解答番号	解答 Answer			
	1	2	3	4		1	2	3	4		1	2	3	4
1	①	②	③	④	11	①	②	③	④	21	①	②	③	④
2	①	②	③	④	12	①	②	③	④	22	①	②	③	④
3	①	②	③	④	13	①	②	③	④	23	①	②	③	④
4	①	②	③	④	14	①	②	③	④	24	①	②	③	④
5	①	②	③	④	15	①	②	③	④	25	①	②	③	④
6	①	②	③	④	16	①	②	③	④					
7	①	②	③	④	17	①	②	③	④					
8	①	②	③	④	18	①	②	③	④					
9	①	②	③	④	19	①	②	③	④					
10	①	②	③	④	20	①	②	③	④					

日本留学試験　模試と解説　解答用紙

記述

受験番号 Examinee Registration Number	

名前 Name	

テーマの番号	1	2

1または2のどちらかを選び、○で囲んでください。

横書きで書いてください。

20
40
60
80
100
120
140
160
180
200
220
240
260
280
300
320
340
360
380
400
420
440
460
480
500

EJU

日本留学試験 EJU

실전모의고사 기술·독해

해설집

별책의 사용법

기술

Point 왜 이런 일이 일어나는지 그 이유를 생각하고, 향후 그것이 어떻게 될지 자신의 생각을 쓰는 문제입니다.

대책

1. 지금 세계에서 화제가 되고 있는 일이 주제로서 다루어지니 매일 뉴스를 체크해 둡시다.
2. 테마에 관해서 이유가 많이 떠올랐다고 해도, 단지 나열하는 것만으로는 의미가 없습니다.
   그 중에 두 개나 세 개를 골라서 자세히 설명하도록 해 주세요.
3. 향후 어떻게 될 것이라고 생각할지 자신의 생각을 반드시 적어 주세요.

기술 포인트와 대책

- 회차별 문제 패턴과 대책을 설명합니다.
- 어떤 문제 형식이며 어떤 내용을 쓰면 되는지 포인트를 설명합니다.

예시답안 1

海外旅行に行って、その国に入ったとたん税金を取られたら、旅行者はどう思うだろうか。小さい額であっても、やはり嫌な気持ちになるだろう。それにもかかわらず、入国する旅行者に税金を課す国がある。なぜだろうか。

大きな理由が二つ考えられる。一つは、観光がその国の大きな収入源になっている場合だ。旅行者に税金を課せば、旅行者が増えれば増えるほど、その国の経済は良くなる。もちろん、旅行者がレストランやお店でお金を使って得られる収入も大きいが、入国者に対して税金という形で徴収すれば、政府は安定した収入を得られる。

もう一つの理由は、オーバーツーリズム対策だ。オーバーツーリズムとは、観光地に観光客がおおぜい来ることによって、観光資源が壊されたり、地域の住民の生活が不便になったりすることである。旅行者に税金を課せば、それを観光地のオーバーツーリズム対策に使うことができる。

旅行者にとって入国するときの税金は歓迎できないものだ。しかし、その国が豊かになったり、観光資源を守ったりすることは、将来的には旅行者の利益にもなる。旅行者が多い国が旅行者に対して税金を課す動きは、今後も広がるだろう。

예시 답안

- 2개 주제 각각의 예시 답안이 있습니다.
- 어떻게 전개 되어 있는지 꼭 확인해 보도록 합시다.

그 외의 의견

税金を課す理由

- 得られた税金を使って観光地を整備することで、より多くの観光客を呼び込むことができるから
- 古くなって壊れかけた遺跡などを、税金を使って修理することができるから

今後どうなっていくか

- その国の観光地の発達や改善につながるため、今後も税金を課す動きは広がる
- 旅行者にとって金銭的な負担が増えるため、税金を課す動きは広がらない
- 税金を課すことで旅行者が減った場合、税金を課すのをやめるかもしれない

그 외의 의견

- 예시 답안에 나오지 않은 의견 예시가 있습니다.
- 연습할 때 활용해 주세요.

독해

I　次の文章の内容と合っているものはどれですか。

苔(こけ)という言葉を聞いたとき、どんなイメージが湧くでしょうか。苔庭のしっとりとした苔を思い浮かべるかもしれません。このような好ましいイメージとは逆に、薄暗い湿った地面や石垣にへばりつくように生えている小さい植物、あるいは植えた覚えもないのに勝手に生えてくる厄介者(やっかいもの)というものかもしれません。夏のあいだ庭の水やりを絶やさなければ、次の春には苔が自然に生えてくるのは確かです。庭石に苔をつけたいと思うならば、毎日水やりを欠かさないことが大切だと教わったこともあります。これらの好ましくない印象が示すような、湿った場所を好むものが多いこと、そして体が小さいこと、知らないあいだに増えてくることは、実は確かに苔の本質をよく言い当てています。というのも、これらの性質はすべて、コケ植物が最も原始的な陸上植物であることの現れだからです。

（秋山弘之『苔の話　小さな植物の知られざる生態』中央公論新社）

① 多くの人は苔というものにそれほど強い印象を持っていない。

② 好ましい印象とは反対に苔は厄介な性質を持っている。

③ 苔に対する好ましくない印象は苔庭から作られたものである。

④ 苔に対する印象は苔の性質を適当に言い表している。

1. 다음 문장의 내용과 맞는 것은 무엇입니까?

이끼라는 말을 들었을 때, 어떤 이미지가 떠오를까요? **3** 이끼 정원의 촉촉한 이끼를 머릿속에 떠올릴지도 모릅니다. 이와 같은 **1** 호감 가는 이미지와는 반대로 **2** 어둡고 축축한 지면과 돌계단에 달라붙은 것처럼 자라나는 작은 식물, 혹은 심은 기억도 없는데 멋대로 자라나는 성가신 것이라는 것일지도 모릅니다. 여름 동안 물 주기가 끊기지 않는다면, 다음 봄에 이끼가 저절로 자라날 것은 분명합니다. 정원의 돌에 이끼를 자라게 하고 싶다면, 매일 물 주기를 빼먹지 않는 것이 중요하다고 배운 적도 있습니다. **4** 이런 호감 가지 않는 인상이 나타내는 것과 같은 축축한 장소를 좋아하는 것이 많은 것, 그리고 몸이 작은 것, 모르는 사이에 늘어나는 것은, 실은 분명 이끼의 본질을 잘 말해주고 있습니다. 왜냐하면, 이들의 성질은 모두, 이끼식물이 가장 원시적인 육상식물이라는 것의 표현이기 때문입니다.

① 많은 사람은 이끼라는 것에 그 정도로 강한 인상을 갖지 않고 있다.

② 호감 가는 인상과는 반대로 이끼는 성가신 성질을 가지고 있다.

③ 이끼에 대한 좋지 않은 인상은 이끼정원으로부터 만들어진 것이다.

④ 이끼에 대한 인상은 이끼의 성질을 적당히 나타내고 있다.

(해설)

내용확인 문제는 전체의 중심 키워드를 파악하는 것이 포인트이다. 2번을 제외하면 '인상'과 '성질'을 설명하는 것은 4번 밖에 없으므로 정답은 4번이다. 이끼 정원에는 바람직한 호감 가는 이미지가 있다고 했으므로 3번은 오답이며, 골칫거리인 것은 '인상'이고 '성질'이 아니므로 2번도 오답이다.

어휘 苔(こけ) 이끼 | 石垣(いしがき) 돌담 | 厄介者(やっかいもの) 골칫거리 | 原始的(げんしてき) 원시적 | 陸上植物(りくじょうしょくぶつ) 육상식물 | 現(あらわ)れ 발로, 나타남 | 適当(てきとう)だ 적당하다

문제

· 문제의 한국어 번역이 있습니다.

· 정답과 연결되는 부분에는 강조 표시가 되어 있습니다.

해설과 어휘

· 각각의 문제에 자세한 해설이 있어 정답과 오답의 이유를 체크할 수 있습니다.

· 빈출 어휘가 정리되어 있습니다. 복습에 활용해 주세요.

아스크사 일본어 버전 해설

아스크사 < 일본어 버전 해설 > 은 하기 QR 코드로 다운로드 해서 사용하실 수 있습니다 .

위 학습 부가 자료는 시원스쿨 일본어 홈페이지 (japan.siwonschool.com)의 수강신청▶교재 /MP3 와 학습지원센터▶공부 자료실에서 다운로드할 수 있습니다 .

기술

Point **왜 이런 일이 일어나는지 그 이유를 생각하고, 향후 그것이 어떻게 될지 자신의 생각을 쓰는 문제입니다.**

대책

1. 지금 세계에서 화제가 되고 있는 일이 주제로서 다루어지니 매일 뉴스를 체크해 둡시다.
2. 테마에 관해서 이유가 많이 떠올랐다고 해도, 단지 나열하는 것만으로는 의미가 없습니다. 그 중에 두 개나 세 개를 골라서 자세히 설명하도록 해 주세요.
3. 향후 어떻게 될 것이라고 생각할지 자신의 생각을 반드시 적어 주세요.

예시답안 1

海外旅行に行って、その国に入ったとたん税金を取られたら、旅行者はどう思うだろうか。小さい額であっても、やはり嫌な気持ちになるだろう。それにもかかわらず、入国する旅行者に税金を課す国がある。なぜだろうか。

大きな理由が二つ考えられる。一つは、観光がその国の大きな収入源になっている場合だ。旅行者に税金を課せば、旅行者が増えれば増えるほど、その国の経済は良くなる。もちろん、旅行者がレストランやお店でお金を使って得られる収入も大きいが、入国者に対して税金という形で徴収すれば、政府は安定した収入を得られる。

もう一つの理由は、オーバーツーリズム対策だ。オーバーツーリズムとは、観光地に観光客がおおぜい来ることによって、観光資源が壊されたり、地域の住民の生活が不便になったりすることである。旅行者に税金を課せば、それを観光地のオーバーツーリズム対策に使うことができる。

旅行者にとって入国するときの税金は歓迎できないものだ。しかし、その国が豊かになったり、観光資源を守ったりすることは、将来的には旅行者の利益にもなる。旅行者が多い国が旅行者に対して税金を課す動きは、今後も広がるだろう。

그 외의 의견

税金を課す理由

- 得られた税金を使って観光地を整備することで、より多くの観光客を呼び込むことができるから
- 古くなって壊れかけた遺跡などを、税金を使って修理することができるから

今後どうなっていくか

- その国の観光地の発達や改善につながるため、今後も税金を課す動きは広がる
- 旅行者にとって金銭的な負担が増えるため、税金を課す動きは広がらない
- 税金を課すことで旅行者が減った場合、税金を課すのをやめるかもしれない

예시답안 2

私は、自分好みの自転車を買ったり、一人で静かに暮らしたりしたいので、シェアリングエコノミーには、あまり興味がない。しかし、そのようなサービスを求める人は増えている。

以前、ルームシェアをしている友だちに話を聞いたことがある。彼女は、SNSで知り合った４人といっしょに住んでいる。各自の個室はあるが、リビングやキッチンなどは共有だそうだ。共有スペースではよく他の人と話をするそうだが、経歴や年齢、仕事が違う人と話をすると、学ぶことや刺激が多いらしい。また、彼女は自分の自転車を持っていなくて、必要なときだけ自転車のシェアサービスを利用している。自分で自転車を買って保管するより、コストがかからないためだ。

このように、シェアリングエコノミーといっても、目的はさまざまである。コストが安いという経済的な理由ばかりでなく、人とのつながりを得られるという理由もある。一つのものをシェアすれば、それを製造するときにかかる環境への負荷も小さくなるだろう。

シェアリングエコノミーは、さまざまな目的や利点があるので、賢い消費者は上手に使い分けるだろう。今後も世界中でシェアリングエコノミーが広がっていく可能性が高いと思う。

그 외의 의견

シェアリングエコノミーが増える理由

- 環境や社会に配慮した消費態度が広まっているから
- 若い世代の中で、必要なときに必要なものが使えればいいという考え方が増えているから

今後どうなっていくか

- 現在よりも、より広い領域でシェアリングエコノミーが広がる
- シェアリングエコノミーは一時的なブームで、将来はまた個人で買う時代に戻る

독해

문제	해답 번호	정답
Ⅰ	1	④
Ⅱ	2	③
Ⅲ	3	②
Ⅳ	4	②
Ⅴ	5	③
Ⅵ	6	①
Ⅶ	7	②
Ⅷ	8	③
Ⅸ	9	①
Ⅹ	10	③

문제	해답 번호	정답
ⅩⅠ	11	②
	12	②
ⅩⅡ	13	④
	14	②
ⅩⅢ	15	④
	16	④
ⅩⅣ	17	②
	18	①
ⅩⅤ	19	②
	20	②
ⅩⅥ	21	①
	22	③
ⅩⅦ	23	①
	24	③
	25	③

I　次の文章の内容と合っているものはどれですか。

苔(こけ)という言葉を聞いたとき、どんなイメージが湧くでしょうか。苔庭のしっとりとした苔を思い浮かべるかもしれません。このような好ましいイメージとは逆に、薄暗い湿った地面や石垣にへばりつくように生えている小さい植物、あるいは植えた覚えもないのに勝手に生えてくる厄介者(やっかいもの)というものかもしれません。夏のあいだ庭の水やりを絶やさなければ、次の春には苔が自然に生えてくるのは確かです。庭石に苔をつけたいと思うならば、毎日水やりを欠かさないことが大切だと教わったこともあります。これらの好ましくない印象が示すような、湿った場所を好むものが多いこと、そして体が小さいこと、知らないあいだに増えてくることは、実は確かに苔の本質をよく言い当てています。というのも、これらの性質はすべて、コケ植物が最も原始的な陸上植物であることの現れだからです。

（秋山弘之『苔の話　小さな植物の知られざる生態』中央公論新社）

① 多くの人は苔というものにそれほど強い印象を持っていない。
② 好ましい印象とは反対に苔は厄介な性質を持っている。
③ 苔に対する好ましくない印象は苔庭から作られたものである。
④ 苔に対する印象は苔の性質を適当に言い表している。

1. 다음 문장의 내용과 맞는 것은 무엇입니까?

이끼라는 말을 들었을 때, 어떤 이미지가 떠오를까요? **3** 이끼 정원의 촉촉한 이끼를 머릿속에 떠올릴지도 모릅니다. 이와 같은 **1** 호감 가는 이미지와는 반대로 **2** 어둡고 축축한 지면과 돌계단에 달라붙은 것처럼 자라나는 작은 식물, 혹은 심은 기억도 없는데 멋대로 자라나는 성가신 것이라는 것일지도 모릅니다. 여름 동안 물 주기가 끊기지 않는다면, 다음 봄에 이끼가 저절로 자라날 것은 분명합니다. 정원의 돌에 이끼를 자라게 하고 싶다면, 매일 물 주기를 빼먹지 않는 것이 중요하다고 배운 적도 있습니다. **4** 이런 호감 가지 않는 인상이 나타내는 것과 같은 축축한 장소를 좋아하는 것이 많은 것, 그리고 몸이 작은 것, 모르는 사이에 늘어나는 것은, 실은 분명 이끼의 본질을 잘 말해주고 있습니다. 왜냐하면, 이들의 성질은 모두, 이끼식물이 가장 원시적인 육상식물이라는 것의 표현이기 때문입니다.

① 많은 사람은 이끼라는 것에 그 정도로 강한 인상을 갖지 않고 있다.
② 호감 가는 인상과는 반대로 이끼는 성가신 성질을 가지고 있다.
③ 이끼에 대한 좋지 않은 인상은 이끼정원으로부터 만들어진 것이다.
④ 이끼에 대한 인상은 이끼의 성질을 적당히 나타내고 있다.

해설

내용확인 문제는 전체의 중심 키워드를 파악하는 것이 포인트이다. 2번을 제외하면 '인상'과 '성질'을 설명하는 것은 4번 밖에 없으므로 정답은 4번이다. 이끼 정원에는 바람직한 호감 가는 이미지가 있다고 했으므로 3번은 오답이며, 골칫거리인 것은 '인상'이고 '성질'이 아니므로 2번도 오답이다.

어휘 苔(こけ) 이끼 | 石垣(いしがき) 돌담 | 厄介者(やっかいもの) 골칫거리 | 原始的(げんしてき) 원시적 | 陸上植物(りくじょうしょくぶつ) 육상식물 | 現(あらわ)れ 발로, 나타남 | 適当(てきとう)だ 적당하다

Ⅱ 学生が自分で見つけたボランティアを大学に認めてもらうには、何をすればいいですか。

ボランティア登録について

大学では、ボランティア募集の情報をボランティア支援センター前に掲示しています。年間600件程度、企業や社会福祉施設、小中学校、地域などからボランティア募集の情報が集まります。学生のみなさんは積極的にボランティア活動に参加してください。

ボランティア活動をする際には、まずボランティア支援センターでボランティア登録を行ってください。登録を希望する学生は、下の登録票に必要事項を記入の上、学生証とともにボランティア支援センターに提出してください。ボランティア登録をした人は、掲示された内容と同じ情報をボランティア支援センターのウェブページで見ることができます。参加したいボランティア活動が決まったら、ボランティア支援センターに申し出てください。

また、大学を通さず個人で見つけたボランティア活動については、自分自身で参加手続きを行ってください。ボランティア支援センターでボランティア登録をしなくても参加できますが、ボランティア登録をすることで大学の認めたボランティア活動とみなされ、けがや事故にあった場合に学生保険の適用対象となります。安全、安心に活動するために、個人で活動する際も忘れずにボランティア登録をしてください。

なお、ボランティア活動を行った全ての学生は、活動終了後すみやかに活動報告書をボランティア支援センターに提出してください。

〈ボランティア登録票〉

学籍番号:　　学部:　　氏名:

① ボランティアの参加手続きを大学を通して行う。

② ボランティア支援センターのウェブページで登録をする。

③ ボランティア登録票と学生証をボランティア支援センターに提出する。

④ ボランティア活動報告書をボランティア支援センターに提出する。

2. 학생 개인이 발견한 봉사활동을 대학교에 인정 받으려면 무엇을 하면 됩니까?

봉사활동 등록에 관하여

대학에서는, 봉사활동 모집 정보를 봉사활동 지원센터 앞에 게시하고 있습니다. 연간 600건 정도, 기업과 사회복지 시설, 초·중학교, 지역 등으로부터 봉사활동 모집 정보가 모입니다. 학생 여러분은 적극적으로 봉사활동에 참가해 주세요.

봉사활동을 할 때는 우선 **2 3** 봉사활동 지원센터에서 봉사활동 등록을 행해주세요. 등록을 희망하는 학생은, 아래 등록표에 필요 사항을 기재 후, 학생증과 함께 봉사활동 지원센터에 제출해주세요. 봉사활동 등록을 한 사람은 게시된 내용과 같은 정보를 봉사활동 지원 센터 웹 페이지에서 볼 수 있습니다. 참가하고 싶은 봉사활동이 정해지면, 봉사활동 지원 센터에 신청해 주세요.

또, 대학을 통하지 않고 개인이 찾은 봉사활동에 관해서는, **1** 자기 스스로 참가 수속을 행해주세요. 봉사활동 지원 센터에서 봉사활동 등록을 하지 않아도 참가할 수 있습니다만, 봉사활동 등록을 함으로써 대학이 인정한 봉사활동으로 간주하여, 부상과 사고를 입은 경우에 학생보험의 적용 대상이 됩니다. 안전하게 안심하고 활동하기 위하여, 개인이 활동할 때에도 잊지 말고 봉사활동 등록을 해주세요.

그리고, **4** 봉사활동을 행한 모든 학생은 활동 종료 후 신속히 활동 보고서를 봉사활동 지원센터에 제출해 주세요.

(봉사활동 등록표)

학적번호:　　학부:　　이름:

① 봉사활동의 참가 수속을 대학을 통해서 행한다.

② 봉사활동 지원센터 웹 페이지에서 등록한다.

③ 봉사활동 등록표와 학생증을 봉사활동 지원센터에 제출한다.

④ 봉사활동 보고서를 봉사활동 지원센터에 제출한다.

해설

봉사 활동의 등록처는 지원센터이며 참가 수속은 본인이 직접 등록표를 제출해야 하므로 1번과 2번은 오답이다. 봉사 활동보고서는 봉사활동을 인정받기 위한 수속과 상관이 없기 때문에 4번도 오답이므로, 3번이 정답이다. 도표 문제는 최대한 허가/금지/조건/요청에 포인트를 두고 읽어야 한다.

어휘 積極的(せっきょくてき) 적극적 | 掲示(けいじ)する 게시하다 | 適用対象(てきようたいしょう) 적용대상 | 速(すみ)やかに 신속하게

Ⅲ　ゆっくり話すことが怒りのコントロールに有効なのは、なぜですか。

「ゆっくり話す」ことは、「怒り」のコントロールにも非常に有効です。

クレーム対応のとき、先方がものすごい剣幕で、早口でまくしたててくる、という場面があると思います。「怒り」とは、「緊張」よりも激しい神経の興奮(こうふん)状態ですから、「早口」になるのです。

その場合、相手の「早口」につられて、こちらも「早口」になるとともに、売り言葉に買い言葉で、相手の「怒り」に巻き込まれて、こちらも怒りがこみ上げてキレやすくなります。ここでクレーム対応の側がキレてしまうと、先方は怒り心頭(しんとう)の状態となり、クレームがこじれて大変なことになります。ビジネスの現場ではよくある話です。

その場合、「ゆっくり話す」ことを意識すると、相手の「怒り」にのみ込まれない。いつも通りの平常心で対応することができます。

「まったく…おっしゃる通りで…ございますが…弊社としましても…最善の方向で…対応させていただいて…おります」

*渡部陽一(わたなべよういち)さんのように、ゆっくりと噛(か)みくだくように話すと、不思議なことに相手の話す速度が徐々にダウンしてきて、相手の怒りも収まってくるのです。

心理学では、これを「感情伝染」といいます。相手の「怒り」がコチラに伝染して怒ってしまうのではなく、「冷静」なコチラの感情を相手に伝染させて、相手の感情をクールダウンさせる。やるべきことは、「ゆっくりしゃべるだけ」です。

（樺沢紫苑『いい緊張は能力を2倍にする』文響社）

＊渡部陽一：日本のテレビに出ている人。ゆっくり話すことが特徴

① ゆっくり話すと自分の話した内容が相手に伝わりやすいから
② ゆっくり話すとそれにつられて相手も冷静になってくるから
③ ゆっくり話している間にクレームへの対応を考えられるから
④ ゆっくり話すことで自分の怒りが徐々におさまってくるから

3. 천천히 이야기하는 것이 분노 컨트롤에 유효한 것은 왜입니까?

'천천히 이야기한다'는 것은 '분노' 컨트롤에도 대단히 유효합니다.

클레임에 대응할 때, 상대가 엄청나게 사나운 얼굴로 빠른 말로 떠들어댄다는 장면이 있을거라고 생각합니다. '분노'라는 것은 '긴장'보다도 격한 신경의 흥분상태이기 때문에 '말이 빨라'지는 것입니다.

그 경우 상대의 '빠른 말'에 말려 들어서 이쪽도 '빠른 말'이 되면, 가는 말이 고와야 오는 말이 곱다고 상대의 '분노'에 말려 들어서 이쪽도 분노가 밀려와서 이성을 잃게 됩니다. 여기에서 클레임 대응을 하는 측이 이성을 잃어버리면, 상대방은 노발대발 화를 내는 상태가 되어 클레임이 꼬여서 악화하여 버립니다. 비즈니스 장면에서는 흔한 이야기입니다.

그 경우, '천천히 이야기 하'는 것을 의식하면, 상대의 '분노'에 말려들지 않는다. 평상시 대로의 평정심으로 대응할 수 있습니다.

"완전히…말씀대로이고…입니다만,…우리 회사로서도…최선의 방향으로…대응하고 있습니다."

와타나베 요이치 씨처럼, 천천히 알기 쉽게 이야기하면, 이상하게도 상대가 말하는 속도가 서서히 다운되어서, 상대의 분노도 수그러드는 것입니다.

심리학에서는, 이것을 '감정 전염'이라고 합니다. 상대의 '분노'가 이쪽에 전염되어 화내 버리는 것이 아니라, **2** '냉정'한 이쪽의 감정을 상대에게 전염시켜서, 상대의 감정을 쿨다운 시킨다. 해야 하는 것은 '천천히 이야기 하는 것뿐'입니다.

* 渡部陽一(わたなべよういち): 일본 TV에 나오는 사람. 천천히 말하는 것이 특징

① 천천히 말하면 자신이 얘기한 내용이 상대에게 전달되기 쉬우니까
② 천천히 말하면 그것에 낚여서 상대도 침착해지기 때문에
③ 천천히 말하는 사이에 클레임에 대한 대응을 생각할 있으니까
④ 천천히 말함으로써 자신의 분노가 서서히 수그러드니까

해설

선택지 1(내용전달), 3(클레임 대응), 4(분노 조절)번은 일반적 이야기 이기는 하나, 본문에서 언급된 적이 없으므로 오답이다. 전문용어 즉, 필자가 정의하는 용어에 주목하자. 필자가 용어를 정의하는 데에는 반드시 이유가 있다. '감정 전염'에 포인트를 두면 '전염=낚이다'라고 알 수 있으므로 2번이 정답이다.

어휘 ゆっくり 천천히 | 剣幕(けんまく) 무섭고 사나운 태도 | 興奮状態(こうふんじょうたい) 흥분상태 | 早口(はやくち) 빠르게 말함 | 巻(ま)き込(こ)まれる 휘말리다 | こみ上(あ)げる 치밀어 오르다 | こじれる 상황이 꼬이다 | 弊社(へいしゃ) 저희 회사, 자신의 회사를 낮추는 말 | 伝染(でんせん)する 전염되다

Ⅳ　次の文章の（　A　）から（　D　）には、「目的」か「目標」が入ります。その組み合わせとして、最も適当なものはどれですか。

多くの人々は、大学での学業、ビジネス、研究、さらには普段の生活で、特定の何かに向かって段階的に行動・努力し日々を送っているものです。その「何か」が目的や目標になります。しかし皆さんは、この「目的」と「目標」の違いを意識しながら、日々の行動をとっているでしょうか。ひょっとすると皆さんは、「目的」と「目標」を混同しているかもしれません。

…（略）…

率直に言えば、目的は生涯をかけて取り組むもの、目標はその夢に向かうために取り組むべき行動やその道筋を示したものです。例えば筆者が研究者になった目的は、「誰もが利用しやすく、環境への負荷も低い交通環境を実社会で実現すること」でした。これがまさに生涯をかけた仕事です。

そして今の目標は、「高齢者や障がい者、子どもなどの誰もが利用しやすく、環境低負荷にもつながるノンステップ式の電動バスを開発し、普及させること」です。

…（略）…

目標とは、目的を達成するための1つのステップにすぎません。「（　A　）」を達成するうえでの目指すべき行動や、その道筋を示したものが「（　B　）」です。目的がないのに目標だけがある、目標がないのに目的だけがあることは、研究計画ではありえないのです。（　C　）が定まって、初めて（　D　）も生まれるのです。

（西山敏樹『大学1年生からの研究の始めかた』慶応義塾大学出版会）

① A：目標　B：目的　C：目的　D：目標

② A：目的　B：目標　C：目的　D：目標

③ A：目標　B：目的　C：目標　D：目的

④ A：目的　B：目標　C：目標　D：目的

4. 다음 문장의 (A)에서 (D)에는 '목적'이나 '목표'가 들어갑니다. 그 조합으로서 가장 적당한 것은 무엇입니까?

많은 사람은, 대학에서의 학업, 비즈니스, 연구, 나아가서는 평상시 생활에서 특정적인 무언가를 향하여 단계적으로 행동, 노력하며 하루하루를 보내고 있는 법입니다. 그 '무언가'가 목적과 목표가 됩니다. 그러나 여러분은, 이 '목적'과 '목표'를 혼동하고 있을지도 모릅니다.

(중략)

솔직히 말하자면, 목적은 평생을 들여서 애써갈 것, 목표는 그 꿈으로 향하기 위하여 애써야 할 행동과 그 과정을 나타낸 것입니다. 예를 들자면, 필자가 연구자가 된 목적은, '누구나가 이용하기 쉽고, 환경에 대한 부하도 낮은 교통환경을 실사회에 실현하는 것'이었습니다. 이것이 진정으로 평생을 바친 일입니다.

그리고 지금의 목표는, '고령자와 장애자, 아이 등 누구나가 이용하기 쉽고, 환경 저부하로도 이어지는 논스텝식 전동버스를 개발하고, 보급하는 것'입니다.

(중략)

목표라는 것은, 목적을 달성하기 위한 하나의 스텝에 지나지 않습니다. '(목적)'을 달성하는 데 있어서 목표로 삼아야 하는 행동과 그 경로를 나타낸 것이 '(목표)'입니다. 목적이 없는 데도 목표만이 있는, 목표가 없는데도 목적만이 있는 것은, 연구계획으로는 있을 수 없습니다. '(목적)'이 정해지고, 비로소 '(목표)'가 생기는 것입니다.

① A: 목표　B: 목적　C: 목적　D: 목표

② A: 목적　B: 목표　C: 목적　D: 목표

③ A: 목표　B: 목적　C: 목표　D: 목적

④ A: 목적　B: 목표　C: 목표　D: 목적

해설

'목적'과 '목표' 차이를 서술한 것이 이 문장의 포인트이다. 목적은 꿈처럼 크고 골(결승점)과 같은 것이며, 목표는 목적을 달성하기 위한 하위 개념의 스텝이다. 따라서, 목적 > 목표와 같이 대소 구분이 되어 있으면 혼동을 방지 할 수 있다. 이런 타입의 문제는 필자가 정의한 용어의 의미를 정확하게 파악하는 것이 중요하다.

어휘 ひょっとすると 어쩌면 | 混同(こんどう)する 혼동하다 | 生涯(しょうがい) 생애 | 取(と)り組(く)む 힘쓰다, 몰두하다 | 道筋(みちすじ) 경로, 사물의 이치 | 負荷(ふか) 부하 | 定(さだ)まる 정해지다

V　次の文章の内容と合っているものはどれですか。

よく、「イルカは意識を通して人間にいろいろなことを語りかける」とか「私はイルカと心で会話をした」といった話がありますが、これは本当でしょうか。少なくとも、毎日イルカと顔をあわせている水族館(すいぞくかん)のトレーナーや、研究者からそんな話を聞いたことはありませんし、もちろん私もそういう経験は持ち合わせていません。これらの話には、科学的な根拠はありませんが、しかし、もし実際にそういうことが実現したら、素晴らしいことですね。

内容の真偽(しんぎ)はともかくとして、大切なことは、イルカの行動を、私たち人間がどう受け取るかということです。イルカにとっては単なる本能的な行動であっても、こちらの取り方によって、イルカが語りかけてくれたように思えたり、何かを教えられたように感じたりするのかもしれません。

イルカが、テレパシー能力を実際に秘めているかどうかはわかりませんが、こういった話は「イルカは賢い」ということが発端(ほったん)となっているようです。そこで、もっとイルカについて正しく理解し、いらぬ誤解を招かないためにも、「イルカは賢いのか」ということについて改めて考えてみることにしましょう。

(村山司・笠松不二男『ここまでわかったイルカとクジラ 実験と観測が明らかにした真の姿』講談社)

① イルカは人間と意思疎通ができる。
② イルカにはテレパシーの能力がある。
③ イルカと話ができると人間は誤解している。
④ イルカが賢いことは科学的に証明されている。

5. 다음 문장의 내용과 맞는 것은 어느 것입니까?

종종 '돌고래는 의식을 통하여 인간에게 여러 가지 말을 건다'던가 '나는 돌고래와 마음으로 대화했다' 등과 같은 이야기가 있습니다만, 이것은 정말일까요? **1** 적어도 매일 돌고래와 얼굴을 마주하고 있는 수족관 트레이너와 연구자로부터 그런 이야기를 들은 적은 없었고, 물론 나도 그러한 경험은 가지고 있지 않습니다. 이들의 이야기에는 **4** 과학적 근거는 없습니다만, 그러나, 만약 실제로 그런 일이 실현된다면, 훌륭한 일이겠지요.

내용의 진위는 어쨌든 간에, 중요한 것은 돌고래의 행동을 우리들 인간이 어떻게 받아들이느냐는 것입니다. **3** 돌고래에게는 단순한 본능적인 행동이라고 할지라도, 이것들을 파악하는 방식에 따라서 돌고래가 말을 걸어 준 것 같은 생각이 들거나, 무언가를 배운 것 같이 느끼거나 하는 것일지도 모릅니다.

돌고래가 **2** 텔레파시 능력을 실제로 숨기고 있는지 아닌지는 모르겠습니다만, 이러한 이야기는 '돌고래는 똑똑하다'라는 것의 발단이 된 것 같습니다. 그래서, 좀 더 돌고래에 관하여 올바르게 이해하고 필요 없는 오해를 초래하지 않기 위해서라도 '돌고래는 똑똑한가?'라는 것에 관해서 새로이 생각해 보기로 합시다.

① 돌고래는 인간과 의사소통 할 수 있다.
② 돌고래는 텔레파시 능력이 있다.
③ 돌고래와 이야기를 할 수 있다고 인간은 오해하고 있다.
④ 돌고래가 똑똑한 것은 과학적으로 증명되어 있다.

해설

과학적 근거가 없다고 했으므로 1번은 오답이며, 2번은 돌고래의 텔레파시 능력을 알 수 없다고 한 본문내용과 일치하지 않으므로 오답이다. 돌고래의 지능에 관하여 새로이 생각해보자는 내용으로 보아 과학적으로 증명되었다고 보기 어려움으로 4번도 오답이다. 뭔가를 가르칠 수 있을지도 모른다는 것은 커뮤니케이션을 할 수 있다고 생각하는 것이므로 3번이 정답이다. 내용확인 문제풀이의 기본은 소거법이다. 정답에서 벗어난 선택지부터 제거하는 것이 포인트이다.

어휘 根拠(こんきょ) 근거 | 真偽(しんぎ) 진위 | 秘(ひ)める 숨기다 | 賢(かしこ)い 현명하다, 똑똑하다 | 発端(ほったん) 발단 | 誤解(ごかい) 오해 | 招(まね)く 초래하다, 초대하다

Ⅵ 次の文章の下線部「この共通理解」が指す内容として、最も適当なものはどれですか。

言語空間の作り出す空気とはどのようなものだろう。

例えば、自分たちの担任教師の服装のセンスが「悪い」という認識が、そのクラスの暗黙の了解になっていたとする。特にその先生の「セーター」が格好悪いということで、その先生に「セーター」というアダ名をつけていたとする。

そこへ転校生がやってきた。その転校生のいる場で、誰かが「セーター」という言葉を使うとする。一同がドッと笑う。転校生だけは意味がわからないので笑わない。そこに気まずい沈黙が生まれてしまう。転校生が「ここは同調した方が良い」と判断して、意味がわからないにもかかわらず笑ったとすると、事態はさらに悪化することもあるだろう。

本来であれば、最初に「セーター」という言葉を使った子供が、「あのね、転校してきたばかりだからわからないと思うけど、あの先生って着ているものの趣味が悪いでしょ。特にセーターが最悪だから、アダ名にしてるのよ。親や他のクラスの子に言ったらダメよ」と断りをしておけば何の問題も起きなかったはずである。

だが、これは意外と困難だ。なぜなら、この共通理解というのは、明らかに担任の先生の陰口だから「後ろめたい」のであるし、また「自然発生的に生まれた言葉」だから誰も口に出して説明したことがないからである。

(冷泉彰彦『「関係の空気」「場の空気」』講談社)

① 担任の先生にセーターというアダ名を付けていること
② 担任の先生がいつもセーターを着るようにしていること
③ セーターという言葉が出たらみんなで笑うようにしていること
④ 最初にセーターという言葉を使った子供が説明するようにしていること

6. 다음 문장의 밑줄 부분 '이 공통이해'가 가리키는 내용으로써 가장 적당한 것은 무엇입니까?

언어 공간이 만들어내는 분위기라는 것은 어떠한 것일까?
예를 들자면, 자신들의 담임교사 복장센스가 '나쁘다'는 인식이, 그 클래스의 암묵적 이해가 되었다고 하자. 특히 그 선생님의 '스웨터'가 멋이 없다는 의미로, 그 선생님에게 '스웨터'라는 별명을 붙였다고 하자.

거기에 전학생이 왔다. 그 전학생이 있는 곳에서, 누군가가 '스웨터'라는 말을 사용했다고 하자. 일동 와 하고 웃는다. 전학생만은 의미를 모르기 때문에 웃지 않는다. 거기에 어색한 침묵이 생겨버린다. 전학생이 '여기는 동조하는 편이 좋겠다'고 판단하여, 의미를 모름에도 불고하고 웃었다고 한다면, 사태는 더욱 악화 되는 경우도 있을 것이다.

본래라면, 처음에 '스웨터'라는 말을 사용한 아이가 "있잖아, 이제 막 전학 와서 모를 거라고 생각하는데, 저 선생님 말야, 입고 있는 게 취향이 별로잖아. 특히 스웨터가 최악이어서 별명으로 하고 있어. 부모님이나 다른 친구들에게 말하면 안 돼"라고 양해를 구해두면 아무런 문제도 일어나지 않았을 것이다.

하지만, 이것은 의외로 곤란하다. 왜냐하면, 이 공통 이해라고 하는 것은, 명백히 담임 선생님의 뒷담화이기 때문에 '찔리는' 것이고, 또 '자연발생적으로 생겨난 말'이기 때문에 아무도 입 밖에 내서 설명한 적이 없기 때문이다.

① 담임 선생님에게 스웨터라는 별명을 붙이고 있는 것
② 담임 선생님이 언제나 스웨터를 입고 있도록 하고 있는 것
③ 스웨터라고 하는 말이 나오면 모두 웃도록 하고 있고 있는 것
④ 처음에 스웨터라는 말을 사용한 아이가 설명하도록 하고 있는 것

해설

밑줄 부분과 그 앞 문장에 '이, 이것'이라는 지시어가 있으므로, 밑줄 부분의 문장과 그 앞 문장의 예시에서 무엇이 선생님의 뒷담화였는지 생각해 보면, 그것은 '스웨터'라는 별명을 붙인 것이라는 것을 알 수 있다. 따라서 1번이 정답이다. 밑줄 문제는 밑줄 주변에서 밑줄 부분의 표현과 논리적으로 개연성이 있는 내용이나 문장을 찾는 것이 포인트이다. '공통이해 → 선생님의 뒷담화 → 별명을 붙인 것'이라는 흐름을 이해할 수 있으면 정답을 쉽게 찾을 수 있다.

어휘 服装(ふくそう) 복장 | 暗黙(あんもく) 암묵 | 了解(りょうかい) 이해 | 気(き)まずい 서먹서먹하다, 거북하다 | 沈黙(ちんもく) 침묵 | 同調(どうちょう)する 동조하다 | 断(ことわ)る 양해를 구하다, 거절하다

Ⅶ　次の文章の「自然を活用した時計」は、どのようにして時刻を知らせますか。

自然を活用した時計の中で、美しく、ロマンチックな雰囲気が漂うのは花時計でしょう。ただ、一般的に花時計と言うと、花壇(かだん)の上を大きな針が回る時計を指すようですが、これは、花壇時計であって、正しい花時計ではありません。本物の花時計は、植えられている花の開花で、時刻が分かる時計です。

最も有名な花時計は、1750年頃に、スウェーデンの植物学者カール・リンネが、開花や閉花時刻が明確な草花を円状に植えてつくりました。植物には生き延びるための適正な環境がそれぞれあるので、地域と季節が変われば配置する植物も変わりますが、リンネは植物でも時刻を表示できることを立証したかったのです。

植物が開花するのは、光を感ずるからではなく、体内時計のコントロールによることが実験で確かめられています。生物が生存していくためには、日照(にっしょう)や気温など環境の変化に対応しなければなりませんが、生物の体内時計は外部環境のリズムに自分のリズムを合わせる役目をもっています。植物にとって花を咲かせることは、子孫(しそん)を残し、増やすために重要な作業ですが、風雨(ふうう)にも耐える丈夫な外茎や葉と違って、大切な部分を無防備にさらけ出すことになるため、適切な時期に、なるべく短時間で受粉作業を済ませたいという事情があります。

（織田一朗『時計の科学　人と時間の5000年の歴史』講談社）

① 花が植えられた花壇に時計の針がついていて時刻を知らせる。
② 開花や閉花のタイミングが違う花を植えて時刻を知らせる。
③ 生物が生きるために必要な日照や気温を使って時刻を知らせる。
④ 体内時計をコントロールすることで時刻を知らせる。

7. 다음 문장의 '자연을 활용한 시계'는 어떻게 시각을 알립니까?

자연을 활용한 시계 중에서, 아름답고 로맨틱한 분위기가 감도는 것은 꽃시계일 것이다. 다만, 일반적으로 꽃시계라고 하면, **1** 화단 위를 커다란 바늘이 도는 시계를 가리키는 것 같지만, 이것은 화단 시계이고 올바른 꽃시계가 아닙니다. 진짜 꽃시계는 심은 꽃이 피어서 시각을 알 수 있는 시계입니다.

2 가장 유명한 꽃시계는 1750년경에, 스웨덴의 식물학자 칼 린네가 개화와 폐화 시각이 명확한 화초를 원반에 심어 만들었습니다. 식물에는 각각 살아남기 위한 적정한 환경이 있기 때문에, 지역과 계절이 변하면 배치하는 식물도 변합니다만, 린네는 식물로도 시각을 표시할 수 있는 것을 입증하고 싶었던 것입니다.

식물이 개화하는 것은, 빛을 느끼기 때문이 아니라, **4** 체내시계의 컨트롤에 의한 것이라는 점이 실험으로 확인되었습니다. **3** 생물이 생존해 가기 위해서는 일조와 기온 등 환경의 변화에 대응하지 않으면 안 되지만, 생물의 체내시계는 외부 환경의 리듬에 자신의 리듬을 맞추는 역할도 가지고 있습니다. 식물에 있어서 꽃을 피우는 것은, 자손을 남기고 늘리기 위한 주요 작업입니다만, 비바람에도 견딜 수 있는 튼튼한 바깥 줄기와 잎과 다르게, 중요한 부분을 무방비로 드러내게 되기 때문에, 적절한 시기에 될 수 있는 한 단시간에 수분 작업을 마치고 싶어 한다는 사정이 있습니다.

① 꽃이 심어진 화단에 시계 바늘이 붙어 있어 시각을 알려준다.
② 꽃이 피고 지는 타이밍이 다른 꽃을 심어서 시각을 알려준다.
③ 생물이 살기 위하여 필요한 일조와 기온을 사용하여 시각을 알려준다.
④ 체내시계를 컨트롤 함으로써 시각을 알려준다.

해설

'꽃 시계'의 구체적 정의와 설명은 두 번째 단락에 있다. '개화'와 '폐화'시각으로 나타낸다고 했으므로 꽃이 '핀다' 와 '진다'라는 표현이 필요해진다. 따라서, 2번이 정답이다. 질문을 잘 이해하면 정답이 빠른 타이밍에 출현하고 나머지는 질문과 무관한 내용이 있는 경우가 많다. 정답 타이밍을 놓치지 않도록 주의하자. 단락 첫 부분을 확인하면, 그 단락의 내용을 유추할 수 있는 경우가 많으니, 단락 첫 문장 내용을 빠르게 확인해 두면 좋다. 1번은 '화단 시계'에 대한 설명이다.

어휘 漂(ただよ)う 표류하다, 감돌다 | 花壇(かだん) 화단 | 生(い)き延(の)びる 살아남다, 오래 살다 | 配置(はいち)する 배치하다 | 立証(りっしょう)する 입증하다 | 日照(にっしょう) 일조 | 役目(やくめ) 역할 | 風雨(ふうう) 비와 바람 | 無防備(むぼうび) 무방비

Ⅷ　次の文章で筆者が最も言いたいことは何ですか。

人は食べ物を家族や仲間と分け合って一緒に食べる動物であると言われているように、仲間と一緒に食事をすることは原始の時代から人間だけが行ってきた文化行為なのである。動物としては体力の弱い存在であった人類は、仲間と協力しなければ獲物(えもの)を捕えることが難しかったから、捕えた獲物は仲間と分け合って一緒に食べたのである。動物は獲物を得ればすぐに奪い合いになる。

100万年の昔、人類が火を使うことを覚えたとき、人々は炉(いろり)を囲んで暖を取り、火を使って食べ物を調理して一緒に食べることを始めた。食物を一緒にたべることで仲間の結束を固め、食物を分け与えることで愛情や友情を示したのである。それから食事の場は人々が集まり憩(いこ)う中心になった。これが仲間と一緒に飲食する「共食」の始まりである。ファミリー（家族）とは大鍋を囲んで食べる人を意味し、一緒にパンを食べる人がコンパニオン（仲間）であるように、食物を家族や仲間と一緒に食べることは家庭や社会集団を形成する基本行為であった。人間だけが食物の分配と共食をすることにより、家族という特有の集団を築くことができたのである。

（橋本直樹『食べることをどう考えるのか　現代を生きる食の倫理』筑波書房）

① 人は昔から仲間と協力して獲物を捕らえてきた。

② 人は昔から火を使うことによって食事を豊かにしてきた。

③ 人は昔から食事を通して仲間との結束を強くしてきた。

④ 人は昔から家族を単位として社会生活を送ってきた。

8. 다음 문장에서 필자가 가장 말하고 싶어하는 것은 무엇입니까?

사람은 먹을 것을 가족과 동료와 서로 나누고 함께 먹는 동물이라고 일컬어지는 것처럼, 동료와 함께 식사를 하는 것은 원시시대부터 인간만이 행해왔던 문화행위인 것이다. 동물로서는 체력이 약한 존재였던 인류는, **1** 동료와 협력하지 않으면 먹이를 잡는 것이 어려웠기 때문에, 잡은 먹이는 동료와 서로 나누어 함께 먹은 것이다. 동물은 먹이를 얻으면, 바로 서로 빼앗게 된다.

100만 년 전 옛날, 인류가 불을 사용하는 것을 익혔을 때, **2** 사람들은 화덕을 둘러싸 몸을 녹이고 불을 사용하여 음식을 조리하고 함께 먹는 것을 시작했다. **3** 음식을 함께 먹음으로써 동료와 결속을 굳히고, 음식을 나눠줌으로써 애정과 우정을 나타낸 것이다. 그리고 식사의 장은 사람들이 모여서 쉬는 중심이 되었다. 이것이 동료와 함께 먹고 마시는 '공식'의 시작이다. **4** 패밀리(가족)라는 것은 큰 냄비를 둘러싸고 먹는 사람을 의미하고, 함께 빵을 먹는 사람이 컴패니언(동료)인 것처럼, 음식을 가족과 동료와 함께 먹는 것은 가정과 사회집단을 형성하는 기본 행위였다. **3** 인간만이 음식을 분배하고 함께 먹는 것에 의해, 가족이라고 하는 특유의 집단을 이룰 수가 있었다.

① 사람은 옛날부터 동료와 협력하여 먹이를 잡아왔다.

② 사람은 옛날부터 불을 사용하는 것에 의하여 식사를 풍요롭게 해왔다.

③ 사람은 옛날부터 식사를 통해서 동료와의 결속을 강하게 해왔다.

④ 사람은 옛날부터 가족을 단위로 하여 사회생활을 해왔다.

해설

필자주장 문제는 필자의 주장과 사실을 구분하는 것이 중요하다. 특히 이유와 예시는 사실적 서술이 되기 쉽다. 따라서 이유와 예시에 해당하는 1번과 4번은 오답이다. 강조, 반복되며 힘주어 서술하고 있는 부분을 찾아야 한다. 서두에서 일반적 정의(함께 먹는 것은 인간만이 행해온 문화적 행위)를 한 뒤 → '그 함께 먹는 것이 결속을 강하게 하고, 우정을 나타낸다'고 주장하고 있으므로 3번이 정답이다. '가장 말하고 싶은 것은' 등의 필자의 주장을 찾는 문제는 내용과 일치하는 선택지가 정답 외에 적어도 1개는 더 있을 수 있으니, '가장' 중요한 내용을 파악하는 것이 중요하다.

어휘 仲間(なかま) 동료 | 協力(きょうりょく)する 협력하다 | 獲物(えもの) 먹이(감) | 捕(つか)まえる 잡다 | 結束(けっそく) 결속 | 固(かた)める 굳히다, 단단히 하다 | 囲(かこ)む 둘러싸다 | 分配(ぶんぱい) 분배 | 築(きず)く 세우다, 이루다

IX　次の文章の下線部「エシカル消費」の説明として、最も適当なものはどれですか。

皆さんは「エシカル」という言葉を聞いたことがありますか？「エシカル」とは、直訳すると「倫理的な」という意味で、法律の縛りはないけれども多くの人が正しいと思うこと、または社会的規範を意味します。最近、日本でも「エシカル消費」が注目され始めていますが、ここでいう「エシカル」とは、人や地球環境、社会、地域に配慮した考え方や行動のことをさします。皆さんが普段食べたり、飲んだり、着たり、使ったりしている製品はすべて、誰かがどこかでつくってくれています。しかし、今の世の中では、私たち消費者が製品を手にした時、その裏側にはどんな背景があるのか、なかなか知ることができません。もしかしたら、その背後には劣悪な環境で長時間働く生産者や、教育を受けられず強制的に働かされている子どもたち、美しい自然やそこに住む動植物が犠牲(ぎせい)になっているかもしれません。さらに、生産という行為は、資源の過剰な消費、エネルギーの浪費、土壌をはじめとする自然環境の破壊、製品をつくる時に使う有害な化学物質の排出などによって、気候変動という問題を引き起こす一因にもなっているのです。「エシカル」な消費とは、人や地球環境の犠牲の上に立っていない製品を購入することであって、いわば「顔や背景が見える消費」ともいえます。

（永田佳之『気候変動の時代を生きる　持続可能な未来へ導く教育フロンティア』山川出版社）

① 消費者が製品の背景を知って人や環境に配慮された製品を買うこと
② 働く人が劣悪な環境で働かなくていいように企業が労働環境を整えること
③ 生産者が資源を効率的に使ってエネルギーの消費をおさえた製品を作ること
④ 政府が法律を作って環境によい製品を買うように消費者に勧めること

9. 다음 문장의 밑줄 부분 '윤리적 소비'의 설명으로써 가장 적당한 것은 어느 것입니까?

여러분은 '에시컬'이라는 단어를 들어본 적이 있습니까? '에시컬'이라는 것은 직역하면 '윤리적인'이라는 의미로, **4** 법률의 구속은 없지만 많은 사람이 올바르다고 생각하는 것, 또는 사회적 규범을 의미합니다. 최근 일본에서도 '윤리적 소비'가 주목받기 시작하고 있는데, 여기서 말하는 '윤리적'이라는 것은 사람과 지구환경, 사회, 지역을 배려한 사고방식과 행동을 가리킵니다. 여러분이 보통 먹거나, 마시거나, 입거나, 사용하거나 하는 제품은 모두, 누군가가 어딘가에서 만들어 주고 있습니다. 그러나, 지금 세상에서는 우리들 소비자가 제품을 손에 넣었을 때, 그 뒤에 어떠한 배경이 있는지, 좀처럼 알 수 없습니다. **2** 어쩌면 그 배경에 열악한 환경에서 장시간 일하는 생산자와 교육을 받지 못하고 강제로 일하고 있는 아이들, 아름다운 자연과 거기에 사는 동식물이 희생되고 있을지도 모릅니다. 더욱이 **3** 생산이라는 행위는 자원의 지나친 소비, 에너지의 낭비, 토양을 비롯한 자연환경의 파괴, 제품을 만들 때 사용하는 유해한 화학물질의 배출 등에 의하여, 기후변화라는 문제를 일으키는 하나의 이유가 되기도 하는 것입니다. '윤리적'인 소비라고 하는 것은 사람과 지구환경의 희생 위에 서 있지 않은 제품을 구입하는 것이며, 이른바 '얼굴과 배경이 보이는 소비'라고도 할 수 있습니다.

① 소비자가 제품의 배경을 알고 사람과 환경을 배려한 제품을 사는 것
② 일하는 사람이 열악한 환경에서 일하지 않도록 기업이 노동환경을 정비하는 것
③ 생산자가 자원을 효율적으로 사용하여 에너지 소비를 억제한 제품을 만드는 것
④ 정부가 법률을 만들어 환경에 좋은 제품을 사도록 소비자에게 권하는 것

해설

밑줄 문제는 논리적 개연성을 찾는 것이 포인트이며, 주로 접속사나 지시어로 논리적 개연성을 나타낸다. 지시어가 가리키는 내용은 주로 지시어의 앞부분에 온다는 것에 주의하자. 여기에서는 밑줄 이후의 「ここで」가 가리키는 것이 밑줄 부분이 나타내고 있는 표현이므로, 그 이후의 부분에서 '윤리적 소비'를 설명하고 있다는 것을 알 수 있다. '사람과 지구환경~지역에 배려한 사고방식'이라는 부분을 잘 확인하면 1번이 정답이라는 것을 알 수 있다.

어휘 直訳(ちょくやく)する 직역하다 | 倫理的(りんりてき) 윤리적 | 縛(しば)る 속박하다, 구속하다 | 社会規範(しゃかいきはん) 사회규범 | 配慮(はいりょ)する 배려하다 | 背後(はいご) 배후 | 劣悪(れつあく) 열악 | 犠牲(ぎせい) 희생 | 土壌(どじょう) 토양 | 排出(はいしゅつ)する 배출하다 | 引(ひ)き起(お)こす (사건)일으키다

Ⅹ　次の文章の内容と合っているものはどれですか。

私の専門分野は、人が身体知を学ぶさまについての研究である。頭で計画して実行するというよりは、身体の発露として繰り出す実践的な知恵のことを「身体知」と呼ぶ。…（略）…

身体知は、いつの間にか体得(たいとく)していることが多い。しかし、意図的に学ぶことも多々ある。スポーツ、楽器演奏、ダンスなど、身体スキルは身体知であり、練習しないと体得することはできない。俳優、デザイナー、アーティストというプロフェッショナルな人々の技も身体知である。初めからプロ性を示す天才俳優もいるにはいるが、若いときには*大根ぽかった役者が次第に渋い味を出す俳優へと進化を遂げることもある。「いろいろ考えて、実践して、演技するという身体知を学んだんだなあ」と敬服する。

…（略）…

私は、身体知を学ぶためにはしかるべき方法があると考えている。やみくもに練習しても体得はかなわない。私の基本思想の第一は、「自分の身体が感じていること（以下、「体感」と書く）に向き合って、体感の微妙な差異や類似性を感じ、反応するように身体を制御することを目指す」ことだ。第二に大事なことは、体感の差異を感じて制御する域に達するためには、ことばの力をうまく利用することが肝要であるということだ。

（諏訪正樹『身体が生み出すクリエイティブ』筑摩書房）

*大根：大根役者のことで、演技が上手ではない役者のこと

① どんな人でも生まれたときから身体知を持っている。

② 楽器演奏家や俳優はみんな身体知を身につけている。

③ 正しい方法で練習をすれば身体知は身につけられる。

④ 身体知は生活でのさまざまな場面で役立つ。

10. 다음 문장이 내용과 맞는 것은 어느 것입니까?

나의 전문 분야는 사람이 신체지를 배우는 모습에 관한 연구이다. 머리로 계획하고 실행한다고 하기보다는 신체의 발로로서 반복하는 실전적인 지혜를 '신체지'라고 부른다. (중략)

신체지는, **1** 어느새인가 체득하고 있는 경우가 많다. 그러나, 의도적으로 배우는 경우도 많다. 스포츠, 악기연주, 댄스 등, 신체 스킬은 신체지이고, 연습하지 않으면 체득할 수 없다. 배우, 디자이너, 아티스트라는 프로패서널한 사람들의 기술도 신체지이다. **2** 처음부터 프로성을 나타내는 천재 배우도 있기는 하지만, 젊을 때에는 서툴렀던 연기자가 차차 구성진 맛을 내는 배우로 진화를 이루는 경우도 있다. "여러 가지 생각하고, 실천하고, 연기한다는 신체지를 배운 거구나"라고 탄복한다.

(중략)

나는 **3** 신체지를 배우기 위해서는 당연히 해야 하는 적합한 방법이 있다고 생각한다. 마구잡이로 연습해도 체득은 이루어지지 않는다. 나는 기본사상의 첫 번째는, "자기 신체가 느끼고 있는 것(이하, '체감'이라고 쓴다)에 마주하고, 체감의 미묘한 차이와 유사성을 느끼고 반응하도록 신체를 제어하는 것을 목표로 하는" 것이다. 두 번째로 중요한 것은, 체감의 차이를 느끼고 제어하는 영역에 달하기 위해서는 말의 힘을 잘 이용하는 것이 중요하다는 것이다.

*무: 연기가 서투른 배우를 가리키는 말.

① 어떤 사람이라도 태어났을 때부터 신체지를 가지고 있다.

② 악기 연주가와 배우는 모두 신체지를 익히고 있다.

③ 올바른 방법으로 연습을 하면, 신체지는 익힐 수 있다.

④ 신체지는 생활에서의 여러 장면에서 도움이 된다.

해설

'신체지'의 개념을 정확히 파악하는 것이 포인트이다. 본문에 필자가 정의한 용어가 나올 경우, 그 개념을 정확하게 파악해야 문제 푸는 시간을 단축할 수 있다. 마지막 단락에서 '신체지'를 배우기 위해서는 당연히 해야 하는 적절한 방법이 있다고 했으므로 3번이 정답이다. 전문 용어 '신체지'의 정의 설명을 보면 의도적이냐 아니냐가 문제이므로 1번은 오답이며, 천재적 배우도 있다고 했으므로 2번도 오답이다.

어휘 発露(はつろ) 발로, 표면에 나타남 | 実践的(じっせんてき) 실전적 | 知恵(ちえ) 지혜 | 次第(しだい)に 점차, 차차 | 渋(しぶ)い 떫다, 엔틱한 멋이 있다 | 敬服(けいふく)する 탄복하다 | 微妙(びみょう)だ 미묘하다 | 類似性(るいじせい) 유사성 | 制御(せいぎょ)する 제어하다 | 肝要(かんよう)だ 요긴하다

XI　次の文章を読んで後の問いに答えなさい。

山で出会う動物で、もっとも生命の危険を感じるのが熊である。本州の南側で出会う熊はツキノワグマであり、1万頭以上も生息している。また北海道にはヒグマがおり2千頭前後が生息しているといわれる。

警戒をしていても熊と会った瞬間は声が出ない。しかし急激な動きは禁物で、できるだけ熊から目を離さないようにし、ゆっくりと動いて熊から離れるようにすること。

熊のなかでも怖いのは子熊。かわいいのでつい近寄りたくなるが、子熊は母熊と一緒にいることが多く、母熊は遠くから子熊を見ているケースが多い。そのため子熊にかまうと「危害を加えられている」と思い込んで興奮した状態で飛び出してくるのだ。これは熊だけでなく、野生動物全般的にいえること。

対処法としては熊鈴がある。熊鈴の効果についてはいろいろといわれるが、あるガイドは2か月の間に6回も熊と出会ってしまったそうである。6回とも出かけた場所が小屋の近場ということもあり、熊鈴をつけていないときであった。そう考えると、熊鈴には効果があると思える。また北海道では多くのガイドが熊撃退スプレーを所持している。しかし飛行機には持ち込めなかったり、熊と5～10mほど近づかないと効果がなかったりするため、無理をして持つ必要はないだろう。

（能勢博他『科学が教える　山歩き超入門』エクシア出版）

問1　下線部「熊のなかでも怖いのは子熊」とありますが、その理由として最も適当なものはどれですか。

① かまっていると子熊に攻撃されるから

② うっかり近寄ると母熊に襲われるから

③ ゆっくり離れても子熊は後からついてくるから

④ 目を離したすきに子熊に荷物を取られるから

11. 다음 문장을 읽고 이후의 질문에 답하시오.

산에서 만나는 동물로, 가장 생명의 위험을 느끼는 것이 곰이다. 혼슈 남쪽에서 만나는 곰은 반달가슴곰이며, 1만 마리 이상이나 서식하고 있다. 또, 홋카이도에는 큰곰(갈색곰)이 있고 2천 마리 전후가 서식하고 있다고 일컬어진다.

경계하고 있어도 곰과 만난 순간은 목소리가 나오지 않는다. 그러나 급격한 움직임은 금물이며, 될 수 있는 한 곰에서 눈을 떼지 않도록 하고, 천천히 움직여 곰에서 떨어지도록 할 것.

곰 중에서도 무서운 것은 새끼 곰. **11** 귀여워서, 무심코 가까이 가고 싶어지는데, 새끼 곰은 엄마 곰과 함께 있는 경우가 많고, 엄마 곰은 먼 곳에서 새끼 곰을 보고 있는 케이스가 많다. 그 때문에 새끼 곰에 관여하면 '위해가 가해지고 있다'고 착각하여 흥분한 상태로 달려 나오는 것이다. 이것은 곰뿐만 아니라, 야생동물 전반적으로 말할 수 있는 것이다.

대처법으로서는 곰 방울이 있다. 곰 방울의 효과에 관해서는 여러 가지 들리고 있지만, 어느 가이드는 2개월간 6번이나 곰을 만났다고 한다. 6번 모두 장소가 오두막 근처이기도 해서, **12** 곰 방울을 차지 않고 있을 때였다. 그렇게 생각하면, 곰 방울에는 효과가 있다는 생각이 든다. 또, 홋카이도에서는 많은 가이드가 곰 격퇴 스프레이를 소지하고 있다. 그러나, 비행기에는 가지고 탈 수 없거나, 곰과 5~10미터 정도 가까워지지 않으면, 효과가 없거나 하므로 무리해서 소지할 필요는 없을 것이다.

문1 밑줄 부분 '곰 중에서도 무서운 것은 새끼 곰'이라고 한 이유로서 가장 적당한 것은 어느 것입니까?

① 관여하면 새끼 곰에게 공격받기 때문에.

② 무심코 가까이 가면 엄마 곰에게 습격을 받기 때문에

③ 천천히 떨어져도 새끼 곰은 나중에 따라오기 때문에

④ 시선을 뗀 틈에 새끼 곰에게 짐을 빼앗기기 때문에

問2 下線部「熊鈴には効果があると思える」とありますが、筆者がそう考える理由として最も適当なものはどれですか。 ① 熊鈴がついている山小屋に熊が現れたことがないから ② あるガイドは熊鈴をつけていない時にだけ熊に会ったから ③ 熊撃退スプレーより効果があると研究で明らかになったから ④ 熊鈴があると、熊に会う回数が増えるから	문2 밑줄 부분 '곰 방울에는 효과가 있다는 생각이 든다'고 필자가 생각한 이유로서 가장 적당한 것은 어느 것입니까? ① 곰 방울이 붙어 있는 산 오두막에 곰이 나타난 적이 없기 때문에 ② 어떤 가이드가 곰 방울을 달지 않을 때에만 곰을 만났기 때문에 ③ 곰 퇴치 스프레이보다 효과가 있다고 연구에서 밝혀졌기 때문에 ④ 곰 방울이 있으면, 곰을 만나는 횟수가 늘어나기 때문에

해설

11

밑줄 다음 문장에서 「子熊(こぐま)(새끼 곰)」이 무서운 이유를 반복하여 설명하고 있다. 습격하는 것은 새끼 곰이 아니라 엄마 곰이고, 엄마 곰은 새끼 곰을 먼 곳에서 지켜보며 새끼 곰에 접근하면 공격해 오기 때문에 위험하다고 설명하고 있다. 따라서 무섭다는 밑줄 내용과 일치하므로 2번이 정답이다.

12

밑줄 앞에 지시어 「そう考(かんが)えると」라는 표현이, 곰방울이 효과가 있는 이유와 정확한 논리적 개연성을 설명하고 있는 부분을 받고 있다. 지시어가 가리키는 내용은 '곰 방울을 달지 않았을 때 나타났다' 라는 부분이므로 2번이 정답이다.

어휘 危険(きけん) 위험 | 警戒(けいかい)する 경계하다 | 瞬間(しゅんかん) 순간 | 禁物(きんもつ) 금물 | 目(め)を離(はな)す 눈(시선)을 떼다 | 離(はな)れる 떨어지다 | 興奮(こうふん)する 흥분하다

XII　次の文章を読んで後の問いに答えなさい。

私たちは、幼い頃から徹底的に科学的・合理的な考え方を叩き込まれ、理性こそが最も信頼できるものだと教え込まれて育ってきています。しかし、…（略）…直観というものは理性を越える洞察力を持っている。目に見えるものを超えて、対象の本質を見抜くことが出来る。直観は、人間に生まれつき与えられた素晴らしい感覚なのです。

この直観は、使えば使うほど精度の上がっていくものなのですが、残念なことに、多くの現代人はこの素晴らしい感覚をほとんど使うことなく、すっかり錆付(さびつ)かせてしまっています。むしろ、かえって乳児や自閉症児、重症な精神病や認知症の患者さんなど、言語の機能がうまく働いていないような場合に、ほとんど直観のみで周囲に反応している様子が見られることがありますが、その様子を見ていると、なかなか嘘のない鋭い反応だな、と感心させられることがあります。たとえば、赤ちゃんを抱いたときに、ある人だけが火のついたように泣かれてしまう光景があったりしますが、きっと赤ちゃんは、大人には見えないその人の何かに反応しているのでしょう。しかし、理性の発達した大人たちにはまったくその理由が分からない。これを赤ちゃんの気まぐれととるか、直観的反応と見るかでは、大きな違いがあるでしょう。

（泉谷閑示『「普通がいい」という病』講談社）

問1　下線部「その理由」が指すものとして、最も適当なものはどれですか。

① 赤ちゃんが理性で反応する理由
② 赤ちゃんの理性が発達する理由
③ 火を見ると赤ちゃんが泣いてしまう理由
④ 赤ちゃんがある人にだけ泣く理由

問2　この文章の内容と合っているものはどれですか。

① 直観は訓練しなければ得られない感覚である。
② 直観は使うことによって磨かれる。
③ 現代人は直観で判断する場面が多い。
④ 大人になると直観で物事を考えるようになる。

12. 다음 문장을 읽고 이후의 질문에 답하시오.

우리들은 어릴 적부터 철저히 과학적 합리적인 사고방식이 주입되어, 이성이야말로 가장 신뢰할 수 있는 것이라고 가르침 받고 자라 왔습니다. 그러나, (중략) 직관이라는 것은 이성을 넘어서는 통찰력을 가지고 있다. 눈에 보이는 것을 넘어서, 대상의 본질을 간파할 수 있다. 직관은 인간에게 천성적으로 주어진 훌륭한 감각입니다.

14 이 직관은, 사용하면 할수록 정밀도가 올라가는 법입니다만, 유감스럽게도 많은 현대인은 이 훌륭한 감각을 거의 사용하지 않고, 완전히 녹슬어 버리게 하고 있습니다. 오히려, 유아와 자폐아, 중증인 정신병과 치매 환자 등, 언어기능이 잘 작동되지 않는 것 같은 경우, 거의 직관만으로 주위에 반응하고 있는 모습을 볼 수 있습니다만, 그 모습을 보고 있으면 상당히 거짓 없는 예리한 반응이구나, 라고, 감탄하는 경우가 있습니다. 예를 들면, **13** 아이를 안고 있을 때, 어떤 사람만 불이 붙은 것처럼 울어버리는 광경이 있거나 합니다만, 분명 아이는, 어른에게는 보이지 않는 그 사람의 무언가에 반응하고 있는 것입니다. 그러나, 이성이 발달한 어른들에게는 전혀 그 이유를 알 수 없습니다. 이것을 아이의 변덕이라고 할지, 직관적 반응으로 볼지로 커다란 차이가 있겠죠.

문1 밑줄 부분 '그 이유'가 가리키는 것으로서, 가장 적당한 것은 어느 것입니까?

① 아이가 이성으로 반응하는 이유
② 아이의 이성이 발달하는 이유
③ 불을 보면 아이가 울어버리는 이유
④ 아이가 어떤 사람에게만 우는 이유

문2 이 문장의 내용과 일치하는 것은 어느 것입니까?

① 직관은 훈련하지 않으면 얻을 수 없는 감각이다.
② 직관은 사용하는 것에 의해서 갈고 닦여진다.
③ 현대인은 직관으로 판단하는 장면이 많다.
④ 어른이 되면 직관으로 사물을 생각하게 된다.

해설

13

지시어 내용을 찾는 문제이다. 지시어가 가리키는 내용은 본문의 「その」 앞에 존재한다. 아이는 어른이 모르는 것을 아는 법이고, 알기 때문에 반응하고 운다고 설명하고 있다. 따라서 우는 장면을 찾으면 3번과 4번이 남는데, 3번은 불을 보고 우는 것이므로 오답이다. 따라서 정답은 4번이다.

14

직관은 사용할수록 정밀도가 올라 간다고 했으니 2번이 정답이다. 직관은 인간이 천성적으로 타고 난 감각이라 했으므로 1번은 오답이며, 현대인은 직관을 거의 사용하지 않는다고 했기 때문에 3번도 오답이다.

13번 문제와 14번의 문제의 정답부분이 엇갈려 있는 것에 주의하자, EJU 독해 문제에서는 일정한 빈도로 본문의 단락이나 흐름 순대로 정답이 주어지지 않는 타입의 문제가 출제된다.

어휘 幼い 어리다 | 徹底的に 철저히 | 叩き込む 주입하다 | 信頼する 신뢰하다 | 越える 초월하다, 넘어서다 | 洞察力 통찰력 | 見抜く 간파하다 | 生まれつき 선천적 | 素晴らしい 훌륭하다 | 精度 정밀도 | 自閉症 자페 | 錆付く 녹슬다 | 認知症 치매 | 鋭い 날카롭다, 예리하다 | 反応する 반응하다 | 気まぐれ 변덕

XIII　次の文章を読んで後の問いに答えなさい。

コミュニケーションは人間に限らず、動物にも見られる基本的な営みです。コミュニケーションは、もともと人間や動物が生きるために必要な手段でした。敵の襲来(しゅうらい)を仲間に伝え、獲物を互いの協力のもとに捕獲するためにはコミュニケーションは不可欠です。これまで、コミュニケーションのあるべき姿は、メッセージの授受を無駄なく正確かつ高速に実行できることであると述べてきました。メッセージの伝達が不正確であったり、遅れたりすれば命取りになりかねないわけですから、コミュニケーションに効率性が求められるのはごく自然なことです。

一方、私たちのこれまでの歴史を振り返ってみると、分業の徹底(てってい)、産業の発展、技術や医学の進歩により、生きるために行動するという差し迫った状況からは解放されつつあります。コミュニケーションも同様です。従来のように生きるため、あるいは必要に駆(か)られてという動機ではなく、楽しむためにコミュニケーションを行なう機会が圧倒的に多くなっています。日常のおしゃべりはもちろん、携帯電話、電子メール、ブログなどを用いて人々がコミュニケーションを楽しむ姿は、もはや見慣れた光景となりました。

このような新しい時代には、効率性の追求に汲々(きゅうきゅう)としていたかつてのコミュニケーションはいかにも窮屈(きゅうくつ)で堅苦しく、人々には受け入れられにくくなっています。多少の無駄やすれ違いを許容できる、ゆとりのあるコミュニケーションを人々は求めるようになってきました。

（石井健一郎『「情報」を学び直す』NTT出版）

問1　下線部「コミュニケーションに効率性が求められるのはごく自然なこと」である理由として、最も適当なものはどれですか。

① 効率的な方が、経済的に有利になるから

② 効率的であれば、仲間を増やしやすいから

③ 効率的でなければ、文明や科学が発達しないから

④ 効率的でなければ、死ぬかもしれないから

13. 다음 문장을 읽고 이후의 질문에 답하시오.

커뮤니케이션은 인간뿐만 아니라, 동물에게도 보이는 기본적인 영위입니다. 커뮤니케이션은 본래 인간과 동물이 살아가기 위해서 필요한 수단이었습니다. 적의 습격을 동료에게 전달하고, 먹이를 서로의 협력하에 포획하기 위해서 커뮤니케이션은 꼭 필요합니다. 이제까지, 커뮤니케이션이 있어야 할 모습은, 메시지의 수수를 낭비 없이 정확하고 고속으로 실행할 수 있는 것이라고 서술해 왔습니다. **15** 메시지의 전달이 부정확하거나 늦어지거나 하면, 목숨을 잃을지도 모르기 때문에 커뮤니케이션에 효율성이 요구되는 것은 지극히 자연스러운 일입니다.

한편, 우리들의 지금까지의 역사를 뒤돌아보면, 철저한 분업, 산업의 발전, 기술과 의학의 진보로 인하여, 살아가기 위해서 행동한다는 절박한 상황에서 점점 해방되고 있습니다. 커뮤니케이션도 마찬가지입니다. **16** 종래와 마찬가지로 '살아가기 위한' 혹은 '필요에 쫓겨서'라는 동기가 아니라, 즐기기 위해서 커뮤니케이션을 행하는 기회가 압도적으로 많아지고 있습니다. 일상의 수다는 물론이고, 휴대전화, 이메일, 블로그 등을 이용하여 사람들이 커뮤니케이션을 즐기는 모습은, 이미 익숙한 광경이 되었습니다.

이러한 새로운 시대에는 효율성 추구에 급급해 하던 과거의 커뮤니케이션은 아무리 봐도 답답하고 거북하여 사람들에게는 받아들여지기 어려워집니다. 사람들은 다소의 낭비와 엇갈림을 허용할 수 있는 여유 있는 커뮤니케이션을 요구하게 되었습니다.

문1 밑줄 부분 '커뮤니케이션에 효율성이 요구되는 것은 극히 자연스런 일'인 이유로서 가장 적당한 것은 어느 것입니까?

① 효율적인 편이, 경제적으로 유리해지기 때문에

② 효율적이라면, 동료를 늘리기 쉽기 때문에

③ 효율적이지 않다면, 문명과 과학이 발달하지 않기 때문에

④ 효율적이지 않다면, 죽을지도 모르기 때문에

問2　下線部「ゆとりのあるコミュニケーションを人々は求めるようになってきました」とありますが、その背景として最も適当なものはどれですか。

① コミュニケーションに費やす時間が変化したこと

② コミュニケーションに使う道具が変化したこと

③ コミュニケーションを行う相手が変化したこと

④ コミュニケーションを行う動機が変化したこと

문2 밑줄 부분 '여유 있는 커뮤니케이션을 사람들은 요구하게 되었다'의 배경으로서 가장 적당한 것은 어느 것입니까?

① 커뮤니케이션에 소비하는 시간이 변화한 것

② 커뮤니케이션에 사용하는 도구가 변화한 것

③ 커뮤니케이션을 행하는 상대가 변화한 것

④ 커뮤니케이션을 행하는 동기가 변화한 것

해설

15

밑줄 표현 앞에 「~わけですから」 라는 표현이 있고, 이 부분에서 이유를 설명하고 있으므로 정답이 4번이라는 것을 알 수 있다. 다만, 「命(いのち)取(ど)りになりかねない」가 죽을 지도 모른다 라는 뜻이라고 정확히 해석할 수 있어야 정답을 쉽게 찾을 수 있다. 따라서, 이 문제는 간접적으로 어휘와 문법을 묻는 문제라고 할 수 있다.

16

배경을 묻는 문제가 '이유, 원인'을 찾는 문제라는 것을 빠르게 파악할 수 있는지가 포인트이다. 목적 표현과 이유 표현은 동일한 경우가 있는데, '과거에는 '살기 위해서' 현재는 '즐기기 위해서' 커뮤니케이션을 한다'라는 내용에서 4번이 정답이라는 것을 알 수 있다. 선택지를 잘 관찰하면 결국 커뮤니케이션의 '시간' '도구' '상대' '동기' 변화 중 선택해야 한다는 것을 알 수 있는데, 여기에서는 '목적=동기'라고 판단할 수 있다.

어휘 営(いとな)む 영위하다 | 襲来(しゅうらい) 엄습, 강타 | 捕獲(ほかく)する 포획하다 | 無駄(むだ)なく 낭비 없이 | 命取(いのちと)り 목숨을 빼앗길 우려, 실패의 원인 | 効率性(こうりつせい) 효율성 | 振(ふ)り返(かえ)る 되돌아보다 | 解放(かいほう) 해방 | 窮屈(きゅうくつ) 비좁음, 갑갑함 | 堅苦(かたくる)しい 거북하다, 엄격하다 | 許容(きょよう)する 허용하다 | ゆとり 여유

XIV　次の文章を読んで後の問いに答えなさい。

職業とは、仕事のことです。収入があって、かなりの時間をさいていて、それで生活を支えている、そういう活動をいいます。

職業の反対は、趣味です。趣味と職業はどう違うでしょうか。やっている内容に違いがない場合もあります。違いは、やり方です。趣味は、気が向いたときにやります。好きだからやるので、気が向かなければやりません。

趣味と似ているものに、ボランティアもあります。ボランティアは、ふつう、ほとんど、あるいはまったく報酬をもらわないので、それで生活できません。親切で、善意でやっているもののことですね。やりたいからやる。やれるからやる。余裕がなければやらない。これが、趣味・ボランティアの世界です。

趣味・ボランティアの特徴は、あてにならないことです。たとえば、今日はよろこんで活動していても、明日は休むかもしれません。あてになりません。あてにならないものは、社会の基盤にはならないのです。

これに対して、仕事の特徴は、嫌なときでもやることです。嫌でも、仕事だから、やらなければならないから、やります。

仕事は、本人にとっては、負担なのです。嫌なときでも、やらなければならないから。けれども、本人以外のひとから見ると、これはとてもよいことです。本人も、生活できるだけの報酬をもらえるのだから、よいことでもあります。報酬をもらえるからまあいいや、と納得するしかないのですね。

（橋爪大三郎『面白くて眠れなくなる社会学』PHP研究所）

問1　この文章で述べられている「仕事」と「ボランティア」の違いとして、最も適当なものはどれですか。

① 時間をさくか、さかないか

② 気が向かないときでもやるか、やらないか

③ やることが楽しいか、楽しくないか

④ 趣味と似ているか、似ていないか

14. 다음 문장을 읽고 이후의 질문에 답하시오.

직업이라는 것은, 일을 말합니다. 수입이 있고, 상당한 시간을 할애하여, 그것으로 생활을 지탱하는, 그러한 활동을 말합니다.

직업의 반대는 취미입니다. 취미와 직업은 무엇이 다를까요? 하는 내용에 차이가 없는 경우도 있습니다. 차이는 방식입니다. 취미는 마음이 향할 때 합니다. 좋아하기 때문에, 마음이 내키지 않으면 하지 않습니다.

취미와 닮은 것에, 봉사활동도 있습니다. 봉사활동은 보통, 거의 혹은 전혀 보수를 받지 않기 때문에, 그것으로 생활을 할 수 없습니다. 친절로, 선의로 하는 것을 말합니다. 하고 싶기 때문에 한다. 할 수 있기 때문에 한다. 여유가 없으면 하지 않는다. 이것이, 취미·봉사활동의 세계입니다.

취미·봉사활동의 특징은 불확실한 것입니다. 예를 들면 오늘은 기쁘게 활동하고 있어도 내일은 쉴지도 모릅니다. 불안정합니다. 불안정한 것은, 사회의 기반이 되지 않는 것입니다.

이것과 대조적으로 **17** 일의 특징은 싫을 때라도 하는 것입니다. 싫어도 일이니까, 해야 하므로 합니다.

일은, 본인에게 있어서는 부담입니다. 싫을 때라도, 해야 하니까. 하지만, 본인 이외의 사람이 본다면 이것은 매우 좋은 것입니다. **18** 본인도 생활할 수 있을 만큼의 보수를 받을 수 있으므로 좋은 것이기도 합니다. 보수를 받을 수 있으니까 "뭐 괜찮아"라고 납득할 수밖에 없는 것입니다.

문1 이 문제에서 서술된 '일'과 '봉사활동'의 차이로서 가장 적당한 것은 어느 것입니까?

① 시간을 할애할지, 할애하지 않을지

② 마음이 내키지 않을 때라도 할지 하지 않을지

③ 하는 것이 즐거울지 즐겁지 않을지

④ 취미와 닮았을지 닮지 않았을지

問2　下線部「これはとてもよいことです」とありますが、どうしてよいことなのですか。

① 本人の気分に左右されず、あてになるから

② 本人以外の人が嫌な気分になるわけではないから

③ 本人が納得するだけの報酬がもらえるから

④ その仕事が本人以外の人の助けになるから

문2 밑줄 부분 '이것은 매우 좋은 것입니다'라고 있습니다만, 어째서 좋은 것입니까?

① 본인의 기분에 좌우되지 않고, 의지가 되기 때문에

② 본인 이외의 사람이 싫은 기분이 드는 것은 아니기 때문에

③ 본인이 납득할 만큼의 보수를 받을 수 있기 때문에

④ 그 일이 본인 이외 사람의 도움이 되기 때문에

해설

17

'일'과 '봉사활동'의 정의를 체크해 두어야 한다. 본문을 잘 읽으면 '일←→취미=봉사활동'이라는 것을 알 수 있으므로 일과 봉사활동이 대조, 대비 되는 구도라는 것을 알 수 있다. 선택지를 보면, 각각 '시간' '마음' '즐거움' 으로 구분 가능한데, '싫을 때도 한다'라는 것은 내키느냐 내키지 않느냐 '마음'의 문제이므로 2번이 정답이다.

18

밑줄의 이유를 묻는 문제이지만, 밑줄에 지시어가 포함되어 있을 땐 우선적으로 지시어가 가리키는 내용부터 체크하자. '이것'이 가리키는 것은 '싫을 때도 해야 하는 것'이다. 또한, 밑줄 뒤 문장에 이유표현 '~보수를 받을 수 있기 때문에'가 있으므로, '보수'와 관련된 선택지 3번이 정답이라는 것을 알 수 있다.

어휘 支(ささ)える 지지하다 | 割(さ)く 나누다 | 気(き)が向(む)く 할 마음 들다, 기분이 내키다 | 報酬(ほうしゅう) 보수 | 善意(ぜんい) 선의 | 余裕(よゆう) 여유 | 基盤(きばん) 기반 | 負担(ふたん) 부담 | 納得(なっとく)する 납득하다

XV　次の文章を読んで後の問いに答えなさい。

ところで、日本人の口から二言目には聞かれる言葉に「しかたがない」「しょうがない」という表現があります。

なんらかの困難な事態に直面する際、粛々(しゅくしゅく)と諦めをもってその状況を受け入れる時に口にする慣用句です。

地震や台風、津波などの被害に遭って途方にくれた挙句(あげく)、「しかたがない」という一言を漏らすのは当然のことでしょう。

被害の事実を受け入れて、そこからどのように再び日常の生活を取り戻してゆくか、考え行動を起こす他に方策はないからです。

…(略)…

ところが、不正の被害にあった際に、「しかたがない」という姿勢に終始するなら、不正の原因である人々の責任を追及することなく放置することになります。

会社内の不正も、政界の腐敗(ふはい)も、不正としてその責任を追及するのではなく、あたかも自然災害の被害にあったかのように不運として受け止め、これをしかたがない、と諦めてしまうのは、不正を黙認するに等しく、消極的不正を犯していることになってしまいます。

このように、「しかたがない」という一言には、日本人が、不正をあたかも不運であるかのように理解する傾向が表現されています。「しかたがない」と言って現実をあきらめて耐えようとする日本人は、同時に消極的不正を犯しやすい傾向をもつというわけです。

（将基面貴巳『従順さのどこがいけないのか』筑摩書房）

問1　下線部「消極的不正」の説明として、最も適当なものはどれですか。

① 地震や台風、津波のような自然災害にあうこと

② 不正を知ってもその責任を追及しないこと

③ 不運で起きたことを不正として追及すること

④ 会社や政界で見つからないように不正すること

15. 다음 문장을 읽고 이후의 질문에 답하시오.

그런데, 일본인의 입에서 입만 벌리면 듣게 되는 말에 '방법이 없다' '어쩔 수 없다.'라는 표현이 있습니다.

무언가 곤란한 사태에 직면할 때 조용히 포기하고 그 상황을 받아들일 때 내뱉는 관용구입니다.

지진과 태풍, 해일 등의 피해를 당하여 곤란한 끝에 '방법이 없다'는 한마디를 흘리는 것은 당연한 일이지요.

피해 사실을 받아들이고, 거기에서 어떻게 재차 일상 생활을 되찾아 갈지 생각하고 행동하는 것 외에는 방법이 없기 때문입니다.

(중략)

그러나, 부정한 피해를 당했을 때 '어쩔 수 없다'는 자세로 일관한다면, 부정의 원인인 사람들 책임을 추궁하지 않고 방치하게 됩니다.

19 20 회사 내의 부정도 정계의 부패도, 부정으로 그 책임을 추궁하는 것이 아니라, 마치 자연재해 피해를 본 것처럼 불운으로 받아들이고, 이것을 '어쩔 도리가 없다'고 포기해 버리는 것은 부정을 묵인하는 것과 같으며, 소극적 부정을 범하고 있는 것이 되어 버립니다.

이처럼, **20** '어쩔 도리가 없다'는 한마디에는 일본인이 부정을 마치 불운인 것처럼 이해하는 경향이 표현되어 있습니다. '어쩔 도리가 없다'고 현실을 포기하고 견디려 하는 일본인은 동시에 소극적 부정을 일으키기 쉬운 경향을 보이는 셈입니다.

문1 밑줄 부분 '소극적 부정'의 설명으로서, 가장 적당한 것은 어느 것입니까?

① 지진과 태풍, 해일과 같은 자연재해를 당하는 것

② 부정을 알고 그 책임을 추궁하지 않는 것

③ 불운으로 일어난 것을 부정으로서 추궁하는 것

④ 회사와 정계에서 발견되지 않도록 부정하는 것

問2　この文章の内容と合っているものはどれですか。

① 「しかたがない」という言葉は、日本人の心の支えになっている。

② 日本人は「しかたがない」という言葉で不正を黙認する面がある。

③ 困難な事態を乗り越えたとき、日本人は「しかたがない」という言葉を使う。

④ 最近は以前と違う意味で「しかたがない」という言葉が使われている。

문2 이 문장의 내용과 맞는 것은 어느 것입니까?

① '어쩔 도리가 없다'라는 말은, 일본인의 마음의 지지가 되고 있다.

② 일본인은 '어쩔 도리가 없다'라는 말로 부정을 묵인하는 면이 있다.

③ 곤란한 사태를 극복했을 때, 일본인은 '어쩔 도리가 없다'라는 말을 사용한다.

④ 최근에는 이전과 다른 의미로 '어쩔 도리가 없다'라는 말이 사용되고 있다.

해설

19

밑줄 내용과 같은 의미를 찾는 문제는, 주변 접속사와 지시어를 잘 활용하는 것이 포인트이다. 밑줄 위 문장의 「これをしかたがない(이것을 어쩔 수 없다)」가 포기하는 것이고, 이것이 소극적 부정의 내용이다. 즉, 「これをしかたがない(이것을 어쩔 수 없다)」는 부정의 책임을 추궁하지 않는 것에 해당하므로 2번이 정답이다.

20

선택지를 확인해 보면, 「しかたがない(어쩔 수 없다)」가 반복해서 나오고 있다. 즉, 이 문제는 「しかたがない(어쩔 수 없다)」의 내용(정의)을 찾는 문제이다. 내용과 일치하는 것을 찾는 문제에는 특정 키워드를 이해하고 있는지를 묻는 타입의 문제가 상당한 비율로 출제된다. 마지막 단락의 「しかたがない(어쩔 수 없다)」의 앞부분과 뒷부분 문장을 보면, 마지막 결론 부분에서 부정이 마치 불운인 것처럼 이해하는 경향이 표현되어 있다고 했으므로 2번이 정답이다. 1번과 4번은 본문에 언급이 없는 내용이며, 「ところが～」로 시작되는 단락과 그 다음 단락에서 일본인은 부정에도 「しかたがない(어쩔 수 없다)」라고 묵인한다고 했으므로 3번은 오답이다.

어휘 困難(こんなん) 곤란 | 粛々(しゅくしゅく)と 엄숙히 | 諦(あきら)める 포기하다 | 途方(とほう)に暮(く)れる 어찌 할 바를 모르다 | 取(と)り戻(もど)す 되찾다 | 方策(ほうさく) 방책 | 被害(ひがい) 피해 | 姿勢(しせい) 자세 | 追及(ついきゅう)する 추궁하다 | 放置(ほうち)する 방치하다 | 黙認(もくにん)する 묵인하다 | 消極的(しょうきょくてき) 소극적 | 耐(た)える 견디다 | 犯(おか)す 저지르다, 범하다

XVI　次の文章を読んで後の問いに答えなさい。

人間は、なんで進化し続けてきたのか。多くの人が昔から考えてきた問いです。

この問いに対する仮説が、進化論です。みなさんもチャールズ・ダーウィンの進化論は耳にしたことはあるでしょう。

科学とは、答えではなくすべて仮説で、最も確からしい仮説が優秀だと説明しました。ダーウィンの進化論も、もちろん答えではなく仮説です。しかも、この仮説を巡っては今でも論争が続いています。

ダーウィンの唱えた「自然淘汰説(しぜんとうたせつ)」は優れた仮説のひとつです。自分のいる環境に適応できた生物が、多くの子孫を残すことで、その特徴が広まるという考えです。つまり、ランダムに起こる変異が、たまたまその生物がいる環境に合う形の変化であれば、生き残りやすいということになります。

…（略）…

じつは、これには反論があります。1960年代に、国立遺伝学研究所の木村資生(きむらもとお)先生は、大多数の進化は有利でも不利でもない中立な変異が、偶然に集団に広まったと考える「進化の中立説」を唱えました。自然淘汰説派との間に激しい論争が起こりましたが、今では、大部分は中立的で、一部の有利な変異に自然淘汰が働いたと考えられるようになっています。ただこれで決着がついたわけではありません。というのも、ふつう仮説の確からしさは、実験で再現をして確認していくものです。しかし、進化は再現できません。

（吉森保『LIFE SCIENCE　長生きせざるをえない時代の生命科学講義』日経BP）

問1　下線部「ダーウィンの進化論も、もちろん答えではなく仮説です」とありますが、「答えではなく仮説」である理由として最も適当なものはどれですか。

① 再現できないから

② 確からしい仮説ではないから

③ 他の人から反論されたから

④ 他にいくつも仮説があるから

16. 다음 문장을 읽고 이후의 질문에 답하시오.

인간은, 왜 계속 진화해 왔는가? 많은 사람이 옛날부터 생각해 온 문제입니다.

이 질문에 대한 가설이 진화론입니다. 여러분도 찰스 다윈의 진화론은 들어본 적이 있지요?

과학이라는 것은 답이 아니라, 모두 가설이며 가장 확실한 듯한 가설이 우수한 것이라고 설명했습니다. 다윈의 진화론도 물론 답이 아니라 가설입니다. 게다가, 이 가설을 둘러싸고 지금도 논쟁이 계속되고 있습니다.

다윈이 제창한 '자연도태설'은 훌륭한 가설 중 하나입니다. 자신이 있는 환경에 적응한 생물이 많은 자손을 남김으로써 그 특징이 퍼질 거라는 생각입니다. 즉, '무작위로 일어나는 변이가 어쩌다 우연히 그 생물이 있는 환경에 맞는 형태의 변화라면, 살아남기 쉽다'는 뜻이 됩니다.

(중략)

실은 여기에는 반론이 있습니다. 1960년대에, 국립 유전자학 연구소의 기무라 선생님은, 대다수의 진화는 유리하지도 불리하지도 않은 중립 변이가 우연히 집단에 퍼진 거라고 생각하는 '진화 중립설'을 제창했습니다. 자연 도태설파와의 사이에서 격한 논쟁이 일어났습니다만, 지금은 대부분 중립적이고, 일부 유리한 변이에 자연도태가 작용했다고 생각하게 되었습니다. **22** 다만, 이것으로 결론이 난 것은 아닙니다. **21** 왜냐하면, 보통 가설의 확실함은, 실험에서 재현하며 확인해 가는 법입니다. 그러나, 진화는 재현할 수 없습니다.

문1 밑줄 부분 '다윈의 진화론도, 물론 답이 아니라 가설입니다' 고 있습니다만, '답이 아니라 가설'인 이유로서 가장 적당한 것은 어느 것입니까?

① 재현할 수 없기 때문에

② 확실한 가설이 아니기 때문에

③ 다른 사람으로부터 반론 받기 때문에

④ 다른 몇 개나 되는 가설이 있기 때문에

問2　第5段落にある「木村資生先生」の説は、結果的にどのようになりましたか。

① 議論がされて、完全に否定された。

② 議論がされて、全面的に正しさが認められた。

③ 議論されたが、結論は出ていない。

④ 議論もされずに、無視された。

문2 제5단락에 있는 '기무라 모토오 선생님'의 설은 결과적으로 어떻게 되었습니까?

① 논의되어, 완전히 부정되었다.

② 논의되어, 전면적으로 올바름을 인정받았다.

③ 논의되었지만, 결론은 나오지 않았다.

④ 논의도 되지 않고, 무시되었다.

해설

21

밑줄 내용 마지막 부분에서 '가설'='실험으로 재현하며 확인해가는 것'이라고 정의하고 있지만, 진화는 재현할 수 없다고 하였으므로, 진화는 아직 가설인 그대로라는 것을 의미하고 정답은 1번이다. 주어진 질문으로 문제가 풀리지 않을 때는 내용확인 문제로 변환하여 보는 것이 요령이다.

22

마지막 단락에서 논쟁은 있었지만, 중립적이고, 결과가 나지 않았다고 했으므로 3번이 정답이다. EJU 일본어 독해 문제는 전체 내용의 요지를 파악하는 것이 가장 큰 포인트이다. 이 문제에서도 전체 요지가 마지막 단락에 있다는 것을 파악했다면 쉽게 정답을 찾을 수 있을 것이다.

어휘 仮説(かせつ) 가설 | 進化論(しんかろん) 진화론 | 優秀(ゆうしゅう) 우수 | 耳(みみ)にする 듣다 | 論争(ろんそう) 논쟁 | 自然淘汰説(しぜんとうたせつ) 자연도태설 | 適応(てきおう)する 적응하다 | 偶然(ぐうぜん)に 우연히 | 変異(へんい) 변이 | 再現(さいげん)する 재현하다

XVII　次の文章を読んで後の問いに答えなさい。

遺跡を掘ると、陶磁器が大量に出土する。遺物の多くの割合を陶磁器が占めることも珍しくない。しかし、それはその遺跡の時代の人々が陶磁器ばかりを使っていたことを示すものではない。陶磁器は重要ではあっても生活の一部を占めているに過ぎない。それでも他の種類のものに比べて大量に見つかる第一の理由は、陶磁器の化学的な特性によるものである。木製品や紙製品など有機質の遺物は腐ってなくなり、また金属製品なども錆びて消えてゆく。それに対して、陶磁器は腐らず、錆びることもない。土の中に埋もれても消えてしまわないので、他の素材の遺物よりも残ることになる。

また、陶磁器の製品や道具としての特性も見つかる量に関係している。まず陶磁器はガラスなどと同じく「ワレモノ」と言われるように、脆くて壊れやすいものである。物理的に頑丈なものよりも脆くて壊れやすい方がよく残るというのは矛盾しているように思えるが、壊れないものであれば長期間、使用され続けるため、なかなか廃棄されない。壊れやすいと、すぐ捨てられ、また新しいものを使い始める。壊れては捨て、壊れては捨てるという行為を繰り返して、結果的に遺跡に大量に残されることになるのである。

そして、陶磁器は壊れた場合に再利用が難しいことも理由の一つである。壊れても金属製品であれば、*熔解することで再利用できるし、木製品や紙製品などは最終的には燃やして熱エネルギーに変えて利用することもできる。陶磁器の場合、そうした再利用が難しい。そのため、一度、壊れるとそのまま捨てられることが多く、遺跡から大量に出土することになる。

さらに陶磁器は1個だけつくられるのではなく、燃料を節約することから、一度に多くの陶磁器がつくられる。量産品であるため、大量に遺跡から見つかるということになる。

それでは、資料としての価値はどうかと言えば、陶磁器は歴史資料としてとても恵まれている。小さい子どもにとって容易な創作表現方法の一つは「お絵かき」であり、「粘土細工」ではないかと思う。二次元の表現が最もしやすいのがお絵かきであり、三次元の表現を行いやすいのが粘土細工である。つまり、作り手が自分の意図を表現しやすい方法であり、陶磁器はそれらがともに使われている。商品であれば、使う人の文化や社会を考えて

17. 다음 문장을 읽고 이후의 질문에 답하시오.

유적을 파면, 도자기가 대량으로 출토된다. 유물 대부분의 비율을 도자기가 점유하고 있는 것도 드물지 않다. 그러나, 그것은 그 유적 시대의 사람들이 도자기만을 사용하고 있었다는 것을 나타내고 있는 것은 아니다. 도자기는 중요하지만, 생활의 일부를 점유하고 있는 것에 불과하다. 그런데도 다른 것에 비교해서 **23** 대량으로 발견되는 제1의 이유는, 도자기의 화학적인 특성에 의한 것이다. 목제품과 종이 제품 등 유기질의 유물은 썩어서 없어지고, 또 금속제품 등도 녹슬어 사라져 간다. 이와 대조적으로, 도자기는 썩지 않고 녹스는 경우도 없다. 땅속에 묻혀도 사라져 버리지 않아서 다른 소재의 유물 보다 남게 된다.

또, 도자기 제품과 도구로서의 특성도 발견되는 양과 관계가 있다. 우선 도자기는 유리 같은 것과 똑같이 '깨지는 것'이라는 것 처럼, 연약하고 부서지기 쉬운 것이다. 물리적으로 튼튼한 것보다도 약하고 부서지기 쉬운 쪽이 잘 남는다는 것은 모순되는 것 같은 생각이 들지만, 부서지지 않는 것이라면 장시간 계속 사용되기 때문에, 좀처럼 폐기 되지 않는다. 부서지기 쉬우면, 바로 버려지고 또 새로운 것을 사용하기 시작한다. 부서지고는 버리고, 부서지고는 버린다는 행위를 반복하며 결과적으로 유적에 대량으로 남게 되는 것이다.

그리고, 도자기는 부서진 경우에 재이용이 어렵다는 것도 이유 중 하나이다. 부서져도 금속제품이라면, 녹여서 다시 이용할 수 있고, 목제품이나 종이제품 등은 최종적으로 태워서 열에너지로 바꾸어 이용할 수도 있다. 도자기의 경우, 그러한 재이용이 어렵다. 그렇기 때문에, 한번 부서지면 그대로 버려지는 경우가 많고, 유적으로부터 대량으로 출토되게 된다.

더욱이 도자기는 한 개 만드는 것이 아니고, 연료를 절약하기 위해서 한 번에 많은 도자기를 만든다. 대량 생산품이기 때문에, 대량으로 유적에서 발견되게 된다.

그럼, 자료로서의 가치는 어떠한가 하면, 도자기는 역사 자료로서 대단히 좋다. **24** 어린아이들에게 있어서 용이한 창작 표현 방법의 하나는 '그림 그리기'이고, '점토 세공'이 아닐지 생각한다. 2차원 표현이 가장 쉬운 것이 그림 그리기이고, 3차원 표현을 행하기 쉬운 것이 점토세공이다. 즉, 만드는 사람이 자신의 의도를 표현하기 쉬운 방법이며, 도자기는 그것들이 함께 사용되고 있다. 상품이라면, 사용하는 사람의 문화와 사회를 생각하여

売れるようにつくるので、結果としてそれらが反映されたものがつくられる。言い換えれば、陶磁器を見ると、反映されている文化や社会を知ることができるのである。

陶磁器は壊れやすいと述べたが、壊れやすいので次々と新しいものがつくられる。生産、消費、廃棄の一連のサイクルが非常に早い。そのため、変化が早い市場のニーズに応えたものがつくられる。市場のニーズがその時代や地域の社会を反映していることは言うまでもない。

（野上建紀『陶磁考古学入門　やきもののグローバル・ヒストリー』勁草書房）

*熔解する：とかすこと

팔리도록 만들기 때문에, 결과적으로 그것들이 반영된 것이 만들어진다. 바꿔 말하면, 도자기를 보면 반영되어 있는 문화와 사회를 알 수 있는 것이다.

25 도자기는 부서지기 쉽다고 서술했지만, 부서지기 쉽기 때문에 끊임없이 계속해서 새로운 것이 만들어진다. 생산, 소비, 폐기까지의 일련 사이클이 대단히 빠르다. 그 때문에, 변화가 빠른 시장의 수요에 부응한 것이 만들어진다. 시장 수요가 그 시대와 지역 사회를 반영하고 있는 것은 말할 필요도 없다.

*용해하다: 녹이는 것

問1　下線部「遺跡を掘ると、陶磁器が大量に出土する」理由として、最も適当なものはどれですか。

① 捨てられる量が多く、土の中でもなくならない性質を持っていたから

② 当時の人々が、その時代のことを後世に伝えるために大量に埋めたから

③ 紙や木、金属に比べて貴重だったので、大切に保管されていたから

④ 作られる量は多くなかったが、壊れにくく、長持ちしたから

문1 밑줄 부분 '유적을 파면, 도자기가 대량으로 출토'되는 이유로서, 가장 적당한 것은 어느 것입니까?

① 버려진 량이 많고, 땅속에서도 없어지지 않는 성질을 가지고 있기 때문에

② 당시의 사람들이, 그 시대와 관련된 것을 후세에 전하기 위하여 대량으로 묻었기 때문에

③ 종이와 나무, 금속과 비교하여 귀중했기 때문에, 소중히 보관되고 있었기 때문에

④ 만들어지는 양은 많이 않았지만, 부서지기 어렵고, 오래 가기 때문에

問2　下線部「それら」が指すものとして、最も適当なものはどれですか。

① ガラスや金属

② 木製品や紙製品

③ お絵かきや粘土細工

④ 文化や社会

문2 밑줄 부분 '그것들'이 가리키는 것으로서, 가장 적당한 것은 어느 것입니까?

① 유리와 금속

② 목제품과 종이제품

③ 그림 그리기와 점토세공

④ 문화와 사회

問3　筆者が考える陶磁器の歴史資料としての価値について、正しいものはどれですか。	문3 필자가 생각하는 도자기의 역사 자료로서의 가치에 관하여, 올바른 것은 어느 것입니까?
① 陶磁器の中には有名な人が作ったものがあり、それらは資料としての価値が高い。	① 도자기 속에는 유명한 사람이 만든 것이 있고, 그것들은 자료로서의 가치가 높다.
② 陶磁器は大量に出土するため、資料としての価値はあまりない。	② 도자기는 대량을 출토되기 때문에, 자료로서의 가치는 그다지 없다
③ 陶磁器はその時代の文化や社会を映し出すため、資料としての価値がある。	③ 도자기는 그 시대의 문화와 사회를 비추어내기 때문에, 자료로서의 가치가 있다.
④ 陶磁器は子どものお絵かきや粘土細工のようなもので、資料としての価値はない。	④ 도자기는 아이들의 그림 그리기와 점토세공과 같은 것이어서, 자료로서의 가치는 없다.

해설

23

밑줄의 내용이 '대량으로 출토된다' → '대량으로 발견된다'로 반복된 후, 그 이유를 설명하는 부분에서 '제1 이유'라고 했으므로 제2, 제3의 이유가 있을지도 모른다고 생각하면서 읽는 것이 포인트이다. 도자기가 대량으로 발견되는 첫 번째 이유는 '썩지 않고, 녹스는 경우도 없'으니까 라고 설명하고 있으므로 정답은 1번이다. 2번과 3번은 본문에서 언급하지 않았으며, 4번은 도자기는 부서지기 쉽다고 했으므로 오답이다.

24

지시어 '그것들'이 나타내는 내용은 '만드는 사람의 의도를 표현하기 쉬운 방법'을 가리키며, '들'이 있으므로 복수라는 것을 알 수 있다. '그것들'이 포함된 문장 시작 부분의 접속사 「つまり(즉)」는 앞 문장과 같은 내용이라는 것을 나타내므로 '그림'과 '점토세공'을 가리킨다. 따라서 3번이 정답이다.

25

필자의 생각, 즉 전체 요지를 파악하는 문제이다. 선택지를 먼저 확인해 보면 '자료로서의 가치'라는 표현이 반복되고 있다. 이런 키워드 의미를 파악하는 타입의 문제는 질문을 반복하는 장면을 주의 깊게 보는 것이 포인트인데, 5번째 단락에서 '도자기를 보면 그 시대의 문화와 역사를 알 수 있다'고 정리하고 있으므로 필자는 도자기가 사료로서 가치가 있다고 생각하고 있음을 알 수 있다. 따라서 '문화와 사회'를 언급한 3번이 정답이다.

어휘 遺跡(いせき) 유적 | 掘(ほ)る 파다 | 陶磁器(とうじき) 도자기 | 出土(しゅつど)する 출토되다 | 遺物(いぶつ) 유물 | 割合(わりあい) 비율 | 占(し)める 점유하다 | 腐(くさ)る 썩다 | 錆(さ)びる 녹슬다 | 矛盾(むじゅん)する 모순되다 | 頑丈(がんじょう)だ 튼튼하다 | 脆(もろ)い 연약하다 | 廃棄(はいき)する 폐기하다 | 繰(く)り返(かえ)す 반복하다 | 容易(ようい)だ 용이하다

기술

Point **'좋은 점'과 '나쁜 점(문제가 되는 점)' 양쪽 모두를 언급해야 합니다.**

대책

1. 글자 수가 초과하지 않도록 주의하면서 반드시 '자기 생각'을 적어야 합니다.
2. 시간 배분에 주의합시다.

예시답안 1

子育ては大変だ。赤ちゃんは夜中でも泣くし、一日中目を離すことはできない。だがスマートフォンやタブレット端末のアプリを使えば、大変な育児を少し楽にできるかもしれない。

今、スマホのアプリには、赤ちゃんや小さい子どもでも興味をひくようなコンテンツがたくさんある。興味を持たせるだけではなくて、学習できるアプリもある。親がどうしても手が離せないときに、このようなアプリを使えば、育児の負担も軽減されるだろう。

しかし、スマホのアプリには、中毒性があることを忘れてはならない。アップル社を作ったスティーブジョブズは、自分の子どもたちにタブレット端末を持たせなかったそうだ。なぜなら彼は、中毒性があることを知っていたからだ。赤ちゃんや小さい子どもは、スマホやタブレット端末を使う時間を自分でコントロールできない。もし育児で使うなら、親がしっかり管理する必要があるだろう。

スマホやタブレット端末は、私たちの生活になくてはならないものとなった。しかし、私は中毒性がある以上、赤ちゃんや小さい子どもに使わせるべきではないと考える。育児が大変なのは分かるが、子どもが小さいときぐらい、子どもとのふれ合いを大事にしたほうがいいのではないだろうか？

그 외의 의견

良い点

・親が自分の時間をつくることができる
・様々なコンテンツをうまく利用することで子どもの知能を伸ばすことができる
・今はスマホなしでは生活できないので、小さい頃から操作に慣れる

悪い点

・目が悪くなるなど身体への影響もある
・子と親の間でのコミュニケーションが減ってしまう可能性もある
・親も子も何でもスマホに頼ってしまうようになる
・子ども向けではないアプリやコンテンツを見てしまうかもしれない

예시답안 2

都会の忙しい生活に疲れた人がのんびりした生活にあこがれて、田舎に移住するという話はよく聞く。私の両親も仕事を定年退職したら、どこか自然が豊かなところでのんびり暮らしたいと言っている。

確かに、田舎は都会に比べて人も少ないし、自然も豊かで空気もきれいだ。都会から来た人にとっては、自然の中で散歩をするだけで価値があるだろう。田舎は人と人のつながりも強いと聞く。地域の人と助け合いながら生活するのは、都会の人にとって新鮮な経験かもしれない。

しかし、都会で生まれ育った人は便利な生活に慣れている。都会はバスや電車など交通機関が発達しているし、どこにでもコンビニがある。美術館や映画館、コンサートホールのような文化施設もあって、いつでも自分のやりたいことができる。このような便利な生活から突然田舎の不便な生活に変わって、都会の人は適応できるだろうか。刺激の少ない環境に飽きることはないだろうか。

都会の人から見たら、田舎の生活は魅力が多い。しかし、楽観的なイメージだけを持って田舎に移住するのは危険だろう。事前によく調べたり、一度試しに短期間住んでみたりして、慎重に考えるべきだ。

그 외의 의견

良い点

・自然が多い環境の中で過ごすことでリラックスすることができる

・リモートワークが進めば、場所にかかわらず仕事ができる。環境の良い所で仕事をすれば効率が上がる

・都会よりも広い家に住める

悪い点

・地域のコミュニティとのつながりが強い場合、プライベートが確保されないと感じる恐れがある

・バスや電車がない場所だと、車を買わなければならず、費用がかかる

독해

문제	해답 번호	정답
I	1	③
II	2	①
III	3	①
IV	4	②
V	5	①
VI	6	②
VII	7	④
VIII	8	④
IX	9	③
X	10	①

문제	해답 번호	정답
XI	11	①
	12	②
XII	13	①
	14	①
XIII	15	①
	16	②
XIV	17	①
	18	④
XV	19	②
	20	①
XVI	21	②
	22	④
XVII	23	①
	24	④
	25	①

I　下線部「私って優しいでしょう？」と言った人の心理は、どのようなものだと考えらますか。

誰でも人は、自分に言って欲しいことを言うものである。他人から自分へ向けて言って欲しい言葉を、自分から発してくる場合がよくあるのだ。そこから相手の関心を知ることもできる。

たとえば、「私って優しいでしょう？」「僕は役に立っているかなぁ？」「僕自身は勉強家とは思わないけど……」などと口癖のように言う人がいる。注意していないと聞き飛ばしてしまうような言葉だが、いったん気づくとよくわかる。

これはまさしく「そのような言葉を自分に対して言って欲しい」と、サインを出しているのである。「いま自分は優しさや役に立つことに興味が向いているのだよ」と、相手のほうから答えを出してくれているのだ。ここを注意深く読み取ると、相手の関心が把握できる。

こうした言葉を覚えておいて、少し時間がたってから、相手に向けて「あなたの優しいところにホッとする」と言うと、相手はたいへん喜んでくれるだろう。「この人は自分の事をわかってくれる！」と非常にご機嫌になるかもしれない。ここから相手の中にプラスの感情が生まれるのだ。

そして、このようなプラス感情を持つところから、良い人間関係は始まる。こちらへ信頼感を抱いてもらう端緒になるのである。

① 自分の口癖を相手に注意して聞いてほしい。

② 自分が相手に対して優しく接しているか確認したい。

③ 相手に「あなたは優しい」と言ってもらいたい。

④ 相手が自分に優しくしてくれるかどうか確認したい。

1. 밑줄 부분 '나 착하지?'라고 말한 사람의 심리는, 어떠한 것이라고 생각합니까?

누구나 사람은, 자신이 들었으면 좋겠다는 말을 상대에게 하는 법이다. **3** 다른 사람으로부터 자신을 향하여 했으면 하는 말을 스스로 발산하는 경우가 자주 있는 것이다. 거기에서 상대의 관심을 알 수 있다.

예를 들면, '나 착하지?' '나는 도움이 되고 있나?' '나 자신은 공부를 열심히 한다고는 생각하지 않지만….' 등 입버릇처럼 말하는 사람이 있다. 주의하지 않으면 흘려버릴 것 같은 말이지만, 일단 알아차리면 잘 이해가 된다.

이것은 틀림없이 '그러한 말을 자신에게 해주었으면'이라고, 사인을 내는 것이다. '지금 나는 자상함과 도움이 되는 것에 흥미가 있어'라고 상대 쪽에서 답을 내주고 있다. 여기를 주의 깊게 읽어내면, 상대의 관심을 파악할 수 있다.

이러한 말을 기억해 두고, 조금 시간이 지나고 나서, 상대를 향하여 '너의 자상한 점에 안심이 돼'라고 하면, 상대는 대단히 기뻐해 줄 것이다. '이 사람은 자신을 이해해 주는구나!'라고 대단히 기분이 좋아질지도 모른다. 여기서부터 상대 안에 플러스의 감정이 생기는 것이다.

그리고, 이와 같은 플러스 감정을 갖는 점부터, 좋은 인간관계는 시작된다. 나에게 신뢰감을 품게 하는 실마리가 되는 것이다.

① 내 입버릇을 상대가 주의하여 들었으면 좋겠다.

② 내가 상대에게 자상하게 대하고 있는지 확인하고 싶다.

③ 상대에게 '당신은 자상하다'라고 듣고 싶다.

④ 상대가 나에게 자상하게 해줄지 어떨지 확인하고 싶다.

해설

예시의 표현 주변에 있는 밑줄의 내용을 찾는 문제는, 예시를 정리하는 개념이 있는 단락을 찾아서 논리적 개연성을 찾는 것이 포인트이다. 밑줄 앞의 「たとえば(예를 들면)」는 위쪽에 같은 내용의 개념표현이 있고 이후가 예시 표현임을 나타내는 접속 표현이다. 따라서 「他人から自分へ向けて言って欲しい言葉(자신이 상대에게 듣고 싶은 말)」의 예시 표현임을 알 수 있으므로 3번이 정답이 된다. 또, 세번째 단락의 「これはまさしく『そのような……言って欲しい』」에서 「これは」가 가리키는 내용이 밑줄이므로 3번이 정답이라는 것을 알 수 있다.

어휘 口癖(くちぐせ) 입버릇 | 注意深(ちゅういぶか)く 주의 깊게 | 把握(はあく)する 파악하다 | 端緒(たんしょ) 단서

II　参加者は、特別講義の中のどの部分で山田氏の演奏を聴きますか。

特別講義のお知らせ

三味線を通して考える音楽療法と伝統文化の接点

―琉球民謡と沖縄の文化―

みなさんは音楽を一人で楽しむものだと思っていないでしょうか。もちろん一人で楽しむこともできますが、それだけではなく、音楽には人と人を結びつけたり、人の心を癒やしたりする効果があります。音楽を通して人の心をケアするのが音楽療法です。

この特別講義では、沖縄の伝統的な楽器である三味線を使った音楽療法について学習します。講義は、三部で構成されます。第一部は講演で、世界的に有名な三線奏者である山田太郎氏に沖縄の伝統的な音楽の琉球民謡を演奏していただいたのち、三味線の歴史についてご講演いただきます。第二部はワークショップで、実際に参加者が三味線に触れながら、音楽療法の基本について学びます。講師は引き続き山田太郎氏です。第三部では、参加者が各パートに分かれ、三味線を使って琉球民謡を1曲演奏します。演奏を通して、音楽療法の効果を体感することができます。

第一部　講演　「沖縄の伝統楽器三線とその歴史」
　　　　講師　山田太郎氏
第二部　ワークショップ　「三線体験と音楽療法」
　　　　講師　山田太郎氏
第三部　演奏　「沖縄の伝統音楽　琉球民謡」

日時：10月8日（水）　13:00 ～ 16:00
会場：大学会館第一ホール
対象：本学の学生50名

① 第一部
② 第一部と第二部
③ 第三部
④ 第二部と第三部

2. 참가자는, 특별강의 중에 어느 부분에서 야마다씨의 연주를 듣습니까

특별 강의 안내

사미센을 통해서 생각하는 음악요법과 전통문화의 접점

- 류큐 민요와 오키나와의 문화-

여러분은 음악을 혼자서 즐기는 것이라고 생각하고 있지 않습니까? 물론 혼자서 즐길 수도 있습니다만, 그 뿐만 아니라, 음악에는 사람과 사람을 연결시키거나, 사람의 마음을 치유해주거나 하는 효과가 있습니다. 음악을 통해서 사람의 마음을 케어하는 것이 음악 요법입니다.

이 특별강의에서는, 오키나와의 전통적인 악기인 사미센을 사용한 음악요법에 관하여 학습합니다. 강의는, 3부로 구성됩니다. **1** 제1부는 강연으로, 세계적으로 유명한 사미센 연주자인 야마다 타로 씨가 오키나와의 전통적인 음악의 류큐 민요를 연주해주신 후, 사미센의 역사에 관하여 강연을 듣겠습니다. 제2부는 워크숍으로, 실제로 참가자가 사미센을 접하면서, 음악요법의 기본에 관하여 배웁니다. 강사는 이어서 야마다 타로 씨입니다. 제3부에서는, 참가자가 각 파트로 나뉘어, 사미센을 사용하여 류큐민요를 1곡 연주합니다. 연주를 통하여, 음악요법의 효과를 체감할 수 있습니다.

제1부 강연 '오키나와의 전통악기 사미센과 그 역사'
　강사 야마다 타로
제2부 워크숍 '사미센 체험과 음악요법'
　강사 야마다 타로
제3부 연주 '오키나와의 전통악기 류큐민요'

일시 : 10월8일 (수) 13:00~16:00
회장 : 대학회관 제1홀
대상 : 본교 학생 50명

① 제1부
② 제2부
③ 제3부
④ 제2부와 제3부

해설

질문을 통해서 야마다 씨의 연주와 다른 사람의 연주가 있을 것을 예상하고 구분하는 것이 포인트이다. 1부에서 연주가 이루어지므로 정답은 1번이다. 2부는 참가자가 참여하여 배우는 코너이고, 3부는 참가자가 직접 연주하는 코너이므로 오답이다.

어휘 三味線 일본의 전통 현악기 | 民謡 민요 | 演奏する 연주하다 | 触れる 접하다 | 体感する 체감하다

Ⅲ　次の文章で筆者は、学生の新聞離れの原因は何だと言っていますか。

最近聞いた話です。ある放送局に*内定(ないてい)した大学生のうち、新聞を購読(こうどく)していたのは、ほんの一握(ひとにぎ)りにすぎず、しかも**系列(けいれつ)の新聞を読んでいた学生はひとりもいなかったとか。新聞を読んでいると答えた学生は、いずれも***日経新聞を購読していたそうです。

「就職活動には日経新聞」という神話(しんわ)が健在(けんざい)だというべきか、志望する放送局の系列の新聞を読むというところまで頭が回らないのか、なんともはや、というエピソードでした。

…(略)…

もちろん日経新聞を読んでもいいのですが、ビジネス経験のない学生のうちに日経新聞をとっても、十分な理解は無理でしょう。ましてやふだん新聞を読み慣れていないのですから、わからないことだらけのはずです。その結果、「ああ、新聞って難しいんだな」ということになって、むしろ新聞離れを引き起こしそうな気がします。最近の学生たちが新聞離れを起こしているのは、「日経新聞を読まなければ」という強迫観念(きょうはくかんねん)から手に取り、新聞一般に対して絶望(ぜつぼう)してしまったからではないかとすら思ってしまいます。

*内定する：会社に就職が決まること
**系列の新聞：放送局と同じグループの新聞会社の新聞
***日経新聞：「日本経済新聞」の略。経済を中心に報道する新聞

① 無理をして日経新聞を読むこと
② 会社から日経新聞を読むように強迫されること
③ 新聞を購読しても就職の役に立たないこと
④ 新聞の報道内容に絶望してしまっていること

3. 다음 문장에서 필자는, 학생의 신문 기피의 원인은 무엇이라고 말하고 있습니까?

최근 들은 이야기입니다. 어느 방송국에 *내정된 대학생 중, 신문을 구독하고 있었던 것은, 아주 극소수에 지나지 않고, 게다가 **계열 신문을 읽고 있었던 학생은 한 사람도 없었다고 라고. 신문을 읽고 있다고 대답한 학생은 모두 ***닛케이 신문을 구독하고 있었다고 합니다.

3 '취직 활동에는 닛케이 신문'이라는 신화가 건재하다고 해야 할지, 지망하는 방송국의 계열 신문을 읽는다는 부분까지 머리가 돌아가지 않는 것인지, 정말이지 참으로, 라는 에피소드였습니다.

(중략)

1 물론 닛케이 신문을 읽어도 좋습니다만, 비즈니스 경험이 없는 학생 시절에 닛케이 신문을 읽어도 충분한 이해는 무리겠지요. 하물며 평소에 신문을 읽는 것이 익숙하지 않으니까, 모르는 것 투성이일 것입니다. **1** 그 결과, '아 신문은 어렵구나'라는 것이 되어, 오히려 신문을 멀리하게 될 것 같은 느낌이 듭니다. 최근 학생들이 신문을 멀리하고 있는 것은, **1 2 4** '닛케이 신문을 읽지 않으면……'이라는 강박관념에서 손에 들고, 신문 일반에 대해서 절망해 버렸기 때문이 아닐지 라는 생각마저 듭니다.

*내정되다 : 회사에 취직이 결정되는 것
**계열 신문 : 방송국과 같은 그룹의 신문회사 신문
***닛케이 신문 : '니혼 케이자이 신문' 약칭. 경제를 중심으로 보도하는 신문.

① 무리해서 닛케이 신문을 읽는 것
② 회사로부터 닛케이 신문을 읽도록 압박 받는 것
③ 신문을 구독하여도 취직에 도움이 되지 않는 것
④ 신문의 보도 내용에 절망해버리는 것

해설

'원인, 이유'를 찾는 문제는 '원인, 이유' 등을 나타내는 표현을 찾는 것이 포인트이다. 문장 하단부 「その結果(けっか)(그 결과)」로 시작되는 단락에서 「むしろ(오히려)」 이후 부분에서 기피 이유로 '읽지 않으면 안된다'라는 강박관념=(무리)때문에 읽는다고 했으므로 1번이 정답이다. 2번은 회사로부터 압박을 받는 것이 아니므로 오답이며, 4번은 보도내용에 절망한 것이 아니므로 오답이다. 3번은 본문에서 언급한 적이 없다.

어휘 内定(ないてい)する 내정 받다 | 購読(こうどく)する 구독하다 | 一握(ひとにぎ)り 한 줌 | 健在(けんざい)だ 건재하다 | 強迫観念(きょうはくかんねん) 강박관념 | 絶望(ぜつぼう)する 절망하다

Ⅳ　次の文章の（　A　）に入るものとして、最も適当なものはどれですか。

各種(かくしゅ)調査で「ふだんやっているスポーツは何ですか？」と聞くと、まず間違いなく1位に挙(あ)がるのがウォーキング。それぐらい日本では身近で手軽な運動として人気があります。特にシニア世代になればなるほど、ウォーキングをされている方が増えます。

…（略）…

ウォーキングをすすめられた人のなかには、こう感じる人もいると思います。

「でも、ランニングのほうが運動っぽいし、激しく動くぶんエネルギー消費量(しょうひりょう)も多いんじゃないの？」

実は、そんなことはないのです。ある条件下では、ウォーキングのほうがエネルギー消費量は多くなります。

イタリアの生理学者マルガリア博士らが1963年に、興味深い理論を発表しました。

ランニングのほうはスピードを上げれば上げるほど、エネルギー消費も比例して増えていきます。一方、ウォーキングでは、ゆっくり歩いているときのエネルギー消費量はさほどでもないのに、スピードを上げると加速度的にエネルギー消費が増えることが報告されています。

特に重要なポイントは、次の3点です。

・時速(じそく)8キロの場合、歩いても走っても、エネルギー消費量はほぼ同じになる。
・時速8キロより遅い場合、歩くより走ったほうが、エネルギー消費量は多くなる。
・時速8キロより速い場合、走るより歩いたほうが、エネルギー消費量は多くなる。

つまり、ウォーキングであっても「（　A　）」のであれば、運動効果はランニングより大きいということです。

① 時速8キロ未満で歩く
② 時速8キロ以上で歩く
③ 時速8キロ未満で走る
④ 時速8キロ以上で走る

4. 다음문장의 (A)에 들어가는 것으로서, 가장 적당한 것은 어느 것입니까.

각종 조사에서 '평소 하는 운동은 무엇입니까?'라고 물으면, 우선 틀림없이 1위로 거론되는 것이 워킹. 그 정도로 일본에서는 친근하고 간편한 운동으로서 인기가 있습니다. 특히 시니어 세대가 되면 될수록, 워킹을 하시는 분이 늘어납니다.
(중략)

워킹을 권유받은 사람 중에는, 이렇게 느끼는 사람도 있다고 생각합니다.
'하지만, 러닝 쪽이 운동 같고, 격하게 움직이는 만큼 에너지 소비량도 많지 않은가?'
실은, 그렇지 않습니다. 어떤 조건에서는, 워킹 쪽이 에너지 소비량은 많아집니다.
이탈리아의 생리학자 마가리아 박사가 1963년에, 흥미로운 이론을 발표했습니다.
러닝 쪽은 스피드를 올리면 올릴수록, 에너지 소비도 비례하여 늘어나 갑니다. 한편, 워킹에서는, 천천히 걷고 있을 때의 에너지 소비량은 그렇다 할 정도도 아닌데도, 스피드를 올리면 가속도적으로 에너지 소비가 늘어나는 것이 보고되었습니다.

특히 중요한 포인트는, 다음 3가지 점입니다.
- 시속 8키로인 경우, 걸어도 달려도, 에너지 소비량은 거의 같아진다.
- 시속 8키로보다 느린 경우, 걷는 것보다 달리는 편이, 에너지 소비량은 많아진다.
- 시속 8키로 보다 빠를 경우, 달리는 것보다 걷는 편이, 에너지 소비량은 많아진다.

즉, 워킹이라 하더라도 '(A)'것이라면, 운동효과는 런닝보다 크다라고 하는 것입니다.

① 시속 8키로 미만으로 걷는
② 시속 8키로 이상으로 걷는
③ 시속 8키로 미만으로 달리는
④ 시속 8키로 이상으로 달리는

해설

EJU 일본어 독해 시험의 경우, 괄호 (A) 넣기 문제는 전체 흐름을 이해하는 문제가 대부분이다. 즉, 전체 요지를 파악할 수 있는지가 포인트이다. 괄호 앞부분의 「つまり」는 내용을 정리하는 접속 표현이므로, 여기에서는 괄호 (A)의 내용과 위 내용이 흐름상 일치한다는 것을 알 수 있다. 따라서 3가지 중요포인트를 체크하면, (A)일 경우 '워킹 > 런닝'의 운동효과가 나온다는 조건을 충족해야 하므로 2번이 정답이다. 에너지소비량이 많은 것이 운동효과가 있는 것이므로, 3번째 중요포인트에서 '시속 8키로 보다 빠른 경우 달리는 것보다 걷는 편이 에너지 소비량이 많다'고 했으므로 정답은 2번이 된다.

어휘 手軽(てがる) 간편 | 激(はげ)しい 격하다 | 報告(ほうこく)する 보고하다

V　これまでの日本型の雇用のもとで行われた社員のキャリア形成の特徴として、次の文章の内容と合っているものはどれですか。

これまでの日本型の雇用のもとでは、社員のキャリア形成がひとつの会社内で完結してしまっているので、その会社の外に出るとキャリアが通用しないというケースが数多くありました。なぜそのような事態に陥ってしまうのかというと、会社が社員のキャリアを考える主体となっていて、入社後の配属先や職務内容を決めるのは会社であり、社員はその命令に従っていれば問題がなかったからです。

たしかに、会社は社員に対して定期的に研修を実施し、さまざまなスキルを習得する手助けをしてくれています。たとえそれがその会社だけでしか通用しない、カスタマイズされたものであったとしても、会社は社員教育に多くの費用と時間をかけてくれているため、社員ひとりひとりが自らのキャリア形成について真剣に考える必要などまったくなかったというわけです。

ところが現在、企業全体の総人件費の上昇を少しでも抑えようと、人材教育に割く費用を減少させている企業が増えてきています。*通年採用やそれに伴う**ジョブ型雇用が普及していくにつれて、企業は新卒社員のキャリア形成にかけるコストを縮小していかざるをえないでしょう。すべての社員に定年までの雇用を保証できない時代を控え、企業が手厚い研修によって一律に人材を育てることは不可能になってきているからです。

（中原圭介『定年消滅時代をどう生きるか』講談社）

*通年採用：1年の中で時期を特定せずに人を採用すること
**ジョブ型雇用：ある特定の職務内容で雇用すること

① 社員は自分のキャリア形成について特に考えず、会社の指示に従えばよかった。
② 会社に貢献するために、社員は自分のキャリア形成について会社と相談していた。
③ 社外でも通用する人材になるために、社員は常に自分のキャリアについて考えていた。
④ 会社のコストを縮小するために、社員はキャリア形成を自分で行う必要があった。

5. 지금까지의 일본형 고용하에서 행해졌던 사원의 커리어 형성의 특징으로서, 다음 문장의 내용과 맞는 것은 어느 것입니까?

1 지금까지의 일본형 고용하에서는 사원 커리어 형성이 하나의 회사 내에서 완결되어 버리기 때문에, 그 회사 밖으로 나가면, 커리어가 통용되지 않는다는 케이스가 수 없이 많이 있었습니다. 왜 그러한 사태에 빠졌는가 하면, 회사가 사원의 커리어를 생각하는 주체가 되어, 입사 후의 배속처와 직무내용을 결정하는 것은 회사이고, 사원은 그 명령에 따르고 있으면 문제가 없었기 때문입니다.
확실히, 회사는 사원에 대하여 정기적으로 연수를 실시하고, 여러 스킬을 습득할 도움을 주고 있습니다. 가령 그것이 그 회사에서 밖에 통용되지 않는, 필요에 따라 일부 변경된 것이라 하더라도, 회사는 사원 교육에 큰 비용과 시간을 할애해 주고 있기 때문에, 사원 한 사람 한 사람이 자신의 커리어 형성에 관하여 진지하게 생각할 필요 같은 건 전혀 없었던 것입니다.
그러나 현재, 기업 전체의 총인건비 상승을 조금이라도 억제하려고, 인재교육에 할애하는 비용을 감소시키고 있는 기업이 늘고 있습니다. 연중 채용과 그에 따른 Job형 고용이 보급되어 감에 따라, 기업은 신규 졸업 사원의 커리어 형성에 들이는 경비를 축소해 나가지 않을 수 없겠죠. 모든 사원에게 정년까지의 고용을 보장하지 않는 시대를 앞두고, 기업이 극진한 연수에 의해서 일률적으로 인재를 키우는 것은 불가능하게 되었기 때문입니다.

*연중 채용 : 1년 중 시기를 특정 짓지 않고 채용하는 것
**Job형 고용: 어떤 특정한 직무 내용으로 고용하는 것

① 사원은 자신의 커리어 형성에 관하여 특히 생각하지 않고, 회사의 지시에 따르면 됐다.
② 회사에 공헌하기 위하여, 사원은 자신의 커리어 형성에 관하여 회사와 상담했다.
③ 회사 외에서도 통용되는 인재가 되기 위하여, 사원은 항상 자신의 커리어에 관하여 생각했다.
④ 회사 경비를 축소하기 위하여, 사원은 커리어 형성을 스스로 행할 필요가 있었다.

해설

'지금까지의' 혹은 '지금부터의~특징을 찾아라'라는 타입의 문제는 우선 이전 상황과 이후 상황을 구분하는 것이 포인트이다. 첫 번째 단락에서 설명하고 있는 '지금까지'의 이전 내용에서는, 하나의 회사 내에서 커리어가 형성된다고 했다. 즉, 회사 밖으로 나가면 커리어가 통용되지 않으므로, 회사의 명령에 따르면 된다는 것을 장점으로 기술하고 있다. 선택지 2,3,4번은 사원 주도 행위이므로 오답이고, 1번이 회사 주도 행위이므로 정답이 된다. 「ところが現在(げんざい)」로 시작되는 단락부터는 '현재' 즉 '지금부터'의 상황을 설명하고 있다.

어휘 完結(かんけつ)する 완결하다 | 陥(おちい)る 빠지다 | 配属(はいぞく) 배속 | 実施(じっし)する 실시하다 | 上昇(じょうしょう) 상승 | 減少(げんしょう) 감소 | 抑(おさ)える 억제하다 | 控(ひか)える 앞두고 있다, 삼가다 | 雇用(こよう) 고용 | 手厚(てあつ)い 극진하다

Ⅵ　次の文章の筆者の主張として、最も適当なものはどれですか。

誰からも愛される「いい人」であることは大切だと思いますが、いい人ぶってみたり、いい人が過剰でありすぎると面倒くさいことが起こります。

たとえば、普通の人が仕事中に軽く「冗談じゃないよな」とか「勘弁してくれよ」と悪態をつく。

これは別に問題視されません。誰にでもあることです。

しかし、いわゆる「いい人」が悪態をついたりすると、「いい人だと思ってたのに」とか「二重人格だ」とか、まるで大悪人のような扱いを受けてしまいます。

一方、イヤな奴とまではいかなくても、多少気難しいとか冷たいとか思われている人が少しでもいいことをすると、ものすごい善行に見えるから不思議なものです。

つまり、いい人ぶっていると周囲から期待されるハードルが高くなり、結果としてとても面倒くさいことになってしまうのです。

また、多少変わり者だと思われているくらいのほうが、余計な頼まれごとをされずにすみます。

わたしも会社に勤めていたころは、周囲から「あいつは残業をしないやつだ」と思われていました。変わり者だと思っていた人もいたでしょう。

しかし、それで苦労したり、損をしたことはありません。わざわざ残業なんかしなくても、就業時間内に結果を出せばいいのです。むしろ、つまらないサービス残業を言いつけられることもなく、気が楽でした。

いい人を演じるメリットよりも、デメリットの方に注目してみましょう。

（本田直之『面倒くさがりやのあなたがうまくいく55の法則』大和書房）

① イヤなやつになったほうがいい。
② いい人を演じるのはやめたほうがいい。
③ イヤな人から変わり者と思われるぐらいがいい。
④ いい人ぶらずに本当のいい人になったほうがいい。

6. 다음 문장의 필자의 주장으로서, 가장 적당한 것은 어느 것입니까?

4 누구에게나 사랑받는 '좋은 사람'인 것은 중요하다고 생각합니다만, 좋은 사람처럼 행동해 보거나, 좋은 사람이 너무 지나치면, 귀찮은 일이 일어납니다.

예를 들면, 보통 사람이 일하던 중 가볍게 '지금 장난해?'라든가 '좀 적당히 해'라고 욕을 한다.

이것은 딱히 문제시되지 않습니다. 누구에게나 있는 일입니다.

그러나, 소위 '좋은 사람'이 욕을 하거나 하면, '좋은 사람이라고 생각했는데' 라던가 '이중인격이다.' 라던가, 마치, 몹시 나쁜 사람인 것 같은 취급을 받아버립니다.

2 3 한편, 맘에 들지 않는 녀석까지는 아니더라도, 다소 껄끄럽다던가, 차갑다던가 생각되는 사람이 조금이라도 좋은 일을 하면, 대단한 선행으로 보이기 때문에 이상한 법입니다.

1 즉, 좋은 사람처럼 행동하고 있으면, 주위로부터 기대되는 허들이 높아져서, 결과적으로 몹시 귀찮아져 버리는 것입니다.

또, 다소 독특한 사람이라고 생각되는 편이, 쓸데없는 부탁을 받지 않아도 되게 됩니다.

나도 회사에 근무하던 때는 주위로부터 '저 녀석은 야근 안 하는 놈이야'라고 여겨지고 있었습니다. 독특한 놈이라고 생각하고 있던 사람도 있었겠지요.

그러나, 그것으로 고생하거나, 손해를 보는 일은 없었습니다. 일부러 야근 같은 것을 하지 않아도, 업무 시간 내에 결과를 내면 되는 것입니다. 오히려 쓸데없는 서비스 야근을 지시받지 않아, 마음이 편했습니다.

1 좋은 사람을 연기하는 이점보다도, 불이익 쪽에 주목해 봅시다.

① 이상한 사람이 되는 편이 좋다.
② 좋은 사람을 연기하는 것은 그만 두는 편이 좋다.
③ 이상한 사람에게 독특한 녀석이라고 생각되는 정도가 좋다.
④ 좋은 사람처럼 행동하지 말고 정말로 좋은 사람이 되는 편이 좋다.

해설

필자의 주장을 찾는 타입의 문제는, 상세한 내용과 일치하는지 여부보다, 전체 내용의 요지를 파악하는 것이포인트이다. 본문에서, 「つまり」로 시작하는 단락에서 좋은 사람인 척하는 것은 결국 귀찮은 결과를 초래한다고 했으므로, 표현에서 선택지 2번이 정답이다. 본문 마지막 단락에서 '불이익 쪽을 주목해보자'라고 하고 있으므로 좋은 사람을 연기하는 것에 불이익이 있다는 것을 알 수 있고, 따라서 '연기하는 것을 그만두는 편이 좋다'는 주장을 이끌어 낼 수 있다.

어휘 過剰(かじょう) 과잉 | 面倒(めんどう)くさい 귀찮다 | 冗談(じょうだん) 농담 | 勘弁(かんべん)する 용서하다 | 悪態(あくたい)をつく 욕지거리를 하다 | 扱(あつか)う 취급하다, 다루다 | 変(か)わり者(もの) 괴짜, 특이한 사람 | 言(い)いつける 지시하다, 분부하다

Ⅶ　次の文章の下線部「東京の地下鉄では、路線ごとに異なる種類の電車が走っている」理由として、最も適当なものはどれですか。

東京の地下鉄では、路線ごとに異なる種類の電車が走っている。たとえば*銀座線は01系、*都営大江戸線は12-000形と呼ばれる電車が走っている。こうしたことは日本では珍しくないが、海外から見れば特殊だ。ロンドンやパリ、ニューヨークなど多数の路線を持つ地下鉄では、複数の路線で同じ種類の電車が走っているほうが一般的だ。日本でも、大阪では**御堂筋線を含む5路線で同じ種類の電車(20系)が走っている。同じ電車を複数の路線で使用したほうが、運用やメンテナンスなどで効率的であることは、容易に想像できる。

ではなぜ東京では、路線ごとに電車の種類がちがうのか。それは、路線ごとに規格を変えたからだ。東京では、銀座線や*丸ノ内線、そして都営大江戸線のように、地下鉄単独で規格を決めた例もあるが、郊外路線と直通運転を実施する路線では、乗り入れ先路線にあわせて規格を細かく変更した例が多い。これが、東京の地下鉄に多くの規格が混在する要因となったのだ。

(川辺謙一『図解・地下鉄の科学　トンネル構造から車両のしくみまで』講談社)

*銀座線、都営大江戸線、丸ノ内線：東京の地下鉄の路線名
**御堂筋線：大阪の地下鉄の路線名

① 地下鉄の運用やメンテナンスなどが効率的に行えるため
② 多数の路線を持つ海外の地下鉄を見本にしたため
③ 路線ごとに異なる会社が地下鉄の車両を作ったため
④ 地下鉄が乗り入れる郊外の路線に規格を合わせるため

7. 다음 문장의 밑줄 부분 '도쿄의 지하철에서는, 노선마다 다른 종류의 전차가 달리고 있는' 이유로서, 가장 적당한 것은 어느 것입니까?

도쿄의 지하철에서는, 노선마다 다른 종류의 전차가 달리고 있다. 예를 들면 긴자선은 01계, 도영 오에도선은 12-000형이라고 불리어지는 전차가 달리고 있다. 이러한 것은 일본에서는 드물지 않지만, **2** 해외에서 보면 특수하다. 런던과 파리, 뉴욕 등 다수의 노선을 갖는 지하철에서는, 복수의 노선에서 같은 종류의 전차가 달리고 있는 편이 일반적이다. 일본에서도, 오사카에서는 미도스지선을 포함한 다섯 개 노선에서 같은 종류의 전차(20계)가 달리고 있다. **1** 같은 전차를 복수의 노선에 사용하는 편이, 운영과 보수관리 등에서 효율적인 것은, 쉽게 상상할 수 있다.

4 그럼 왜 도쿄에선, 노선마다 전차의 종류가 다른 것일까? 그것은 노선마다 규격을 바꿨기 때문이다. 도쿄에서는, 긴자선과 마루노우치선, 그리고 도영 오에도선과 같이, 지하철 단독으로 규격을 결정한 예도 있지만, 교외노선과 직통운전을 실시하는 노선에서는, 연장운행 하는 쪽에 맞춰서 규격을 세세하게 변경한 예가 많다. 이것이, 도쿄의 지하철에 많은 규격이 혼재하는 요인이 된 것이다.

*긴자선, 도에오오에도선, 마루노우치선: 도쿄 지하철 노선명
**미도스지선: 오사카 지하철 노선명

① 지하철의 운용과 보수관리 등을 효율적으로 행할 수 있기 때문에
② 다수의 노선을 갖는 해외의 지하철을 견본으로 했기 때문에
③ 노선 마다 다른 회사가 지하철 차량을 만들었기 때문에
④ 지하철이 연장되는 교외의 노선에 규격을 맞추기 위하여

해설

밑줄 표현이 본문에서 여러 번 반복하여 설명되고 있는 것을 알아차리는 것이 포인트이다. 두 번째 단락 '그럼 왜~것일까'에서 밑줄 내용을 설명하고 있다. 그 뒷부분에서 '노선마다 규격을 바꿨기 때문이다'라고 이유를 설명하고 있으므로 정답은 3번과 4번 중 하나라는 것을 알 수 있다. 그 다음 문장에서 교외 노선을 잇는 노선이 규격을 변경한 것이, 여러 종류의 전차가 혼재하는 요인이라 하였으므로 4번이 정답이다.

어휘 路線 노선 | 異なる 다르다 | メンテナンス 관리유지 | 規格 규격 | 単独 단독 | 混在する 혼재하다 | 要因 요인

Ⅷ 「位置情報」と「地理情報」の関係を述べたものとして、合っているものはどれですか。

最近では、「位置情報」という言葉がスマートフォンの普及で耳慣れたものになりました。みなさんがイメージする「位置情報」は、北緯45度東経135度と表記される緯度経度だと思います。実は経度緯度以外にも、住所、郵便番号、駅名なども場所を示すので「位置情報」です。

また、位置情報は、止まっているモノでも、動いているモノでも地球上にあれば位置情報がついています。地理情報は、「位置情報を含んだモノの情報」もしくは「位置情報のみからなる情報」をいいます。例えば、パン屋だと単なるモノの情報です。東京駅前にある（位置情報）パン屋（モノの情報）を組み合わせることによって地理情報になります。地理情報は、地理空間情報とも呼ばれています。

地理情報システムは、「モノの情報＋位置情報」である地理情報をコンピュータで扱えるようにしたしくみのことです。…（略）…コンピュータが出てくる前までは、紙地図で地理情報を扱うため、たくさんの地理情報を扱いきれず限界がありました。地理情報システムは、地理情報をコンピュータで扱えるようにしたことで、従来の紙地図に比べ多様かつ膨大な情報を扱えるようになったものです。

（田村賢哉「第5章　地図を使って世界を分析する」長谷川直子編『今こそ学ぼう　地理の基本』山川出版社）

① 位置情報と地理情報を組み合わせるとモノの情報となる。
② モノの情報に地理情報を付けると位置情報になる。
③ 位置情報からモノの情報を抜くと地理情報となる。
④ モノの情報がついていない地理情報は位置情報と同じである。

8. '위치 정보'와 '지리 정보'의 관계를 서술한 것으로서, 맞는 것은 어느 것입니까

최근에는, '위치 정보'라는 말이 스마트폰의 보급으로 듣기 익숙한 말이 되었습니다. 여러분이 이미지 하는 '위치 정보'는, 북위 45도 동경 135도로 표기되는 위도 경도라고 생각합니다. 실은 경도 위도 이외에도 주소, 우편번호, 역 이름 등도 장소를 나타내기 때문에 '위치 정보'입니다.

또, 위치 정보는 멈춰 있는 사물이어도, 움직이는 사물이라도 지구상에 있으면 위치 정보가 붙어 있습니다. **4** 지리 정보는, '위치 정보를 포함한 사물의 정보'혹은 '위치 정보만으로 구성된 정보'를 말합니다. 예를 들면, 빵 가게라면 단순한 사물의 정보입니다. 도쿄역 앞에 있는(위치 정보) 빵 가게(사물의 정보)를 조합함으로써 지리 정보가 됩니다. 지리 정보는, 지리 공간 정보라고도 불리어지고 있습니다.

지리 정보 시스템은, '사물의 정보+위치 정보'인 지리 정보를 컴퓨터로 다룰 수 있게 한 시스템을 가리킵니다. (중략) 컴퓨터가 나오기 전에는, 종이 지도로 지리 정보를 다루기 때문에, 많은 지리 정보를 다 다룰 수 없다는 한계가 있었습니다. 지리 정보 시스템은, 지리 정보를 컴퓨터로 다룰 수 있도록 함으로써, 종래의 종이 지도에 비해 다양하고 방대한 정보를 다룰 수 있게 된 것입니다.

① 위치 정보와 지리 정보를 조합하면 사물의 정보가 된다.
② 사물의 정보에 지리 정보를 붙이면 위치 정보가 된다.
③ 위치 정보에서 사물의 정보를 빼면 지리 정보가 된다.
④ 사물의 정보가 붙어 있지 않은 지리 정보는 위치 정보와 같다.

해설

전문용어의 정의 설명을 이해하는 것이 포인트이다. 첫 단락에서는 '위치 정보'란 여러 가지 형태로 위치를 나타내는 정보라고 설명하고 있으며, 두 번째 단락에서는 두 가지의 지리 정보에 관하여 설명하고 있다. 여기서 '지리 정보에는 반드시 위치 정보가 들어가 있으며, 사물의 정보가 있는 경우와 없는 경우로 나뉘어진다'고 설명하고 있으므로, 사물의 정보가 없는 '지리 정보=위치 정보'라 할 수 있으므로 4번이 정답이다. 1번과 2번은 위치 정보와 사물의 정보를 조합하면 지리 정보가 된다고 하였으므로 오답이다. 독해 문제에서는 이렇게 관련은 있으나 서로의 관계가 틀렸다는 형태의 문제가 자주 등장하기 때문에 주의해야 한다.

어휘 普及(ふきゅう) 보급 | 耳慣(みみな)れる 귀에 익다 | 北緯(ほくい) 북위 | 緯度経度(いどけいど) 위도경도 | 限界(げんかい) 한계 | 膨大(ぼうだい) 방대

Ⅸ　次の文章で述べられている「はしかけ」というグループの説明として、最も適当なものはどれですか。

博物館はさまざまな学びがおこなえる場であり、この場を使って、自分たちがやってみたいことを学芸員の援助も受けながら自主的におこなうようなグループが各地の博物館に生まれつつある。琵琶湖博物館の「はしかけ」制度は、そのような自主活動グループを作ることを意図した制度である。

博物館の周囲にはいろいろなテーマで活動をしている人がいる。もちろん地域社会には多くの市民団体があり、活動をしている。自分でも何かしてみたいと思うけれども、どこに参加したらいいのだろうとか、こういう活動がしてみたいけれども、既存の会に参加するのは、自分があまりに素人なので敷居が高い、と思っておられる人は多い。そういう人に声をかけて「はしかけ」という名前のグループを作り、その大きなグループのなかでこんなことをしたいと思っている人の声を聞いて博物館のほうからやってみたい人の募集をかけたり、あるいは学芸員がやってみようと思うテーマで人を募集したり、博物館として一緒にやってほしいというようなことをやってくれる人を募集したりと、「はしかけ」グループのなかに小さな個別のグループを作るというサークル活動である。いわば、大学の学生を対象に部活とは別に軽いサークル活動をしているのと同じで、博物館に対して手を挙げてくれた方のなかのサークル活動といえるだろう。

（吉田憲司『放送大学教材　改訂新版 博物館概論』放送大学教育振興会）

① 博物館がお金を払って仕事を依頼しているグループ
② 博物館の職員が仕事以外で活動するグループ
③ 博物館と連携する一般市民のグループ
④ 博物館に関する専門的な知識を勉強するグループ

9. 다음 문장에서 서술되고 있는 '다리 놓기'라는 그룹의 설명으로서, 가장 적당한 것은 어느 것입니까?

박물관은 다양한 배움이 행해지는 장이고, 이 장을 사용하여, 스스로가 해보고 싶은 것을 **2** 직원의 도움도 받으며 자주적으로 행하는 그룹이 각지의 박물관에 생겨나고 있다. 비와호 **3** 박물관의 '다리 놓기'제도는 그와 같은 자주적 활동 그룹을 만드는 것을 의도한 제도이다.

박물관 주위에는 여러 주제로 활동하는 사람이 있다. 물론 지역사회에는 많은 시민단체가 있고, 활동을 하고 있다. 나 자신도 무언가 해보고 싶다고 생각하지만, 어디에 참가하면 좋을지 라던가, **3** 이러한 활동을 해보고 싶었지만, 기존 모임에 참가하는 것은 자신이 너무 아마추어라서 문턱이 높다고 생각하고 계신 분은 많다. 그러한 사람에게 말을 걸어 '다리 놓기'라는 이름의 그룹을 만들어, 그 커다란 그룹 안에서 이런 것을 하고 싶다고 생각하고 있는 사람의 의견을 듣고 **1** 박물관 측에서 해보고 싶은 사람을 모집하거나, 혹은 학예원이 해 보려고 생각하는 주제로 사람을 모집하거나, 박물관으로써 함께 해주었으면 하는 일을 해주는 사람을 모집하거나, '다리 놓기' 그룹 안에 작은 개별 그룹을 만든다는 서클 활동이다. 예컨대, **4** 대학의 학생을 대상으로 하는 부 활동과는 별개로, 가벼운 서클활동을 하고 있는 것과 마찬가지로, 박물관에 대해서 손을 들어주는 분들 중의 서클 활동이라고 말 할 수 있을 것이다.

① 박물관이 돈을 지불하고 일을 의뢰하고 있는 그룹
② 박물관 직원이 일 이외에서 활동하는 그룹
③ 박물관과 연계하는 일반 시민 그룹
④ 박물관에 관한 전문적인 지식을 공부하는 그룹

해설

첫 번째 단락에서 '다리 놓기'가 박물관과 관련 있다는 것을 알 수 있으며, 두 번째 단락에서 「そういう人(ひと)に声(こえ)をかけて「はしかけ」という名前(なまえ)のグループを作(つく)り、」에서 「そういう人(ひと)」가 참가하고 싶은데 하지 못하는 일반인을 가리킨다는 것을 알 수 있다. 따라서 3번이 정답이다. EJU 독해 고득점을 받기 위해서는 지시어의 내용을 파악하거나 페러프레이징이 성립되어 있는지를 파악할 수 있는 능력을 기르는 것도 중요하다.
박물관이 의뢰한 것이 아니므로 1번은 오답이고, 박물관 직원의 활동 아니므로 2번도 오답이다. 4번은 전문적 지식분야를 박물관으로 한정하지 않았으므로 오답이다.

어휘 博物館(はくぶつかん) 박물관 | 学芸員(がくげいいん) 학예원, 박물관 도서관 등의 전문직 | 援助(えんじょ) 원조 | 既存(きそん) 기존 | 素人(しろうと) 아마추어 | 敷居(しきい)が高(たか)い 문턱이 높다, 허들이 높다

X　次の文章の筆者の主張として、最も適当なものはどれですか。

私たちは、この世の中を生きるとき、なんらかの形で、生き甲斐(がい)を求めている。生き甲斐のない人生を好んで求める人は、考えることができない。生きるということは、みずからが、そこに意味を見出し、なんらかの有意義性の成り立つことを信じることのできる道程を発見して、そこに自分の人生の基盤を据(す)えて、自己の時間的な生成過程と、振幅(しんぷく)を含んだ多様な遍歴(へんれき)の道を、辛苦(しんく)や労苦(ろうく)を越えて、歩み進もうとする覚悟にもとづいて初めて成立する。それを可能ならしめるものが、生き甲斐にほかならない。

むろん、その生き甲斐という問題は、さまざまな局面を含んでいて、けっして単純ではない。けれども、生きる意味を信じ、自分の人生を肯定できる道程を発見し、そこで自分の人生の充実を図って生きる、という構造を含まないような人生設計や人間的活動というものは、人間の生き方として、考えることができない。意味や有意義性は、*ディルタイがすでに指摘したように、私たちの生を構成する最も基本的なカテゴリーなのである。

（渡邊二郎『増補　自己を見つめる』左右社）

*ディルタイ：ドイツの哲学者

① 人生に生き甲斐は必要である。
② 生き甲斐をもって生きている人は幸せである。
③ 生き甲斐を求めない人生の方が単純で過ごしやすい。
④ 生き甲斐はあったほうがいいが、それが人生の目的ではない。

10. 다음 문장의 필자의 주장으로서, 가장 적당한 것은 어느 것입니까?

우리들은, 이 세상을 살 때 어떠한 형태로든 삶의 보람을 찾고 있다. **2 3 4** 삶의 보람이 없는 인생을 기꺼이 찾는 사람은 생각할 수 없다. 산다는 것은, 스스로가 거기에 의미를 찾고, 무언가의 유의미성이 성립하는 것을 믿을 수 있는 경로를 발견하여 거기에 자신의 인생의 기반을 두고, 자기의 시간적인 생성과정과 진폭을 포함한 다양한 편력의 길을 쓰라린 고생과 노고를 초월하며 걸어 나아가고자 하는 각오를 근거로 비로소 성립한다. 그것을 가능하게 하는 것이 다름 아닌 삶의 보람이다.

물론, 그 삶의 보람이라는 문제는 여러 국면을 포함하고 있고, 결코 단순하지 않다. **1** 하지만, 사는 의미를 믿고, 자신의 인생을 긍정할 수 있는 경로를 발견하고, 거기서 자기 인생의 충실을 꾀하며 산다는 구조를 포함하지 않는 것과 같은 인생설계와 인간적 활동이라는 것은, 인간의 삶의 방식으로서 생각할 수 없다. 의미와 유의미성은, 데일타이가 이미 지적한 것처럼, 우리들 생을 구성하는 가장 기본적 카테고리인 것이다.

*데일타이: 독일의 철학자

① 인생에 삶의 보람은 필요하다.
② 삶의 보람을 갖고 살고 있는 사람은 행복하다.
③ 삶의 보람을 구하지 않는 인생 쪽이 단순하고 지내기 쉽다.
④ 삶의 보람은 있는 편이 좋지만, 그것이 인생의 목적은 아니다.

해설

필자 주장문제는 사실과 주장을 구분하는 것이 포인트이다. 필자의 주장을 파악하려면 '강조'의 의미를 나타내는 표현을 체크하면 된다. 첫 번째 단락의 마지막 부분 「~にほかならない」는 '다름 아닌 바로 ~이다'라는 의미의 강조 표현이다. 따라서 「生き甲斐」가 강조되고 있다는 것을 알 수 있고, 선택지 3번과 4번은 글의 흐름에 역행한다는 걸 알 수 있다. 또 보편적 강조표현으로 「~なければならない」와 같은 이중부정표현이 있는데, 문장 하단부 「~という構造を含まない~~ものは~~できない(~라는 구조를 포함하지 않는~ 것은~할 수 없다)」에서 이중부정을 사용하여 삶을 충실하게 하는 구조를 포함해야 한다고 말하고 있으므로 1번이 정답이다.

어휘 生き甲斐 삶의 보람 | 見出す 찾아내다 | 道程 여정, 과정 | 基盤 기반 | 据える 두다, 거치하다 | 遍歴 편력 | 辛苦 쓰린 고생 | 歩み進む 나아가다 | 図る 꾀하다, 도모하다 | 指摘する 지적하다

XI　次の文章を読んで後の問いに答えなさい。

会話には、それを通じて互いの「関係性」を確認するという機能もあります。

もちろん対等の立場でやり取りする会話もありますが、そうでない場合は、立場の違いを尊重し、関係性を確定させていくという機能を会話は果たしています。

この時に重要な要素となるのが敬語です。敬語を使うということは、相手に対する敬意を言葉遣いで示すということです。

年上の人と自分、取引先の人と自分、会食をしてお金を払う側とおごられる側。立場が変わると敬語の使い方も変わりますが、適切な敬語を使うということは、「自分はあなたとの関係性を認識していますよ」というメッセージです。そのメッセージを会話の中に織り交ぜていける人は「社会性がある」と評価されることになります。

一方、対等な関係の中で敬語を使うのはよそよそしい雰囲気になってしまいます。しかし、互いの関係性がはっきりしていないうちに、対等な言葉遣い、いわゆる「タメ口」で話してしまうと、実はその相手が「かなり年上だった」とか「上司の奥さんだった」などという場合に気まずい空気になってしまい、その後の関係性の再確認がなかなかしにくい状況が生まれてしまいます。

ですから関係性がはっきりしていない相手に対しては、最初は探りをいれながら、適度に敬語を交えて会話を続けるのが正解です。

（齋藤孝『すごい「会話力」』講談社）

問1　下線部「社会性がある」と評価される人は、どんな人ですか。

① 適切な敬語を使える人
② 会食時にお金が払える人
③ 相手を尊敬できる人
④ 誰とでも適切に交流できる人

11. 다음 문장을 읽고 이후의 질문에 답하시오.

대화에는, 그것을 통해서 서로의 '관계성'을 확인한다는 기능도 있습니다.

물론 대등한 입장에서 주고받는 대화도 있습니다만, 그렇지 않은 경우는, 대화가 입장의 차이를 존중하고 관계성을 확정해 나가는 기능을 해내고 있습니다.

이 때 중요한 요소가 되는 것이 경어입니다. 경어를 사용한다는 것은, 상대에 대한 경의를 말 씀씀이로 나타낸다는 것입니다.

연상의 사람과 자신, 거래처의 사람과 자신, 회식을 하고 돈을 지불하는 측과 얻어먹는 측. 입장이 바뀌면 경어의 사용 방식도 변합니다만, 적절한 **11** 경어를 사용한다는 것은 '나는 당신과의 관계성을 인식하고 있습니다'는 메시지입니다. 그 메시지를 대화 속에 짜 넣어 갈 수 있는 사람은 '사회성이 있다'고 평가받게 됩니다.

한편, 대등한 관계 속에서 경어를 사용하는 것은 서먹서먹한 분위기가 되어 버립니다. 그러나, 서로의 관계성이 확실해지기 전에 대등한 말투, 소위 '반말'로 얘기해 버리면, 실은 그 상대가 '상당히 연상이었다'라던가 '상사의 아내였다'라는 경우에 껄끄러운 분위기가 되어버려, 상당히 그 이후의 관계성 재확인을 하기 어려운 상황이 만들어져 버립니다.

12 그렇기 때문에 관계성이 확실하지 않은 상대에 대해서는, 처음은 탐색하면서, 적절하게 경어를 섞어서 대화를 이어가는 것이 정답입니다.

문1 밑줄 부분'사회성이 있다'고 평가 받는 사람은 어떤 사람입니까?

① 적절한 경어를 사용할 수 있는 사람
② 회식할 때 돈을 지불할 수 있는 사람
③ 상대를 존경할 수 있는 사람
④ 누구나와 적절하게 교류할 수 있는 사람

問2　この文章で筆者は，初対面の人にはどのように接するのがいいと述べていますか。	문2 이 문장에서 필자는, 첫 만남인 사람에게는 어떻게 접하는 것이 좋다고 서술하고 있습니까?
① まずは，「タメ口」で話しかける。	① 우선은 '반말'로 말을 건다.
② まずは，敬語で話し始める。	② 우선은 경어로 이야기를 시작한다.
③ まずは，相手がどんな人か確かめる。	③ 우선은 상대가 어떤 사람인지 확인한다.
④ まずは，相手が話してくれるのを待つ。	④ 우선은 상대가 얘기해주는 것을 기다린다.

해설

11

밑줄 앞 지시어를 따라 가며 의미를 파악하는 것이 포인트이다. 밑줄 앞의 지시어「そのメッセージ~」에서「その」는 '나는 당신과의 관계성을 인식하고 있습니다'를 가리키며, '관계성을 인식하고 있다'라는 것은 '경어를 사용'하는 것이므로 1번이 정답이다.

12

질문이 반복되는 구간이 어느 부분인지 판단하는 것이 포인트이다. '첫 만남인 사람=관계성이 확실하지 않은 상대'이다. 즉, '적절하게 경어를 섞어서 대화'를 하는 것이 정답이므로 2번이 정답이다.

어휘 確認(かくにん)する 확인하다 | 尊重(そんちょう)する 존중하다 | 敬語(けいご) 경어 | 取引先(とりひきさき) 거래처 | 織(お)り交(ま)ぜる 섞어 넣다, 짜 넣다 | 交(まじ)える 섞다

XII　次の文章を読んで後の問いに答えなさい。

外来種など人によって持ち込まれた生物も、在来の生物多様性に影響を与える要因となる。意図的あるいは非意図的に、国外や国内であっても他の地域から人によって持ち込まれた野生生物が、その生物自身のもつ移動能力を超えて、当該地域固有の生態系や生物種に影響を与えることがある。もともと人がある目的のために導入した意図的な例としては、栽培(さいばい)植物、家畜やペット、狩(しゅ)猟(りょう)対象動物、天敵(てんてき)、餌(えさ)などで、これらが野外に定着してしまうことがあげられる。人やものの移動に*随伴(ずいはん)して意図せず運ばれる非意図的な例としては、資材や農林産物、輸送貨物などに付随(ふずい)して、生物が本来の生息地以外に定着をしてしまうことがあげられる。外来種は、導入先の**生物相(せいぶつそう)の脅威(きょうい)となっていることすらあり、顕著(けんちょ)な例としては、固有種が多く生息する***島嶼(とうしょ)がわかりやすい。島嶼の生態系は、海によって隔離された長い歴史の中で固有の種が分化し、独特の生態系が形成されてきた特徴を持つため、多くの場合、外来種の影響を受けやすいという脆弱性(ぜいじゃくせい)を有している。

（滝久智・尾崎研一「序章　森林と昆虫」滝久智・尾崎研一編『森林と昆虫』共立出版）

*随伴する：いっしょに移動すること
**生物相：ある地域に住んでいる生物の全種類
***島嶼：島々

問1　下線部の「人やものの移動に随伴して意図せず運ばれる非意図的な例」として、最も適当なものはどれですか。

① 外国から輸入した木材に現地のアリがまぎれていて、その場所に住み着いた。

② 毎年冬になると渡り鳥が海を渡ってきて、その場所で冬を過ごすようになった。

③ 人間にとって危険な動物を駆除するために、天敵である動物が輸入された。

④ 珍しい動物が輸入され、動物園で飼育されることになった。

12. 다음 문장을 읽고 이후의 질문에 답하시오.

외래종처럼 사람에 의해서 들여와진 생물도, 재래 생물의 다양성에 영향을 주는 요인이 된다. 의도적 혹은 비의도적으로, 국외나 국내라도 다른 지역에서 사람에 의해 가지고 들여와진 야생생물이 그 생물 자신이 갖는 이동 능력을 넘어서, 해당 지역 고유의 생태계와 생물종에 영향을 주는 경우가 있다. 본래 사람이 어떤 목적을 위하여 도입한 의도적인 예로서는, 재배식물, 가축과 애완동물, 수렵대상동물, 천적, 먹이 등으로, 이것들이 야외에 정착해 버리는 경우를 들 수 있다. 사람과 사물의 이동에 수반되어 의도치 않게 운반되는 비의도적인 예로서는 **13** 자재와 농림산물, 수송화물 등에 붙어서 생물이 본래의 서식지 이외에 정착해버리는 경우를 들 수 있다. 외래종은, 도입된 곳의 생물종류에 위협이 되는 일 마저 있고, 현저한 예로서는 고유종이 많이 서식하는 도서지역이 알기 쉽다. **14** 도서지역의 생태계는, 바다에 의해서 격리된 긴 역사 속에서 고유종이 분화되어 독특한 생태계가 형성되어 온 특징을 갖기 때문에, 많은 경우 외래종의 영향을 받기 쉽다는 취약성을 가지고 있다.

*수반하다: 함께 이동하는 것
**생물상: 어떤 지역에 살고 있는 생물의 모든 종류
***도서: 섬들

문1 밑줄 부분의 '사람과 사물의 이동에 수반하여 의도치 않게 운반된 비의도적 예'로서, 가장 적당한 것은 어느 것입니까?

① 외국에서 수입된 목재에 현지의 개미가 섞여 있어, 그 장소에 정착했다.

② 매해, 겨울이 되면 철새가 바다를 건너와, 그 장소에서 겨울을 보내게 되었다.

③ 인간에게 있어서 위험한 동물을 구제하기 위하여, 천적인 동물이 수입되었다.

④ 진귀한 동물이 수입되어, 동물원에서 사육되게 되었다.

問2　下線部「顕著な例」とは、具体的に何の例ですか。

① 外来種が固有種の脅威となる例

② 外来種が独特の生態系を形成してきた例

③ 固有種がその場所に多く生息する例

④ 固有種が海によって隔離された場所に住む例

문2 밑줄 부분 '현저한 예'라는 것은, 구체적으로 무슨 예입니까.

① 외래종이 고유종의 위협이 되는 예

② 외래종이 독특한 생태계를 형성해 온 예

③ 고유종이 그 장소에 많이 서식하는 예

④ 고유종이 바다에 의해서 격리된 장소에 사는 예

해설

13

밑줄 부분에서 '비의도적인 예'라고 나와 있으므로, 그 뒤에 이어지는 개념적 표현을 잘 읽고 이해하는 것이 포인트이다. '자재와 농림산물 수송화물'에 의해서 이동되는 구체적 예시를 선택하면 1번이 정답이 된다. 2번은 사람이나 사물에 의한 이동이 아니며, 3번, 4번은 특정목적을 위한 의도적 이동이기 때문에 오답이다.

14

13번과 마찬가지로 예시의 개념적 표현을 찾는 문제이다. 외래종이 고유종에 위협이 되는 예시를 찾는 문제이므로 1번이 정답이 된다. 외래종에 관한 서술이므로 3번과 4번은 오답이고, 선택지 2번은 본문에서 언급하지 않았으므로 오답이 된다.

어휘 持ち込む 반입하다 | 意図的 의도적 | 当該地域 해당지역 | 栽培植物 재배식물 | 狩猟 수렵, 사냥 | 天敵 천적 | 随伴する 수반하다 | 脅威 위협 | 顕著 현저 | 脆弱性 취약성

XIII　次の文章を読んで後の問いに答えなさい。

教育について書かれた本は、だいたい二つに分けられます。一つは「どう教育すればいいか」について、もう一つは「教育とは何か」についての本です。

子どものやる気を引き出すにはどうすればいいか、集中力・記憶力・判断力・生きる力を育てるにはどうすればいいか、いい大学に合格する学力を身につけるにはどうすればいいか、などは前者の「どう教育すればいいか」に当たります。世の「教育書」なるものの多くはこのグループに入るでしょう。生まれる前の*胎教(たいきょう)に始まり、赤ちゃんや幼児のしつけ、おけいこごとや早期教育、学校や受験のための勉強、職業教育や社会教育、そして認知(にんち)症対策(しょうたいさく)に至るまで、どうすればいい成果が得られるかについて書かれた本は**枚挙(まいきょ)にいとまがありません。

しかし本書は、そういうことについては、ほとんど触れていません。特に他人と比べて学業成績を上げるためにどうすればよいかということについては、考えてもほとんど無駄なことなので、はじめから問題にしません。

それが一番重要なのに!?そうではないのです。本書では生徒も親も一番心配するくらい大事そうな問題が、なぜ考えても無駄なことなのかについて説明します。むしろ教育の問題はそんなところにはないのだということを論じていきます。

（安藤寿康『なぜヒトは学ぶのか　教育を生物学的に考える』講談社）

*胎教：お腹の中にいる赤ちゃんに対して行う教育
**枚挙にいとまがない：例がたくさんあること

問1　この文章の内容と合っているものはどれですか。

① 教育書の多くはどう教育すればいいかについて書かれている。

② 教育書は子どもの胎教から認知症対策に至るまで役に立つ。

③ いい大学に合格する学力を身につけるにはよい教育書が必要である。

④ 「教育とは何か」について書かれた本が教育には重要である。

13. 다음 문장을 읽고 이후의 질문에 답하시오.

교육에 관하여 쓰인 책은, 대체로 두 가지로 나뉩니다. 하나는 '어떻게 교육하면 좋은가?'에 관해서, 또 하나는 '교육이라는 것은 무엇인가?'에 관한 책입니다.

아이들의 의욕을 끌어내려면 어떻게 하면 좋을까? 집중력, 기억력, 판단력, 살아가는 힘을 키우려면 어떻게 하면 좋을까? 좋은 대학에 합격하는 학력을 익히려면 어떻게 하면 좋을까? 등은 전자인 '어떻게 교육하면 좋은가?'에 해당됩니다. **15** 세상의 '교육서'라는 것의 대부분은 이 그룹에 들어갈 것입니다. 태어나기 전의 태교로 시작하여, 애기와 유아의 예절교육, 교양 교육과 조기교육, 학교와 수험을 위한 공부, 취업교육과 사회교육, 그리고 치매증 대책에 이르기까지, 어떻게 하면 좋은 성과를 얻을 수 있을까에 관하여 쓰여진 책은 다 예를 들 수가 없습니다.

그러나 본서는, 그러한 것에 관해서는 거의 다루지 않고 있습니다. 특히 타인과 비교하여 학업성적을 올리기 위하여 어떻게 하면 좋을까? 라는 것에 관해선 가르쳐도 거의 쓸모 없기 때문에, 처음부터 문제로 삼지 않습니다.

그것이 가장 중요한데? 그렇지 않습니다. 본서에서는 학생도 부모도 가장 걱정할 정도로 중요한 문제가 왜 생각해도 쓸모 없는 것인가에 관해서 설명하겠습니다. **16** 오히려 교육의 문제는 그런 곳에는 없는 것이라는 것을 논해 가겠습니다.

*태교: 배 속에 있는 아기에 대해서 행하는 교육
**다 예를 들 수가 없다: 예가 많이 있는 것

문1 이 문장의 내용과 맞는 것은 어느 것입니까?

① 교육서의 대부분은 어떻게 교육하면 좋은가에 관해서 쓰여 있다.

② 교육서는 아이의 태교부터 치매증 대책에 이르기까지 도움이 된다.

③ 좋은 대학에 합격하는 학력을 몸에 익히려면 좋은 교육서가 필요하다.

④ '교육이라는 것은 무엇인가'에 관하여 쓰여진 책이 교육에는 중요하다.

問2　下線部「本書は、そういうことについては、ほとんど触れていません」とありますが、その理由として最も適当なものはどれですか。

① 筆者は、学業成績を上げる方法についてあまり知らないから。

② 筆者は、どう教育すればいいかよりも重要なことがあると考えているから。

③ 筆者は、教育とは何かについて考えても無駄だと思っているから。

④ 筆者は、他の本に書かれていることを論じても意味がないと思うから。

문2 밑줄 부분 '본서는, 그러한 것에 관해서는, 거의 다루지 않고 있습니다'라고 있습니다만, 그 이유로서 가장 적당한 것은 어느 것입니까.

① 필자는, 학업성적을 올리는 방법에 관해서 그다지 모르기 때문에

② 필자는, 어떻게 교육하면 좋은가 보다 중요한 것이 있다고 생각하고 때문에

③ 필자는, 교육이라는 것은 무엇인가에 관하여 생각해도 쓸모 없다고 생각하기 때문에

④ 필자는, 다른 책에 쓰여져 있는 것을 논해도 의미가 없다고 생각하기 때문에

해설

15

두 번째 단락 마지막 문장에서 「枚挙にいとまがありません」은 '그 예가 매우 많다'는 뜻으로, 다시 말해 '대부분의 책이 그렇다'라는 뜻이므로 1번이 정답이다.
태교부터 치매증 대책까지 '어떻게 교육하면 좋은가'에 관한 책은 많이 있지만, 도움이 된다고는 언급하지 않았기 때문에 2번은 오답이며, '필요하다'라고도 하지 않았기 때문에 3번도 오답이다.

16

오히려 '문제는 그런 부분에 없다'라는 것은 좀더 다른 중요한 것이 있다는 뜻이므로 2번이 정답이다.
성적을 올리는 방법은 쓸모 없다고 했기 때문에 1번은 오답이고, 3번과 4번 선택지는 문장에서 언급하지 않았으므로 오답이다.

어휘 やる気 의욕 | 判断力 판단력 | 胎教 태교 | 幼児 유아 | 早期教育 조기교육

XIV　次の文章を読んで後の問いに答えなさい。

かつて、ある大学の研究者グループがX社のブランド価値を試算したところ、三兆数千億円という桁違い(けたちが)の好結果となりました。…（略）…

ブランド価値が高くなればなるほど、消費者は疑うことなく商品を買ってくれるわけだから、企業は、色々な誘惑に駆(か)られることになります。例えば、X社の業績が徐々に悪化するとしましょう。現場の社員は、それまで使っていた高品質の部品をやめ、品質の劣る部品に切り替えるかもしれません。外から見えないため、こんな手抜きをやったところで、売上には大して影響しないからです。これがうまくいけば、味をしめ、X社は、次の手抜きを始めます。他の職場もこれに追随(ついずい)し、手抜きは組織全体に広がっていきます。そもそも、信じて疑わない消費者など、騙まそうと思えば、*赤子(あかご)の手をひねるより簡単に欺(あ)ざむくことができるからです。

ブランド価値とは、企業の競争力の源泉であり、企業が最も大切にしなければならない無形資産です。しかし「妥協(だきょう)することのない誠実さ」がなければ、企業は、最も大切であったはずの「信頼という資産」から真っ先に手をつけ、着実にこれを食いつぶしていきます。そして、ある日、突然、**堰(せき)を切ったように問題が表面化し、競争力を完全に失ってしまいます。

（髙巖『コンプライアンスの知識』日本経済新聞出版社）

*赤子の手をひねる：簡単なことのたとえ

**堰を切ったように：たまっていたものがあふれ出す様子

問1　この文章で筆者は、企業にとってブランド価値はどのようなものだと言っていますか。

① 企業の価値を高めるもの

② 売り上げに大して影響しないもの

③ 不正をしてでも手に入れたいもの

④ 消費者の資産を奪うためのもの

14. 다음 문장을 읽고 이후의 질문에 답하시오.

일찍이, 어느 대학의 연구자 그룹이 X사의 브랜드 가치를 어림잡아 계산했더니, 3조 수천억엔이라는 차원이 다른 좋은 결과가 나왔습니다. (중략)

브랜드 가치가 높아지면 질수록, 소비자는 의심하지 않고 상품을 사주기 때문에, 기업은 여러 유혹에 걸려들게 됩니다. 예를 들면, X사의 업적이 서서히 악화되었다고 합시다. 현장의 사원은, 그때까지 사용하고 있던 고품질의 부품을 끊고, 품질이 떨어지는 부품으로 바꿀지도 모릅니다. 외부에서 보이지 않기 때문에, 이러한 부실을 저질러도 매상에는 크게 영향이 없기 때문입니다. 이것이 잘 되면 맛에 들려서, X사는 다음 부실을 시작합니다. 다른 직장도 이것을 추종하고, 부실은 조직전체로 퍼져갑니다. 본래, 믿어 의심치 않는 소비자 따위 속이려고 하면 손바닥 뒤집는 것보다 간단히 속일 수가 있기 때문입니다.

17 브랜드 가치라는 것은 기업 경쟁력의 원천이며, 기업이 가장 소중히 하지 않으면 안 되는 무형 자산입니다. 그러나 '타협하지 않는 성실함'이 없으면, 기업은 가장 소중할 터인 '신뢰라고 하는 자산'에서부터 제일 먼저 시작해서 착실하게 이것을 탕진해갑니다. **18** 그리고, 어느 날, 갑자기 둑이 터진 것처럼 문제가 표면화되고, 경쟁력을 완전히 잃어버립니다.

*아기 손을 비튼다: 아주 간단한 것의 비유

**둑을 튼 것같이: 쌓여 있던 것이 흘러 넘치는 모습

문1 이 문장에서 필자는, 기업에 있어서 브랜드 가치는 어떠한 것이라고 말하고 있습니까?

① 기업의 가치를 높이는 것

② 매출에 크게 영향을 미치지 않는 것

③ 부정을 저질러서라도 손에 넣고 싶은 것

④ 소비자의 자산을 빼앗기 위한 것

問2　第二段落で筆者はX社の例を述べていますが、X社が例のように行動した場合、結果的にどうなりますか。

① 安い費用で製品を作れるようになり、多くの利益を得る。

② 多くの客が買うようになり、ブランドの価値が上がる。

③ 他の企業にまねをされて、自社の競争力が失われる。

④ いずれ信頼を失い、客に商品を買ってもらえなくなる。

문2 두 번째 단락에서 필자는 X사의 예를 서술하고 있습니다만, X사가 예와 같이 행동했을 경우, 결과적으로 어떻게 됩니까?

① 싼 비용으로 제품을 만들 수 있게 되어, 많은 이익을 얻는다.

② 많은 손님이 사게 되어, 브랜드 가치가 올라간다.

③ 다른 기업이 흉내 내서 자사의 경쟁력을 잃어버린다.

④ 언젠가 신뢰를 잃어, 고객이 상품을 사지 않게 된다.

해설

17

키워드의 정의에 대해서 묻는 문제는 그 키워드를 반복해서 설명하고 있는 부분의 예시 부분과 개념 부분을 잘 나누어 파악해야 한다. 이 문제에서는 기업 입장에서의 브랜드 가치를 묻고 있다는 것을 체크해 두자. 본문 마지막 단락을 보면 '브랜드 가치가 올라가면 소비자는 구입 → 기업에 있어서는 매출이 상승'한다고 설명하고 있다. 따라서 2번은 오답이다. 마지막 단락에서 '브랜드의 가치'는 '경쟁력의 원천이자 기업의 무형자산' → '기업 가치의 상승'이라 볼 수 있으므로 1번이 정답이다.

18

예시의 결과가 문장 하단부에 서술되어 있다. '문제가 표면화된다. 경쟁력을 잃는다'는 것은, 소비자에게 신뢰를 잃는 것이므로 4번이 정답이다. 경쟁력을 잃는 것은 맞으나, 다른 기업을 흉내 내는 것은 아니므로 3번은 오답이며, 2번은 반대로 신뢰를 얻는 것이므로 오답이다. 1번은 문장에서 언급한 적이 없으므로 오답이다.

어휘 疑(うたが)う 의심하다 | 誘惑(ゆうわく) 유혹 | 徐々(じょじょ)に 서서히 | 劣(おと)る 뒤떨어지다 | 切(き)り替(か)える 전환하다 | 手抜(てぬ)き 부실, 필요한 절차나 공정을 생략함 | 大(たい)して 그다지, 크게(~ない동반) | 騙(だま)す 속이다 | 赤子(あかご)の手(て)をひねる 매우 간단하다, 쉽다는 것의 비유표현 | 欺(あざむ)く 속이다 | 妥協(だきょう)する 타협하다 | 堰(せき)を切(き)る 둑을 터뜨리다, 감정을 터뜨리다

XV　次の文章を読んで後の問いに答えなさい。

本能という言葉は、特に生物学にかかわりがない人でも、いつかどこかで耳にしたことがあるに違いない、比較的なじみのある言葉ではないでしょうか。皆さんも中学か高校の生物の授業で教わったことがあろうかと思います。そこでは本能とは「動物をしかるべき行動へと駆り立てる、動物に生まれながらに備わっていると想定される性質、あるいはそれによって発現する行動」というような内容で教わったかと思います。ここで「動物に生まれながらに備わった……」は、言い換えると「動物が経験や学習をしなくても実行できる……」という意味です。

このような規定に合致する行動は、一般的には生まれたばかりの新生児か、あるいは生後間もない乳幼児に発現することが期待されます。なぜなら、乳幼児はそれ以前に何らかの行動を経験する機会がほとんどないからです。それゆえ彼らが示す行動は彼らがはじめて行う行動であり、それ以前に経験したことがない行動だからです。こういうわけで新生児あるいは乳幼児など、生後間もない子供の行動は本能の定義によく合致すると考えられます。

（小原嘉明『本能　遺伝子に刻まれた驚異の知恵』中央公論新社）

問1　下線部「このような規定」を言い換えたものとして、最も適当なものはどれですか。

① 生物学の定義
② 本能の定義
③ 動物の定義
④ 学習の定義

問2　下線部「生後間もない子供の行動は本能の定義によく合致する」理由として、最も適当なものはどれですか。

① 乳幼児は、過去の経験がないから
② 乳幼児であっても、本能が備わっているから
③ 乳幼児は、経験していないことはできないから
④ 乳幼児は、動物のように行動をするから

15. 다음 문장을 읽고 이후의 질문에 답하시오.

본능이라는 말은, 특별히 생물학에 관계가 없는 사람이라도 언젠가 어디선가 들은 적이 있을 것임에 틀림없는, 비교적 익숙함이 있는 말이 아닐까요? 여러분도 중학교나 고등학교의 생물 수업에서 배운 적이 있을 거라 생각합니다. **19** 거기에서는 본능이라는 것은 '동물을 해야 하는 행동으로 내모는, 동물에게 선천적으로 갖춰져 있다고 예상되는 성질, 혹은 그것에 의해서 발현되는 행동'과 같은 내용으로 배웠을 거라 생각합니다. 여기에서 '동물에게 선천적으로 갖춰진….'은 바꿔 말하면 '동물이 경험과 학습을 하지 않아도 실행할 수 있는…'이라는 의미입니다.

이와 같은 규정에 합치 하는 행동은, 일반적으로는 갓 태어난 신생아나, 혹은 생후 얼마 되지 않은 영유아에게 발견되는 것이 기대됩니다. **20** 왜냐하면, 영유아는 그 이전에 어떠한 행동을 경험할 기회가 거의 없기 때문입니다. 그 때문에 그들이 나타내는 행동은 그들이 처음으로 행하는 행동이고, 그 이전에 경험한 적이 없는 행동이기 때문입니다. 이러한 이유로 신생아 혹은 영유아 등, 생후 얼마 되지 않은 아이들의 행동은 본능의 정의에 잘 합치한다고 생각할 수 있습니다.

문1 밑줄 부분 '이와 같은 규정'을 바꿔 말한 것으로서, 가장 적당한 것은 어느 것입니까.

① 생물학의 정의
② 본능의 정의
③ 동물의 정의
④ 학습의 정의

문2 밑줄 부분 '생후 얼마 되지 않은 아이의 행동은 본능의 정의에 잘 합치하는' 이유로서, 가장 적당한 것은 어느 것입니까.

① 영유아는 과거의 경험이 없기 때문에
② 영유아라 하더라도, 본능이 갖춰져 있기 때문에
③ 영유아는, 경험하지 않은 것을 할 수 없기 때문에
④ 영유아는, 동물처럼 행동을 하기 때문에

(해설)

19

「このような」는 앞의 내용을 정리하는 표현으로, 앞쪽에 예시적 표현이 서술되어 있다는 것을 알 수 있다. 첫 단락은 본능에 대하여 예시를 사용하여 서술하고 있는데, '동물에게 선천적으로 갖춰진…=본능'이라는 것을 알 수 있다. 따라서 2번이 정답이다.

20

밑줄 앞의 「こういうわけで」의 「わけ」는 '이유, 까닭'을 나타내는 표현이므로, 지시어의 앞 문장을 확인하면 된다. '왜냐하면 영유아는 ~경험할 기회가 없었기 때문에' 부분을 확인하면 1번이 정답이라는 것을 알 수 있다.

어휘 本能(ほんのう) 본능 | 比較的(ひかくてき) 비교적 | なじみのある 친숙한, 익숙한 | 駆(か)り立(た)てる 내 몰다 | 備(そな)わる 갖춰지다 | 合致(がっち)する 합치하다

XVI　次の文章はよい授業環境を作ることについて述べた文章です。文章を読んで後の問いに答えなさい。

生徒が自然に声を出せる雰囲気を教師側が意図的に作りましょう。自習時間や休憩時間は、教室の空気が授業とは大きく違っています。緊張感がなく、リラックスし、笑顔で友達と話をしています。これと同じ状況を授業中に作ることは必ずしも適切ではないかもしれませんが、情意フィルターを下げ（=リラックスさせ）、話がしやすい空間を作ることが、生徒を積極的に授業に参加させるには必要不可欠です。もちろん、緊張感を持たせることも大切ですが、50分間ずっと張り詰めた空気では、生徒も疲れてしまいます。（　A　）と（　B　）。これら2つの相反する空気を授業の中でバランスよく織り交ぜることで、メリハリのある授業が生まれます。

教師が指名しなくても、生徒の答えや意見が活発に飛び交う教室は非常にリズムが良く、心地よいものです。逆に教師が一方的に知識伝達型で授業を進め、本来中心になるべき生徒が終始受身の授業では、双方ともにノレません。生徒を積極的に参加させるためには、「自分たちも先生と一緒に授業を作っていて、授業づくりのひとりの役者として重要な役割があるのだ」という気持ちを持たせることです。そうすれば責任感も生まれます。

（静哲人他『英語授業の心・技・愛　小・中・高・大で変わらないこと』研究社）

問1　（　A　）と（　B　）に入るものの組み合わせとして、最も適当なものはどれですか。

① A：教師　B：生徒
② A：安心感　B：緊張感
③ A：授業時間　B：自習時間
④ A：意図的　B：積極的

16. 다음 문장은 좋은 수업환경을 만드는 것에 관하여 서술한 문장입니다. 문장을 읽고 이후의 질문에 답하시오.

22 학생이 저절로 목소리를 낼 수 있는 분위기를 교사 측이 의도적으로 만듭시다. 자습시간과 휴게 시간은, 교실의 공기가 수업과는 크게 다릅니다. 긴장감이 없고 릴렉스하며, 웃는 얼굴로 친구들과 이야기 하고 있습니다. 학생을 적극적으로 수업에 참가 시키려면 이것과 똑같은 상황을 수업 중에 만드는 것이 필요 불가결합니다. **21** 물론, 긴장감을 갖게 하는 것도 중요합니다만, 50분간 내내 긴장된 분위기에서는 학생도 지쳐버립니다. (안심감)과 (긴장감). 이들 두 개의 상반된 공기를 수업 중에서 밸런스 있게 섞어줌으로서 강약의 장단이 있는 수업이 탄생합니다.

교사가 지명하지 않아도 학생의 대답과 의견이 활발하게 오고 가는 교실은 대단히 리듬감 좋고 마음이 편안한 법입니다. 반대로 교사가 일방적으로 지식 전달형으로 수업을 진행하여 본래 중심이 되어야 할 학생이 시종 수동적으로 임하는 수업에서는 쌍방이 모두 흥이 나지 않습니다. **22** 학생을 적극적으로 참가 시키려면 '자신들도 선생님과 함께 수업을 만들고 있고, 수업 만드는 한 사람의 역할자로서 중요한 역할이 있는 것이다'라는 마음을 갖게 해야 하는 것입니다. 그렇게 하면 책임감도 생깁니다.

문1 (A) 와 (B) 에 들어갈 조합으로써, 가장 적당한 것은 어느 것입니까.

① A : 교사　B : 학생
② A : 안심감　B : 긴장감
③ A : 수업시간　B : 자습시간
④ A : 의도적　B : 적극적

問2　この文章で筆者が言いたいこととして、最も適当なものはどれですか。

① 生徒が授業にノレるようにリズムのいい音楽をかけるといい。

② 教師も生徒も常に緊張感をもって授業を行ったほうがいい。

③ 教師だけでなく生徒にも実際に授業をさせたほうがいい。

④ 生徒が話しやすい雰囲気を作って積極的に授業に参加させるといい

문2 이 문장에서 필자가 말하고 싶은 것으로써, 가장 적당한 것은 어느 것입니까.

① 학생이 수업에 흥이 나도록 리듬감이 좋은 음악을 틀면 좋다.

② 교사도 학생도 항상 긴장감을 가지고 수업을 행하는 편이 좋다.

③ 교사뿐만 아니라 학생에게도 실제로 수업을 시키는 편이 좋다.

④ 학생이 말하기 쉬운 분위기를 만들어 적극적으로 수업에 참가시키면 좋다.

해설

21

괄호 ( ) 뒤에 이어지는 문장 '이들 두 개의 상반된 공기를' 부분에서 A와B가 '상반되는' 개념이라는 것을 알 수 있다. 괄호 (A)앞쪽 서술에서 긴장감을 이야기 하고 있으므로 긴장감←→릴렉스=안심감 이 구도가 성립하므로, 2번이 정답이다.

22

필자의 주장은 '의지, 권유, 요청, 희망 등의 표현' 등으로 나타나기도 함으로 이들 표현은 반드시 체크해 두자. 서두에서 권유형(~ましょう)으로 '분위기를 교사가 의도적으로 만듭시다'라고 설명하고 있다. 즉, '분위기 만들기'가 중요하다는 것을 알 수 있다. 이 내용을 문장 하단부 결론 부분에서 재확인 하고 있으므로 4번이 정답이 된다.

어휘 雰囲気(ふんいき) 분위기 | 休憩(きゅうけい) 휴계, 휴식 | 笑顔(えがお) 웃는 얼굴 | 情意(じょうい) 감정과 의지 | 張(は)り詰(つ)める 긴장, 걱정되다 | 相反(あいはん)する 상반되다 | 織(お)り交(ま)ぜる 섞다 | メリハリ 완급 | 飛(と)び交(か)う 난무하다 | 心地(ここち)よい 마음이 편하다, 상쾌하다 | 受身(うけみ) 수동적

XVII　次の文章を読んで後の問いに答えなさい。

わたしたちは、物理的にも非物理的にも多様な「しきり」を行っている。ここでは、それらにかかわる空間的・時間的しきりを見ておきたい。まず、空間的しきりから検討してみよう。

たとえば、朝夕の満員電車の中では、理不尽なことにわたしたちは見ず知らずの他人と身体を接触させざるを得ない状態を強いられている。

通常、わたしたちは、距離（空間）がとれるものであれば、見知らぬ他人とはかならず一定程度離れたところに身体を置く。空間的に他者とのしきりを無意識につくっているのである。そのしきりは、おそらく動物的な行動としてあると思われる。たとえば、レストランに入ると、席を見回す。できるだけ、気持ちのいい席を探して目で確認する。その条件は、かなり複雑かもしれない。窓からの眺め、通路の人通り、そして間違いなく他人の席との距離を求める。この距離は他人との「しきり」である。

こうした、わたしたちに備わっている*プリミティブなしきり感覚を満員電車の空間は、圧倒的な力で消失させてしまうのである。

同じ電車でも特急などのように、指定席がある場合、そこは自由席とは異なって、定員を超過して人が詰め込まれることはない。指定席があれば、もちろん座席に座って移動できるということが最大のメリットであるが、同時に、定員を超過しない、つまり他人との距離がある程度確保できるということもまた、快適さを保証してくれる。いわゆる**グリーン車の場合、座席がゆったりとして、身体を伸ばすことができ、くつろぐことができる。また同時に、他人との個体間距離が広がることが、快適さにつながる。これが、列車の個室であるなら、他人と空間を共にすることなく、完全に距離を保てる。快適このうえない。航空機の座席でも同様のことがいえる。空間をとることが、身体にくつろぎを与えると同時に、他者とのしきりを生んでくれる。このしきりの感覚にこそ、人々は、特別料金を払っているのではないか。

満員電車の中で、わたしたちは身体を接する他人との距離を物理的にはとれないとなると、非物理的にとることを考え始める。たとえば、目をつぶることで、視覚的に現状を消し去ろうとする。わずかに車窓から外の風景が見えれば、それを眺める。考え事をする。新聞を広げる

17. 다음 문장을 읽고 이후의 질문에 답하시오.

25 우리들은, 물리적으로도 비물리적으로도 다양한 '구분'을 행하고 있다. 여기에서는, 그것들이 관련된 공간적 시간적 구분을 봐두고 싶다. 우선, 공간적 구분부터 검토해 보자.

예를 들면, 아침저녁 만원 전철 안에서는, 불합리하게도 우리들은 전혀 모르는 타인과 신체를 접촉하지 않을 수 없는 상태를 강요 받고 있다.

통상, 우리들은 거리(공간)를 둘 수 있는 것이라면, 모르는 사람과는 반드시 일정 정도 떨어진 곳에 신체를 둔다. 공간적으로 타인과의 구분을 무의식적으로 만들고 있는 것이다. 그 구분은 필시 동물적인 행동이라고 생각된다. 예를 들면 레스토랑에 들어가면, 자리를 둘러본다. 될 수 있는 한 기분이 좋은 자리를 찾아서 눈으로 확인한다. 그 조건은, 상당히 복잡할지도 모른다. 창문에서의 전망, 통로 사람들의 왕래, 그리고 틀림없이 다른 사람 자리와의 거리를 요구한다. **23** 이 거리는 타인과의 '구분'이다.

이러한, 우리들에게 갖춰져 있는 근원적인 구분 감각을 만원전철 공간은 압도적인 힘으로 소실하게 해 버리는 것이다.

같은 전철이라도, 특급 등과같이, 지정석이 있는 경우, 거기는 자유석과는 다르게, 정원을 초과하여 사람이 넣어지는 경우는 없다. 지정석이 있으면, 물론 좌석에 앉아서 이동할 수 있다는 것이 최대의 메리트이지만, 동시에 정원을 초과하지 않는, 즉 타인과의 거리를 어느 정도 확보할 수 있다는 것도 또한 쾌적함을 보장해준다. 이른바 그린차의 경우, 좌석이 여유롭고, 몸을 뻗을 수가 있고, 편안하게 있을 수 있다. 또 동시에 타인과의 개채간 거리가 넓어지는 것이 쾌적함으로 이어진다. 이것이 열차의 개인실이라면, 타인과 공간을 함께 하지 않고, 완전하게 거리를 유지할 수 있다. 더 이상 쾌적할 수 없다. 항공기 좌석에서도, 같은 것을 말 할 수 있다. 공간을 두는 것이, 신체에 편안함을 줌과 동시에, 다른 사람과의 구분을 만들어 준다. **23** 이 구분의 감각에 사람들은 특별요금을 지불하고 있는 것이 아닐까?

24 만원전철 속에서, 우리들은, 신체를 접하는 타인과의 거리를 물리적으로는 둘 수 없게 되면, 비물리적으로 두는 것을 생각하기 시작한다. 예를 들면 눈을 감는 것으로 시각적으로 현재 상황을 없애려고 한다. 차창에서 약간 바깥 풍경이 보이면 그것을 바라본다. 생각을 한다. 신문을 펼칠 공간은 없기 때문에,

空間はないので、小さな本が読めればそれを読む。とにかく現状を遮断しようとつとめる。ウォークマンのようなヘッドフォン・ステレオの出現は、室内空間に固定されることなく音楽や音を室内から自在に引き離し、わたしたちに新しい感覚や意識をもたらした。と同時に、満員電車の中で、音の異空間を与える装置ともなった。携帯電話が登場してからは、携帯電話もまた、異空間を与えるものとなっている。電車の中で、携帯電話のメールを送受信することで、たちまちメディア空間の中に入っていける。

（柏木博『「しきり」の文化論』講談社）

*プリミティブな：根源的な
**グリーン車：特急列車や新幹線で指定席以上の追加料金を払って乗る特別な座席

問1　筆者は第五段落で、電車や航空機の席について述べていますが、ここではどんなことに人は特別料金を払うと言っていますか。

① 他人との距離をとること
② 座席を確保すること
③ より速く目的地に到着すること
④ 乗務員からよりよいサービスが受けられること

問2　筆者はこの文章で、満員電車で他人と身体を接触せざるを得ない状況のときには、どうすればよいと言っていますか。

① 空いている電車に乗り換える。
② 音楽プレーヤーや本を他人との間に挟む。
③ 他人が聞いている音楽に意識を集中させる。
④ 頭の中でしきりを作る。

조그만 책을 읽을 수 있다면 그것을 읽는다. 어쨌든 현재 상황을 차단하고자 노력한다. 워크맨(휴대용 음악재생 플레이어)과 같은 헤드폰 스테레오의 출현은 실내공간에 고정되지 않고 음악과 소리를 실내로부터 자유롭게 떼어내어 우리들에게 새로운 감각과 의식을 가져다 주었다. 이와 동시에, 만원전철 안에서 소리의 다른 공간을 주는 장치로도 되었다. 휴대전화가 등장하고부터는 휴대전화도 또, 다른 공간을 주는 것이 되었다. 전철 안에서 휴대전화의 문자를 송수신 함으로써 즉시 미디어공간 속에 들어 갈 수 있다.

*프리미티브: 근원적인
**그린차: 특급열차나 신칸센에서 지정석 이상의 추가요금을 지불하고 타는 특별한 좌석

문1 필자는 제5단락에서, 전철과 항공기의 자리에 관해서 서술하고 있습니다만, 여기에서는 어떠한 것에 사람은 특별요금을 지불한다고 말하고 있습니까?

① 타인과의 거리를 두는 것
② 좌석을 확보하는 것
③ 보다 빠르게 목적지에 도착하는 것
④ 승무원으로부터 보다 좋은 서비스를 받을 수 있는 것

문2 필자는 이 문장에서, 만원전철에서 타인과 신체를 접촉하지 않을 수 없는 상황일 때에는 어떻게 하면 좋다고 말하고 있습니까?

① 비어있는 전철로 갈아탄다.
② 음악 플레이어나 책을 다른 사람과의 사이 끼운다.
③ 타인이 듣고 있는 음악에 의식을 집중시킨다.
④ 머리 속에서 경계를 만든다.

問3　この文章の内容と合っているものはどれですか。

① 人はもともと物理的、もしくは非物理的に他人と距離をとろうとする。

② 人は他人との物理的な距離がとれない環境に入ることで、鍛えられる。

③ 人は他人と親密になる過程で、物理的なしきりを取り除こうとする。

④ 人は他人との理不尽なしきりをなくすため、メディア空間に入っていく。

문3 이 문장의 내용과 맞는 것은 어느 것입니까?

① 사람은 본래 물리적, 혹은 비물리적으로 타인과 거리를 두려 한다.

② 사람은 타인과의 물리적인 거리를 둘 수 없는 환경에 들어감으로써 단련된다.

③ 사람은 타인과 친밀해지는 과정에서 물리적인 경계를 제거하려고 한다.

④ 사람은 타인과의 불합리한 경계를 없애기 위하여, 미디어 공간에 들어간다.

해설

23

5번째 단락 마지막 문장에서 「このしきりの感覚にこそ、人々は特別料金を払っている」라고 말하고 있으므로 「このしきりの感覚」의 지시어 「この」가 나타내는 것을 찾는 것이 포인트이다. 지시어의 내용을 찾을 때에는 대부분 지시어의 앞 문장이나 앞 단락을 확인하면 된다. 본문 3번째 단락 마지막 문장에서 「しきり = 他人との距離」라고 하였으므로 1번이 정답이다.

24

'만원전철에서 물리적으로 거리를 취하지 못하면 비물리적으로 거리를 취한다'고 하였으므로 '비물리적 거리 두기'의 구체적 예시를 찾는 것이 포인트이다. 따라서, 물리적인 경계를 두고 있는 1번 2번은 오답이며, 3번은 타인의 행위이다. 따라서 4번이 정답이다.

25

서두에서 일반론으로 '우리들은 물리적으로도 비물리적으로도 다양한 '구분'을 하고 있다'고 했으므로 1번이 정답이다. 타인과의 거리 두기를 단련하는 내용 언급이 없으므로 2번은 오답이고, 우리는 물리적 경계를 두지 못하면 비물리적 거리를 둔다 하였으므로 4번도 오답이다. 3번은 상식적인 이야기이기는 하나, 본문에서 언급되지 않았다.

어휘 検討する 검토하다 | 朝夕 아침 저녁 | 理不尽 부당함, 이치에 맞지 않음 | 接触する 접촉하다 | 強いる 강요하다 | 眺める 바라보다 | 距離 거리 | 圧倒的 압도적 | 超過する 초과하다 | 詰め込む 밀어 넣다, 가득 채우다 | 確保する 확보하다 | 快適 쾌적 | 遮断する 차단하다

기술

Point **'좋은 점'과 '나쁜 점'을 설명하면서 자기 '의견'을 적어야 합니다.**

대책

EJU 기술 시험에서 자주 나오는 타입 중 하나입니다. 여러 주제로 연습해 두는 것이 좋습니다.

예시답안 1

今までの自動車の中には、エンジン音をはじめとする走行音が騒音と言えるほどうるさいものがある。また、1台だったら気にならない音でも、何十台、何百台と集まると、騒音レベルになることもある。大きな道路にはいつも自動車が走っているので、うるさい。

そう考えると、電気自動車のように走行音が静かなことは良いことだ。それに反対する人は少ないだろう。しかし、走行音が静かなために困ることが、一つ考えられる。それは、自動車の存在に気がつかなくなることだ。私たちはふつう、自動車が自分に向かってくるとき、目で見て確認する。それと同時に、耳も使って自動車の存在を感じている。後ろから自動車が走ってくる場合には、音の役割が大きいだろう。

電気自動車のように、走行音が静かな自動車の場合は、音の手がかりがなくなってしまう。イヤホンをして音楽を聴きながら道路を歩いているようなものだ。気がついたら後ろから自動車が近づいていて、驚いた経験がある人もいるだろう。

騒音はもちろん困るが、走行音が静かすぎるのも困る。歩行者に自動車の存在を知らせるために、あえて、音を出す機能を電気自動車に付けてはどうか。それが心地よい音なら、より良いだろう。

그 외의 의견

良い点

・車が多く通る道路や高速道路の近くに住んでいる人にとって、生活の中での騒音がなくなり生活しやすくなる

悪い点

・歩行者だけでなく、ドライバーも他の車が来ていることに気づきにくいので、事故につながりかねない

・カーレースなどで迫力がなくなる

예시답안 2

リモートワークの良い点は何だろうか。それは、好きな環境で自由に仕事ができることだ。会社は、社員のために良い職場環境を作ってくれるかもしれないが、どのような環境が快適かは、人によって違う。リモートワークなら、自分で好きなように仕事の環境が作れる。それだけではなく、通勤時間がなくなるので、一日の中で自由に使える時間が増える。

では、リモートワークの良くない点は何だろう。まず考えられるのは、会社の人に直接会えないことだ。いっしょに食事をしたり、休憩時間に話をしたりすることができないので、良い人間関係が作れないかもしれない。また、会社にいたらすぐに手渡しできるものも、リモートワークならわざわざ宅配サービスを使って渡さなければならない。そして、仕事の環境も自分で整えなければならない。仕事の環境を自分の好きなように作れるのは良いことだが、もともと会社がしてくれていたことを自分でしなければならないのは、負担である。

将来リモートワークはもっと増えるだろう。だから、会社は費用を負担するなどして、社員の仕事の環境が快適になるように手伝いをするべきだ。

그 외의 의견

良い点

- 通勤費用を削減できる
- 育児や病気の治療をしながらでも働ける
- 障害があるなど、会社勤めが難しい人でも仕事ができる可能性が広がる

悪い点

- 上司や同僚とすぐに直接話すことが難しいため、気軽に相談しにくい
- 仕事と私生活の区別がつきにくくなる
- ちゃんと仕事をしているか、会社がチェックしにくい

독해

문제	해답 번호	정답
I	1	④
II	2	②
III	3	③
IV	4	①
V	5	④
VI	6	④
VII	7	③
VIII	8	②
IX	9	①
X	10	④

문제	해답 번호	정답
XI	11	③
	12	①
XII	13	①
	14	④
XIII	15	③
	16	③
XIV	17	②
	18	④
XV	19	③
	20	①
XVI	21	④
	22	②
XVII	23	④
	24	②
	25	①

I　下線部「変化が生じた」とありますが、どのような変化が生じたのですか。

海や海岸は重要な観光資源のひとつである。しかし、海や海岸が存在するだけでそこに「訪れるべき価値」があるとは限らない。海や海岸の存在とともに、海や海岸に対する人びとの価値づけによってその空間が「訪れるべき価値」をもったりもたなかったりする。このことは、観光というテーマから海や海岸をとらえる場合には、海や海岸に対する人びとのまなざしに着目する必要があることを意味する。

…(略)…

漁業や舟運での利用を除き、従来さほど高い評価を受けてこなかった「単調な砂浜海岸」に対し、日本人が「訪れるべき価値づけ」を行った重要な転機が海水浴の導入である。海水浴は、日本において導入の時期がかなり明確になる行為のひとつである。海水浴は明治期に日本に導入され、その後の日本における海岸利用や海岸観光地の形成に大きな影響を与えた。また、そのような影響をもたらした背景として、海水浴という行為を通じて日本人の海岸風景に対するまなざしに変化が生じたと考えられる。

(小口千明「第10章　日本における海水浴の受容と海岸観光地の変化」小口千明・清水克志編『生活文化の地理学』古今書院)

① 海水浴場だったものが観光地となった。
② 評価の低かった漁業や舟運が高い評価を受けた。
③ 重要だと思っていたものを重要だと思わなくなった。
④ 価値のなかったものに価値づけがされた。

1. 밑줄 부분 '변화가 생겼다'라고 있습니다만, 어떠한 변화가 생긴 것입니까?

바다와 해안은 중요한 관광자원의 하나이다. 그런, 바다와 해안이 존재하는 것만으로 거기에 '방문해야 할 가치'가 있다고는 할 수 없다. 바다와 해안의 존재와 함께, 바다와 해안에 대한 사람들의 가치 부여에 의해서 그 공간이 '방문해야 할 가치'를 갖거나 갖지 않거나 한다. 이것은, **1** 관광이라고 하는 테마로부터 바다와 해안을 파악할 경우에는 바다와 해안에 대한 사람들의 시선에 착안할 필요가 있다는 것을 의미한다.
(중략)

2 4 어업과 해운에서의 이용을 제외하고, 종래 그 정도로 높은 평가를 받아오지 않았던 '단조로운 모래사장 해안'에 대하여 일본인이 '방문할 만한 가치부여'를 행한 중요한 전기가 해수욕의 도입이다. 해수욕은, 일본에 있어서 도입시기가 상당히 명확해지는 행위 중 하나이다. 해수욕은 메이지기에 일본에 도입되어, 그 후에 일본에 있어서의 해안이용과 해안관광지 형성에 커다란 영향을 주었다. 또, 그와 같은 영향을 가져온 배경으로서, 해수욕이라고 하는 행위를 통해서 일본인의 해안풍경에 대한 시선에 변화가 생겼다라고 생각할 수 있다.

① 해수욕장이었던 것이 관광지가 되었다.
② 평가가 낮았던 어업과 해운이 높은 평가를 받았다.
③ 중요하다고 생각하고 있던 것을 중요하다고 생각하지 않게 되었다.
④ 가치가 없었던 것에 가치부여가 이루어졌다.

해설

이 문제와 같은 밑줄 부분의 내용 파악, 즉 키워드의 내용을 파악하는 문제는 문장 전체의 흐름과 페러프레이징된 단어나 문장을 놓치지 않는 것이 중요하다. 문제에서 어떠한 변화가 생겼는지 찾으라고 했으므로, 밑줄이 포함된 문장의 전후관계, 변화표현 등을 주의하며 읽는 것이 포인트이다. 밑줄 앞부분에서 '해안 풍경에 대한 시선'의 변화라고 했으므로 해안풍경의 변화를 서술한 부분을 찾으면 쉽게 답을 찾을 수 있다. 중반 이후에서 바다와 해안의 '방문할 만한 가치의 변화=시선의 변화'가 생긴 것은 '단조로운 해안'→'해수욕의 도입'이라고 설명하고 있으므로 4번이 정답이다. 단순히 '해수욕장'이라는 단어에 낚여서 1번을 선택하는 것에 주의해야 한다.

어휘 海岸(かいがん) 해안 | 観光資源(かんこうしげん) 관광자원 | 訪(おとず)れる 방문하다 | 価値(かち)づけ 가치부여 | 砂浜(すなはま) 모래사장 | 漁業(ぎょぎょう) 어업

II　ハイキングへの参加を希望する学生が、最初にしなければならないことは何ですか。

国際交流ハイキング　参加者募集

みなさん、気持ちよく体を動かしながら、国際交流しませんか？ 留学生と日本人学生の交流を目的として、××山への日帰りハイキングを実施します。動きやすい服装と歩きやすい靴(くつ)があれば、特別な道具は必要ありません。体力に自信がない人でも大丈夫。片道1時間ののんびりしたコースなので、だれでも参加できます。

大自然のきれいな空気を吸いながら、のんびりハイキングをすれば、知らない人ともすぐに仲良くなれるはずです。このチャンスを利用して、たくさん友だちを作ってください。みなさんの参加をお待ちしています。

日時：20XX年10月10日（日）10：00 ～ 15：00（9：45 集合）
集合場所：大学図書館前
※大学から登山口まではスクールバスで行きます。
費用：無料
参加資格：○○大学の学生であれば、どなたでも参加できます。
雨天時：小雨(こさめ)の場合は実施します。中止の場合は、当日朝8:30にみなさんにメールを送るので、メールチェックは忘れずに。
申し込み：大学会館(かいかん)1階の学生事務室にある申し込み用紙に必要事項を記入して、そこにある申し込みボックスに入れてください。
その他：活動中にけがをした場合は、学生保険から治療(ちりょう)費(ひ)が支払われます。未加入の人は新たに加入する必要があるので、申し込み用紙の提出前に保健管理センターで保険の加入の有無(うむ)を確認してください。
問い合わせ：わからないことがあったら、まずは国際交流サークルの山田に電話してください。
（山田：090-XXX-XXX）

① メールをチェックする。
② 保健管理センターに行く。
③ 大学会館1階の学生事務室へ行く。
④ 国際交流サークルの山田さんに電話する。

2. 하이킹 참가를 희망하는 학생이, 처음에 해야 하는 것은 무엇입니까?

국제교류 하이킹 참가자 모집

여러분, 기분 좋게 몸을 움직이면서, 국제교류 하지 않겠습니까? 유학생과 일본인 학생의 교류를 목적으로, ××산으로 당일치기 하이킹을 실시합니다. 움직이기 쉬운 복장과 걷기 쉬운 신발이 있다면, 특별한 도구는 필요 없습니다. 체력에 자신이 없는 사람이라도 괜찮습니다. 편도 1시간의 여유로운 코스이기 때문에 누구나가 참가할 수 있습니다.

대자연의 깨끗한 공기를 맡으면서 느긋하게 하이킹을 하면, 모르는 사람과도 바로 친해질 것입니다. 이 찬스를 이용하여, 많은 친구들을 만들어주세요. 여러분의 참가를 기다리고 있겠습니다.

일시 : 20××년10월10일(일) 10:00 ~ 15:00 (9:45 집합)
집합장소 : 대학도서관 앞
※대학에서 등산입구까지는 스쿨버스로 갑니다.
비용 : 무료
참가자격 : ○○대학의 학생이라면, 누구라도 참가할 수 있습니다.
우천시 : 가랑비의 경우는 실시 합니다. **1** 중지될 경우에는 당일 아침 8:30에 모두에게 문자를 보내니 문자체크를 잊지 않도록 해주세요.
신청 : **2 3** 대학회관1층 학생사무실에 있는 신청용지에 필요사항을 기입하고, 거기에 있는 신청박스에 넣어주세요.
그 외 : 활동 중에 부상을 입을 경우에는 학생보험에서 치료비가 지불됩니다. 미가입자는 새롭게 가입할 필요가 있으니, **2** 신청용지 제출 전에 보건관리센터에서 보험가입 유무를 확인해주세요.
문의 : **4** 모르는 것이 있다면, 우선은 국제교류서클 야마다에게 전화주세요.
(야마다 : 090-***-***)

① 문자를 체크한다.
② 보건관리 센터에 간다.
③ 대학회관1층의 학생사무실에 간다.
④ 국제교류 서클 야마다 씨에게 전화한다.

해설

가장 '처음' 할 것이 무엇인지 찾아야 하는 문제이므로, 문제에서 행위의 우선순위가 있다는 것을 체크해 두자. 행동의 순서를 묻는 도표 타입의 문제는, 본문에서 '신청'란이 있는지 체크하고, 신청을 하는 과정이 어떻게 되는지 파악해 두는 것이 좋다.
신청을 하기 위해서 대학회관 1층에 가야 하지만, 그보다 먼저 신청용지를 제출하기 전에 보건관리 센터에서 보험가입 유무확인이 필요하므로 2번이 정답이다. 메일 확인은 우천 시에만 해당하므로 1번은 오답이고, 모르는 것이 있을 때에만 야마다 씨에게 전화하는 것이므로 4번도 오답이다.

어휘 国際交流(こくさいこうりゅう) 국제교류 | 実施(じっし)する 실시하다 | 片道(かたみち) 편도 | 参加(さんか)する 참가하다 | のんびり 유유히, 한가로이 | 空気(くうき)を吸(す)う 공기를 들이마시다 | 小雨(こさめ) 가랑비 | 有無(うむ) 유무

Ⅲ　次の文章の内容と合っているものはどれですか。

AIが人間の仕事を代替(だいたい)するから、人間はやがていらなくなるというのは幻想だ。

もちろん、誰でもできるような単純作業や何度も繰り返し発生するようなタスクは、どんどん自動化されていくし、AIのほうが得意な仕事もたくさんあるが、それで代替されるのは、人間の仕事の一部にすぎない。むしろ、退屈な仕事から解放された人間が、より専門分野に特化して能力を発揮(はっき)できるようになる、というのが本来の姿である。

みなさんが現在行っている仕事のうち、あまり頭を使わずにこなせるルーティンワークや、ほかの誰でもできるような簡単な仕事をAIが担ってくれるとしたらどうか。

それによって空いた時間や処理能力を、自分にしかできない分野に振り向けることで、自分の能力が最大限引き出されるようにならないだろうか。それは個人の成長につながるし、ひいては企業の競争力アップにもつながる。「AI＝自動化」と考えてしまうと、コスト削減(さくげん)→生産性向上ばかりに目が向きがちになるが、AIによって、人間がムダな仕事から解放される効果のほうが、長い目で見ればはるかに重要なのだ。

つまり、AIは人間の仕事を奪(うば)うのではなく、むしろ、人間の仕事をアシストしてくれる存在といえる。それによって、人間はより人間らしく働けるようになるわけで、人間にとって、AIは最高のパートナーとなり得る存在なのだ。

（堀田創・尾原和啓『ダブルハーベスト　勝ち続ける仕組みをつくるAI時代の戦略デザイン』ダイヤモンド社）

① 将来AIが人間の仕事を奪って仕事を失う人が増えるだろう。
② AIは人間の仕事のほとんどを自動化してくれる可能性を持っている。
③ 一部の仕事はAIに任せて人は人にしかできない仕事をすればいい。
④ 人間が手助けすることでAIは能力が最大限に引き出される。

3. 다음 문장의 내용에 맞는 것은 어느 것입니까?

AI가 인간의 일을 대체하기 때문에 인간은 이윽고 필요 없어지게 된다고 하는 것은 환상이다. 물론, 누구나가 할 수 있을 것 같은 단순 작업이나 몇 번이고 반복해서 발생하는 업무는 점점 자동화되어 가고, AI 쪽이 잘하는 일도 많이 있지만, **2** 그것으로 대체되는 것은 인간 일의 일부에 지나지 않는다. 오히려, 지루한 일로부터 해방된 인간이 보다 전문 분야에 특화되어 능력을 발휘할 수 있게 된다는 것이 본래의 모습이다.

여러분이 현재 행하고 있는 일 중에, 그다지 머리를 쓰지 않고 소화할 수 있는 루틴 워크나 다른 누구라도 할 수 있을 것 같은 단순한 일을 AI가 담당해 준다면 어떨까?

3 그것에 의해서 빈 시간과 처리 능력을 자신밖에 할 수 없는 분야에 향하게 하는 것으로 인해 자기 능력이 최대한 끌어내어지게 되지 않을까? 그것은 개인의 성장으로 이어지고, 나아가서는 기업의 경쟁력 업으로 이어진다. 'AI=자동화'라고 생각해 버리면, 경비 절감 → 생산성 향상에만 시선이 향하기 쉬워지는 경향이 있는데, AI에 의해서 인간이 쓸데없는 일로부터 해방되는 효과의 쪽이, 긴 안목으로 보면 훨씬 중요한 것이다.

3 즉, **1** AI는 인간이 일을 빼앗는 것이 아니라, 오히려, 인간의 일을 보조해 주는 존재라고 말할 수 있다. 그것에 의해서, **4** 인간은 더 인간답게 일할 수 있게 되는 셈으로, 인간에게 있어서 AI는 최고의 파트너가 될 수 있는 존재이다.

① 미래에 AI가 인간 일을 빼앗아 일을 잃는 사람이 늘어날 것이다.
② AI는 인간의 일의 대부분을 자동화해 줄 가능성을 가지고 있다.
③ 일부 일은 AI에 맡기고 사람은 사람만 할 수 있는 일을 하면 된다.
④ 인간이 도움으로써 AI는 능력이 최대한으로 끌어내어진다.

해설

EJU 독해 문제에서 '내용과 일치'하는 것을 찾는 타입의 문제는 대부분, 전체의 요지나 필자의 주장을 파악하면 쉽게 정답을 찾을 수 있다. EJU 독해 문제에서는 본문의 세세한 부분과 일치하는지 여부를 묻는 문제는 잘 출제되지 않는다. 이 문제에서는 마지막 단락 「つまり~ならないだろうか」은 앞 단락의 내용을 다시 한번 정리하고 있으므로 이 부분과 그 앞 단락의 내용을 체크하면 쉽게 답을 찾을 수 있다.
본문에서 AI는 인간의 일을 돕는다고 했으므로 1번은 오답이고, AI가 대신하는 것은 대부분이 아닌 일부라고 했으므로 2번도 오답이다. AI가 인간에게 도움이 되는 것이라고 했으므로 4번도 오답이다. AI가 일부를 보조해주면 사람은 자신밖에 할 수 없는 일을 하면 된다고 했으므로 3번이 정답이다.

어휘 代替(だいたい)する 대체하다 | 単純作業(たんじゅんさぎょう) 단순작업 | 退屈(たいくつ) 지루하다 | 発揮(はっき)する 발휘하다 | 担(にな)う 담당하다 | 処理能力(しょりのうりょく) 처리능력 | 振(ふ)り向(む)ける 시선을 돌리다 | 引(ひ)き出(だ)す 이끌어 내다 | 削減(さくげん) 삭감 | 奪(うば)う 빼앗다

Ⅳ 「都市の規模分類」について述べたものとして、この文章内容と合っているものはどれですか。

都道府県(とどうふけん)や市町村(しちょうそん)など種々の地域を対象として、その地域特性(とくせい)を明らかにする目的でいろいろな地域分類がおこなわれる。そのなかで、最も典型的なものは、都市の分類である。…(略)…

都市の分類に際しての主要な視点は、都市の立地(りっち)、規模(きぼ)、機能、形態、構造、発達度など多岐(たき)にわたっている。このうち、行政目的や市場調査などのためによく用いられるのは、都市の規模分類と機能分類である。

都市は、通常、大都市、中都市、小都市といったように、その規模によって区別されるが、その規模は、一般に、都市の人口の大きさで表わされる。しかし、人口がどの程度であれば大都市であり、中都市であるかといった規模の区分の仕方については、かならずしも定説があるというわけではない。とくに日本のように、通常、都市として用いられている行政上の"市"の実態が実質的な都市の姿を示さなくなっている場合には、人口の大きさが、かならずしも、その都市の実態的な規模を示すとは限らなくなっている。とはいっても、人口100万の市と人口5万の市を比較すれば、やはり実態的な規模も前者のほうが大きいという点については異論の余地(よち)はないと思われる。このような観点から、都市の規模を便宜上(べんぎじょう)人口の大きさによって表わすことがおこなわれる。

(大友篤『地域分析入門』東洋経済新報社)

① 行政目的や市場調査では、都市は人口によって規模分類される。
② 都市の規模と人口は異なるので、人口は都市の規模分類に使われない。
③ 都市の規模を分類するために人口を用いることに異論の余地はない。
④ 都市の規模については人口に関わらず行政が大都市から小都市を分類する。

4. '도시의 규모분류'에 관하여 서술한 것으로서, 이 문장의 내용과 맞는 것은 어느 것입니까?

도도부현과 시읍면동 등 여러 지역을 대상으로 하여, 그 지역 특성을 명확하게 할 목적으로 여러 가지 지역 분류가 행해집니다. 그 가운데, 가장 전형적인 것은 도시의 분류이다.

(중략)

도시를 분류할 때 주요한 시점은, 도시의 입지, 규모, 기능, 형태, 구조, 발달도 등 다양한 방면에 걸쳐 있다. 이중 행정 목적과 시장조사 등을 위하여 자주 이용되는 것은, 도시의 규모 분류와 기능 분류이다.

4 도시는 통상적으로 대도시, 중도시, 소도시 등과 같이 그 규모에 의해서 구별되지만, **1 2** 그 규모는 일반적으로 도시의 인구 크기로 나타낸다. 그러나, 인구가 어느 정도이면 대도시이고, 중도시인가 등과 같은 규모의 구분 방식에 관해서는 반드시 정설이 있는 것은 아니다. 특히, 일본과 같이 통상 도시로써 이용되고 있는 행정상의 "시"의 실태가 실질적인 도시 모습을 나타내고 있지 않은 경우에는 인구의 크기가 반드시 그 도시의 실태적인 규모를 나타낸다고는 할 수 없다. 그렇다 하더라도, **3** 인구 100만의 시와 인구 5만의 시를 비교하면, 역시 실태적인 규모도 전자 쪽이 크다는 점에 관해서는 이론의 여지가 없을 것으로 생각된다. **1** 이와 같은 관점에서 도시의 규모를 편의상 인구의 크기에 의해서 나타내는 것이 행해진다.

① 행정 목적과 시장조사에서는, 도시는 인구에 의해서 규모 분류된다.
② 도시의 규모와 인구는 다르기 때문에, 인구는 도시의 규모 분류에 사용되지 않는다.
③ 도시의 규모를 분류하기 위하여 인구를 이용하는 것에 이론의 여지는 없다.
④ 도시의 규모에 관해서는 인구뿐만 아니라 행정기관이 대도시로부터 소도시를 분류한다.

해설

「しかし、とはいっても」처럼 앞부분과 뒷부분의 내용이 바뀌는 접속사가 나올 경우, 그 뒷부분을 잘 읽어보면 필자가 정말 이야기하고 싶은 내용을 파악할 수 있는 경우가 많다. 역접, 화제전환의 접속사가 나오면 반드시 체크해 두는 습관을 길러 두면 좋다.

문장 3번째 단락의 「その規模(きぼ)は, 一般(いっぱん)に, 都市(とし)の人口(じんこう)の大(おお)きさで表(あらわ)される」와 마지막 하단부 「都市(とし)の規模(きぼ)を便宜上(べんぎじょう)人口(じんこう)の大(おお)きさによって表(あらわ)す」에서 1번이 정답이라고 알 수 있다. 2는 정반대로 사용되지 않는다고 했으므로 오답이다. 항상 '인구의 크기=도시규모'를 나타내는 것은 아니므로 3번도 오답이다.

어휘 都道府県(とどうふけん) 도도부현, 일본의 행정구역 단위 | 典型的(てんけいてき) 전형적 | 立地(りっち) 입지 | 規模(きぼ) 규모 | 定説(ていせつ) 정설 | 異論(いろん)の余地(よち) 이론의 여지 | 便宜上(べんぎじょう) 편의상

V　次の文章の下線部「その」が指す内容として、最も適当なものはどれですか。

クラシック音楽時代の特徴として、*ラモーによる和声学の確立に代表されるように、音楽理論が飛躍的に整理されると同時に、楽器自体が目覚ましい進化をとげたことが挙げられます。

楽器が進化するということは、すなわち音が安定し、音域が広がり、演奏技術が豊かになる、といったことを促します。

また、楽器が進化するにつれて、合奏用としてオーケストラに迎え入れられるようにもなります。当初は室内楽の編成のように小規模な、あるいは少数の楽器による合奏だったのが、楽器の数が増えることで、オーケストラを構成する人数が増加していきます。

その大所帯に演奏してもらおうと、こんどは作曲家たちが腕を競うように次々と新しい交響曲を発表していきます。さらには、当時の、腕に覚えのある演奏家たちが自身の技術を際立たせるために、あえてテクニックをひけらかすかのような難解な曲を書いていくようになったのです。ピアノでいえばショパンやリスト、バイオリンならパガニーニなどが、その代表格でしょう。

(フランソワ・デュボワ『作曲の科学　美しい音楽を生み出す「理論」と「法則」』講談社)

*ラモー：フランスの作曲家、音楽理論家

① クラシック音楽を代表する曲を書くこと
② オーケストラで演奏してもらえるような曲を書くこと
③ ピアノやバイオリンが演奏の中心となるような曲を書くこと
④ 簡単には演奏できないような難しい曲を書くこと

5. 다음 문장의 밑줄 부분 '그'가 가리키는 내용으로서, 가장 적당한 것은 어느 것입니까?

클래식 음악 시대의 특징으로서, *라모에 의한 화성학의 확립으로 대표되는 것처럼 음악이론이 비약적으로 정비됨과 동시에, 악기 자체가 눈부시게 진화를 이룬 것을 들 수 있습니다.

악기가 진화한다는 것은 즉, 음이 안정되고 음역이 넓어지며 연주 기술이 다양해진다는 것을 촉진합니다.

또, 악기가 진화함에 따라서 합주용으로써 오케스트라에 받아들여지게도 됩니다. 당초는 실내악의 편성처럼 소규모인 혹은 소수의 악기에 의한 합주였지만, 악기의 수가 늘어남으로써, 오케스트라를 구성하는 인원수가 증가해 갑니다.

그 많은 구성원이 연주하게 되면, 이번에는 작곡가들이 실력을 경쟁하듯이 잇따라 새로운 교향곡을 발표해 갑니다. **4** 더욱이, 당시의 실력 있는 연주가들이 자신의 기술을 돋보이게 하기 위해서 굳이 테크닉을 과시하는 것과 같은 난해한 곡을 써 가게 된 것입니다. 피아노로 말하자면, 쇼팽과 리스트, 바이올린이라면 파가니니 등이, 그 대표 격이겠지요.

*라모: 프랑스의 작곡가, 음악 이론가.

① 클래식 음악을 대표하는 곡을 쓰는 것
② 오케스트라에서 연주하는 것과 같은 곡을 쓰는 것
③ 피아노와 바이올린이 연주의 중심이 되는 것과 같은 곳을 쓰는 것
④ 간단하게 연주할 수 없을 것 같은 어려운 곡을 쓰는 것

해설

지시어의 내용을 찾는 문제이다. 지시어의 내용은 지시어 전후 2~3문장 안에 포함되어 있는 것이 일반적이다. 지시어가 가리키는 내용이 광범위하다고 생각이 들면, 우선은 지시어에서 가깝고 직접적인 내용을 선택하는 것이 중요하다. 「その」가 가리키는 내용은 문장 전반에 있지만, 직접적으로 가리키는 것은 「さらには」 이후로 보는 것이 타당하다. 본문 마지막 문장에서 '리스트, 파가니니'의 예를 들고 있는데, 이 예시들은 '난해한 곡'의 예시이며, '난해한 곡=간단하지 않은 곡'이라는 의미 관계가 성립하므로 4번이 정답이다.

어휘 飛躍的 비약적 | 目覚ましい 눈부시다, 놀랍다 | 演奏技術 연주 기술 | 促す 촉진하다 | 編成 편성 | 合奏 합주 | 腕を競う 실력을 경쟁하다 | 交響曲 교향곡 | 大所帯 구성원의 수가 많음 | 際立たせる 두드러지게 하다, 눈에 띄게 하다 | ひけらかす 과시하다, 자랑하다

Ⅵ　ペンギンの泳ぎについて、今回わかったことは何ですか。

ペンギンが巧みに泳げるのは、水中で翼の曲げ方を変えて効率よく推進力を得ているから。そんな研究成果を、東京工業大の田中博人・准教授（流体力学）のチームが発表した。ペンギンが泳ぐ姿を多数の水中カメラで撮影し、翼の動きなどを解析した。

ペンギンは、小魚などを追いかけて巧みに泳ぐ。一流の競泳選手が時速8キロほどなのに対し、最速のジェンツーペンギンは時速30キロ以上に達するという。水中で左右の翼を上下にはばたかせて前に進む際、翼を少しだけ「へ」の字のように曲げていることは知られていた。ただ、実際に翼をどう動かしているのか詳細はわかっていなかった。

チームは、長崎ペンギン水族館（長崎市）にある展示用の大型水槽内に最大14台の水中カメラを設置し、ジェンツーペンギン3羽の泳ぐ姿を撮影。翼の付け根1カ所と、真ん中付近の2カ所に目印を付け、泳ぐ時の動きを「3次元運動解析」という手法で調べた。

その結果、翼を背中側に振り上げて水をかく「打ち上げ」の時と、上げた翼をおなか側に振り下ろす「打ち下ろし」では、翼の曲がり具合が微妙に異なることがわかった。打ち下ろしでは、翼は下向きに10度程度しか曲げないのに対し、打ち上げでは20度以上も曲がっていたという。

（川村剛志「ペンギン、泳ぐコツは翼の曲げ方　東工大、上下の水かく角度解析」朝日新聞2021年11月30日）

① 翼の付け根1カ所と真ん中2カ所を使って、3次元運動をして泳いでいること

② 最も泳ぐのが速いペンギンは、時速30キロ以上の速さで泳ぐことができること

③ 翼を少しだけ「へ」の字のように曲げながら、上下に動かして前に進んでいる

④ 翼を振り上げるときと振り下ろすときでは、翼の曲がる角度が違うこと

6. 펭귄의 헤엄에 관하여, 이번에 알게 된 것은 무엇입니까?

펭귄이 정교하게 헤엄칠 수 있는 것은 수중에서 날개 접는 방식을 바꿔서 효율 좋게 추진력을 얻고 있기 때문에. 그런 연구 성과를 도쿄공업대의 다나카히로토 준교수(유체역학)팀이 발표했다. 펭귄이 헤엄치는 모습을 다수의 수중 카메라로 촬영하여 날개의 움직임 등을 해석했다.

펭귄은 작은 물고기 같은 것을 쫓아 교묘히 헤엄을 친다. 일류 경영선수가 시속 8킬로 정도인 것과 대조적으로 **2** 가장 빠른 젠투 펭귄은 시속 30킬로 이상에 달한다고 한다. **3** 수중에서 좌우의 날개를 상하로 파닥거려 앞으로 나갈 때, 날개를 조금만 「へ」자와 같이 구부리고 있는 것이 알려져 있다. 다만, 실제로 날개를 어떻게 움직이고 있는가 상세한 것은 알지 못했다.

팀은, 나가사키 펭귄 수족관(나가사키시)에 있는 전시용 대형 수조 안에 최대 14대의 수중 카메라를 설치하고, 젠투 펭귄 3마리가 헤엄치는 모습을 촬영. **1** 날갯죽지 한 군데와, 한가운데 부근 두 군데에 표시를 붙여 헤엄치는 움직임을 '3차원 운동 해석'이라는 수법으로 조사했다.

4 그 결과, 날개를 등 쪽에서 들어 올려 물을 가르는 '들어 올릴' 때와 올린 날개를 배 쪽으로 내리는 '내리침'에서는 날개가 구부러지는 상태가 미묘하게 다른 것을 알았다. 내리칠 때는 날개는 아래 쪽으로 10도 정도밖에 굽히지 않는 것과 대조적으로, 들어 올릴 때는 20도 이상씩이나 굽혀져 있었다고 한다.

① 날갯죽지 1군데와 한가운데 2군데를 사용하여, 3차원운동을 하고 헤엄치고 있는 것

② 가장 헤엄치는 것이 빠른 펭귄은, 시속30키로 이상의 속도로 헤엄칠 수 있는 것

③ 날개를 조금 「へ」자와 같이 굽히면서, 상하로 움직여 앞으로 나아가고 있다.

④ 날개를 올릴 때와 내리칠 때하고, 날개가 구부러지는 각도가 다른 것

해설

과학 테마의 지문이 나올 경우, '실험 주제, 실험 방법, 실험 결과'를 설명하고 있는 단락을 구분하여 파악하는 것과 질문으로부터 과거에 이미 알고 있던 것과 이번에 알게 된 것을 구분하는 것이 포인트이다. 마지막 단락「その結果(그 결과)」는 앞의 내용을 받아 결론을 설명하는 표현이므로, 그 뒤를 잘 읽어보면 답을 알 수 있다. 이 부분이 새롭게 알게 된 것인데, 펭귄은 날개를 올릴 때와 내릴 때 구부러지는 각도가 다르다고 했으므로 정답은 4번이다. 2번과 3번은 이미 알려져 있었던 것이므로 오답이고, 1번은 조사하기 위한 방법이기 때문에 오답이다.

어휘 巧みに 정교하게 | 翼の動き 날개의 움직임 | 推進力 추진력 | 解析する 해석하다 | 追いかける 뒤 쫓다 | 大型水槽 대형 수조

Ⅶ　次の文章で筆者はスポーツ医学にとって最も重要なことは何だと言っていますか。

「スポーツにケガはつきもの」という見方がある。確かに、よく整備されたスポーツ環境の中で適正に行われていたスポーツ活動においても、まったく予測できない原因や要因によってスポーツ外傷(がいしょう)・障害、重大事故が発生することがある。

このようなスポーツ外傷・障害、重大事故を早期に発見し、適切な医学的対応（救急処置、正確な診断と治療、リハビリテーション等）を行い、確実にスポーツ現場に復帰できるように尽力することがスポーツ医学の重要な使命である。

しかし、もっと大切なことは、そうしたスポーツ外傷・障害、重大事故がそれ以後も同様の形で発生することがないように、一例一例について丹念に分析することである。過去の同様の事例や関係資料・文献(ぶんけん)、データ等を収集・整理して、それぞれのスポーツ外傷・障害、重大事故の発生要因の分析を行い、具体的な予防対策を講ずることが、スポーツ医学に求められる重要な学術的・社会的使命である。

（武藤芳照『スポーツ医学を志す君たちへ』南江堂）

① 選手が自分で医学的対応をできるようにすること
② ケガが起きたときに適切に医学的対応をすること
③ 同じようなケガが起こらないようにすること
④ ケガがどの程度ひどいか詳しく分析すること

7. 다음 문장에서 필자는 스포츠 의학에 있어서 가장 중요한 것은 무엇이라고 말하고 있습니까?

'스포츠에 부상은 따라다니는 법'이라는 견해가 있다. 분명, 잘 정비된 운동환경 속에서 적정하게 행해진 스포츠 활동에 있어서도 전혀 예측할 수 없는 원인과 요인에 의해서 스포츠 외상, 장애, 중대 사고가 발생하는 경우가 있다.

이와 같은 스포츠 외상, 장애, 중대 사고를 조기에 발견하고, **1 2** 적절한 의학적 대응(구급처치, 정확한 진단과 치료, 재활훈련 등)을 하고, 확실하게 스포츠 현장에 복귀할 수 있도록 최선의 힘을 다하는 것이 스포츠 의학의 중요한 사명이다.

3 그러나 가장 중요한 것은, 그러한 스포츠 외상 장애, 중대 사고가 그 이후도 같은 형태로 발생하는 일이 없도록, 하나하나의 예에 관하여 성실히 분석하는 것이다. 과거의 같은 사례와 관계 자료 문헌, 데이터 등을 수집 정리하고, **4** 각각의 스포츠 외상 장애, 중대 사고 발생 요인의 분석을 행하여, 구체적인 예방 대책을 마련하는 일이 스포츠 의학에 요구되는 중요한 학술적 사회적 사명이다.

① 선수가 스스로 의학적 대응을 할 수 있도록 하는 것
② 부상이 일어났을 때에 적절하게 의학적 대응을 하는 것
③ 같은 부상이 일어나지 않도록 하는 것
④ 부상이 어느 정도 심한지 상세하게 분석하는 것

해설

질문에서 가장 중요한 것을 묻고 있으므로 여러 중요한 요소 중 강조된 것을 찾는 것이 포인트이다. 세 번째 단락에서 「もっと大切(たいせつ)なことは → 分析(ぶんせき)することである(가장 중요한 것은 → 분석하는 것)」이라고 했으며 '분석 → 구체적 예방대책을 강구'로 이어짐으로 3번이 정답이다. 4번은, 마지막 단락의 내용과는 일치하지만 부상이 얼마나 심한가를 분석하는 것이 필자가 가장 중요하다고 생각하고 있는 것은 아니므로, 섣불리 4번을 선택하지 않도록 주의해야 한다.

어휘 整備(せいび)する 정비하다 | 外傷(がいしょう) 외상 | 救急処置(きゅうきゅうしょち) 구급처치 | 診断(しんだん) 진단 | リハビリテーション 재활훈련 | 復帰(ふっき)する 복귀하다 | 尽力(じんりょく)する 힘쓰다 | 丹念(たんねん)に 성심껏, 공들여 | 分析(ぶんせき)する 분석하다 | 収集(しゅうしゅう) 수집 | 対策(たいさく)を講(こう)ずる 대책을 강구하다

Ⅷ　次の文章の下線部「真の協調的関係」と日本における協調的関係を比較して、日本における協調的関係に欠けていることは何ですか。

一般に社会性という言葉からイメージされるのは、他人と協調的関係を持つことができるということではないだろうか。とくに学校教育においては「手のかかる子」を「社会性がない」とか「協調的でない」と、評価することが多いように思える。

そして、*わが国では、協調的関係というとき、ともすると他人の言うことをよく聞くということが強調されがちである。すなわち、相手の言い分を認めて譲(ゆ)ずることによって仲良くすることが強調される。

しかし、真の協調的関係とは「相手の言い分をよく聞いて尊重すると同時に、自分の考えを伝え生かし、調和的結果を生むこと」なのではないだろうか。アサーティブという言葉がある。これは時には「自己主張的」と訳されることもあるが、現在ではそのまま「アサーティブ」と使われることが多い。

…(略)…

日本語の自己主張という言葉は、どちらかというと否定的なニュアンスを持っている。「あの人は自己主張が強い」とか、「自己主張ばかりしてはいけない」というがごとくである。しかし、アサーティブという言葉は、自分の主義や主張をはっきり言うだけでなく相手の言い分も聞き、きちんと議論できることを指している。したがって、アサーティブであるためには、相手の言い分を聞く能力と、自分の意見や感情を正しく把握していることが必要とされる。

(二宮克美・繁多進『たくましい社会性を育てる』有斐閣)

*わが国：ここでは、日本のこと

① 自己主張を控えること
② 自分の考えを伝えること
③ 相手の言うことをよく聞くこと
④ 相手の言い分を認めて譲ること

8. 다음 문장의 밑줄 부분 '진정한 협력적 관계'와 일본에 있어서의 협력적 관계를 비교하여, 일본에 있어서의 협력적 관계에 결여되어 있는 것은 무엇입니까?

일반적으로 사회성이라는 말에서 연상되는 것은, 타인과 협력적 관계를 맺을 수 있다는 것이 아닐까? 특히 학교 교육에서는 '손이 많이 가는 아이'를 '사회성이 없다'던가 '협력적이지 않다'고 평가하는 경우가 많은 것 같이 생각된다.

그리고, **1 3 4** 우리나라에선 협력적 관계라고 할 때, 자칫 타인이 말하는 것을 잘 듣는다는 것이 강조되는 경향이 있다. 즉, 상대의 주장을 인정하고 양보하는 것에 의해 사이좋게 지내는 것이 강조된다.

그러나, **2** 진정한 협력적 관계라는 것은, '상대의 주장을 잘 듣고 존중함과 동시에, 자기 생각을 전달하고 살려서, 조화로운 결과를 낳는 것'이 아닐까? 어서티브라는 말이 있다. 이것은 때로는 '자기 주장적'이라고 번역되는 경우도 있지만, 현재는 그대로 '어서티브'라고 사용되는 경우가 많다.

(중략)

일본어의 자기주장이라는 말은, 어느 쪽인가 하면 부정적 뉘앙스를 갖고 있다. '저 사람은 자기주장이 강하다'던가 '자기주장만 해서는 안 된다'라는 것처럼 말이다. 그러나, 어서티브라는 말은 자신의 주의와 주장을 확실하게 말할 뿐만 아니라, 상대의 주장도 듣고, 제대로 의논할 수 있는 것을 가리킨다. 따라서, 어서티브이기 위해서는 상대의 주장을 듣는 능력과 자신의 의견과 감정을 올바르게 파악하고 있는 것이 필요시 된다.

*우리 나라: 여기에서는 일본.

① 자기 주장을 삼가는 것
② 자신의 생각을 전달하는 것
③ 상대가 말하는 것을 잘 듣는 것
④ 상대의 주장을 인정하고 양보하는 것

해설

두 번째 단락에서 일본의 협력적 관계에 관하여 서술하고 있으며, 세 번째 단락에서 '진정한 협력적 관계'에 관해서 설명하고 있다. 즉, 두 번째 단락과 세 번째 단락의 내용을 비교해 보면, 일본의 협력적 관계에서 결여되어 있는 것이 무엇인지 알 수 있다. 세 번째 단락에서 진정한 협력적 관계의 정의는 '상대의 말을 잘 듣고 존중하는 동시에, 자신의 생각을 전하'는 것이라고 했는데, '상대의 말을 잘 듣는 것'은 일본에도 있는 것이므로 '자신의 생각을 전달하는 것'이 부족하므로 2번이 정답이다. '상대의 말을 듣고, 양보하는 것'은 일본의 협력적 관계이므로 3번과 4번은 오답이다. 선택지 1번은 진정한 협력적 관계와 반대 내용이므로 오답이다.

어휘 協調的(きょうちょうてき) 협조적 | 言い分(いぶん) 주장 | 尊重(そんちょう)する 존중하다 | 調和的(ちょうわてき) 조화적 | 訳(やく)す 번역하다 | アサーティブ 적극적인 모양 | 把握(はあく)する 파악하다

Ⅸ　この文章で筆者が最も言いたいことはどれですか。

私たちの社会は、1人1人の労働がつながることで、快適な生活を送ることができています。スーパーマーケットやコンビニエンスストアに行くと商品が置いてあり、必要なものを買うことができます。そのお店までどのようにして商品が届いたかを考えると、じつにたくさんの人がかかわっていることがわかります。

まず、商品をつくる会社があり、そこで働いている人がいます。商品生産に機械を使うとすれば、その機械をつくってくれる会社とそこで働く人たちがいます。できた商品は、運送会社によって運ばれますが、運ぶためにはトラックが必要です。トラック製造会社で働いている人がかかわっています。トラックを走らせるには燃料が必要ですから、石油会社で働いている人たちも関係します。…（略）…ちょっと考えただけでも、思ったより多くの人が関係していることがわかると思います。

…（略）…

働くとは、この連鎖のどこを担うかということです。…（略）…社会の仕組みの中に自分の仕事を位置づけるという視点が大切です。ちょっとしたことのように見える仕事でも、鎖素子（鎖の1つの輪）をなしていて、その輪が途切れると、ものごとが円滑に進まなくなります。どんなに小さな鎖素子にも役割があり、その役割を果たすことで社会がまともな状態に保たれるのです。

（藤村博之『考える力を高めるキャリアデザイン入門　なぜ大学で学ぶのか』有斐閣）

① どんな仕事でも社会を構成する一つの要素となっている。

② 店で一つの商品を売るためには多くの人が関わっている。

③ 人と人のつながりに注目すると社会の仕組みが見える。

④ トラックで荷物を運ぶためにはより強い鎖が必要になる。

9. 이 문장에서 필자가 가장 말하고 싶은 것은 어느 것입니까?

우리들 사회는 한 사람 한 사람의 노동이 이어짐으로써, 쾌적한 생활을 보낼 수 있게 됩니다. 슈퍼마켓이나 편의점에 가면 상품이 있고 필요한 것을 살 수 있습니다. 그 가게까지 어떻게 상품이 놓였는가를 생각하면 **2** 실로 많은 사람이 관여하고 있다는 것을 알 수 있습니다.

우선, 상품을 만드는 회사가 있고 거기에서 일하는 사람이 있습니다. 상품생산에 기계를 사용한다고 한다면 그 기계를 만들어 주는 회사와 거기서 일하는 사람이 있습니다. 완성된 상품은 운송회사에 의해서 운반됩니다만, 운반하기 위해서는 트럭이 필요합니다. **4** 트럭 제조회사에서 일하고 있는 사람이 관여하고 있습니다. 트럭을 달리게 하려면 연료가 필요하니까, 석유회사에서 일하고 있는 사람들도 관계됩니다. (중략) 잠깐 생각 한 것만으로도 생각했던 것보다 많은 사람이 관계하고 있는 것을 알 수 있다고 생각합니다.

(중략)

일한다고 하는 것은 이 연쇄의 어딘가를 담당하고 있다는 뜻입니다. (중략) 사회의 시스템 속에서 자신의 일을 위치 부여 한다는 시점이 중요합니다. 사소한 것처럼 보이는 일이라 하더라도, 쇠사슬 고리(쇠사슬의 하나의 고리)를 이루고 있고, 그 고리가 중간에 끊어지면, 모든 일이 원할 하게 진행되지 않게 됩니다. **1** 어떠한 작은 사슬고리라도 역할이 있고, 그 역할을 해냄으로써 사회가 제대로 된 상태로 유지되는 것입니다.

① 어떤 일이라도 사회를 구성하는 하나의 요소를 이루고 있다.

② 가게에서 하나의 상품을 팔기 위해서는 많은 사람이 관여하고 있다.

③ 사람과 사람의 연결에 주목하면 사회의 구조가 보인다.

④ 트럭으로 짐을 운반하기 위해서는 보다 강한 쇠사슬이 필요하게 된다.

해설

필자의 주장 문제는 '주장 vs 사실'을 구분하는 것이 포인트이다. 사실의 부분은 주로 예시와 비유, 이유 등이다. 따라서 예시를 들며 서술하고 있는 부분의 내용인 2번과 4번은 오답이 된다. 문장 하단부 '작은 사슬고리라도 역할이 있고, 그 역할을 해냄으로써 사회가 제대로 된 상태로 유지' 된다는 표현에서 1번이 정답이라는 것을 알 수 있다. 마지막 단락의 「~が大切です(~이 중요합니다)」라는 표현에도 주의하자.

어휘 運送 운송 | 連鎖 연쇄 | 仕組み 구조, 시스템 | 輪 고리 | 途切れる 도중에 끊어지다 | 円滑 원할

X　下線部「画家は売れないと30歳くらいでやめてしまいます」とありますが、その理由として最も適当なものはどれですか。

20代は、仕事面経済面では、きわめて恵まれた時代でした。

はるか昔からいまに至るまで、ずっと画家は食えないと言われ続ける中、僕の絵は売れ続けていました。

…（略）…

日本の場合、画家は売れないと30歳くらいでやめてしまいます。

作品は額縁（がくぶち）に入れると、5センチくらいの幅になります。それが売れずに25点、30点となると、部屋が作品で埋まってしまい、創作スペースや生活スペースを圧迫してしまうのです。

リアルな世界で*テトリスをやるように、作品を動かし、位置をずらしながら、部屋の中を移動しなければならない。

在庫を消化できないと、作品がたまりすぎて、生活も制作もできなくなります。物理的に自分の作品に圧迫されて、やめざるをえなくなるのです。

大学卒業後、同級生のアトリエを訪ねたときのこと。6畳（じょう）ひと間の彼の部屋は、洗面所まで作品があふれていました。制作スペースは、布団が引かれたままの1畳程度。つまり、生活スペースも1畳です。彼はその後、制作をするのをやめたと聞きました。

マイノリティの話ではなく、これが業界のマジョリティです。そういった立場から見れば、僕の20代はあまりにも恵まれていました。嫉まれるのも、当然のことです。

（中島健太『完売画家』CCCメディアハウス）

*テトリス：パズルゲームの一つ

① お金がなくて生活できなくなるから

② 20代のように才能に恵まれなくなるから

③ 忙しくなって絵を描く時間がなくなるから

④ 自分の部屋がどんどん狭くなっていくから

10. 밑줄 부분 '화가는 인기가 없으면 30살 정도로 그만 둬 버립니다'라고 있습니다만, 그 이유로서 가장 적당한 것은 어느 것입니까?

20대는 일과 경제적 면에서는 지극히 좋았던 시대였습니다.

훨씬 옛날부터 지금에 이르기까지 계속 화가는 먹고 살 수 없다고 일컬어지는 가운데 내 그림은 계속 팔리고 있었습니다.
(중략)

일본의 경우 화가는 팔리지 않으면 30살 정도에 그만둬 버립니다.

4 작품은 액자 틀에 넣으면 5센티미터 정도의 폭이 됩니다. 그것이 팔리지 않고 25점, 30점이 되면, 방이 작품으로 매워져 버려 창작 스페이스와 생활 스페이스를 압박해 버리는 것입니다.

현실 세계에서 테트리스를 하는 것처럼 작품을 움직여, 위치를 비켜 이동시키며, 방안을 이동하지 않으면 안 됩니다.

4 재고를 소화할 수 없으면, 작품이 지나치게 쌓여서 생활도 제작도 할 수 없게 됩니다. 물리적으로 자기 작품에 압박받아 그만두지 않을 수 없게 되는 것입니다.

대학 졸업 후, 동급생 아틀리에를 방문했을 때의 일. 다타미 6장 넓이의 그의 단칸방은, 세면대까지 작품이 넘쳐나고 있었습니다. 제작 공간은 이불이 펼쳐진 채인 다타미 1장 정도. 즉 생활공간도 다타미 1장입니다. 그는 그 이후, 제작하는 것을 그만두었다고 들었습니다.

소수의 이야기가 아니라 이것이 업계 다수입니다. 그러한 입장에서 보자면, 내 20대는 너무나도 좋았었습니다. 시기받는 것도, 당연한 일입니다.

*테트리스 : 퍼즐 게임 중 하나.

① 돈이 없어 생활할 수 없게 되기 때문에

② 20대와 같이 재능이 좋지 않게 되니까

③ 바빠져서 그림을 그릴 수 없게 되기 때문에

④ 자신의 방이 점점 좁아져 가기 때문에

해설

밑줄 이후 문장 '창작 스페이스와 생활 스페이스를 압박한다'라는 표현과 같은 내용을 선택지에서 찾으면 된다. 대학 동기의 방을 찾았을 때의 예시와 함께 생각해 보면 4번이 정답이라는 것을 알 수 있다. 작품이 팔리지 않고 쌓이면 '물리적으로 자신의 작품에게 압박'을 받는다, 즉 스페이스(장소)의 문제로 볼 수 있다. 선택지는 각각 1번 돈, 2번 재능, 3번 시간, 4번 스페이스(공간)가 제시되어 있으므로 4번이 정답이고, 1번, 2번, 3번은 오답이다.

어휘 極(きわ)めて 지극히 | 恵(めぐ)まれる 풍족하다, 좋은 것을 얻다 | 額縁(がくぶち) 액자 | 創作(そうさく) 창작 | 圧迫(あっぱく)する 압박하다 | あふれる 넘쳐나다 | 嫉(ねた)む 시기하다, 질투하다

XI　次の文章を読んで後の問いに答えなさい。

「トンネルを抜けると雪国であった。……」は、川端康成の名作「雪国」ですが、太平洋側と日本海側の気候には、きわだつ対照的な現象があります。そのひとつは冬の積雪（日本海側）と乾燥（太平洋側）です。こうした気候の違いは、太平洋側と日水海側に生える植物にかなりの影響をおよぼしています。なかでも積雪はそこに生える植物の生育期間や枝のねばりなどに作用したと考えられます。ブナは日本海側にも太平洋側にも分布していますが、両者の間にかなりの違いが見られます。

太平洋側のブナは、日本海側のブナに比べて葉が小さく、枝にはねばりがありません。人の腕ほどの太さがあっても、太平洋側のブナの枝は人が乗れば簡単に折れます。日本海側のブナの葉は大きく、枝ばかりか幹にもねばりがあり、若木は冬季には斜面に接して伏せてしまい、雪の中に埋もれています。雪が融けると再び、幹は立ち上がります。このような幹や枝の*可塑性は太平洋側のブナではたいへん劣っています。

こうした違いは積雪の多い地域で顕著に見られますが、日本海側でも積雪の少ない地域では、太平洋側のブナに近いかたちをとります。したがって、この変化は、**対馬海峡などが開いて日本海に暖流が流れ込んで多雪化した、いまから一万年前以降に顕在化したと考えられています。

（大場秀章『森を読む（自然景観の読み方4）』岩波書店）

*可塑性：ここでは柔らかくて力が加わっても元の形に戻りやすい性質の意味
**対馬海峡：九州と朝鮮半島の間の海峡

問1　下線部「太平洋側のブナに近いかたち」を言い換えたものとして、最も適当なものはどれですか。

① 冬の間には斜面に接して、雪に埋もれてしまう性質
② たくさんの雪が木に積もっても、ねばりがあって折れない性質
③ 太い枝でも力が加わると、簡単に枝が折れるような性質
④ 葉が大きく、枝や幹にもねばりがある性質

11. 다음 문장을 읽고 이후 질문에 답하시오.

'터널을 빠져나오자, 설국이었다…….'는 가와바타 야스나리의 명작 <설국> 입니다만, **12** 태평양 측과 동해 측의 기후에는 눈에 띄는 대조적인 현상이 있습니다. 그중 하나는 겨울의 적설(동해 측)과 건조(태평양 측)입니다. 이러한 기후 차이는 태평양 측과 동해 측에 자라는 식물에 상당한 영향을 미치고 있습니다. 그중에서도 적설은 거기에서 나는 식물의 생육 기간과 가지가 버티는 힘 등에 작용했다고 생각됩니다. **12** 너도밤나무는 동해 측에도 남태평양 측에도 분포하고 있습니다만 양자 사이에 상당한 차이가 보입니다.

11 태평양 측 너도밤나무는 동해 측의 너도밤나무에 비교하여 잎이 작고 가지에 버티는 힘이 없습니다. 사람의 팔 정도 두께가 있어도 태평양 측 너도밤나무의 가지는 사람이 올라타면 간단히 부러집니다. 동해 측의 너도밤나무 잎은 크고 가지뿐만 아니라 줄기에도 버티는 힘이 있고 어린 나무는 겨울철에는 경사면에 접해서 엎어져서 눈 안에 묻혀버립니다. 눈이 녹으면 다시 줄기는 일어섭니다. 이와 같은 줄기와 가지의 가소성은 태평양 측의 너도밤나무에서는 대단히 떨어집니다.

이러한 차이는 적설량이 많은 지역에서 현저하게 볼 수 있습니다만, 동해 측에서도 적설량이 적은 지역에서는, 태평양의 너도밤나무에 가까운 형태를 취합니다. 따라서, 이 변화는, 대마도 해협 등이 열려서 동해에 난류가 흘러 들어와 눈이 많이 내리게 된, 지금부터 1만 년 전 이후에 현저해졌다고 생각되고 있습니다.

*가소성: 여기에서는 부드럽고 힘이 가해져도 원래 형태로 되돌아 오기 쉬운 형태를 의미한다.
**대마도 해협: 큐슈와 한반도 사이의 해협

문1 밑줄 부분 '태평양 측의 너도밤나무에 가까운 형태' 바꿔 말한 것으로서, 가장 적당한 것은 어느 것입니까?

① 겨울 사이에는 경사면에 접해서, 눈에 묻혀버리는 성질
② 많은 눈이 나무에 쌓여도 버티는 힘이 있어서 부러지지 않는 성질
③ 두꺼운 가지라도 힘이 더해지면 간단히 가지가 부러지는 것과 같은 성질
④ 잎이 크고 가지와 줄기에도 버티는 힘이 있는 성질

問2　この文章の内容と合っているものはどれですか。

① 太平洋側と日本海側では気候に違いがあり、それがブナの性質にも影響している。

② 太平洋側と日本海側では気候に違いがあるが、ブナの性質は似ている。

③ 太平洋側と日本海側では気候に違いがないが、ブナの性質は異なるものである。

④ 太平洋側と日本海側では気候に違いがなく、ブナの性質も似ている。

문2 이 문장의 내용과 맞는 것은 어느 것입니까?

① 태평양 측과 동해 측에서는 기후에 차이가 있어, 그것이 너도밤나무의 성질에도 영향을 주고 있다.

② 태평양 측과 동해 측에서는 기후에 차이가 있지만, 너도밤나무의 성질은 비슷하다.

③ 태평양측과 동해 측에서는 기후에 차이가 없지만, 너도밤나무의 성질은 다른 것이다.

④ 태평양 측과 동해 측에서는 기후에 차이가 없고, 너도밤나무의 성질도 비슷하다.

해설

11

밑줄 부분의 표현이 첫 번째 단락에서 반복되고 있다는 것을 파악하는 것이 중요하다. 「太平洋側のブナは，日本海側のブナに比べて葉が小さく，枝にはねばりがありません(태평양 측 너도밤나무는 동해 측의 너도밤나무에 비교하여 잎이 작고 가지에 버티는 힘이 없습니다)」, 「人が乗れば簡単に折れます(사람이 올라타면 간단히 부러집니다)」라고 설명하고 있으므로 정답은 3번이다. 1번, 2번, 4번 선택지는 동해 측 너도밤나무의 특징이므로 오답이다.

12

서두에서 「きわだつ対照的な現象があります(눈에 띄는 대조적 현상이 있습니다)」이라고 했으므로 3번과 4번은 오답이며, 기후(적설)의 차이에 따라서 너도 밤나무의 성질에 차이가 있다고 했으므로 1번이 정답이다.

어휘 気候 기후 | 対照的 대조적 | 乾燥 건조 | 折れる 부러지다 | 枝 가지 | 幹 줄기 | 斜面 경사면 | 伏せる 엎드리다 | 埋もれる 묻히다 | 顕著に 현저히 | 海峡 해협

XII　次の文章は、日本の高校の読書活動について述べたものです。文章を読んで後の問いに答えなさい。

読書活動は読書指導の一つです。高校でも朝の10分間読書をはじめとした取り組みの中で、徐々に読書活動が取り入れられるようになってきました。特に生徒が自由に本を選んで読む、いわゆる自由読書が推進されています。自由読書での本（読書材）は、主に物語や小説を中心としており、生徒が読書に親しむ習慣を養うという点では一定の成果がみられます。

ただし、大人数で一斉に行う読書活動は、一人ひとりの専門性を大切にする高校の先生にとっては画一的に見えてしまう面もあるのではないでしょうか。先生自身の信条としてなかなか馴染めないという現実も見られます。

朝読書を導入している高校では、生徒にとっても勉強や部活動で忙しい毎日の中にあっても読書時間が確保されていることから好意的に受け止められているという面があります。その一方で、生徒自身の意識にも差があり、活動自体が*形骸化(けいがいか)しているという課題も出てきています。例えば、一斉読書の時間に本を読まずに、宿題をやっていたり、小テストなどの準備をしていたりなどです。

読書活動のように即効性を実感しにくい取り組みについて、高校教員はもとより、生徒自身のモチベーションがけっして高いとは言えない面があります。読書活動では自校の生徒の実態に即して取り組むという視点が欠かせません。

（高見京子・稲井達也『「探求」の学びを推進する高校授業改革　学校図書館を活用して「深い学び」を実現する』学事出版）

*形骸化：形だけになってしまって内容がないこと

問1　読書活動について、この文章の内容と合っているものはどれですか。

① 生徒だけではなく教員にも読書活動に否定的な考えを持つ人がいる。

② 読書活動を行ったほとんどの高校では、読書活動に成果が見られない。

③ 部活動や勉強で忙しい生徒が多ければ多いほど読書活動は行われにくい。

④ 宿題やテストの方が大切なので、ほとんどの高校で読書活動は行われていない。

12. 다음 문장은, 일본 고교의 독서활동에 관하여 서술한 것이다. 문장을 읽고 다음 질문에 답하시오.

독서 활동은 독서 지도 중 하나입니다. 고등학교에서도 아침 10분간 독서를 비롯한 대처로 서서히 독서 활동이 도입되게 되었습니다. 특히 학생이 자유롭게 책을 골라서 읽는 소위, 자유 독서가 추진되고 있습니다. 자유 독서에서의 책(독서 재)은 주로 이야기와 소설이 중심이며 학생이 독서에 친근해지는 습관을 기른다는 점에서는 일정한 성과가 보입니다.

다만, 많은 인원수가 일제히 행하는 독서 활동은 한 사람 한 사람의 전문성을 소중히 하는 고등학교 선생님에 있어서는 **13** 획일적으로 보여 버리는 면도 있는 것은 아닐까요? 선생님 자신의 신조로서 좀처럼 익숙해지지 않는다는 현실도 보입니다.

아침 독서를 도입하고 있는 고등학교에서는, 학생에게 있어서도 공부와 서클 활동으로 바쁜 매일 속에서도 독서 시간이 확보되고 있는 것에서 호의적으로 받아들여지고 있다는 면이 있습니다. 그런 한편으로 학생 자신의 의식에도 차이가 있어, 활동 자체가 형식화되고 있다는 과제도 생기고 있습니다. 예를 들면, 일제 독서 시간에 책을 읽지 않고, 숙제를 하고 있거나, 미니 테스트 같은 것의 준비를 하고 있거나 등입니다.

독서 활동과 같이 즉효성을 실감하기 어려운 대응에 관해서 고등학교 교원은 물론이고 학생 자신의 동기부여가 결코 높다고는 할 수 없는 면이 있습니다. **14** 독서 활동에서는 자기 학교 학생의 실태에 따라 대응한다는 시점을 빼놓을 수 없습니다.

*형해와(형식화): 형태만이 되어 버리고 내용이 없는 것.

문1 독서활동에 관하여, 이 문장의 내용에 맞는 것은 어느 것입니까?

① 학생뿐만 아니라 교원에게도 독서 활동에 부정적인 생각을 갖는 사람이 있다.

② 독서활동을 행한 대부분의 고교에서는 독서 활동에 성과가 보이지 않는다.

③ 서클 활동과 공부에서 바쁜 학생이 많으면 많을수록 독서 활동은 행해지기 어렵다.

④ 숙제와 테스트 쪽이 중요하기 때문에, 대부분의 고교에서 독서 활동은 행해지지 않는다.

問2　筆者の主張として、最も適当なものはどれですか。

① 先生の専門性を生かしたような読書活動を行ったほうがいい。

② 読書活動に時間を取るよりも宿題や小テストに時間を使ったほうがいい。

③ 高校の先生と生徒が話し合って効果的な読書活動の方法を決めたほうがいい。

④ それぞれの学校の事情に合わせて調整しながら読書活動を行ったほうがいい。

문2 필자의 주장으로서, 가장 적당한 것은 어느 것입니까?

① 선생님의 전문성을 활용한 것과 같은 독서 활동을 행하는 편이 좋다.

② 독서 활동에 시간을 쓰는 것보다도 숙제와 미니테스트에 시간을 사용하는 편이 좋다.

③ 고교의 선생님과 학생이 이야기하여 효과적인 독서 활동 방법을 정하는 편이 좋다.

④ 각각의 학교 사정에 맞춰서 조정하면서 독서 활동을 행하는 편이 좋다.

해설

13

첫 단락에서 '서서히 독서 활동이 도입되어' '성과가 보인다'고 설명한 후, 두 번째 단락에서 「画一的(かくいつてき)に見(み)えてしまう面(めん)もある(획일적으로 보이는 면도 있다)」고 했다. 즉, '부정적 사고'라고 생각할 수 있으므로 정답은 1번이 된다.

독서 활동이 서서히 받아들여지고 있다고 했으므로 4번은 오답이며, 학생들에게서 성과가 나타나고 있다고 했으므로 2번도 오답이다. 바쁜 학교생활 속에도 도서 시간이 유지되고 있다고 했으므로 3번도 오답이다.

14

마지막 단락에서 필자의 생각을 정리하고 있는데, 「読書活動(どくしょかつどう)では自校(じこう)の生徒(せいと)の実態(じったい)に即(そく)して取(と)り組(く)むという視点(してん)が欠(か)かせません(독서 활동에서는 자기 학교 학생의 실태에 따라 대응한다는 시점을 빼놓을 수 없습니다)」를 정리하면, '학교와 학생의 실태에 맞춰야 한다'가 되므로 4번이 정답이다. 「欠(か)かせない(빠뜨릴 수 없다)」라는 표현은 필자가 자신의 생각을 강조할 때 자주 사용하는 표현 중 하나이다.

어휘 取(と)り入(い)れる 받아들이다, 도입하다 | 推進(すいしん)する 추진하다 | 画一的(かくいつてき) 획일적 | 馴染(なじ)む 친숙해지다 | 導入(どうにゅう)する 도입하다 | 好意的(こういてき) 호의적 | 即効性(そっこうせい) 즉효성

XIII　次の文章を読んで後の問いに答えなさい。

　複数の動物園で飼育されている動物をひとつの群れに見立てて、国内、時には国外とも連携して、繁殖させていくことを「共同繁殖」という。

　日本では、90年代にフンボルトペンギンなど絶滅が心配されるペンギンの共同繁殖の仕組みがうまくまわり始めたのが初期の成功例だ。ペンギンは動物園と水族館が共通して飼っている動物なので、ふだんはあまり接点がない動物園と水族館の交流の場にもなったと評価されている。今、ペンギンを群れで飼っているような動物園水族館に行けば、ほぼ必ず、他の園館生まれの個体がいる。飼育員に聞いてみると、快く教えてくれるはずだ。

　一方、ゴリラなどの類人猿のように園の看板を張る立場の人気動物は、そう簡単にはいかなかった。ペンギンの場合は、群れで勝負する見せ方をしていることが多いので、そのうちの何羽かを交換したりするのも別に抵抗はなかったのだが、これが、「ゴリラの○○」と名前がつき人気者になっている場合にはそうはいかない。そこで、所有権を移さずに繁殖のために一時移動する「ブリーディングローン」という手法が取り入れられて、2010年代になってやっと確立してきたところだ。たとえば「○○動物園のホッキョクグマが繁殖相手のいる○○動物園に移る」とか、「うちのチンパンジーやレッサーパンダは、ブリーディングローンで来ている」などと普通に聞くようになってきた。

（川端裕人・本田公夫『動物園から未来を変える　ニューヨーク・ブロンクス動物園の展示デザイン』亜紀書房）

問1　下線部「快く教えてくれるはずだ」とありますが、何を教えてくれるのですか。

① 園館のどこにペンギンがいるか

② どうやってペンギンを育てるか

③ どれが他の園館から来たペンギンか

④ どこの動物園や水族館にペンギンがいるか

13. 다음 문장을 읽고 이후 질문에 답하시오.

복수의 동물원에서 사육되고 있는 동물을 하나의 무리로 간주하고, 국내, 때로는 국외와도 연계하여 번식시켜 가는 것을 '공동 번식'이라고 한다.

일본에서는, 90년대에 훔볼트 펭귄과 같이 멸종이 걱정되는 펭귄의 공동 번식 시스템이 잘 돌아가기 시작한 것이 초기의 성공 예이다. 펭귄은 동물원과 수족관이 공통으로 사육하고 있는 동물이기 때문에, 보통은 그다지 접점이 없는 동물원과 수족관이 교류하는 장소도 되었다고 평가되고 있다. **15** 지금, 펭귄을 무리로 사육하고 있는 것과 같은 동물원, 수족관에 가면 거의 반드시 다른 동물원 수족관 태생의 개체가 있다. 사육사에게 물어보면, 흔쾌히 가르쳐 줄 것이다.

한편, 고릴라 같은 유인원처럼 동물원의 간판으로 활동하는 입장의 인기 동물은 그렇게 간단하지 않았다. 펭귄의 경우는 무리로 승부를 보는 방식을 보이는 경우가 많기 때문에, 그중에 몇 마리인가를 교환하거나 하는 것에 그다지 거부감은 없었지만, 이것이 '고릴라 OO'라고 이름이 붙은 인기가 있는 경우는 그렇게는 되지 않는다. 그래서 **16** 소유권을 옮기지 않고 번식하기 위하여 일시적으로 이동하는 '브리딩 론'이라는 방식이 수용되어, 2010년대에 들어서야 드디어 확립된 것이다. 예를 들면 'OO동물원의 북극곰이 번식 상대가 있는 OO동물원에 이동한다'던가, "우리 침팬지와 레서 판다는, 브리딩 론으로 와 있다" 등 보통으로 듣게 되었다.

문1 밑줄 부분 '흔쾌히 가르쳐 줄 것이다'라고 있습니다만, 무엇을 가르쳐 주는 것입니까?

① 동물원, 수족관의 어디에 펭귄이 있는지

② 어떻게 펭귄을 기를지

③ 어느 것이 다른 동물원, 수족관에서 온 펭귄인지

④ 어느 동물원, 수족관에 펭귄이 있는지

問2 「ブリーディングローン」の手法で他の園館に行く動物についての説明として、最も適当なものはどれですか。 ① 行った先の園館で新たに名前をつけてもらえる。 ② 人気のない園館の宣伝のために他の園館に行く。 ③ 他の園館に行っても所属は元の園館のままである。 ④ 繁殖が成功しない限りは元の園館に戻って来られない。	문2 '브리딩 론'의 방식으로 다른 동물원, 수족관에 가는 동물에 관한 설명으로서, 가장 적당한 것은 어느 것입니까. ① 간 곳의 동물원, 수족관에서 새로이 이름을 붙여준다. ② 인기가 없는 동물원, 수족관의 선전을 위하여 다른 곳에 간다. ③ 다른 동물원, 수족관에 가더라도 소속은 원래의 있는 곳 그대로이다. ④ 번식이 성공하지 않는 한은 본래의 동물원, 수족관에 돌아올 수 없다.

해설

15

앞 문장과의 관계에서 생략된 목적어를 찾는 것이 포인트이다. 밑줄 앞 「飼育員(しいくいん)に聞(き)いてみると(사육원에게 물어 보면)」에서 무엇을 물어볼지를 나타내는 목적어가 생략되어 있다. 밑줄 부분의 앞 문장을 보면 '다른 동물원 수족관 태생의 동물 개체가 있는지?'를 묻는 다는 것을 알 수 있으므로 3번이 정답이다. 생략된 목적어를 찾아야 하는 경우, 대부분의 경우 앞 문장을 꼼꼼히 읽어보면 찾을 수 있다.

16

전문용어에 대한 정의설명을 체크하는 것이 포인트이다. '브리딩 론=소유권을 이전하지 않는 번식 방법'이라고 정의하고 있으므로 소유권과 관련 있다는 것을 알 수 있다. 따라서 3번과 4번 정도로 범위를 줄일 수 있고 4번은 본문에서 언급하지 않았으므로 3번이 정답이다.

어휘 飼育(しいく)する 사육하다 | 群(む)れ 무리 | 連携(れんけい)する 연계하다 | 繁殖(はんしょく)する 번식하다 | 絶滅(ぜつめつ) 멸종 | 類人猿(るいじんえん) 유인원 | 勝負(しょうぶ)する 승부하다 | 交換(こうかん)する 교환하다 | 抵抗(ていこう) 저항

XIV　次の文章を読んで後の問いに答えなさい。

世界には、山がけずられて平らになった大平野がありますが、日本の平地は、山がけずられてできた土砂が海や谷あいを埋めてつくった平野や盆地(ぼんち)で、平地はおもに*堆積(たいせき)の作用でつくられています。山から土砂を削りだしてそれを運ぶ働きをするのは川ですから、川にこそが日本の平地をつくったということもできます。日本の川は、世界の川に比べて急な勾配(こうばい)で激しい流れをもっています。しかし、川がいつも平野をつくるような土砂を運搬しているわけではありません。何十年、何百年に一度といった大洪水のときに、あっというまに厚さ一〇メートルとか二〇メートルといった堆積原(たいせきげん)をつくってしまうのです。

私が経験した例をあげましょう。一九六八年に常願寺川(じょうがんじがわ)で洪水がおこりました。このとき**立山山麓(たてやまさんろく)で、その前年に泊まった千寿ヶ原(せんじゅがはら)の河畔(かはん)の宿が広大な河原の下に消えてしまいました。洪水によって運ばれた土砂が一〇メートル以上も河原を高くしたのです。…（略）…高さが一〇～二〇メートルぐらいの段丘(だんきゅう)なら一日とか二日のうちにできてしまうのだなと自然のすごさにびっくりしました。

（五百沢智也『地図を読む（自然景観の読み方9）』岩波書店）

*堆積：砂や石などが積み上がること
**立山山麓：立山という山のふもと

問1　この文章の第二段落は、何の例として挙げられていますか。

① 筆者が自然の怖さを感じた例
② 短い期間に地面の高さが上がった例
③ 大洪水によって大きな被害を受けた例
④ 何百年に一度の大雨が大洪水をおこした例

14. 다음 문장을 읽고 이후 질문에 답하시오.

세계에는 산이 깎여서 평평하게 된 대평야가 있습니다만, 일본의 평야는 산이 깎여서 생긴 흙모래가 바다와 계곡을 메워서 만든 평야와 분지로, 평지는 주로 퇴적 작용으로 만들어져 있습니다. **18** 산에서 토사를 깎아 내 그것을 운반하는 작용을 하는 것은 강이기 때문에, 강이야말로 일본의 평지를 만들었다고 할 수 있습니다. 일본의 강은, 세계의 강에 비교해서 급한 경사이며 격한 흐름을 가지고 있습니다. 그러나, 강이 언제나 평야를 만드는 토사를 운반하고 있는 것은 아닙니다. 몇십 년, 몇백 년에 한 번과 같은 대홍수 때에, 순식간에 두께 10미터라던가 20미터 같은 퇴적평야를 만들어 버리는 것입니다.

내가 경험한 예를 들어봅시다. 1968년에 조간지 천에서 홍수가 일어났습니다. 이때 다테야마산 기슭에서, 그 전 해에 머물렀던 센쥬가하라 강가의 숙소가 광대한 강가 강변 밑으로 사라져 버렸습니다. 홍수에 의해서 운반된 토사가 10미터 이상씩이나 강변을 높게 만든 것입니다. (중략) **17** 높이가 10~20미터 정도의 단구라면 1일이나 2일 안에 생겨버리는 거라고 자연의 대단함에 깜짝 놀랐습니다.

*퇴적: 모래나 돌 등이 쌓이는 것.
**다테야마산 기슭: 다테야마라는 산 기슭.

문1 이 문장의 제2단락은, 어떤 예로 들고 있습니까?

① 필자가 자연의 무서움을 느낀 예
② 짧은 기간에 지면의 높이가 올라간 예
③ 대홍수에 의해서 커다란 피해를 받은 예
④ 몇백 년에 한번의 큰비가 대홍수를 일으킨 예

問2　この文章の内容と合っているものはどれですか。	문2 이 문장의 내용에 맞는 것은 어느 것입니까?
① 日本では山の土砂が川に流れ、川を埋めることで平地になることが多い。	① 일본에서는 산의 토사가 강으로 흘러, 강을 메움으로써 평지가 되는 경우가 많다.
② 日本では大雨で山がけずられ、その山が平らになることで平地になることが多い。	② 일본에서는 큰비로 산이 깎여서, 그 산이 평평해짐으로써 평지가 되는 경우가 많다.
③ 日本では山が大洪水によって土砂に埋もれて平地になることが多い。	③ 일본에서는 대홍수에 의해서 토사가 메워져 평지가 되는 경우가 많다.
④ 日本では山の土砂を川が運び、海や谷を埋めることで平地になることが多い。	④ 일본에서는 산의 토사를 강이 운반하여, 바다와 계곡을 메움으로써 평지가 되는 경우가 많다.

해설

17

두 번째 단락은 '홍수에 의해서 운반된 토사가 강변의 높이를 높인' 것에 관한 필자의 경험을 설명하고 있다. 따라서 '높이'와 관련되어 있는 선택지 2번이 정답이다. 선택지 1번은 무서움, 3번은 피해, 4번은 대홍수로 높이와 관련이 없으므로 오답이다.

18

첫 단락에서는 평지가 만들어지는 과정에 관해서 설명하고 있는데, 일본의 평야와 세계의 평야의 발생 과정을 설명하고 있으므로, 일본의 평야와 세계의 예시를 잘 구분하여 파악하는 것이 포인트이다. 2번은 세계의 예시를 설명한 것이므로 오답이고, 일본의 평야는 토사가 바다와 계곡을 메워서 만들어졌다고 하였으므로 4번이 정답이다. 토사가 강을 메운 것이 아니므로 1번도 오답이다.

어휘 削(けず)る 깎다 | 平(たい)ら 평평하다 | 土砂(どしゃ) 토사 | 埋(う)める 메우다 | 盆地(ぼんち) 분지 | 堆積(たいせき) 퇴적 | 勾配(こうばい) 경사, 비탈 | 運搬(うんぱん)する 운반하다 | 河原(かわら) 강변

XV　次の文章を読んで後の問いに答えなさい。

人は昔から老いることを続けて来ました。どの時代にも老人は存在しました。…（略）…

にもかかわらず、幼少の頃や思春期、人生の盛(さか)りの時期について書かれたものと比べると、老年を主題とした著作はより少ないように思われます。文学作品について考えてもその傾向は明らかです。恋愛小説にしても親と子の葛藤(かっとう)を描く作品にしても、*冒険譚(ぼうけんたん)や歴史小説にしても、いずれも**青・壮年期の人物が主人公として活躍しています。歴史小説の中には主人公の老境が描かれるケースもありますが、それは盛んな生の結末としての扱いを受けるにとどまり、老いそのものの実質が主題として追究されているとは言い難い。

死は年齢に関係なく深刻な出来事ですが、老いたる末の死は若い季節の死に比してより自然であり、当然の事態の到来(とうらい)とも受け取られ、劇的な要素に欠けているためかもしれません。あるいは、老いるにつれて行動範囲が狭くなり人との接触も限られて来るので、ドラマが成り立ちにくい、とも考えられます。

しかしこれだけ老後が長くなってくれば、その中に何が沈み何が隠れているかをあらためて検討し、吟味(ぎんみ)し、確かめ直す作業が求められるのではないか。かつては稀(まれ)なことであった長寿が少しも珍しくはなくなった以上、今は劇的なものとしてではなく、日常的な光に浮かび上る主題としての老いの問題に取り組む必要が生れて来たのだ、とも言えそうです。

（黒井千次『老いるということ』講談社）

*冒険譚：冒険の物語
**青・壮年期：青年期と壮年期。10代半ばから60代ごろまでの時期

問1　この文章の第三段落「死は年齢に関係なく…」では、理由が述べられています。何に対する理由が述べられているのですか。

① 人は誰でも老いたる末に死を迎える理由
② 若者より老人の方が文学作品を多く読む理由
③ 老人や老いを主題にした文学作品が少ない理由
④ 歴史小説ではよく主人公の老境が描かれる理由

15. 다음 문장을 읽고 이후 질문에 답하시오.

사람은 예부터 나이 드는 것을 계속해 왔습니다. 어느 시대에도, 노인은 존재했습니다.
(중략)
그런데도 불구하고, 어린 시절과 사춘기, 인생의 한 창인 시기에 관해서 쓰인 것과 비교하면, 노년을 주제로 삼은 저서는 보다 적은 것 같은 생각이 듭니다. 문학 작품에 관해서 생각해도, 그 경향은 명확합니다. 연애소설이라도 부모와 자식의 갈등을 그리는 작품에서도, 모험담과 역사 소설이라 하더라도, 모두 청장년기의 인물이 주인공으로 활약하고 있습니다. 역사소설 속에는 주인공의 노년기가 그려지는 케이스도 있습니다만, 그것은 번성한 생의 결말로써의 대접을 받는 것에 그치며, **19** 늙어가는 것 그 자체의 실질적 내용이 주제로서 추구되고 있다고는 말하기 어렵다.
죽음은 연령과 관계없이 심각한 사건 사고입니다만, 늙은 끝의 죽음은 젊은 계절의 죽음에 비하여 보다 자연스럽고 당연한 사태의 도래라고 받아들여지며, **19** 극적인 요소가 결여되어 있기 때문일지도 모릅니다. 혹은 늙어감에 따라 행동 범위가 좁아지게 되고 사람과의 접촉도 한정되기 때문에 드라마가 성립되기 어렵다고도 생각됩니다.
그러나 이만큼 노후가 길어지게 되면, 그 안에 무엇이 가라앉고 무엇이 숨겨져 있는가를 새로이 검토하고 음미하고, 재차 확인하는 작업이 요구되는 것은 아닐까? 옛날에는 희귀한 일이었던 장수가 조금도 진귀하지 않게 된 이상, **20** 지금은 극적인 것으로서가 아니라 일상적인 빛으로 떠오르는 주제로서 노화의 문제에 노력할 필요가 생겨난 것이라고 말할 수 있을 것 같습니다.

*모험담: 모험 이야기.
**청장년기: 청년기와 장년기. 10대 중반부터 60대무렵까지의 시기.

문1 이 문장의 제3단락 '죽음은 연령이 관계없이……'에 이유가 서술되어 있습니다. 무엇에 대한 이유가 서술되어 있는 것입니까?

① 사람은 누구라도 나이든 끝에 죽음을 맞이하는 이유
② 젊은 사람보다 노인 쪽이 문학작품을 많이 읽는 이유
③ 노인과 늙어 가는 것을 주제로 한 문학 작품이 적은 이유
④ 역사소설에서는 자주 주인공의 노년기가 그려지는 이유

問2　筆者の主張として、最も適当なものはどれですか。

① もっと老いに目を向けるべきだ。

② もっと長生きするべきだ。

③ もっと老人を敬うべきだ。

④ もっと老後の生活を考えるべきだ。

문2 필자의 주장으로서, 가장 적당한 것은 어느 것입니까?

① 더 늙어가는 것에 시선을 향해야 한다.

② 더 장수 해야 한다.

③ 더 노인을 공경해야 한다.

④ 더 노후의 생활을 생각해야 한다.

해설

19

세 번째 단락의 이유는 「劇的な要素に欠けているため(극적인 요소가 결여되어 있기 때문에)」와 「行動範囲が狭くなり人との接触も限られて来るので(행동 범위가 좁아지고 사람과 접촉도 한정되어 오기 때문에)」의 2가지이며, 이것은 모두 '드라마가 성립되기 어려운' 이유이다. 무엇이 '드라마, 극적'으로 되기 어려운가를 생각해 보면, 그 앞에서 '노년을 주제로 한 저서가 적다'고 설명하고 있으므로 3번이 정답이다.

20

마지막 단락에서 그러나 노후가 길어지게 되면서 지금은 '주제로서 노화의 문제를 다뤄야'하고, 깊게 생각하는 편이 좋다고 했으므로 1번이 정답이다.

어휘 老いる 나이 들다, 늙다 | 思春期 사춘기 | 盛り 한창 때 | 葛藤 갈등 | 冒険譚 모험담 | 活躍する 활약하다 | 老境 노년 | 成り立つ 성립하다 | 沈む 가라앉다 | 隠れる 숨다 | 吟味する 음미하다

XVI　次の文章を読んで後の問いに答えなさい。

資源とは、*広辞苑(こうじえん)によれば「生産活動のもとになる物質、水力、労働力などの総称」。また、日本国語大辞典によれば「産業の材料・原料として見た地下の鉱物、山林、水産物、水力などの類」と定義される。両者の共通点は、生産活動にかかわる水、森林といった幅広いモノを想定している点である（労働力など人的なものを定義に含める場合もあるが、本書ではそれを除いたものとして考える）。いいかえるならば、資源とは、人々の営みを支える存在であり、かつそれが自然に存在し、人がつくりだすことができないものととらえることができるだろう。資源は、それぞれの特性の違いから様々な形で分類されている。例えば資源の自律的な回復可能性を基準にすれば、枯渇(こかつ)性資源と再生可能資源の二つに大別することができる。前者は、石炭、石油、金属といった鉱物資源、後者は、水、森林、漁場、温泉、大気、土地などがあげられる。両者の資源は、個々の特性によってその利用・管理のありようが異なるだけでなく、資源をめぐる議論の内容にも違いが生じている。枯渇性資源である石炭、石油、金属資源は、原料、エネルギー源としての側面が重視されるため、開発主体の展開に議論が集中し、資源管理の側面については、公害による汚染問題など他の資源との関係の範囲内で議論が行われる。一方、水や森林といった再生可能資源は、地域住民の生活や**生業(なりわい)と密接に結びつくため、資源の持続的な管理（保全）のありようが重要な論点となる。

（高柳友彦『温泉の経済史　近代日本の資源管理と地域経済』東京大学出版会）

*広辞苑：日本で有名な辞書の一つ
**生業：仕事のこと

問1　この文章で定義づけている「資源」として含まれるものはどれですか。

① 労働力
② 時間
③ 金銭
④ 温泉

16 다음 문장을 읽고 이후 질문에 답하시오.

자원이라는 것은, 고지엔에 의하면 '생산 활동의 기초가 되는 물질, 수력, 노동력 등의 총칭'이다. 또, 일본국어대사전에 의하면 '산업의 재료, 원료로 본 지하의 광물, 삼림, 수산물, 수력 등의 종류'이다. 양자의 공통점은 생산활동에 관계되는 물, 삼림 등과 같은 폭넓은 것을 상정하고 있다는 점이다(노동력 등 인적인 것은 정의에 포함하는 경우도 있지만, 본서에서는 그것을 제외한 것으로써 생각한다). 바꿔 말하자면, **21** 자원이라는 것은 사람들의 영위를 지지하는 존재이고, 그리고 그것이 자연에 존재하고 사람이 만들어 낼 수가 없는 것으로 파악할 수 있을 것이다. 자원은, 각각의 특성의 차이에서부터 여러 가지 형태로 분류되고 있다. 예를 들면 자원의 자율적인 회복 가능성을 기준으로 한다면 고갈성 자원과 재생가능 자원 2가지로 크게 나눌 수 있다. 전자는 석탄, 석유, 금속 등과 같은 광물자원, 후자는 물, 삼림, 어장, 온천, 대기, 토지 등을 들 수 있다. 양자의 자원은, 개개의 특성에 따라서 그 이용, 관리의 모양이 다를 뿐만 아니라, 자원을 둘러싼 논의 내용에도 차이가 생긴다. **22** 고갈성 자원인 석탄, 석유, 금속자원은, 원료, 에너지원으로써의 측면이 중시되기 때문에, 개발주체의 전개에 논의가 집중되며, 자원관리의 측면에 관해서는 공해에 의한 오염 문제 등 다른 자원과의 관계의 범위 내에서 논의가 행해진다. 한편, 물과 삼림 등과 같은 재생가능자원은, 지역주민의 생활과 생업과 밀접하게 결부되기 때문에, 자원의 지속적인 관리(보전)의 모습이 중요한 논점이 된다.

*고지엔: 일본에서 가장 유명한 사전 중 하나.
**생업: 일.

문1 이 문장에서 정의하고 있는 '자원'에 포함되는 것은 어느 것입니까.

① 노동력
② 시간
③ 금전
④ 온천

問2　この文章の内容と合っているものはどれですか。

① 枯渇性資源は資源管理について議論されないが、再生可能資源は議論される。

② 枯渇性資源は資源管理について議論されるが、再生可能資源ほどではない。

③ 枯渇性資源は資源管理について主に議論され、再生可能資源はそれが議論されない。

④ 枯渇性資源も再生可能資源もどちらも第一に資源管理について議論される。

문2 이 문장의 내용과 맞는 것은 어느 것입니까?

① 고갈성자원은 자원관리에 관해서 논의되지 않지만, 재생가능자원은 논의된다.

② 고갈성자원은 자원관리에 관해서 논의되지만, 재생가능자원은 정도는 아니다.

③ 고갈성자원은 자원관리에 관해서 주로 논의되고, 재생가능자원은 그것이 논의되지 않는다.

④ 고갈성자원도 재생가능자원도 전부 첫 번째로 자원관리에 관해서 논의된다.

해설

21

전문용어의 정의를 체크해야 하는데, 두 개 사전의 정의에서 공통점을 논한 뒤, '자원'에 대해서 다시 정의하고 있다. 이 부분을 체크하면 답을 찾을 수 있는데, 필자는 '자원'이란 '자연에 존재하고 사람이 만들어 낼 수 없는 것'이라고 정의하고 있으므로 정답은 4번이다, '노동력'은 자원에서 제외한다고 했으므로 1번이 오답이라는 것은 쉽게 알 수 있다. 사람이 만들어 낼 수 없는 것을 찾아야 하므로 3번도 오답이다.

22

이 문장은, '고갈성자원'과 '재생가능자원'에 대한 정의를 설명하고 있으므로 두 내용이 섞이지 않게 꼼꼼히 읽어가는 것이 중요하다. 문장 하단부 「一方(いっぽう)」를 기준으로 '고갈성자원'과 '재생가능자원'이 대조 대비되어 있다. '고갈성자원 → 다른 자원과의 관계 범위 내에서 논의' → 「一方(いっぽう)」 → '재생가능자원 → 중요한 논점'이라는 흐름을 파악하면 2번이 정답이라고 알 수 있다. 3번과 4번은 언급한 사실이 없으므로 오답이며, 1번은 자원 관리 측면에서 논의 되어야 하므로 오답이다.

어휘 広辞苑(こうじえん) 일본의 유명 사전 | 鉱物(こうぶつ) 광물 | 幅広(はばひろ)い 폭넓다 | 含(ふく)める 포함하다 | 枯渇性(こかつせい) 고갈성 | 大別(たいべつ)する 크게 나누다 | 汚染(おせん) 오염 | 密接(みっせつ)に 밀접하게

XVII　次の文章を読んで後の問いに答えなさい。

子供は普通、児童期を終わり、いよいよ悩み多き思春期に入り、そして青年期を終え、成人になり、本格的に社会に羽ばたいていきます。しかし羽ばたく力の強い子や弱い子、羽ばたいているだけで飛ぼうとしない子、などさまざまです。これはまさに自立の意志（自立心）と自立力の問題なのです。自立心とは、親から精神的に、また経済的に独立し自立したいという気持ちあるいは意欲のことです。自立力というのは、そのように自立することができる能力（社会に出て自らの力で生きていくために必要な知識やスキルを獲得し発揮することができる力。たとえば社会や会社で評価される資格の取得・活用の能力や、営業や研究開発などの職務遂行能力、農業や漁業などの一次産品の生産能力、など）です。

たとえいかに自立力が高くても、本人に強い自立の意志がなければ、自立するという行動は具体的には生まれません。またどんなに自立したいという気持ちが強くても、自立力が弱ければ、自立という行動に踏み切れません。かりに自立したとしても、仕事に必要な能力がないために、その自立は失敗に終わるでしょう。つまり子供がしっかり自立した生活を送るには、本人に高い自立力と、強い自立の意志が必要なのです。ただしこの自立力を効率的に学習したり、また発揮させるうえで、高い社会性（対人関係能力）と問題解決能力が不可欠です。

言うまでもなく実際、自立力の強い子もいれば弱い子もいます。自立力の強い子は、自己意識も強く主体性や独立心も強い、場合によっては競争心や支配力も強いかもしれません。普通、自立力と自立の意志は相互作用の関係にあります。自立の意志が強くなると、自立力も強くなる、その逆もあります。つまり一言で言えば、自立力の強い子は明確なアイデンティティを持っているということができます。これが明確になるのは青年期に入ってからです。自分は何をしたいのか、何をしなければならないのか、どういう人間なのかがかなり分かっているのです。アイデンティティが確立しているから自立しようとする意志も強くなり、また自立力が強いから、アイデンティティ確立の努力も強くなっていきます。

（林伸二『自立力　思春期・青年期の問題と、その解決策』風詠社）

17 다음 문장을 읽고 이후 질문에 답하시오.

아이는 보통, 아동기를 끝내고, 마침내 고민 많은 사춘기에 들어서, 그리고 청년기를 마치고 성인이 되고 본격적으로 사회에 날갯짓해 갑니다. 그러나 파닥이는 힘이 강한 아이와 약한 아이, 파닥이고 있기만 하고 날려고 하는 않는 아이 등 여러 가지입니다. 이것은 정말이지 자립의 의지(자립심)와 자립력의 문제이기 때문입니다. 자립심이라는 것은, 부모로부터 정신적으로 또 경제적으로 독립하고 자립하고 싶다는 마음 혹은 의욕을 가리킵니다. **23** 자립력이라는 것은 이처럼 자립할 수 있는 능력(사회에 나아가 자신의 힘으로 살아 가기 위하여 필요한 지식과 스킬을 획득하고 발휘할 수 있는 힘. 예를 들면 사회와 회사에서 평가되는 자격증 취득, 활용 능력과 영업과 연구개발 등의 직무수행 능력, 농업과 어업 등의 1차 산업품의 생산능력 등)입니다.

설령 아무리 자립력이 높아도 본인에게 강한 자립의 의지가 없다면, 자립한다는 행동은 구체적으로 생겨나지 않습니다. 또 아무리 자립하고 싶다는 마음이 강해도, 자립력이 약하면 자립이라는 행동은 단행할 수 없습니다. **24** 가령 자립했다고 하더라도, 생활에 필요한 능력이 없기 때문에 그 자립은 실패로 끝날 것입니다. 즉 아이가 견실하게 자립한 생활을 보내려면 본인의 높은 자립력과 강한 자립의 의지가 필요한 것입니다. 다만, 이 자립력을 효율적으로 학습하거나, 또 발휘하게 하는 데 있어서, 높은 사회성(대인관계능력)과 문제 해결 능력이 불가결합니다.

말할 필요도 없이 실제로 자립력이 강한 아이도 있고 약한 아이도 있습니다. 자립력이 강한 아이는 자기의식도 강하고 주체성과 독립심도 강하고 때에 따라서는 경쟁심과 지배력도 강할지도 모릅니다. 보통, **25** 자립력과 자립의 의지는 상호작용의 관계에 있습니다. 자립의 의지가 강하면 자립력이 강해진다, 그 반대도 있습니다. 즉 한마디로 말하자면, 자립력이 강한 아이는 명확한 아이덴티티를 가지고 있다고 할 수 있습니다. 이것이 명확하게 되는 것이 청년기에 들어가서입니다. 자신은 무엇을 하고 싶은 것인가, 무엇을 해야만 하는가, 어떠한 인간인가를 상당히 아는 것입니다. 아이덴티티가 확립되어 있기 때문에 자립하고자 하는 의지도 강해지고, 또 자립력이 강하기 때문에, 아이덴티티 확립의 노력도 강해져 갑니다.

問1　この文章で述べられている「自立力」の例として、適当なものはどれですか。

① できるだけ親と会わないように、遠いところに引っ越しをした。

② 友だちといつも連絡が取り合えるように、SNSのグループを作った。

③ 一人暮らしをするために、親からお金を借りてアパートを借りた。

④ トラックの運転手になるために、大きい車が運転できる免許をとった。

문1 이 문장에서 서술되고 있는 '자립력'의 예로서 적당한 것은 어느 것입니까?

① 될 수 있는 한 부모와 만나지 않도록, 먼 곳에 이사를 했다.

② 친구들과 함께 연락을 서로 취할 수 있도록, SNS의 그룹을 만들었다.

③ 혼자 자취생활을 하기 위하여, 부모로부터 돈을 빌려서 아파트를 빌렸다.

④ 트럭 운전기사가 되기 위하여, 대형차를 운전 할 수 있는 면허를 땄다.

問2　下線部「その自立は失敗に終わるでしょう」とありますが、その理由として最も適当なものはどれですか。

① 子供の自立心が弱いから

② 子供の自立力が弱いから

③ 子供の自立心も自立力も弱いから

④ 親が適切な援助をしないから

문2 밑줄 부분 '그 자립은 실패로 끝날 것이다'라고 있습니다만, 그 이유로서 가장 적당한 것은 어느 것입니까?

① 아이의 자립심이 약하기 때문에

② 아이의 자립력이 약하기 때문에

③ 아이의 자립심도 자립력도 약하기 때문에

④ 부모가 적절한 원조를 하지 않기 때문에

問3　この文章の内容と合っているものはどれですか。

① 自立心が強い子供は、自立力も強くなることが多い。

② どんな子供でも青年期を過ぎて成人になれば自立心が強くなる。

③ 自立力の弱い子供の自立力を高めるには親の助けが必要となる。

④ 子供が青年期に入ると自立心とともに競争心や支配力が強くなる。

문3 이 문장의 내용과 맞는 것은 어느 것입니까?

① 자립심이 강한 아이는, 자립력도 강해지는 경우가 많다.

② 아무리 아이라도 청년기를 지나서 성인이 되면 자립심이 강해진다.

③ 자립력이 약한 아이의 자립력을 높이려면 부모의 도움이 필요하다.

④ 아이가 청년기에 들어서면 자립심과 함께 경쟁심과 지배력이 강해진다.

해설

23

'자립심'과 '자립력'의 차이를 구분하여 파악하는 것이 포인트이다. 첫 단락의 '자립력'의 정의 설명을 체크하면 답을 찾을 수 있다. 자립력의 예시에 '자격증 취득 활용능력'이 있으므로 4번이 정답이다. 1번과 3번은 경제적 자립이 되어 있지 않고, 생활 형태만을 이야기하고 있으므로 오답이다. 친구와의 관계는 언급하지 않았으므로 2번도 오답이다.

24

밑줄 앞 문장에 '일에 필요한 능력이 없기 때문에'라고 이유가 서술되어 있다. 여기에서 '일에 필요한 능력=자립력'의 관계를 파악할 수 있다면 정답을 찾을 수 있다. 즉, 자립력이 없다면, 자립했다고 하더라고 실패로 끝날 것이라고 했으므로 정답은 2번이다. '자립심이 없으면' 자립을 못하지만, 이미 자립을 한 상태라고 했으므로 자립심의 문제는 아니므로 1번과 3번은 오답이다. 4번은 언급한 적이 없다.

25

마지막 단락에서 '자립력과 자립의 의지는 상호 작용의 관계에 있다'고 설명하고 있다, 즉, '자립심이 높으면, 자립력이 높다'고 볼 수 있으므로, 1번이 정답이다. 자립력을 올리는 것에는 '높은 사회성'이 필요하다고 설명하고 있으나 '부모의 도움'에 관해서는 언급하지 않았으므로 3번은 오답이다. 청년기에 강해지는 것은 '자립력이 강한 아이의 명확한 아이덴티티'이므로 4번도 오답이다.

어휘 児童(じどう) 아동 | 悩(なや)み 고민 | 羽(は)ばたく 날갯짓하다 | 獲得(かくとく)する 획득하다 | 職務遂行(しょくむすいこう) 직무수행 | 独立心(どくりつしん) 독립심 | 相互作用(そうごさよう) 상호작용

기술

Point 문제로 제시된 주제가 '필요하다/필요 없다'를 적어야 합니다.

대책

1. 제일 먼저 '필요하다/필요하지 않다' 중에 자기 입장을 정하고 그 이유를 적어야 합니다.
2. 자신의 입장과 반대 입장('필요'하다는 입장인 사람은 '필요 없다'는 입장, 또는 그 반대)에 대해서도 언급하라고 적혀 있지 않더라도, 반대 입장 의견도 조금 언급하는 편이 좋습니다(과거 기출 문제의 모범 해답을 보면 반대 입장에 대해서도 언급하고 있습니다).
3. 반대 입장을 적을 때는 「たしかに～。しかし～」라는 문형을 사용하면 좋습니다.

예시답안 1

私の国にも、北部と南部を結ぶ高速鉄道の計画がある。日本の新幹線を見ても分かるように、高速鉄道があれば、一度におおぜいの人が速く便利に移動できる。高速鉄道を使って、田舎の町から都会の町に毎日通勤することもできるかもしれない。

これ以外にも高速鉄道には良い点がたくさんある。飛行機のように乗るときの手続きも面倒ではないし、事故の心配も少ない。時間も正確だろう。また、高速鉄道の駅のそばは発展し、新しい商業施設や公共施設が建てられて、人口が増えることも期待できる。

しかし、これらの恩恵を受けられるのは、一部の人たちだけではないか。高速鉄道をつくることは、一つの企業でできるようなことではない。国が関与して何年もかけて行う事業だ。莫大なお金がかかり、税金も使われるだろう。線路をつくるときに、自然環境を壊すこともあるかもしれない。

私は、それほどのコストに見合うだけのメリットはないと思う。遠くへの移動なら、飛行機を使えばいいし、普通の鉄道があれば、時間がかかっても目的地まで行ける。そもそも高速鉄道がなくても、人々はちゃんと生活をしてきた。少しの利便性のために、大きな犠牲を払う必要はないと思う。

그 외의 의견

高速鉄道を新たにつくる必要がある

・今まで注目されなかった場所が観光地になるかもしれない

・高速鉄道の導入によって新たな技術が開発される

高速鉄道を新たにつくる必要がない

・線路の近くに住んでいる人にとって騒音の影響があるかもしれない

・利用者が少なければ、開発にかかった費用が回収できない

・維持するための費用も大きい

예시답안 2

日本の小学校では、児童たちが自分たちで掃除をする。このことが世界に広がって、今、いろいろな国で児童たちが自分たちで学校を掃除しているという話を聞いたことがある。

児童は勉強するために学校に来ているので、掃除をする必要はないともいえる。掃除の専門業者が掃除をしたほうがきれいになるし、児童は掃除の時間を勉強のために使うこともできる。どうして自分たちで掃除をしなければならないのかと疑問に思う児童もいるだろう。

確かに、掃除は大変で嫌なものだ。しかし、それを児童がすることで、児童が学校をきれいに使おうと思う気持ちが育つのだと思う。「来たときよりも美しく」「たつ鳥あとを濁さず」という言葉を聞いたことがある。どちらも、自分が汚したものは、自分で掃除をするという日本人の気持ちを表した言葉だろう。このような習慣があるから、日本の町はゴミがあまり落ちていないのかもしれない。

つまり、掃除をするというのは、ただ学校をきれいにするという意味だけではない。掃除を通してきれいな環境を保つという気持ちを育てる教育なのである。教育効果が高いから世界に広まったのだと私は思う。

그 외의 의견

児童が学校を自分たちで掃除する必要がある

- 1人でやるのではなく、みんなで協力しあって行うので、協調性が育まれる
- どうすればきれいになるか、掃除のし方が覚えられる

児童が学校を自分たちで掃除する必要がない

- 小さな子だと、掃除道具で遊んだりしてケガにつながる可能性もある
- トイレの掃除など、場所によっては感染症の恐れがある

독해

문제	해답 번호	정답
Ⅰ	1	③
Ⅱ	2	④
Ⅲ	3	④
Ⅳ	4	④
Ⅴ	5	④
Ⅵ	6	④
Ⅶ	7	①
Ⅷ	8	①
Ⅸ	9	③
Ⅹ	10	①

문제	해답 번호	정답
Ⅺ	11	④
	12	①
Ⅻ	13	④
	14	②
XIII	15	③
	16	②
XIV	17	②
	18	①
XV	19	①
	20	①
XVI	21	③
	22	④
XVII	23	②
	24	②
	25	①

I　下線部「森林生態系の劣化」の状況を説明したものとして、適当なものはどれですか。

過度な人為開発・資源利用（オーバーユース）に伴う森林生態系の劣化は、森林に生息する昆虫類に大きな負の影響を及ぼしてきた。それは必ずしも奥山や人里離れた森林だけに言えることではない。実際に、都市近郊林や里山など我々が普段目にする身近な場所でも多くの昆虫類が森林の破壊・改変によって姿を消した。過去に記録された昆虫類のリストを見れば、ここ数十年間でいかに多くの森林性昆虫類の個体群が局所絶滅・衰退したかを理解することができる。*我が国の場合、高度経済成長期に比べると人為開発による森林への圧力は低下しているように見えるが、小規模な森林減少・改変は継続しており、依然として森林性昆虫類はオーバーユースの危機にさらされている。また、世界的に見た場合、東南アジアなどの熱帯林を中心に、毎年膨大な面積の森林が農地や放牧地への土地転用や商業伐採により失われており、昆虫類に及ぼす深刻な負の影響が懸念されている。

（曽我昌史「第1章　森林減少や改変による影響」滝久智・尾崎研一編『森林と昆虫』共立出版）

*我が国：ここでは日本のこと

① 日本では、高度経済成長期以降、森林生態系の劣化は止まっている。

② 日本では、高度経済成長期以降、森林生態系の劣化に改善が見られる。

③ 日本だけでなく、東南アジアなどでも森林生態系の劣化が見られる。

④ 日本以上に東南アジアなどの熱帯林の生態系の劣化が深刻である。

1. 밑줄 부분 '삼림생태계의 열화' 상황을 설명한 것으로서, 적당한 것은 무엇입니까.

과도한 인위적 개발, 자원 이용(오버 유스)에 따른 삼림생태계의 열화는 삼림에 서식하는 곤충류에 커다란 부정적인 영향을 미쳐왔다. 그것은 반드시 깊은 산 속이나 민가에서 떨어진 삼림에만 할 수 있는 말은 아니다. 실제로 도시 근교 숲과 마을 뒷산 등 우리들이 평소 눈으로 보는 가까운 장소에서도 많은 곤충류가 삼림 파괴와 변경에 의해서 모습을 감추었다. 과거에 기록되었던 곤충류의 리스트를 보면 최근 수십 년 사이에 얼마나 많은 **1 2** 삼림성 곤충류의 개체군이 국소적으로 멸종, 쇠퇴했는지를 이해할 수 있다. 우리나라의 경우 고도 경제 성장기와 비교하면 인위적 개발에 의한 삼림에 대한 압력은 저하된 것처럼 보이지만, **1 2** 소규모 삼림 감소와 변경은 계속되고 있고, 여전히 삼림성 곤충류는 오버 유스의 위기에 노출되어 있다. **3** 또, 세계적으로 봤을 때, 동남아시아 등의 열대림을 중심으로 매년 방대한 면적의 삼림이 농지와 방목지로 토지 전용이나 상업용 벌목에 의하여 잃어버려지고 있어서 곤충류에 미치는 심각한 부정적 영향이 우려되고 있다.

*우리나라: 여기에서는 일본.

① 일본에서는, 고도경제성장기 이후, 삼림생태계의 열화는 멈춰 있다.

② 일본에서는, 고도경제성장기 이후, 삼림생태계의 열화에 개선이 보인다.

③ 일본뿐만 아니라, 동남아시아 등에서도 삼림생태계의 열화가 보인다.

④ 일본 이상으로 동남 아시아 등의 열대림의 생태계의 열화가 심각하다.

해설

밑줄 표현과 같은 표현을 찾는 문제이다. '개념(정의) – 예시 – 내용 정리' 구조를 갖는 문장의 경우, '개념' 부분과 마지막 부분의 '내용 정리'는 같은 내용을 반복해서 설명하고 있다는 것이 정답을 찾는 포인트가 된다. 이 문장에서는 우선 '삼림생태계의 열화 → 곤충류에 악영향'이라는 구도를 읽을 수 있다. 그 이후 '삼림의 파괴, 변경 → 곤충의 멸종, 쇠퇴가 일본뿐만 아니라 세계적으로 우려되고 있다'는 흐름이라는 것을 읽어낼 수 있다면, 정답을 찾을 수 있다. 여기에서의 삼림생태계의 열화는 삼림의 파괴 감소 등을 의미하고 있으므로 정답은 3번이다. 일본은 여전히 삼림생태계의 열화가 계속되고 있다는 표현에서 1번과 2번이 오답이라고 알 수 있고, 동남아시아와 일본을 비교하지 않았으므로 4번도 오답이다.

어휘 過度(かど) 과도 | 伴う(ともなう) 동반하다 | 生息(せいそく)する 서식하다 | 負の影響(ふのえいきょう) 마이너스 영향 | 及ぼす(およぼす) 미치다 | 奥山(おくやま) 깊은 산 속 | 人里(ひとざと) 민가 마을 | 都市近郊(としきんこう) 도시근교 | 衰退(すいたい)する 쇠퇴하다 | さらす 상황, 상태를 드러내 놓다 | 低下(ていか)する 저하되다 | 継続(けいぞく) 계속 | 依然(いぜん)として 여전히 | 放牧地(ほうぼくち) 방목지 | 膨大(ぼうだい) 방대 | 伐採(ばっさい) 벌목

II　次の掲示の内容と合っているものはどれですか。

プリンターの利用について

無駄な印刷や不要な印刷を減らして資源を節約するために、印刷管理システムを導入し、みなさんがプリンターで印刷した枚数をカウントします。

1. 用紙について

コンピューター演習室、コンピューター自習室の全てのプリンターに用紙がセットされています。万が一用紙切れの場合は、準備室に連絡してください。職員が用紙を補充します。

2. 印刷管理システムについて

○印刷枚数を印刷管理(いんさつかんり)システムでカウントします。印刷(いんさつ)時には、学生証をプリンターにかざしてください。

○一年間の一人あたりの印刷可能枚数は150 枚です。150 枚に達したら、エラーメッセージが出て印刷できなくなります。150 枚を超えて印刷する場合は、準備室で印刷カードを購入し、プリンターにかざしてください。印刷カード購入の際は、学生証が必要です。

○カラー印刷は、1枚の印刷を白黒印刷の3枚分とカウントします。印刷のサイズは問いません。

3. トラブルについて

最近、プリンターのトラブルが続いています。共用機器なので、大切に扱ってください。プリンターのインクが切れた場合は、すぐに交換するので準備室に連絡してください。用紙が詰まったなど自分で対処できる場合は、自分で復旧してください。プリンターが反応しなくなった、印刷した字がにじむなど、自分で対処できない場合は、そのまま放置せずに必ず準備室に連絡してください。

① プリンターの用紙は準備室でもらって自分で持って行かなければならない。
② 印刷カードを持っていても、1年間で150 枚以上は印刷できない。
③ 印刷するサイズによって、カウントされる印刷枚数が変わる。
④ プリンターが動かなくなっても、自分で直せる場合は直してもいい。

2. 다음 게시 내용과 맞는 것은 어느 것입니까.

프린터 이용에 관하여

낭비되는 인쇄와 불필요한 인쇄를 줄여 자원을 절약하기 위하여, 인쇄관리 시스템을 도입하여 여러분이 프린터로 인쇄한 매수를 카운트합니다.

1. 용지에 관하여

컴퓨터 연습실, 컴퓨터 자습실의 모든 프린터에 용지가 준비되어 있습니다. **1** 만일 용지가 떨어졌을 경우에는 준비실에 연락해 주세요. 직원이 용지를 보충하겠습니다.

2. 인쇄관리 시스템에 관하여

- 인쇄매수를 인쇄관리 시스템으로 카운트합니다. 인쇄 시에는 학생증을 프린터에 갖다 대 주세요.
- **2** 1년간 한 사람당 인쇄 가능 매수는 150장입니다. 150장에 도달하면 에러 메시지가 나와 인쇄할 수 없게 됩니다. 150장을 넘게 인쇄하는 경우는 준비실에서 인쇄 카드를 구입하여 프린트에 갖다 대어 주세요. 인쇄 카드를 구입할 때는, 학생증이 필요합니다.
- 컬러 인쇄는, 1장 인쇄를 흑백 인쇄 3장분으로 카운트합니다. **3** 인쇄 사이즈는 상관없습니다.

3. 트러블에 관하여

최근, 프린터 트러블이 계속되고 있습니다. 공용 기기이니, 소중히 다뤄 주세요. 프린터의 잉크가 떨어졌을 경우에는 바로 교환할 테니 준비실에 연락하세요. **4** 용지가 걸리는 등 스스로 대처할 수 있는 경우에는 스스로 복구해 주세요. 프린터가 반응하지 않거나 인쇄한 글자가 번지는 등, 스스로 대처할 수 없는 경우는 그대로 방치하지 말고 반드시 준비실에 연락해 주세요.

① 프린터 용지는 준비실에 받아 스스로 가지고 가지 않으면 안 된다.
② 인쇄카드를 갖고 있어도, 1년간 150장 이상은 인쇄할 수 없다.
③ 인쇄하는 사이즈에 따라서, 카운트되는 인쇄매수가 바뀐다.
④ 프린터가 움직이지 않게 되어도, 스스로 고칠 수 있는 경우는 고쳐도 된다.

해설

스스로 대처 가능한 트러블의 경우는 스스로 해결해도 된다고 했으므로 4번이 정답이다. 정보검색문장은 조건에 따른 금지, 허가, 요청의 내용을 주의 깊게 보는 것이 포인트이다. 용지는 이미 프린터에 셋팅 되어 있고, 용지가 없어졌을 때만 준비실에 연락하라고 했으므로 1번은 오답이다. 인쇄 카드를 사면 150장 이상 인쇄 가능 하다고 했으므로 2번도 오답이고, 용지 사이즈는 관계 없다고 했으므로 매수는 변하지 않아 3번도 오답이다.

어휘 印刷(いんさつ) 인쇄 | 減(へ)らす 줄이다 | 節約(せつやく)する 절약하다 | 導入(どうにゅう)する 도입하다 | 補充(ほじゅう)する 보충하다 | ~に達(たっ)する ~에 달하다 | かざす 덧대다, 덮어 가리다 | 対処(たいしょ)する 대처하다 | 復旧(ふっきゅう)する 복구하다 | 放置(ほうち)する 방치하다

Ⅲ　山間地で作られたお茶の味についての説明として最も適当なものはどれですか。

昔から、お茶は平地よりも山間地の方がおいしいと言われています。確かに、銘茶の産地と言われる地域は、川沿いの山間地で、朝晩、霧がかかる所が多いようです。では、なぜ山間地のお茶はおいしいのでしょうか？

山間地は、平地と比べると日照時間が短く、気温が低く、昼と夜の温度差が大きいのが特徴です。そのため、新芽の生長が遅く、摘み取る時期は遅れます。しかし、茶芽がゆっくりと生長するので、うま味成分が長く保たれる効果があると言えます。また、気温が低く日照時間が短いこと、周りの木々が茶園に日陰をつくることで、カテキン類が少なく、アミノ酸類は多くなる傾向があります。つまり、苦味・渋味が控えめでうま味・甘味が多い茶葉に育つのです。

また、山のお茶には山間地のお茶特有の「山の香り」があるのも値打ちです。

一方、日照時間が長く昼夜の温度差が少ない平地では、すべての味成分が適度な濃さで調和し、山間地よりも味が強くなる傾向があります。

以上のように気象条件や立地条件の違いで、お茶の味や香りは微妙に変わるのです。産地の風景を思い浮かべながら、色々な産地のお茶を試してみてはいかがでしょう？

（NPO法人日本茶インストラクター協会『日本茶のすべてがわかる本　日本茶検定公式テキスト』日本茶インストラクター協会）

① 平地のお茶に比べて、味が強い。
② 平地のお茶に比べて、おいしくない。
③ 平地のお茶と比べても、味に違いはない。
④ 平地のお茶に比べて、味に特徴がある。

3. 산간지역에서 만들어진 차의 맛에 관한 설명으로서 가장 적당한 것은 어느 것입니까?

옛날부터 **2 3** 차는 평지보다도 산간 지역 쪽이 맛있다고 일컬어지고 있습니다. 확실히 명차의 산지라고 일컬어지는 지역은 강줄기를 따른 산간 지역으로 아침저녁으로 안개가 끼는 곳이 많은 것 같습니다. 그러면 왜 산간 지역 차는 맛있는 것일까요? 산간 지역은 평지와 비교하면 일조시간이 짧고 기온이 낮으며, 낮과 밤의 온도 차가 큰 것이 특징입니다. 그렇기 때문에, 새싹의 성장이 늦어서 따는 시기가 늦어집니다. 하지만, 차 싹이 천천히 성장하기 때문에, 감칠맛 성분이 오랫동안 유지되는 효과가 있다고 할 수 있습니다. 또, 기온이 낮고 일조 시간이 짧은 것, 주변 나무들이 차밭에 그늘을 만들어 줌으로써 카테킨류가 적고, 아미노산류가 많아지는 경향이 있습니다. **4** 즉, 쓴맛, 떫은 맛이 줄고 감칠맛, 단맛이 많은 차 잎으로 자라는 것입니다. 또, 산에서 나는 차에는 산간 지역 차 특유의 '산의 향'이 있다는 점에도 가치가 있습니다.

한편, **1** 일조 시간이 길고 온도 차가 적은 평지에서는, 모든 맛 성분이 적절한 농도로 조화를 이루고 산간 지역보다도 맛이 강해지는 경향이 있습니다.

이상과 같이 기상 조건과 입지 조건의 차이로 인하여 차의 맛과 향은 미묘하게 변하는 것입니다. 산지의 풍경을 떠올리면서, 여러 산지의 차를 시험해 보는 것은 어떨까요?

① 평지의 차와 비교하여, 맛이 강하다.
② 평지의 차와 비교하여, 맛이 없다.
③ 평지의 차와 비교해도, 맛에 차이는 없다.
④ 평지의 차와 비교하여, 맛에 특징이 있다.

해설

「山間地～」로 시작하는 단락에서 산간 지역의 기후 특성과 산간 지역에서 나는 차의 특징에 관해서 설명하고 있으므로 이 부분을 꼼꼼하게 읽으면 답을 찾을 수 있다. 두 번째 단락의 후반 부분에 「つまり(결국, 즉)」이란 접속사는 앞 내용을 정리하거나 바꾸어 말할 때 사용하는 접속사이므로 그 부분의 내용을 파악하면 정답을 쉽게 찾을 수 있다. 즉, 「苦味・渋味が控えめでうま味・甘味が多い茶葉に育つのです(쓴맛, 떫은맛이 줄고 감칠맛, 단맛이 많은 차 잎으로 자라는 것입니다)」 이 부분이 맛의 특징이라고 볼 수 있으므로 4번이 정답이다.

첫 문장 '차는 산간지역이 맛있다'라는 표현에서 2번과 3번이 오답이라는 것을 알 수 있으며, 1번은 '평지 차'에 관한 설명이므로 오답이다.

어휘 産地 산지 | 川沿い 강변 | 朝晩 아침저녁 | 霧 안개 | 日照時間 일조 시간 | 摘み取る 따다 | うま味 감칠맛 | 苦味 쓴맛 | 渋味 떫은맛 | 控え目 약간 적을 듯한 | 甘味 단 맛 | 濃い 진하다

Ⅳ 下線部「差別ではないかという指摘」に対する企業側の言い分に含まれるものとして、最も適当なものはどれですか。

就職活動において入社を希望する者の採用を決める場合に、一定レベル以上の大学に在籍しているかという基準でふるいにかける、いわゆる「学歴（がくれき）フィルター」が企業によっては存在していると言われています。学歴とは、個人が受けた教育段階別の経歴、すなわち、高校卒や大学卒といった違いを意味するのが普通でしたが、最近は大学間の入試レベルをとらえた学校歴を指す場合が増えてきました。*エントリーシート審査などの初期の段階で大学名だけで不採用となってしまう学生が出るということであり、差別ではないかという指摘があります。

企業側の言い分を想像すれば、有名企業ほど志望者が多くなり、全員を面接するのは難しくなります。そこで入試レベルの高くない大学の優秀な人材を逃してしまうというリスクを負ってでもレベルの高い大学の学生だけを選考対象にした方が確率的に優秀な学生を多く確保できると考えているのかもしれません。

在学している大学のレベルは本人の能力の結果であるから差別ではないという意見や、数多くの企業にとりあえずエントリーしようとする学生がいなくならないかぎり、フィルタリングしなければ企業は応募者をさばききれないという意見もあります。一方、出身校をまったく問わず、面接試験でも面接官の手元の資料には出身校を示さず、面接で尋（たず）ねてもいけないという企業もあります。

（細川幸一『大学生が知っておきたい生活のなかの法律』慶応義塾大学出版会）

*エントリーシート：企業への入社を希望する者が提出する志望動機などを書いた書類

① 入試レベルの高くない大学からも優秀な人材を採用している。
② 入試レベルの高い大学出身の学生みんなが優秀とは限らない。
③ 出身校を聞くことは禁止されているので面接でも尋ねていない。
④ エントリーする学生数が多いので全ての学生を選考することは不可能だ。

4. 밑줄 부분 '차별이 아닌가 라는 지적'에 대한 기업측의 주장에 포함되는 것으로써, 가장 적당한 것은 어느 것입니까?

취업 활동에서 입사를 희망하는 사람의 채용을 결정할 경우 일정 레벨 이상의 대학에 재적하고 있는가? 라는 기준으로 걸러내는 **1 2** 소위 '학력 필터'가 기업에 따라서는 존재한다고 일컬어지고 있습니다. 학력이라는 것은, 개인이 받은 교육 단계별 경력 즉, 고졸이나 대졸 등과 같은 차이를 의미하는 것이 보통입니다만, 최근은 대학 간 입시 레벨을 인식한 학력을 가리키는 경우가 늘어 왔습니다. 엔트리시트 심사 등 초기 단계에서 대학 이름만으로 불채용이 되어버리는 학생이 나와 차별이 아니냐는 지적이 있습니다.

기업 측의 주장을 상상하자면, 유명 기업일수록 지망자가 많아져서 전원을 면접하는 것은 어려워집니다. **4** 그래서 입시 레벨이 높지 않은 대학의 우수한 인재를 놓쳐버린다는 리스크를 짊어지고서라도 레벨이 높은 대학의 학생만을 선고 대상으로 하는 편이 확률적으로 우수한 학생을 많이 확보할 수 있다고 생각하고 있는 것일지도 모릅니다.

재학하고 있는 대학 레벨은 본인 능력의 결과이기 때문에 차별이 아니라는 의견과, **4** 수많은 기업에 우선 지원하고자 하는 학생이 없어지지 않는 한, 필터링 하지 않으면 기업은 응모자를 다 소화할 수 없다는 의견도 있습니다. 한편, **3** 출신교를 전혀 묻지 않고 면접시험에서도 면접관이 가진 자료에는 출신교를 적지 않고 면접에서 물어서도 안 된다는 기업도 있습니다.

*엔트리시트: 기업에 입사를 희망하는 사람이 제출하는 지망동기 등을 쓴 서류

① 입시레벨이 높지 않은 대학에서도 우수한 인재를 채용하고 있다.
② 입시레벨이 높은 대학 출신 학생 모두가 우수하다고는 할 수 없다.
③ 출신교를 묻는 것은 금지되어 있기 때문에 면접에서도 묻지 않는다.
④ 지원하는 학생 수가 많기 때문에 모든 학생을 선고하는 것은 불가능하다.

해설

기업 측 주장을 찾아야 하므로 '기업 측 주장'으로 시작되는 두 번째 단락 이후를 주목하는 것이 포인트이다. '많은 지원자를 필터링해야 응모자를 소화할 수 있다'고 기업 측 주장을 예상하고 있으므로 4번이 정답이다. 기업 측은 '입시 레벨이 높은 대학 출신자를 우수한 인재로서 선호'한다고 했으므로 선택지 1번과 2번은 오답이다. 3번은 '한편 ~한 기업도 있다'는 일부 기업의 의견으로 모든 기업 측 주장이라고 보기 어려우므로 오답이다.

어휘 希望（きぼう）する 희망하다 | 採用（さいよう）する 채용하다 | 在籍（ざいせき）する 재적하다 | ふるいにかける 걸러내다 | 優秀（ゆうしゅう）だ 우수하다 | 逃（のが）す 놓치다 | 確保（かくほ）する 확보하다 | さばく 처리하다, 소화하다 | 尋（たず）ねる 묻다

V　下線部「二つの極端な例」を具体的に表したものはどれですか。

活動空間は多様な目的を持った移動から構成されるが、その中で同じ目的を持った移動の例として通勤を考察してみよう。通勤は、つきあいや買物とは違って、いわゆるラッシュアワーの時間帯に住居と職場の間で大部分の移動が行われる。したがって、通勤行動の性格を決定するのは、住む場所と仕事の場所の選択過程である。これら二つの選択過程をあわせると、二つの極端(きょくたん)な例が生ずる。

一つは家族が現在住んでいる住居を動かないで、*世帯主が仕事の場所を探すことになった場合である。職探しの一部として、彼はまず現住所から通勤できる範囲を決め、さらに、その中で仕事の場所の違いがあまり重要とはならない内部境界を決定する。これらの境界は、公共交通機関の利用可能性や個人の移動選択によって違ってくるが、知覚距離(きょり)として表現される。この知覚境界の中で、仕事の特性と、距離、通勤に要する時間、通勤費用との関係が比較考察される。賃金、職場での地位などの点で少々不満があっても、住居と仕事の場所が近ければ、それで満足することになり、通勤距離は相対的に短くなる。

もう一つは新しい土地に仕事を得た場合である。仕事の場所が定まっているので、それとの関係で住居が選択される。仕事の場所と住居との距離は重要であるが、住宅の規模と価格（あるいは家賃）、住宅地区の性格、買物の便利さ、学校への近接性(きんせつせい)なども考慮(こうりょ)される。従って、この場合の通勤距離は長短さまざまである。

（高橋伸夫他『新しい都市地理学』東洋書林）

*世帯主：家族の中で、主な収入がある人

① 自宅から職場が遠い例と自宅から職場が近い例
② 世帯主が仕事の場所を探す例と家族が仕事の場所を探す例
③ 通勤にたくさん時間がかかり費用も多くかかる例と少ししかかからない例
④ 住む場所が決まっていて職場を探す例と職場が決まっていて住む場所を探す例

5. 밑줄 부분 '2개의 극단적인 예'를 구체적으로 나타낸 것은 어느 것입니까.

활동공간은 다양한 목적을 가진 이동으로 구성되는데, 그 안에서 같은 목적을 가진 이동의 예로서 통근을 고찰해 보자. 통근은 교제나 쇼핑과는 달리 소위, 러시아워 시간대에 주거와 직장 사이에서 대부분의 이동이 행해진다. 따라서, 통근 행동의 성격을 결정하는 것은 사는 장소와 일하는 장소의 선택 과정이다. 이들 두 개의 선택 과정을 합쳐 보면 2개의 극단적인 예가 발생한다.

4 하나는 가족이 현재 살고 있는 주거를 이동하지 않고, 세대주가 일하는 장소를 찾게 되는 경우이다. 직장 찾기 일부로서 그는 우선 현주소에서 통근할 수 있는 범위를 결정하고, 더욱이 그 안에서 일하는 장소 차이가 그다지 중요하지 않은 내부 경계를 결정한다. 이들의 경계는, 공공교통기관 이용 가능성과 개인의 이동 선택에 의하여 달라지지만, 지각 거리로써 표현된다. 이 지각 경계 중에서 일의 특성과 거리, 통근에 필요한 시간, 통근 비용과의 관계가 비교 고찰된다. 임금, 직장에서의 지위 등의 점에서 약간의 불만이 있더라도, 주거와 일하는 곳이 가깝다면 그것으로 만족하게 되어 통근 거리는 상대적으로 짧아지게 된다.

4 또 하나는 새로운 지역에 일을 얻은 경우이다. 일하는 장소가 정해져 있기 때문에 그것과의 관계로 주거가 선택된다. 일하는 장소와 주거와의 거리는 중요하지만 주택의 규모와 가격(혹은 월세), 주택 지구의 성격, 쇼핑의 편리함, 학교에 접근성 등도 고려된다. 따라서, 이 경우의 통근 거리는 길거나 짧거나 여러 가지이다.

*세대주: 가족 중에서 주된 수입이 있는 사람.

① 자택에서 직장이 먼 예와 자택에서 직장이 가까운 예
② 세대주가 일하는 곳을 찾는 예와 가족이 일하는 곳을 찾는 예
③ 통근에 많은 시간이 소요되고 비용도 많이 드는 예와 조금밖에 들지 않는 예
④ 사는 장소가 정해져 있고 직장을 찾는 예와 직장이 정해져 있고 사는 장소를 찾는 예

해설

밑줄 '2개의 극단적 예'를 「一つは」와 「もう一つは」로 시작되는 단락에서 각각 받아서 서술하고 있다. 먼저 「一つは~」에서는 '주거지가 결정되고 직업을 찾는 경우'를 예로 들고 있으며, 「もう一つは~」로 시작되는 마지막 단락에서는 먼저 직장이 결정되고 주거지를 결정하는 경우'를 설명하며, 이 두 단락이 대조 대비의 구도를 이루고 있다. 따라서 4번이 정답이다. 1번은 직장과 주거지와의 거리 문제이므로 오답이고, 2번은 일하는 주체에 따라 결정되는 경우이므로 오답이다. 3은 비용 문제인데, 통근 비용이 언급돼 있는 것은 첫 번째 예시뿐이다.

어휘 活動(かつどう) 활동 | 考察(こうさつ)する 고찰하다 | 住居(じゅうきょ) 주거 | 極端(きょくたん)な例(れい) 극단적 예 | 世帯主(せたいぬし) 세대주 | 範囲(はんい) 범위 | 通勤距離(つうきんきょり) 통근거리 | 定(さだ)まる 정해지다 | 規模(きぼ) 규모 | 接近性(せっきんせい) 접근성 | 考慮(こうりょ)する 고려하다

Ⅵ　次の文章は、ある本の最初の部分です。この文章の（　A　）と（　B　）に入る言葉の組み合わせとして、最も適当なものはどれですか。

本書のテーマは「具体と抽象」です。

私たちのまわりの世界は、突き詰めればすべてがこれら二つの対立概念(がいねん)から成り立っています。ところが私たちは普段、これらの関係をほとんど意識することはありません。

具体や抽象という言葉が日常生活で使われる場面を考えてみます。

「具体」という言葉が最も用いられるのは、何かをわかりやすく説明するときに、「具体的に言うと……」とか、相手の話がよくわからないときに「もう少し具体的に話してもらえませんか？」といった場合でしょう。逆に「抽象」という言葉が用いられる場面は、「あの人の話は抽象的でわからない」といった文脈(ぶんみゃく)だと思います。

このように、「具体＝わかりやすい」「抽象＝わかりにくい」というのが一般的に認知されているこれらの概念の印象です。つまり、（　A　）というのはわかりにくい、実践的でないといった否定的な形で用いられているのが大抵の場合ではないかと思います。このように、具体＝善、抽象＝悪という印象はとんでもなく大きな誤解です。

本書の目的は、この（　B　）という言葉に対して正当な評価を与え、「市民権を取り戻す」ことです。

（細谷功『具体と抽象　世界が変わって見える知性のしくみ』dZERO）

① A：具体　B：具体
② A：具体　B：抽象
③ A：抽象　B：具体
④ A：抽象　B：抽象

6. 다음 문장은, 어느 책의 최초의 부분입니다. 이 문장의 (A)와 (B)에 들어갈 말의 조합으로서, 가장 적당한 것은 어느 것입니까.

본서의 테마는 '구체와 추상'입니다.
우리들의 주변 세계는 깊이 생각해보면 모든 것이 이들 두 개의 대립 개념으로 성립돼 있습니다. 하지만, 우리들은 평소에 이들의 관계를 의식하는 경우는 거의 없습니다.

구체와 추상이라는 말이 일상생활에서 사용되는 장면을 생각해 봅니다.
'구체'라는 말이 가장 잘 이용되는 것은 무언가를 알기 쉽게 설명할 때 "구체적으로 말하자면…….”이라던가, 상대의 이야기가 잘 이해되지 않을 때 "좀 더 구체적으로 말해 주시겠습니까?"라고 하는 것 같은 경우겠지요. 반대로 '추상'이라는 말이 이용되는 장면은 "저 사람의 이야기는 추상적이어서 이해되지 않아"라는 문맥이라고 생각합니다.
4 이와 같이, '구체=알기 쉽다' '추상=알기 어렵다'라는 것이 일반적으로 인지되고 있는 이들 개념의 인상입니다. 즉, (추상)이라고 하는 것은 알기 어려운, 실전적이지 않다는 것 같은 부정적인 형태로 이용되는 것이 대체적인 경우가 아닐까 생각합니다. 이렇게 구체=선, 추상=악이라는 인상은 터무니없는 커다란 오해입니다.

본서의 목적은, 이 (추상)이라는 말에 대해서 **4** 정당한 평가를 주고, '시민권을 되찾는' 것입니다.

① A : 구체　B : 구체
② A : 구체　B : 추상
③ A : 추상　B : 구체
④ A : 추상　B : 추상

해설

괄호 ( ) 넣기 문제는 전체 흐름을 파악하는 문제라고 생각하면 된다. 접속사나 지시어를 체크하는 것이 포인트이다. 즉, 괄호 ( ) 주변의 「このように」「つまり」「この」 등을 체크하고, 이러한 접속사나 지시어가 나타내고 있는 내용을 명확히 하여 활용하면 정답을 도출해낼 수 있다. 「このように」는 순접이며 그 앞의 예시적 표현에서 개념적 표현을 이끌어 낼 때 사용한다. 「つまり」는 전, 후의 내용이 같음을 나타낸다. 본문에서 「抽象(ちゅうしょう)＝わかりにくい(추상=알기 어려움)」이라고 했으므로 괄호 (A)에는 '추상'이 들어가야 한다. 「抽象(ちゅうしょう)＝悪(あく)(추상=악)」이라는 인상이 오해라 하였고 뒤에서 '정당한 평가'를 내린다 하였으므로 (B)에도 추상이 들어가야 한다. 따라서 4번이 정답이다. 참고로 「市民権(しみんけん)を取(と)り戻(もど)す(시민권을 되찾는다)」는 좋지 않게 평가 되던 것의 평가를 좋게 하고자 할 때 사용되는 표현이다.

어휘 突(つ)き詰(つ)める 깊게 생각하다, 파고 들다 | 対立概念(たいりつがいねん) 대립 개념 | 具体(ぐたい) 구체 | 抽象(ちゅうしょう) 추상 | 文脈(ぶんみゃく) 문맥 | 評価(ひょうか) 평가 | 取(と)り戻(もど)す 되찾다

Ⅶ　次の文章の下線部「その境界線」が指す内容として、最も適当なものはどれですか。

科学の研究では、取り扱う対象の本質的な性質を見いだすために、さまざまな条件を極限(きょくげん)、つまり「エッジ」に設定して、そのとき得られた値をもとに洞察(どうさつ)するという手法があります。たとえば水(H_2O)の密度が最大になる温度をみると、意外にも0℃ではなく4℃であることがわかります。そこから水という物質が隠しもっている異様な性質があぶりだされてくるわけです。

そこで、生命を考えるにあたってもこの手法をあてはめてみます。

地球生命はさまざまな環境に生息しています。それぞれの生物には、それぞれの生存に適した温度、気圧や水圧、湿度、塩分濃度などの条件があります。しかし、なかにはその条件における「極限」ともいえる環境で生きているものがいます。超高温、超高圧、極度の乾燥、あるいは極度の塩分濃度などなど、私たち人間ならたちまち死んでしまう、「地獄(じごく)」としかいいようがない極端な環境で生きている生物たちです。

彼らのことを「極限生物」と呼びます。そのありようは、私たちがふだんイメージしているような「生物」とはかけ離れたものです。環境を限りなく極限に近づけていったとき、地球生命という現象は、ぎりぎりどこまで成立しうるのか—極限生物はその境界線、つまり「エッジ」を示してくれるのです。

(長沼毅『死なないやつら　極限から考える「生命とは何か」』講談社)

① 地球生命が生きられるかどうかの境界線
② 人間が死んでしまうかどうかの境界線
③ 私たちがイメージできる生物かどうかの境界線
④ 生物が快適に生存できるかどうかの境界線

7. 다음 문장의 밑줄 부분 '그 경계선'이 가리키는 내용으로서, 가장 적당한 것은 어느 것입니까.

과학연구에서는, 취급하는 대상의 본질적인 성질을 찾아내기 위하여 여러 가지 조건을 극한 즉, '엣지'로 설정하고, 그때 얻을 수 있는 값을 토대로 통찰한다는 수법이 있습니다. 예를 들면 물의 밀도가 최대가 되는 온도를 보면, 의외로 0도가 아니라 4도인 것을 알 수 있습니다. 거기에서 물이라는 물질이 감추어 갖고 있는 이상한 성질이 드러나게 되는 것입니다.

그래서, 생명을 생각하는 데에도 이 수법을 적용해 보겠습니다.

2 지구 생명은 여러 환경에 서식하고 있습니다. 각각의 생물에는 각각의 생존에 적합한 온도, 기압이나 수압, 습도, 염분 농도 등 조건이 있습니다. 하지만, 그중에는 그 조건에서의 '극한'이라고도 할 수 있는 환경에서 살고 있는 것도 있습니다. 초고온, 초고압, 극도의 건조, 혹은 극도의 염분농도 등등 우리들 인간이라면 즉시 죽어버리는 '지옥'이라고 밖에 할 수 없는 극한의 환경에서 살고 있는 생물들입니다.

그들을 '극한 생물'이라고 부릅니다. 그 모습은 우리들이 보통 상상하고 있는 것과 같은 '생물'과는 동떨어진 것입니다. **1** 환경이 한없이 극한에 가까워졌을 때 지구 생명이라는 현상은 아슬아슬하게 어디까지 성립할 수 있을까? ― 극한 생물은 그 경계선 즉, '엣지'를 제시해 주고 있는 것입니다.

① 지구생명이 살 수 있는지 없을지의 경계선
② 인간이 죽어버릴지 아닐지의 경계선
③ 우리들이 상상할 수 있는 생물인지 아닌지의 경계선
④ 생물이 쾌적하게 생존할 수 있는지 아닌지의 경계선

해설

지시어의 내용을 찾는 문제에서는 우선, 지시어가 포함되어 있는 문장을 꼼꼼하게 읽는 것이 좋다. 밑줄 부분 「その境界線(きょうかいせん)」의 「境界線(きょうかいせん)」은 「ぎりぎりどこまで成立(せいりつ)しうるのか」를 가리키고 있으므로 무엇이 '성립하는지'를 찾아야 하는데, 본문 마지막 문장을 읽어보면 「その」가 지구생명을 나타내는 것을 알 수 있다. 따라서 「その境界線(きょうかいせん)」은 지구생명이 성립하는지(살 수 있는지)의 경계를 나타내므로 1번이 정답이다. 2번은 지구생명 중 인간으로 한정되어 있으므로 오답이다.

어휘 取(と)り扱(あつか)う 취급하다 | 本質的(ほんしつてき) 본질적 | 極限(きょくげん) 극한 | 洞察(どうさつ)する 통찰하다 | 隠(かく)す 감추다 | 湿度(しつど) 습도 | 濃度(のうど) 농도 | 極端(きょくたん) 극단 | ぎりぎり 아슬아슬

Ⅷ　柔道や剣道で相手に技をかけるタイミングとして良いのは、いつですか。

日本の伝統的スポーツである柔道や剣道に関しては、攻撃する時にいちばんいい呼吸のタイミングはいつか？相手のスキのある*呼吸相はいつか？といった研究が、1950年代から行われています。

まず、自分が技をかけるタイミングですが、柔道では、技をかける直前で呼吸を浅くし、技をかける準備である「崩し」で吸気に入るのがいいという研究があります。さらに、吸気の中期か終期、または呼気の前半で、技をかける直前の「作り」を行い、呼吸を止めて技をかけ、投げ終わるまで止息のままでいる形が、熟練者では多いようです。

技をかけるときに、力がいちばん大きく速く発揮されることが必要です。そのため、吸気から「いきむ」局面がベターとなります。

では、相手の呼吸を見た時、どのタイミングで技をかけるのが効果的なのでしょうか？

まず、先ほど呼吸相と筋力の項で述べたように、相手の反応がいちばん鈍いタイミングは、相手の吸気時だといえます。また、相手が技をかけてこないタイミングである、呼気の半ばもいいかもしれません。相手が技をかけようとする直前に先手を打つわけです。肩を使った胸式呼吸では、呼吸相が相手にわかってしまうため、なるべく腹式呼吸をすること、そして息が上がらないよう、トレーニングで持久力を高めておく必要があります。

（石田浩司『呼吸の科学　いのちを支える驚きのメカニズム』講談社）

*呼吸相：息を吸う、はく、止めるの3つの状態

① 相手が息を吸っているとき
② 相手が息をはき始めたとき
③ 相手が息を止めているとき
④ 相手の息が上がっているとき

8. 유도와 검도에서 상대에게 기술을 거는 타이밍으로서 좋은 것은 언제입니까?

일본의 전통적 스포츠인 유도와 검도에 관해서는 '공격할 때 가장 좋은 호흡의 타이밍은 언제인가?' '상대의 빈틈이 있는 호흡은 언제인가?'라는 연구가 1950년대부터 행해지고 있습니다.

우선, 자신이 기술을 거는 타이밍입니다만, 유도에서는 기술을 걸기 바로 전에 호흡을 얕게 하고 기술을 거는 준비인 '무너뜨리기(쿠즈시)'에서 숨을 들이마시는 것이 좋다는 연구가 있습니다. 더욱이, 들숨 중기나 말기, 또는 날숨의 전반에 기술을 걸기 바로 전의 '지읏기(츠쿠리)'를 행하고 호흡을 멈추어 기술을 걸어서 던질 때까지 숨을 멈추는 형태가 숙련자에게는 많은 것 같습니다.

기술을 걸 때, 힘이 가장 세고 빠르게 발휘되는 것이 필요합니다. 그렇기 때문에, 들숨에서 '배에 힘주는' 국면이 가장 최선인 것입니다.

그러면, **1** 상대의 호흡을 보았을 때 어떤 타이밍에서 기술을 거는 것이 효과적일까요?

우선, 조금 전 호흡과 근력의 항목에서 서술한 것처럼, **1** 상대의 반응이 가장 둔감한 타이밍은 상대의 들숨 때라고 말할 수 있습니다. 또 상대가 기술을 걸어오지 않는 타이밍인 날숨 중반도 좋을지도 모릅니다. 상대가 기술을 걸기 전에 선수를 치는 것입니다. 어깨를 사용한 가슴호흡에서는 호흡하는 타이밍을 상대가 알아차리기 때문에 될 수 있는 한 복식호흡을 할 것, 그리고 숨이 차지 않도록 트레이닝으로 지구력을 높여둘 필요가 있습니다.

*호흡상: 숨을 쉬다, 뱉는다, 멈춘다의 3가지 상태.

① 상대가 숨을 들이마시고 있을 때
② 상대가 숨을 내뱉기 시작했을 때
③ 상대가 숨을 멈추고 있을 때
④ 상대가 숨이 차오르고 있을 때

해설

질문에서 상대에게 기술을 거는 타이밍을 물었으므로 단순히 기술을 거는 타이밍과 구분하는 것이 중요하다. 두 번째, 세 번째 단락은 자신이 기술을 걸기 좋은 타이밍의 서술로 선택지 3번과 관계 있으나 오답이다. 네 번째 단락에서 「どのタイミングで技(わざ)をかけるのが効果的(こうかてき)なのでしょうか？(어떤 타이밍에서 기술을 거는 것이 효과적일까요?)」라고 상대에게 기술을 거는 타이밍을 묻고 그 다음 단락에서 답을 하고 있으므로 다섯 번째 단락에 정답에 관련된 설명이 있다고 볼 수 있다. 다섯 번째 단락에서는, '상대의 반응이 둔해지는 타이밍= 기술을 거는 타이밍 = 들숨 일 때'라고 설명하고 있으므로 1번이 정답이 된다.

어휘 柔道(じゅうどう) 유도 | 剣道(けんどう) 검도 | 攻撃(こうげき)する 공격하다 | 技(わざ)をかける 기술을 걸다 | 吸気(きゅうき) 들숨 | 呼気(こき) 날숨 | 熟練者(じゅくれんしゃ) 숙련자 | 半(なか)ば 중반 | 腹式呼吸(ふくしきこきゅう) 복식호흡 | 持久力(じきゅうりょく) 지구력

Ⅸ 次の文章の下線部「チーズ製造業にはかなりの経済レベルが必要」とありますが、その理由として最も適当なものはどれですか。

チーズには食べごろがあることは説明しましたが、最近の問題は、長い熟成(じゅくせい)期間を待てなくなっていることです。

たとえばアメリカでは、ピザ用のモッツァレラチーズを製造するのに追われていて、チーズをつくるとすぐに凍結(とうけつ)させ、シュレッダーにかけて袋詰めをして、世界のチーズチェーン店に出荷しています。したがって、アメリカでは2年や3年ものの長期熟成型のチーズはなかなかつくることができません。チーズを最も多く生産する国であるアメリカでも、そのようなチーズは外国から輸入をしなくてはならないのです。

…(略)…

チーズという食品は、飢饉(ききん)や食糧危機と隣り合わせの開発が進んでいない国や地域でつくることは、残念ながら難しいと思います。熟成とは、たとえば40kg近くもあるような大きく高価なチーズを何百個も長期間、低温で高い湿度に維持された広い熟成庫に寝かしておくという作業です。当然、設備投資や人件費に多大なコストがかかるので、長期熟成品ほど高価になるわけです。しかし、できあがったチーズを売ってお金にすることができるのはずっと先です。したがってチーズ製造業にはかなりの経済レベルが必要とされ、チーズの製造国と輸出国は、経済発展をとげた先進諸国に偏ってしまうことになるのです。

（齋藤忠夫『チーズの科学　ミルクの力、発酵・熟成の神秘』講談社）

① チーズの材料を輸入するのに多大なコストがかかるため
② チーズをつくるには高い技術が必要なため
③ チーズをつくって売るまでに時間がかかるため
④ チーズを最も多く生産するアメリカとの競争になるため

9. 다음 문장의 밑줄 부분 '치즈제조업에는 상당한 경제레벨이 필요'라고 있습니다만, 그 이유로서 가장 적당한 것은 어느 것입니까?

치즈에는 먹기 좋은 시기가 있다는 것은 설명했습니다만, 최근의 문제는, 오랜 숙성기간을 기다릴 수 없게 된 것입니다.

예를 들면 미국에서는 피자용 모차렐라 치즈를 제조하는 것에 쫓겨서 치즈를 만들면 바로 동결시켜서 절단기에 넣어 통조림 캔으로 만들어서 전 세계 치즈 체인점에 출하하고 있습니다. 따라서, 미국에서는 2년이나 3년이 되는 장기 숙성형의 치즈는 좀처럼 만들 수가 없습니다. 치즈를 가장 많이 생산하는 나라인 미국에서도 그러한 치즈는 외국에서 수입해야 하는 것입니다.

(중략)

치즈라는 식품은 기근과 식량 위기가 나란히 존재하는 개발이 진행되지 않은 나라와 지역에서 만드는 것은 유감이지만 어렵다고 생각합니다. **3** 숙성이라는 것은, 예를 들면 40킬로 가까이씩이나 되는 크고 고가인 치즈를 몇백 개씩이나 장기간 저온에서 높은 습도로 유지된 넓은 숙성고에 쟁여둔다는 작업입니다. 당연히 설비투자와 인건비에 막대한 경비가 소요되기 때문에, 장기 숙성품일수록 고가가 되는 것입니다. 그러나, **3** 완성된 치즈를 팔아 돈으로 만들 수 있는 것은 훨씬 나중입니다. 따라서 치즈 제조업에는 상당한 경제 레벨이 필요해져서 치즈의 제조국과 수출국은 경제발전을 이룬 선진국들에 편중되게 되는 것입니다.

① 치즈 재료를 수입하는데 막대한 경비가 소요되기 때문에.
② 치즈를 만드는데 높은 기술이 필요하기 때문에.
③ 치즈를 만들고 팔 때까지 시간이 소요되기 때문에
④ 치즈를 가장 많이 생산하는 미국과 경쟁이 되기 때문에.

해설

밑줄 부분 앞 문장의 '많은 경비가 소요되기 때문에'와 '치즈를 팔고 돈으로 만드는데 시간이 걸린다'라는 표현에서 1번과 3번으로 정답을 압축할 수 있다. 그리고, 밑줄 앞부분의 「したがって」라는 접속사는 원인을 받아 결과를 나타낼 때 사용하는 표현이므로 밑줄의 '경제레벨이 필요하다'는 부분을 힌트로 '시간적 문제'와 '비용이 든다'는 것이 이유라는 것을 알 수 있으므로 3번이 정답이다. 치즈를 만들어서 팔 때까지 시간이 걸린다는 것은 즉, 팔 때까지 계속 비용을 투자해야 한다는 것을 의미한다. 본문에서 치즈를 수입하는 경비에 관해서는 언급하지 않았으므로 1번은 오답이며, 2번과 4번도 본문에서 언급되지 않았으므로 오답이 된다.

어휘 熟成期間(じゅくせいきかん) 숙성기간 | 追(お)われる 쫓기다 | 凍結(とうけつ)させる 동결시키다 | 飢饉(ききん) 기근 | 隣(とな)り合(あ)わせ 이웃관계, 함께 공존함 | 寝(ね)かす 재우다, 요리 등을 묵히다, 숙성하다

X　次の文章の内容を最もよく表しているものはどれですか。

インターネットがテレビ・ラジオと大きく異なっている点は、私たちが情報を受信するだけではなく、情報を発信することが可能になった点です。これまでは、ラジオ局・テレビ局側だけが発信者としての権限(けんげん)を持ち、私たち個人が不特定多数の人へ発信することは不可能と言って良い状況でしたが、インターネットは魔法(まほう)使いの杖(つえ)のように、私たちに発信する方法を与えてくれました。手元のスマートフォンからいくつかのクリックで音声・写真・動画まで簡単に発信できるわけですから、インターネット以前の時代では考えられなかった「発信力」を、誰もが手にしたことになります。個人が特定の個人とつながるだけではなく、個人が不特定多数の人へ、ときには社会の多くの人へ情報発信が可能となり、個人が社会へ訴える力を持ったと言えるでしょう。これまで声をあげられなかった弱者や、社会的に抑圧(よくあつ)されている側の人も、インターネット上で意見を表明することが可能となりました。一方、フェイクニュースなどで特定の利益のために、人や社会をだます人も多く出てきました。またネット上で*誹謗中傷(ひぼうちゅうしょう)する投稿やサイトの炎上(えんじょう)など、誰かを傷つける発信も容易になったと言えます。

(田中一裕『未来を歩くためのスキル　AI時代に求められる意思決定力』新潟日報事業社)

*誹謗中傷する：誰かの悪口を言って傷つけること

① インターネットによって、誰でも情報発信ができるようになった。

② インターネットによって、情報の伝達が速く正確になった。

③ インターネットによって、他人を傷つけることが多くなった。

④ インターネットによって、ラジオやテレビの役割が変わった。

10. 다음 문장의 내용을 가장 잘 나타내고 있는 것은 어느 것입니까?

1 인터넷이 텔레비전, 라디오와 크게 다른 점은 우리들이 정보를 수신할 뿐만 아니라, 정보를 발신하는 것이 가능해졌다는 점입니다. 지금까지는 라디오 방송국, 텔레비전 방송국 측만이 발신자로서 권한을 갖고 우리들 개인이 불특정다수의 사람에게 발신하는 것은 불가능하다고 해도 좋은 상황이었지만, 인터넷은 마법사의 지팡이처럼 우리에게 발신하는 방법을 주었습니다. 누구나 가지고 있는 스마트폰에서 몇 번 클릭해서 음성, 사진, 동영상까지 간단하게 발신할 수 있기 때문에, 인터넷은 이전 시대에는 생각할 수 없었던 '발신력'을 누구나가 손에 넣은 것이 됩니다. 개인이 특정 개인과 연결될 뿐만 아니라, 개인이 불특정 다수 사람에게, 때로는 사회의 많은 사람에게 정보 발신하는 것이 가능해져서 개인이 사회에 호소하는 힘을 가졌다고 말할 수 있을 겁니다. 이제까지 목소리를 내지 못했던 약자와 사회적으로 억압받고 있던 측의 사람도 인터넷상에서 의견을 표명하는 것이 가능해지게 되었습니다. 한편, **1** 가짜뉴스 등으로 특정의 이익을 위하여, 사람과 사회를 속이는 사람도 많이 생겼습니다. **3** 또 인터넷상에서 비방 중상하는 투고와 사이트의 악플 쇄도 등, 누군가를 상처 입히는 발신도 용이해졌다고 말할 수 있습니다.

*비방 중상하다: 누군가의 험담을 말해 상처 입히는 것.

① 인터넷에 의해서 누구라도 정보를 발신할 수 있게 되었다.

② 인터넷에 의해서 정보 전달이 빠르고 정확해졌다.

③ 인터넷에 의해서 타인을 상처 입히는 일이 많아졌다.

④ 인터넷에 의해서 라디오와 텔레비전의 역할이 바뀌었다.

해설

'내용을 가장 잘 나타내는 것'을 찾는 타입의 문제는 가장 포괄적 범위를 나타내는 선택지를 고르는 것이 포인트이다. 선택지 3번의 경우 본문의 내용과 일부 일치하기는 하나, 본문 내용과 일치한다고 보기는 어렵다. 첫 문장에서 인터넷에 의해 누구나 간단하게 정보를 발신할 수 있게 되었다고 설명한 후, 본문의 마지막 문장에서 인터넷에 의해서 '누군가를 상처 입히는 발신도 용이해졌다'고 했으므로 정답은 1번이다. 선택지 3번의 '상처 입히는 일이 많아졌다'가 아니라 '상처 입히는 것이 쉬워졌다'고 설명하는데 그쳤다는 점에 주의하자. 이처럼, '내용을 가장 잘 나타내는 것'을 찾는 타입의 문제는, 본문의 내용과 일치하는 선택지가 적어도 1~2개는 있으니, 세부적인 내용과 일치하는 선택지가 있더라도 '더 포괄적으로, 즉 전체적인 내용과 일치하는' 선택지가 있는지 살펴봐야 한다. 텔레비전과 라디오의 역할이 바뀐 것이 아니라 인터넷의 기능이 추가된 것 이므로 4번은 오답이다. 인터넷 정보는 가짜 뉴스 등 정확하지는 않다고 했기 때문에 2번도 오답이다.

어휘 異なる 다르다 | 不特定多数 불특정다수 | 魔法使い 마법사 | 杖 지팡이 | 訴える 호소하다 | 抑圧される 억압받다 | 表明する 표명하다 | 中傷する 중상하다, 거짓으로 남을 욕하다

XI　次の文章は、演劇を作る人が書いたものです。文章を読んで後の問いに答えなさい。

二〇世紀に開発された様々な演劇教育の技法の中には、「即興(そっきょう)」が取り入れられているものが多い。これは要するに、繰り返し稽古(けいこ)をしても常に新鮮さを保ち続けるような「精神性」を養う訓練ではなかったかと私は考えている。それはそれで、一つの教育法として間違いではない。

一方、これまで私が採ってきた方法は、まったく別の方向からのアプローチだった。私は、俳優に様々な負荷をかけることによって、新鮮さが保てないかと考えた。この方法論を簡単に説明すると、ある台詞(せりふ)を言うのと同時に、右手ではコップをつかみ、左足では近くの新聞紙を引き寄せるといった形で、俳優に複雑な動作を要求していく。また同時に、その台詞を言っている瞬間に、何が視界に入っているか、どんな音が聞こえているかを強く意識させる。それを総称して、「俳優に負荷をかける」と呼んできた。

一つには、こうすることによって意識が分散され、台詞に余計(よけい)な力が入らなくなることが、私のそもそもの発見だったのだが、もう一点、この方法を採ると、俳優の新鮮さ、あるいは新鮮に見える要因となっている「無駄な動き」が、普通の場合より長く持続することがわかってきた。稽古を続けても、適度な*マイクロスリップが消えていかないのだ。

(平田オリザ『わかりあえないことから　コミュニケーション能力とは何か』講談社)

*マイクロスリップ：無駄な動き

問1　下線部「俳優に負荷をかける」を言い換えたものとして、最も適当なものはどれですか。

① 俳優に複雑な台詞を言わせる。

② 俳優にやったことのない役をさせる。

③ 俳優に肉体的に負担のかかる動作をさせる。

④ 俳優に複数のことを同時にさせる。

11. 다음 문장은, 연극을 만드는 사람이 쓴 것입니다. 문장을 읽고 이후의 질문에 답하시오.

20세기에 개발된 여러 연극 교육 기법 중에는 '즉흥'이 접목된 것이 많다. 나는 이것은 요컨데, 반복하여 연습해도 항상 신선함을 유지하는 것과 같은 '정신성'을 기르는 훈련이 아닐까라고 생각하고 있다. 그것은 그것대로 하나의 교육법으로써 잘못이 아니다.

한편, 지금까지 내가 채택해 왔던 방법은 완전히 별개의 방향에서의 접근이었다. 나는 배우에게 여러 부하를 가하는 것에 의해서, 신선함을 유지할 수 있지 않겠느냐고 생각했다. 이 방법론을 간단하게 설명하자면, **11** 어떤 대사를 말하는 것과 동시에, 오른손으로 컵을 잡고 왼발로는 가까이 있는 신문을 끌어모으는 것과 같은 형태로 배우에게 복잡한 동작을 요구해 간다. 또 동시에, 그 대사를 말하는 순간에 무엇이 시야에 들어와 있는지, 어떤 소리가 들리고 있는지를 강하게 의식하게 한다. 그것을 총칭하여, '배우에게 부하를 가한다'고 불러왔다.

하나는, 이렇게 하는 것에 의해 의식이 분산되어, 대사에 쓸데없는 힘이 들어가지 않게 하는 것이 내 본래의 발견이었지만, 또 하나, **12** 이 방법을 채택하면 배우의 신선함 혹은 신선하게 보이는 요인이 되는 '쓸데없는 움직임'이 보통의 경우보다 오래 지속되는 것을 알 수 있게 되었다. 연습을 계속해도 적당한 쓸데없는 움직임이 사라져가지 않는 것이다.

*마이크로 슬립: 쓸데없는 움직임.

문1 밑줄 부분 '배우에게 부하를 가한다'를 바꿔 말한 것으로서, 가장 적당한 것은 어느 것입니까?

① 배우에게 복잡한 대사를 말하게 한다.

② 배우에게 한 적이 없는 역할을 하게 한다.

③ 배우에게 육체적으로 부담이 되는 동작을 시킨다.

④ 배우에게 복수의 것을 동시에 시킨다.

問2　この文章の筆者がとった演劇教育の方法は，どのような効果がありますか。

① 俳優の新鮮さが持続する。

② 余計な動きを減らすことができる。

③ 新鮮な気持ちで演技ができる。

④ 稽古を長く続けられる。

문2 이 문장의 필자가 취한 연극 교육 방법은 어떠한 효과가 있습니까?

① 배우의 신선함이 지속된다.

② 쓸데없는 움직임을 줄일 수 있다.

③ 신선한 마음으로 연기를 할 수 있다.

④ 연습을 오래 계속할 수 있다.

해설

11

밑줄과 같은 내용을 찾는 문제인데, 밑줄이 포함된 문장 전체를 보면 지시어가 포함돼 있다는 것을 알 수 있다. 즉, 지시어의 내용을 찾는 문제라고 생각해도 무방하다. 이러한 문제는 주변 접속사 지시어를 적극 활용하는 것이 포인트이다. 밑줄 앞의 「それ」가 가리키는 말을 찾으면, '대사'+'복잡한 동작'을 동시에 하게 하는 일련의 행위를 총칭하고 있다. 따라서 두 가지 행위를 모두 담은 4번이 정답이 된다. 1번은 대사만 있어서 오답이며, 2번은 역할의 문제이고 3번은 육체적 부담의 문제이므로 오답이다.

12

'의식의 분산' '대사에 쓸데없는 힘이 들어가지 않음'도 효과이긴 하지만, 이러한 내용을 언급한 선택지가 없다. 본문 마지막 단락에서 필자가 취한 연극 교육 방법에는 두가지 효과가 있는데, 그 중 두 번째가 '쓸데없는 없는 움직임이 보통의 경우보다 오래 지속'되는 것이라고 했으므로 2번도 오답이 된다. 「無駄な動き(쓸데 없는 움직임)」은 일반적으로는 부정적인 뉘앙스가 담긴 단어이지만, 본문에서는 '배우가 신선하게 보이는 요인'이라는 의미로 사용하고 있으므로 긍정적 요인이며, 따라서 1번이 정답이다.

어휘 演劇(えんげき) 연극 | 即興(そっきょう) 즉흥 | 稽古(けいこ)をする 연습을 하다 | 新鮮(しんせん)さ 신선함 | 養(やしな)う 기르다 | 採(と)る 채용, 채택하다 | 負荷(ふか) 부하 | 引(ひ)き寄(よ)せる 끌어 당기다 | 要求(ようきゅう)する 요구하다 | 瞬間(しゅんかん) 순간 | 総称(そうしょう) 총칭 | 分散(ぶんさん)する 분산하다

XII　次の文章を読んで後の問いに答えなさい。

「あなたは誰ですか。どんな人ですか」。見知らぬ人に、もしこんな質問をされたら、どんな答えになるだろうか。また、「自分の特徴について、できるだけたくさん挙(あ)げてみてください」といわれたらどのくらい多くの特徴が書けるだろうか。就職活動を経験したことがある、もしくはいまから始めようとしている人にはこの質問に答えることが意外と難しいことは身にしみていることだろう。

自分のことは自分が一番よく知っているはずで、そのよく知っている自分のことを説明するのだから、至極(しごく)簡単なはずだ。ところが、毎年同じ質問を学生たちにしているが、多くの学生は5、6個も出せば後は答えに詰まって考え込んでしまう。「よく考えてみたら、それまであまり自分について意識したことがなかった。人に説明するようなことでもないし……」ということのようだ。

では、なぜこんなに自分のことは語りにくいのだろうか。日本で学生生活を過ごすと、他の人との違いを強く意識し、自分の独自性や特性について誇りに思うといった自尊心(じそんしん)を促すような教育はあまり受けないが、そのことが大きな要因ではないだろうか。もし、小さな頃から、「自分に誇りをもちなさい」と言われたり、「あなたが他の人より誇りに思えるところはどこ？」と説明を求められ続けたなら、きっと先ほどの質問の答えは違っていたことだろう。つまり、自分の性格や能力、身体的特徴など自己概念のもととなる性質は変わらないとしても、それらをどのように評価し、どの程度意識し表現するかといった自己概念の把握や表出に関しては、まわりの環境、すなわち文化的慣習の影響も受けているといえる。

（長谷川典子「第2章　自己とアイデンティティ」石井敏他『はじめて学ぶ異文化コミュニケーション多文化共生と平和構築に向けて』有斐閣）

問1　自分がどんな人かについて質問された学生の特徴として、最も適当なものはどれですか。

① 自分の独自性や特性については一切話さない。

② 自分のことを表現する言葉を知らない。

③ 自分のことについて他の人に言えるような特徴がない。

④ 自分のことについてあまり深く考えていない。

12. 다음문장을 읽고 이후의 질문에 답하시오.

"당신은 누구입니까? 어떤 사람입니까?" 모르는 사람에게 만약 이런 질문을 받는다면 어떤 대답을 할 것인가? 또, "자신의 특징에 관하여 될 수 있는 한 많이 예를 들어 주세요"라는 말을 듣는다면 어느 정도 많은 특징을 쓸 수 있을까? 취업 활동을 경험한 적이 있는, 또는 지금부터 시작하려고 하는 사람은 이 질문에 답하는 것이 의외로 어려운 일인 것은 절실히 느끼고 있을 것이다.

자기 일은 자기가 가장 잘 알고 있을 터이고, 그 잘 알고 있는 자신에 관한 것을 설명하는 것이니까 지극히 간단할 터이다. 하지만, **13** 매해 같은 질문을 학생들에게 하고 있지만, 대부분의 학생은 5~6개 답을 한 이후에는 대답이 막혀 골똘히 생각해 버린다. "잘 생각해 보면, 지금까지 그다지 자신에 관하여 의식했던 적이 없었다. 다른 사람에게 설명할 것도 아니고……"라는 것 같다.

그럼, 왜 이렇게 자신에 관한 것은 이야기하기 어려운 것일까? 일본에서 학생 생활을 보내면, 다른 사람과의 차이를 강하게 의식하고 자신의 독자성과 특성에 관하여 자랑스럽게 생각한다는 것과 같은 **14** 자존감을 촉구하는 교육은 그다지 받지 않지만, 그것이 커다란 요인이 아닐까? 만약 어렸을 적부터 "자신에게 자부심을 가져"라고 듣거나, "당신이 다른 사람보다 자랑스럽게 생각할 수 있는 부분은 어디?"라고 계속 설명을 요구받아 왔다면, 분명 조금 전 질문의 답은 달라져 있었을 것이다. 즉, 자신의 성격과 능력, 신체적 특징 등 자기 개념의 근거가 되는 성질은 변하지 않는다고 하더라도, 그것들을 어떻게 평가하고 어느 정도 의식하고 표현하는가 등과 같은 자기 개념의 파악과 표출에 관해서는 주변 환경 즉, 문화적 습관의 영향을 받고 있다고 말할 수 있다.

문1 자신이 어떤 사람인가에 관해서 질문받은 학생의 특징으로서, 가장 적당한 것은 어느 것입니까?

① 자신의 독자성과 특성에 관해서는 일절 말하지 않는다.

② 자신의 관한 것을 표현하는 말을 모른다.

③ 자신의 관한 것에 관하여 다른 사람에게 말할 수 있을 것과 같은 특징이 없다.

④ 자신의 관한 것에 관하여 그다지 깊게 생각하지 않는다.

問2　この文章で筆者は、下線部「自分のことは語りにくい」学生に対して、どうすればもっと答えが出るようになると述べていますか。

① 学校で学生の性格や能力を伸ばす教育をしたほうがいい。

② 学生自身が自尊心を高め、表現する機会を増やしたほうがいい。

③ 親が子どもに子どもの性格がどんな性格か指摘したほうがいい。

④ 学生はもっと就職活動の練習をしたほうがいい。

문2 이 문장에서 필자는, 밑줄 부분 '자신에 관한 것이 말하기 어려운' 학생에 대해서 어떻게 하면 더 대답이 나오게 된다고 서술하고 있습니까?

① 학교에서 학생의 성격과 능력을 키우는 교육을 하는 편이 좋다.

② 학생 자신이 자존심을 높이고, 표현하는 기회를 늘리는 편이 좋다.

③ 부모가 아이에게, 아이가 어떤 성격인지 지적하는 편이 좋다.

④ 학생은 좀 더 취업활동 연습을 하는 편이 좋다.

해설

13

두 번째 단락에서, 질문을 받은 학생은 대부분 '그다지 자신에 관하여 의식한 적이 없었다'라고 대답한다고 하였다. 즉, 자신에 관하여 생각한 적이 없었음을 알 수 있으므로 4번이 정답이다. 선택지에서 「一切(いっさい)(일절)」과 같은 극단적 표현이 나올 경우 정답일 확률은 아주 낮다. 두 번째 단락에서 '대부분의 학생이 5, 6개 답을 한 후'에 더 이상 답하지 못한다고 했으므로 1번은 오답이다. 2번과 3번은 문장에서 언급한 적이 없어 오답이다.

14

마지막 단락은 「では(그러면)」으로 시작되는데, 「では(그러면)」은 화제전환의 접속어이다. 그리고 「なぜ(왜냐하면)」이라는 표현은 앞부분에 결론이, 「なぜ(왜냐하면)」 뒷부분에 원인, 이유가 제시되므로, 밑줄 부분의 다음 문장을 보면 '자신의 것에 관하여 말하기 어려운' 이유를 찾을 수 있다.

'말하기 어려운' 이유를 통해서 말하게 하는 방법을 유추할 수 있다. '자존심을 키워주는 교육을 받지 않았다'라는 설명에서 '자존심을 키워주는 교육'이 해결방법이 된다는 것을 알 수 있고, 어렸을 때부터 질문을 해주면 달라졌을 거라고 했으므로, '표현할 기회를 주는 것'이 해결방법이 될 수 있다. 따라서 2번이 정답이다.

어휘 至極(しごく) 지극히 | 独自性(どくじせい) 독자성 | 誇(ほこ)りに思(おも)う 자랑스럽게 생각하다 | 自尊心(じそんしん) 자존심 | 促(うなが)す 촉구하다, 촉진하다 | 概念(がいねん) 개념 | 把握(はあく) 파악

XIII　次の文章を読んで後の問いに答えなさい。

脳が疲労(ひろう)すれば、休日にも体を動かしにくくなってきます。家族からすると、休日の使い方で本人の疲労度が判断できますので重要な観察点になります。

休日を有意義に使おうとすれば、スポーツや釣りなど前もって過ごし方を決めて計画を立てます。例えば日曜日にゴルフに行く計画であれば、少なくとも1ヵ月前からゴルフ場を選び、一緒にプレーする仲間に相談をはじめます。一週間前になったら当日の天候(てんこう)をチェックし、天候次第では服装も気になるところです。早起きのために、前日には予定を入れないことにも思いを広げます。

しかし、脳疲労が強いと状況は異なります。毎日の業務に追われていれば、休日の過ごし方について考えるゆとりもないし、予定を立てないまま休日を迎えることになります。そのうえ、脳に疲労が蓄積(ちくせき)していると、軽い散歩も含め動くことが億劫(おっくう)になります。結局テレビを見ながら自宅でゴロゴロと過ごしてしまいます。…（略）…

このように勤労者の休日の過ごし方は、疲労の度合いを判断する目安になります。脳や体力に余力がないと、外出も億劫になり、結果として一日を家のなかで過ごすことになります。本人が気づいていなくても家族から見るとわかりやすい変化なので、早期発見が可能です。「休日に動けない」事実は、限度を超えた脳の疲労が蓄積していると考えてください。

（徳永雄一郎『「脳疲労」社会　ストレスケア病棟からみえる現代日本』講談社）

問1　この文章で述べられている「脳疲労」の強い人の休日の過ごし方の例として、最も適当なものはどれですか。

① 家で子どもと遊ぶのに疲れたので、近所の図書館に出かけて本を読む。

② 同じサッカーチームの選手がけがをしたので、急きょ代わりに試合に出る。

③ コンサートに行くつもりだったが、キャンセルして家でゆっくりする。

④ ハイキングに行く予定を変えて、疲労回復のために温泉に行く。

13. 다음 문장을 읽고 이후의 문제에 답하시오.

뇌가 피로하면 휴일에도 몸을 움직이기 어렵게 됩니다. 가족 입장에서 보면, 휴일 사용 방식으로 본인의 피로도를 판단할 수 있기 때문에 중요한 관찰점이 됩니다.

휴일을 유의미하게 사용하고자 하면, 운동과 낚시 등 미리 지내는 방식을 결정하고 계획을 세워야 합니다. 예를 들면 일요일에 골프할 계획이라면, 적어도 1개월 전부터 골프장을 고르고 함께 플레이할 동료에게 상담을 시작합니다. 일주일 전이 되면 당일 날씨를 체크하고 날씨에 따라서 복장도 신경이 쓰이는 부분입니다. 일찍 일어나기 위해서, 전날에는 예정을 넣지 않는 것에도 생각의 폭을 넓혀 갑니다.

그러나, **15** 뇌 피로가 강하면 상황은 달라집니다. 매일 업무에 쫓기고 있다면, 휴일을 보내는 방식에 관해서 생각할 여유도 없고, 예정을 세우지 않은 채 휴일을 맞이하게 됩니다. **15** 게다가, 뇌에 피로가 축적되어 있으면, 가벼운 산책도 포함하여 움직이는 것이 귀찮아집니다. 결국 텔레비전을 보면서 자택에서 빈둥빈둥 보내게 되어 버립니다.

(중략)

이처럼 근로자가 휴일을 보내는 방식은, 피로 정도를 판단하는 기준이 됩니다. 뇌와 체력에 여력이 없으면, 외출도 귀찮아지고 결과적으로 하루를 집안에서 보내게 됩니다. **16** 본인이 깨닫지 못해도 가족 입장에서 보면 알기 쉬운 변화이기 때문에, 조기 발견이 가능합니다. '휴일에 움직일 수 없다'는 사실은 한도를 넘어선 뇌 피로가 축적되어 있다고 생각해 주세요.

문1 이 문장에서 서술되고 있는 '뇌 피로'가 강한 사람의 휴일을 보내는 방식의 예로서, 가장 적당한 것은 어느 것입니까?

① 집에서 아이들과 노는 것이 피곤하기 때문에, 근처 도서관에 외출하여 책을 읽는다.

② 같은 축구 팀 선수가 부상을 입었기 때문에, 갑자기 대신 시합에 나간다.

③ 콘서트에 갈 생각이었지만, 취소하고 집에서 느긋하게 쉰다.

④ 하이킹 갈 예정을 변경하고, 피로회복을 위하여 온천에 간다.

問2　この文章の内容と合っているものはどれですか。

① 脳疲労がたまっていることは、本人が家族に伝えてはじめてわかる。

② 脳疲労がたまっていることは、家族が本人を観察することでもわかる。

③ 脳疲労がたまっていることは、医者に行ってはじめてわかる。

④ 脳疲労がたまっていることは、仕事の状況から判断できる。

문2 이 문장의 내용과 맞는 것은 어느 것입니까?

① 뇌 피로가 쌓여 있는 것은, 본인이 가족에게 전하고 나서야 알 수 있다.

② 뇌 피로가 쌓여 있는 것은, 가족이 본인을 관찰하는 것으로 알 수 있다.

③ 뇌 피로가 쌓여 있는 것은, 진찰을 받고 나서야 알 수 있다.

④ 뇌 피로가 쌓여 있는 것은, 일의 상황으로부터 판단할 수 있다.

해설

15

「しかし」로 시작되는 세 번째 단락에서 '뇌 피로'가 강한 사람의 예시를 들고 있다. '뇌 피로'가 강하다는 것은 '뇌 피로'의 정도가 높다는 의미이므로, '뇌 피로가 축적되다'와 동일한 표현으로 볼 수 있으므로, 귀찮아 해 하고, 집 밖으로 나오지 않는 사람을 의미한다. 따라서 선택지를 집 밖으로 나가는 것과 집 안에 있는 상황으로 구분하면 3번이 정답이라는 것을 알 수 있다.

16

본문 마지막 단락에서 「本人が気づいていなくても家族から見るとわかりやすい変化(본인이 깨닫지 못해도 가족 입장에서 보면 알기 쉬운 변화)」라고 했으므로 주변에서 보고 알 수 있는 변화를 찾으면 2번이 정답이라고 알 수 있다.

어휘 疲労する 피로하다 | 有意義 유의미 | 前もって 미리, 사전에 | 天候 날씨 | 早起き 빨리 일어나기 | 業務に追われる 업무에 쫓기다 | 蓄積する 축적하다 | 億劫 귀찮음 | ゴロゴロ 데굴데굴, 빈둥빈둥 | 度合 정도 | 余力 여력 | 早期発見 조기 발견 | 限度 한도 | 越える 넘다, 초월하다

XIV　次の文章を読んで後の問いに答えなさい。

従来の学習理論で言えば、学習活動は、あたかも迷路におかれた*ラットがその脱出(だっしゅつ)ルートを学習する過程のように、個別の**個体が問題や課題空間に置かれ、個別の経験で学習を完結する、といった、個人の営み、という印象があります。

しかしながら、実際の人間の様子をながめてみると、そのまわりには友人や兄弟、親、先生などがいて、むしろ個人で学習するという姿はありません。家庭での勉強は一人で、ということはあっても、少なくとも学校にいる間は、学習時間には必ずまわりに誰か他者がいます。見かけ上、学習はもともと他者といっしょに行っている、ともいえるでしょう。

しかしこれは、その活動が「学習」であれば、見かけ上まわりに他者が大勢(おおぜい)いても、基本的には迷路(めいろ)脱出のラットのように、他からの支え無しに、一人で当該の事柄が学べることを前提にしており、補助教材等で外的な資源に頼ることはあっても協同(きょうどう)で学習活動をしているとは言えません。学習活動はあくまでも個人の営みで、その成果がテストという形で可視化できるようになっています。

（田中俊也『大学での学び　その哲学と拡がり』関西大学出版部）

*ラット：実験用のネズミのこと
**個体：ここでは、一匹の動物や一人の人間のこと

問1　「ラット」は、何の例として述べられていますか。

① 家庭での学習の例
② 個人で学習する例
③ 学校での学習の例
④ 他者といっしょに学習する例

14. 다음 문장을 읽고 이후의 문제에 답하시오.

종래의 학습이론으로 말하자면, **17** 학습활동은 마치 미로에 놓인 실험용 쥐가 그 탈출 루트를 학습하는 과정과 같이, 개별 개체가 문제나 과제 공간에 놓여 개별 경험으로 학습을 완결한다는 개인의 영위라는 인상이 있습니다.

그러나, 실제 인간의 모습을 바라보면, 그 주변에는 친구와 형제, 부모, 선생님 등이 있고 오히려 개인이 학습한다는 모습은 없습니다. 가정에서 하는 공부는 혼자서라는 것은 있어도, 적어도 학교에 있는 동안은 학습 시간에는 반드시 주변에 누군가 다른 사람이 있습니다. 외관상, 학습은 본래 다른 사람과 함께 행하고 있다고도 말할 수 있을 것이다.

그러나 이것은, **18** 그 활동이 '학습'이라면 외견상 주변에 다른 사람이 많이 있어도, 기본적으로는 미로 탈출의 실험용 쥐처럼 다른 사람의 지원 없이 혼자서 해당 일을 배울 수 있는 것을 전제로 하고 있으며, 보조 교재 등으로 외적인 자원에 의지하는 일은 있어도 협동으로 학습 활동을 하고 있다고는 할 수 없습니다. 학습활동은 어디까지나 개인의 영위이고, 그 성과가 시험이라는 형태로 가시화할 수 있게 되어 있습니다.

*래트: 실험용 쥐.
**개체: 여기에서는 한 마리 동물이나 한 명의 인간을 가리킨다.

문1 '실험용 쥐'는 무슨 예로서 서술되고 있습니까?

① 가정에서의 학습의 예
② 개인이 하는 학습의 예
③ 학교에서의 학습의 예
④ 다른 사람과 함께 학습하는 예

問2　この文章の内容と合っているものはどれですか。	문2 이 문장의 내용과 맞는 것은 어느 것입니까?
① 周りに人がいたとしても、学習は個人で行われている。	① 주변에 사람이 있다고 하더라도, 학습은 개인이 하고 있다.
② 周りに人がいる場合は、協力して学習したほうが効果が上がる。	② 주변에 사람이 있는 경우는, 협력하여 학습하는 편이 효과가 크다.
③ 周りに人がいなくても、いずれ誰かが学習を助けてくれる。	③ 주변에 사람이 없어도, 언젠가 누군가가 학습을 도와준다.
④ 周りに人が大勢いても、個人の学習に役立つ人は少ない。	④ 주변에 사람이 많이 있어도, 개인의 학습에 도움이 되는 사람은 적다.

해설

17

첫 번째 단락의 학습활동에 대한 정의 중에서 '미로에 놓인 쥐'='과제공간에 두어진 개별의 학습자'로 규정하고 있으므로 2번이 정답이다.

18

마지막 단락에서 '외견상 많은 사람들이 있어도, 기본적으로는 미로탈출의 쥐와 같다'고 했고, 앞서 '쥐=개별학습자'의 예시였으므로 1번이 정답이다. 특히 2번은 상식적으로는 훌륭한 생각이기는 하나 3번과 4번 선택지처럼 본문에서 언급하지 않았다.

어휘 あたかも 마치 | 迷路(めいろ) 미로 | 脱出(だっしゅつ) 탈출 | 個別(こべつ) 개별 | 個体(こたい) 개체 | 課題空間(かだいくうかん) 과제공간 | 完結(かんけつ)する 완결하다 | 眺(なが)める 바라보다 | 見(み)かけ上(じょう) 외견상 | 補助教材(ほじょきょうざい) 보조 교재 | 可視化(かしか)する 가시화 하다

XV　次の文章を読んで後の問いに答えなさい。

古代ギリシャなどの読書は、自分で読むときはもちろん多くの人に聞かせるために音読が当たり前だった。当時の書物は、文字が*ベタ組みされていて、文章には、区切る段落はもとより、**句読点さえまったくなかった。これは読むためというより、朗読を聞くとき、文字をなぞりながら理解する必要があったからである。

ギリシャ文明から大きな影響を受けたローマでも、教養あるローマ人は非常な読書家で、朗々と書物を読んでは、文章の内容をよく暗記した。たとえば、当時随一の雄弁家といわれた***キケロ（紀元前106 ～ 43年）の演説では、テクストが豊かな抑揚とともに聴衆に語りかけられる。それを速記専門の奴隷が書き取り、****パピルスに記録するが、語と語の間には句読点も段落もなく連続して記される。それを読む読者は自分で声に出しながら文字をたどり、演説を再現することで書物に接することを楽しんだ。

ちなみに、文字列に句読点が入ったのは9世紀、単語と単語の間を空けるようになるのは、11世紀から12世紀。段落の登場は17世紀後半になる。単語ごとに区切るという簡単な仕組みが、15世紀の印刷術の発明まで一般化しなかったのは驚きだと現代人は考えるが、当時の人は「少し慣れればそう難しくない」と書いている。

（猪又義孝『世界のしおり・ブックマーク意外史』デコ）

*ベタ組み：文字と文字の間や行間をあけないこと
**句読点：「、」や「。」のような、文を読みやすくするための記号
***キケロ：古代ローマの哲学者
****パピルス：草から作った紙

問1　下線部「少し慣れればそう難しくない」とありますが、何をすることが難しくないのですか。

① ベタ組みの文章を読むこと
② 演説を書き写すこと
③ 文章を単語ごとに区切ること
④ 句読点や段落を入れること

15. 다음 문장을 읽고 이후의 문제에 답하시오.

20 고대 그리스 등의 독서는 자기가 읽을 때는 물론이고 많은 사람에게 들려주기 위해서 음독하는 것이 당연했다. 당시의 서적은 문자가 빼곡히 붙어 있고, 문장에는 구분 짓는 단락은 물론이고, 구두점조차 전혀 없었다. 이것은 읽기 위해서라고 하기보다 낭독을 들을 때, 문자를 덧쓰면서 이해할 필요가 있기 때문이다.

그리스문명으로부터 커다란 영향을 받은 로마에서도 교양 있는 로마인은 대단한 독서가로 낭랑하게 서적을 읽고는 문장의 내용을 자주 암기했다. 예를 들면, 당시 제일의 웅변가라고 일컬어졌던 키케로(기원전106~46년)의 연설에서는, 텍스트가 풍부한 억양과 함께 청중에게 말을 건다. 그것을 속기 전문 노예가 받아쓰고, 파피루스에 기록하는데 말과 말 사이에는 구두점도 단락도 없이 연속해서 기술된다. 그것을 읽는 독자는 스스로 소리 내면서 문자를 따라가서 연설을 재현함으로써 책을 접하는 것을 즐겼다.

덧붙이자면, 문자열에 구두점이 들어간 것은 9세기, 단어와 단어 사이를 띄게 된 것은 11세기부터 12세기. 단락의 등장은 17세기 후반이 된다. **19** 단어마다 구분 짓는다는 간단한 시스템이 15세기 인쇄술 발명까지 일반화하지 않았던 것에 놀랐다고 현대인은 생각하겠지만, 당시 사람은 '조금 익숙해지면 그렇게 어렵지 않다'고 썼다.

*통조판: 문자와 문자 사이나 행간을 띄지 않는 것.
**구두점: 쉼표나 마침표 같은 문장을 읽기 쉽게 하기 위한 기호.
***키케로: 고대 로마 철학자.
****파피루스: 풀로 만든 종이.

문1 밑줄 부분 '조금 익숙해지면 그렇게 어렵지 않다'고 있습니다만, 무엇을 하는 것이 어렵지 않은 것입니까?

① 빼곡히 붙어 있는 문장을 읽는 것
② 연설을 베껴 쓰는 것
③ 문장을 단어 마다 구분 짓는 것
④ 구두점과 단락을 넣는 것

問2 古代ギリシャやローマの書物の特徴として、最も適当なものはどれですか。

① 文字がただ並んでいるものであった。

② 聴衆に聞かせるために抑揚が記載されていた。

③ 暗記しやすいように句読点や単語の区切りが入っていた。

④ 演説した人の挿絵が印刷されていた。

문2 고대 그리스와 로마 서적의 특징으로써 가장 적당한 것은 어느 것입니까?

① 문자가 단순히 나열되어 있는 것이었다.

② 청중에 들려주기 위하여 억양이 기재되어 있다.

③ 암기하기 쉽도록 구두점과 단어의 구분이 들어 있었다.

④ 연설한 사람의 삽화가 인쇄되어 있다.

해설

우선 본문의 각주가 달려 용어의 설명이 있다면 정답에 직간접적으로 영향을 주는 경우가 많으니 반드시 읽어 봐야 한다.

19

밑줄 '~어렵지 않았다'의 생략된 목적어와 주체를 유추하는 것이 포인트이다. 즉 '누구에게 무엇이' 어렵지 않았는지를 찾아가는 문제이다. '당시의 사람'='15세기 이전 사람'이 '단어마다 구분 짓는 구조'를 어려워하지 않았다는 내용이므로 '붙여 읽는다'의 1번이 정답이다.

20

첫 번째 단락에서 고대 그리스와 로마 서적의 특징을 설명하고 있는데, '띄어쓰기와 구두점'이 없었던 점에 관해서 설명하고 있다. 이것은 문자만이 나열된 상태를 가리키므로 1번이 정답이다.

어휘 音読(おんどく) 음독 | べた組(ぐみ) 띄어쓰기를 하지 않는 것 | 区切(くぎ)る 단락을 짓다, 구획을 짓다 | 句読点(くとうてん) 구두점 | 朗読(ろうどく) 낭독 | なぞる 덧쓰다, 덧그리다, 모방하다 | 教養(きょうよう) 교양 | 暗記(あんき)する 암기하다 | 朗々(ろうろう) 낭랑함 | 雄弁家(ゆうべんか) 웅변가 | 随一(ずいいち) 제일 | 演説(えんぜつ) 연설 | 抑揚(よくよう) 억양 | 奴隷(どれい) 노예 | 記(しる)す 적다, 기록하다, 새기다 | 再現(さいげん)する 재현하다 | 登場(とうじょう) 등장

XVI　次の文章を読んで後の問いに答えなさい。

山に登る（ことを楽しむ）という行為は、中世までは一般的でなかった。山へ登るのは、宗教的行為（神に祈ったり、悪魔（あくま）を追い払ったりするため）か、峠（とうげ）を越えて山の向こうへ行くためでしかなかった。が、近代になって、「より高い」山へ登ることが競われるようになった。それは「近代的競争行為」にほかならなかったから、登山者は、「競争相手」の登山者のパーティを見つけると、石を投げたり、岩雪崩（いわなだれ）を起こしたりして、妨害したのだった。

現在の登山を「普通」だと思っているひとびとにとっては信じられないことだろう。が、1865年、「悪魔の棲（す）む山」と怖れられていたマッターホルンに、世界ではじめて登ったエドワード・ウィンパーの記録『アルプス登攀記（とうはんき）』には、競争相手のパーティに向かって石を投げたり岩を落としたりして妨害したことが、堂々と書き記されている。

その後、登山は、登山者の安全を重視し、登山者同士が助け合うことをルールとする「近代登山」を確立した。「競争」を否定し、「共生」を選択したのである。それは、「山」という大自然を前にして、単なるゲームではない現実の「死」に直面したからだろう。が、それでもスポーツとして多くのひとびとに楽しまれているのは、競争や勝敗が存在しなくてもスポーツは存在しうる、ということのひとつの証明といえる。

（玉木正之『スポーツとは何か』講談社）

問1　下線部「近代的競争行為」における登山についての記述として、合っているものはどれですか。

① 登山者は、競争相手であっても山に入ると協力し合った。

② 登山者は、宗教的行為によって競争相手に勝とうとした。

③ 登山者は、わざと競争相手を危険な目に遭わせることがあった。

④ 登山者は、競争相手が山でパーティをしているのを見ると邪魔をした。

16. 다음 문장을 읽고 이후의 문제에 답하시오.

산에 오른다(는 것을 즐긴다)는 행위는, 중세까지는 일반적이지 않았다. 산에 오르는 것은, 종교적 행위 (신에게 기원하거나, 악마를 내쫓거나 하기 위해)나, 고개를 넘어서 산 맞은편으로 가기 위해서라는 경우밖에 없었다. 하지만, **21** 근대 들어서서 '보다 높은' 산에 오르는 것을 경쟁하게 되었다. 그것은 다름 아닌 '근대적 경쟁행위'였기 때문에, 등산가는 '경쟁상대'인 등산대를 발견하면 돌을 던지거나, 산사태를 일으키거나 해서 방해한 것이었다.

현재의 등산을 '보통'이라고 생각하는 사람들에게 있어서는 믿을 수 없는 일일 것이다. 하지만, 1865년, '악마가 사는 산'이라고 두려워했던 마터호른에 세계에서 처음으로 등반한 에드워드 휨퍼의 기록 '알프스의 등반기'에는 경쟁 상대의 등산대를 향하여 돌을 던지거나 바위를 떨어뜨리거나 하여 방해한 것이 당당히 쓰여 있다.

그 후, **22** 등산은 등산가의 안전을 중시하고 등산가끼리 서로 돕는 것을 룰로 하는 '근대 등산'을 확립했다. '경쟁'을 부정하고 '공생'을 선택한 것이다. 그것은 '산'이라고 하는 대자연을 앞에 두고 단순한 게임이 아니라 현실의 '죽음'에 직면했기 때문일 것이다. 하지만, 그렇더라도 **22** 스포츠로써 많은 사람들이 즐기고 있는 것은, 경쟁과 승패가 존재하지 않더라도 스포츠는 존재할 수 있다는 것의 하나의 증명이라고 할 수 있다.

문1 밑줄 부분 '근대적 경쟁행위'에 있어서의 등산에 관한 기술로써 맞는 것은 어느 것입니까?

① 등산가는, 경쟁 상대이더라도 산에 들어가면 서로 협력했다.

② 등산가는, 종교적 행위에 의해서 경쟁상대에게 이기려고 했다.

③ 등산가는, 일부러 경쟁상대를 위험한 일을 당하게 하는 경우가 있었다.

④ 등산가는, 경쟁상대가 산에서 파티를 하고 있는 것을 보면 방해를 했다.

問2　この文章で述べられている「近代登山」とスポーツの関係として、合っているものはどれですか。

① 勝敗がないので、登山はスポーツではない。

② 勝敗を決める場合にのみ、登山をスポーツとして扱う。

③ 登山はスポーツなので、常に誰かと競うことになる。

④ 登山は勝ちを目指さないスポーツとなっている。

문2 이 문장에서 서술되고 있는 '근대 등산'과 스포츠의 관계로 맞는 것은 어느 것입니까?

① 승패가 없기 때문에, 등산은 스포츠가 아니다.

② 승패를 결정하는 경우에만, 등산을 스포츠로서 취급한다.

③ 등산은 스포츠이기 때문에, 항상 누군가와 경쟁하게 된다.

④ 등산은 승리를 목표로 하지 않는 스포츠가 되었다.

해설

21

밑줄 앞의 지시어 「それは」가 높은 산에 오르는 것을 경쟁하게 되었다'를 가리키며, 밑줄 뒷부분의 문장에 「石を投げたり、岩雪崩を起こしたりして、妨害した(돌을 던지거나, 산사태를 일으키거나 해서 방해했다)」에서 지시어가 '경쟁상대에 대한 방해'를 나타낸다는 것을 알 수 있다. 따라서, 3번이 정답이다. 「パーティ」라는 단어에는 '파티'라는 의미와 '등산자 집단'이라는 두 가지 의미가 있으므로, 단순히 '파티'라는 단어에 낚여 4번을 고르지 않도록 하는 것이 중요하다. 1번은 반대의 방향성을 가진 설명으로 오답이며, 종교적 행위는 중세의 등산의 목적이므로 2번도 오답이다.

22

마지막 단락에서 정답을 유추해 낼 수 있다. 우선 '경쟁을 부정'한다는 것은 이기고 패하는 것이 없어지는 것은 맞으나, '스포츠로서 즐긴다'고 했으므로 1번과 3번은 오답이다. 경쟁을 하지 않는 것은 승리를 목표로 하지 않는 것이므로 4번이 정답이다.

어휘 宗教的 종교적 | 行為 행위 | 悪魔 악마 | 追い払う 내쫓다, 몰아내다 | 競う 경쟁하다 | パーティ 여기에서는 등산자의 집단, 무리 | 岩雪崩 산사태 | 棲む 살다, 서식하다 | 堂々と 당당히 | 重視する 중시하다 | 助け合う 서로 돕다 | 否定する 부정하다 | 直面する 직면하다 | 競争 경쟁 | 勝敗 승패

XVII　次の文章を読んで後の問いに答えなさい。

あの人は頭がいいというとき、私たちはその人の何を評価して、「頭がいい」と判断しているのでしょうか。記憶力がいい、計算が速い、むずかしい漢字もスラスラ読み書きできる。事務処理能力が高い、判断が的確である、思慮(しりょ)が深い、独創的な発想をする、表現力が豊かだ――それらがすべて頭のよさを構成する要件であるのは確かです。

しかし、どれも頭のよさの必要条件ではあっても十分条件とはいえません。どれも人間にとって大切な能力ですが、どれかを一つか二つ満たしていても、それで頭がいいとはいいきれないのです。

暗記力に長けていても、知識の量は増えるでしょうが、それがイコール頭脳明晰(ずのうめいせき)とはならない。テストで高い点数をとる、学校の成績がいい。そういう秀才(しゅうさい)がかならずしも仕事で大きな成果を出すとは限らない。頭のよさというものは限定的な範囲ではとらえきれないものなのです。

頭がいいとはもっと総合的なものです。記憶力や判断力、思考力や集中力、創造力や表現力をはじめ、ものごとを意欲的に学ぼうとする姿勢、「わかる」まで粘り強く調べ、考える力、計画したことをすみやかに実践できる行動力。人の話にじっくり耳を傾け、感情豊かに人と接することのできる対人関係能力。異なる意見も大切にできる寛容(かんよう)さ、自分の間違いや失敗を認められる素直さ、などなど。

そういう「能力」の多くを、できれば高い水準で満たしてはじめて、頭がいいといえるのではないでしょうか。知性、理性、感性、「知、情、意」のすべてがバランスよくそろっている。人間の頭のよさとはその全体像のことではないでしょうか。

したがって当然、そこには「心」の働きが占めるところ大です。…(略)…

以前、病院でこんな例がありました。*認知症(にんちしょう)を患(わずら)っているお年寄りの男性患者が毎夜のように、近くの女性患者のベッドに入り込んでしまうのです。看護師などが注意していても、いつのまにかもぐり込もうとして、「またか」と騒ぎになる。「困ったものだ」と周囲の人も悩まされていました。

17. 다음 문장을 읽고 이후의 문제에 답하시오.

어떤 사람은 머리가 좋다고 할 때, 우리들은 그 사람의 무엇을 평가하여 '머리가 좋다'고 판단하고 있는 것일까? 기억력이 좋다, 계산이 빠르다, 어려운 한자도 술술 읽고 쓸 수 있다. 사무처리능력이 높다, 판단이 적절하다, 사고가 깊다, 독창적인 발상을 한다, 표현력이 풍부하다── 그것들이 모두 머리의 좋음을 구성하는 요건인 것은 분명합니다.

그러나, 어느 것도 머리 좋은 것의 필요조건은 되어도 충분조건이라고 할 수는 없다. 어느 것도 인간에게 있어서 중요한 능력이지만, **23** 어떤 것을 한 가지나 두 가지 충족하고 있어도 그것으로 머리가 좋다고 단언할 수는 없는 것입니다.

암기력이 뛰어나도 지식의 양은 증가하겠지만, 그것이 이콜 두뇌 명석이 되지는 않는다. 테스트에서 높은 점수를 딴다, 학교 성적이 좋다. 그러한 수재가 반드시 일에서 큰 성과를 낸다고는 할 수 없다. 머리 좋음이라는 것은 **23** 한정적인 범위에서는 파악할 수 없는 것입니다.

23 머리가 좋다는 것은 더 종합적인 것입니다. 기억력과 판단력, 사고력과 집중력, 창조력과 표현력을 비롯하여 모든 일을 의욕적으로 배우려고 하는 자세, '알 수 있을' 때까지 끈기 있게 조사하고 생각하고, 계획한 것을 신속하게 실전할 수 있는 행동력. 사람의 이야기에 차분히 귀 기울이고 감정 풍부하게 사람을 접할 수 있는 대인관계능력. 다른 의견도 소중히 할 수 있는 관용, 자기 잘못과 실수를 인정할 수 있는 솔직함 등등.

그러한 '능력'의 대부분을 될 수 있는 한 높은 수준에서 충족하고 나서야 비로소 머리가 좋다고 말할 수 있는 것은 아닐까? 지성, 이성, 감성, '지, 정, 의' 모든 것이 밸런스 좋게 갖춰져 있다. 인간의 머리가 좋음이라는 것은 그 전체상을 가리키는 것은 아닐까?

따라서, 당연히 거기에는 '마음'의 작용이 점유하는 부분도 큽니다.
(중략)
이전, 병원에서 이런 예가 있었습니다. 치매를 앓고 있는 어르신인 남성 환자가 매일 밤처럼 가까운 여성 환자 침대에 들어가는 것입니다. 간호사 등이 주의를 주어도 어느새 들어가려고 하여, "또야?"라고 소동이 일어났습니다. "참 곤란하네"라고 주위 사람들도 고민하고 있었습니다.

しかしそうするうちに、その男性患者からだんだんと認知症の症状が消えていき、しだいに正常に近いレベルになり、ついにはほぼ元どおりになって元気に退院していったのです。恋愛感情や性的欲望など心の領域に属する感情が刺激(しげき)となって、衰えていた脳機能をふたたび活性化したと考えられる例で、こういう事実に出会うと、知能と感情、脳と心が密接な関係を保っていることが実感として理解できるようになります。

ですから、**百マス計算やら脳トレーニングもそれなりの意義がありますが、それよりも人を好きになったり恋をしたりすることのほうが、思考能力を高める方法としては非常に有効だと考えています。脳を鍛えたいなら、知能を使うと同時に心を使うこと、心を磨くことが大切なのです。

(林成之『望みをかなえる脳』サンマーク出版)

*認知症：記憶力など認知機能が低下して日常生活が送れなくなる症状
**百マス計算：100個のマスを使って行う計算トレーニング

그러나 그러는 사이, 그 남성 환자가 점점 치매증세가 사라져 가서 점차 정상에 가까운 레벨이 되어 마침내 거의 원래대로 되어 건강하게 퇴원해 간 것입니다. **24** 연애 감정과 성적 욕망 등 마음의 영역에 속하는 감정이 자극이 되어, 쇠퇴해 있던 뇌 기능을 재차 활성화했다고 생각되는 예로, 이러한 사실을 만나면, 지능과 감정, 뇌와 마음이 밀접하게 관계를 유지하고 있는 것을 실감하고 이해할 수 있게 됩니다.

그러니까 100칸 계산이나 뇌 트레이닝도 그 나름대로 의미는 있지만, **25** 그것보다도 사람을 좋아하게 되거나 하는 연애를 하는 편이 사고능력을 높이는 방법으로써 대단히 유효하다고 생각하고 있습니다. 뇌를 단련하고 싶다면, 지능을 사용하는 것과 동시에 마음을 사용하는 것, 마음을 연마하는 것이 중요합니다.

*치매증(인지증): 기억력 등 인지 능력이 저하하여 일상 생활을 영위할 수 없게 되는 증상.
**백 칸 계산: 100개의 빈 칸을 사용하여 행하는 계산 트레이닝

問1　筆者は「頭がいい人」はどんな人だと言っていますか。

① 頭脳明晰で総合的に物事を考えられる人
② いくつもの能力がバランス良く高い人
③ 感情豊かでじっくり人の話が聞ける人
④ 一つの能力が飛び抜けて高い人

문1 필자는 '머리가 좋은 사람'은 어떤 사람이라고 말하고 있습니까?

① 두뇌 명석하고 종합적으로 사물을 생각할 수 있는 사람
② 여러 능력이 밸런스 좋게 높은 사람
③ 감정이 풍부하고 차분히 이야기를 들을 수 있는 사람
④ 하나의 능력이 뛰어나게 높은 사람

問2　下線部「こんな例」は、何を説明するための例ですか。

① 「知、情、意」がバランスよくそろっている例
② 知能と感情が密接につながっている例
③ 頭がよければ病気を克服することができる例
④ 周囲を困らせることが脳を活性化させた例

문2 밑줄 부분 '이런 예'는, 무엇을 설명하기 위한 예입니까?

① '지, 정, 의'가 밸런스 있게 갖춰진 예
② 지능과 감정이 밀접하게 연결되어 있는 예
③ 머리가 좋으면 병을 극복할 수 있는 예
④ 주위를 곤란하게 하는 것이 뇌를 활성화 시키는 예

問3 この文章で筆者が主張していることと合っているものはどれですか。 ① 思考能力を鍛えるためには心の働きにも注目すべきだ。 ② 心と体は切っても切り離せない関係にある。 ③ 認知症で入院しても恋愛感情を刺激するといい。 ④ 脳だけ鍛えても意味がないからやめたほうがいい。	문3 이 문장에서 필자가 주장하고 있는 것과 맞는 것은 어느 것입니까? ① 사고능력을 단련하기 위해서는 마음의 작용에도 주목해야 한다. ② 마음과 몸은 뗄 수 없는 관계에 있다. ③ 치매증상으로 입원해도 연애감정을 자극하면 좋다. ④ 뇌만 단련해도 의미가 없기 때문에 그만 두는 편이 좋다.

해설

23

'머리가 좋은 사람'의 일반적 정의와 필자의 정의를 구분하는 것이 포인트이다. 첫 번째 단락은 '머리가 좋은 사람의' 일반적 조건을 나열하고 있다. 선택지 1번 3번은 필요조건 중 하나이므로 오답이 된다. 두 번째 단락의 '어떤 것을 한 가지나 두 가지 충족하고 있어도 그것으로 머리가 좋다고 단언할 수는 없'다, 3번째 4번째 단락의 '한정적 범위가 아니다', '종합적이다'라는 표현이 필자의 정의이므로 '머리가 좋다'는 것은 종합적으로 여러가지 능력이 갖추어져 있어야 한다는 것이 필자의 정의라는 것을 알 수 있으므로 정답은 2번이 된다. 4번은 능력이 한정적이라고 정리할 수 있으므로 오답이다.

24

지시어「それ」계열은 주로 앞 부분 문장의 내용을 나타내는 경우가 많지만,「これ」계열은 앞뒤 어느 쪽이든 가리킬 수 있다. 또한, '이런 예'가 있었다로 시작하며 밑줄 뒷부분에서 예시를 들고 있으므로, 밑줄 뒷부분을 보면 답을 찾을 수 있다. 여기에서는 남자 환자가 연애감정을 통해서 인지장애가 호전된 예로, 감정이 자극 되어 뇌기능을 활성화한다고 볼 수 있다. 즉, 지능, 감정, 뇌와 마음이 밀접한 관계가 있다는 것을 알 수 있으므로 2번이 정답이다.

25

마지막 단락「それよりも~」이후 '마음을 사용하는 것이 유효하다고 생각한다'고 설명하고 있으므로 1,2,3번으로 압축된다. '그것보다도 사람을 좋아하게 되거나 하는 연애를 하는 편이 사고능력을 높이는 방법으로써 대단히 유효하다'고 설명하고 있는 부분을 정리하면 '사고능력=뇌(지식)'이라고 생각할 수 있으므로 1번이 정답이 된다. '뇌=지식'과 '감정=마음'이라는 관계에서 '뇌=지식'이 빠져 있으므로 2번은 오답이다. 또한, 예시는 주장으로 보기 어려우므로 3번도 오답이다.

어휘 評価(ひょうか)する 평가하다 | 記憶力(きおくりょく) 기억력 | スラスラ 술술 | 思慮(しりょ)が深(ふか)い 사려 깊다 | 独創的(どくそうてき) 독창적 | 暗記力(あんきりょく) 암기력 | 長(た)ける 뛰어나다 | 頭脳明晰(ずのうめいせき) 두뇌 명석 | 秀才(しゅうさい) 수재 | 限定的(げんていてき) 한정적 | 総合的(そうごうてき) 종합적 | 粘(ねば)り強(づよ)く 끈기있게 | 寛容(かんよう)さ 관용 | 素直(すなお)さ 솔직함 | 満(み)たす 채우다 | 患(わずら)う 병을 앓다 | 騒(さわ)ぐ 소란을 피우다 | 刺激(しげき) 자극

기술

Point 어떤 사회적 과제가 왜 해결되지 않는지, 그 이유를 설명해야 합니다(예시를 들어 설명해야 하는 경우도 있습니다).

대책

1. 사회적 과제를 어떻게 하면 해결할 수 있을지 자기 의견을 적어야 합니다.
2. '이유를 들어 설명/예시를 들어 상황을 설명'하는 부분과 '해결책'을 제시하는 부분으로 나누어 적어야 하는데, 양쪽 모두 중요한 부분이기 때문에 같은 정도의 글자수로 적는 것이 좋습니다.
3. '이유'나 '예시'는 여러 개 쓸 수 없기 때문에, 하나를 들어 자세히 설명하여 해결책으로 연결하는 것이 좋습니다.

예시답안 1

犬やネコのようなペットは飼っていてかわいいし、ずっと一緒に生活していると、家族のようになる。それにもかかわらず、飼えなくなったペットを捨ててしまう人がいる。

ペットを飼うことは楽しいことばかりではない。犬を飼う場合を考えると、毎日犬を散歩に連れて行ったり、犬小屋を掃除したり、エサをやったりしなければならない。犬を飼い始めた最初のころは、そのような世話も楽しくできるかもしれない。しかし、それが毎日、何年も続いていくと、負担が大きくなって、嫌になる人もいる。そうして、犬の世話ができなくなって、捨ててしまうのだろう。

このようなことは、飼い主の見込みの甘さが原因である。ペットを飼い始めるときに、飼い主は世話にどれぐらいの労力や時間がかかって、自分がそれを続けることができるか、よく考える必要がある。それと同時に、ペットを販売する店も、この客は最後までペットを飼い続けることができるか、簡単な試験のようなものをしてもよいだろう。つまり、飼い主としての責任や適性があるかどうかを判断するのだ。

ペットはかわいいし、生活が豊かになる。しかし、軽い気持ちで飼うべきではない。ペットも大切な命なのだ。

그 외의 의견

ペットが捨てられる理由

- 成長するにつれて、世話が大変になり、お金もかかるから
- ペットが小さいときはかわいかったが、大きくなるとかわいくないと感じる人がいるから

今後この問題をどうすればよいか

- どうしても育てられなくなったときは、代わりに育ててくれる人を探す
- 一週間や一ヵ月など試しに飼ってみる期間を設ける

예시답안 2

私の国には義務教育というものがあって、小学校、中学校は全国民が授業料無料で通うことができる。しかし、通いたくても通えない状況の子どももいる。その一つがヤングケアラーと呼ばれる子どもたちだ。

ヤングケアラーとは、保護者が何かの理由で日常生活が送れなくなった家庭で、保護者に代わって家事や介護、兄弟の世話などをする若者のことである。学校に行く時間に家庭でやらなければならないことが多くあるため、十分な教育が受けられない。

このような問題を解決するためには、社会全体で助けるしくみが必要である。ヤングケアラーがいる家庭があれば、政府や自治体が家事や介護を代わりにやってくれる人を派遣する。そうすれば、ヤングケアラーとなってしまった子どもも学校に通うことができる。政府に頼るだけでなく、近所の人ができることを手伝うなど、地域で支える方法もある。

子どもにとって教育は最も大切なものである。社会や周りの大人たちが積極的に援助して、ヤングケアラーを生まないようにすることが、一番必要なことだと考える。

그 외의 의견

教育を受けられない理由

・子どもが戦争に出されたり、小さいときから働かされたりしているから

・学校が近くにない、教えてくれる先生がいないから

今後この問題をどうすればよいか

・国が、子どもが教育を受けられる環境・制度を整えていく必要がある

・学校がなく、先生もいない地域へボランティアや教師を派遣し、教育を提供する

독해

문제	해답 번호	정답
Ⅰ	1	④
Ⅱ	2	①
Ⅲ	3	②
Ⅳ	4	①
Ⅴ	5	②
Ⅵ	6	①
Ⅶ	7	③
Ⅷ	8	①
Ⅸ	9	②
Ⅹ	10	③

문제	해답 번호	정답
Ⅺ	11	①
	12	③
Ⅻ	13	③
	14	①
XIII	15	④
	16	①
XIV	17	③
	18	①
XV	19	①
	20	②
XVI	21	②
	22	②
XVII	23	②
	24	②
	25	④

I　筆者は、下線部「どこで人類が生まれたのか？」という問いに答えるために、何をしなければならないと述べていますか。

この地球上にいつごろ、どこで人類が生まれたのか？それを問うには、しかしまず人類とは何か、何をもって人類とするかが問われねばならない。これは考えようによってはなかなかの難問である。…（略）…

話が一気に即物的（そくぶつてき）になるが、探索の依（よ）りどころとなるのは化石資料なのだから、その形態のどういう特徴をもって人類と他の、特に*類人猿（るいじんえん）の祖先とを見分けるのか、まずはそのあたりを最初にはっきりさせておく必要がある。なぜなら、化石が古くなればなるほど現代人との違いが大きくなっていき、おそらくは共通の祖先を持つ類人猿と似たところも増えてきて両者の区別はどんどんむずかしくなっていくはずだからである。しかし、元々どこかに一方は人類へ、一方は類人猿へと分かれる分岐点（ぶんきてん）があったはずであり、現実にはほとんどが破片になっている化石を何とかしてどちらかに識別して話を組み立てて行かねばならない。人類の起源を明らかにするうえでまず求められるのは、その分岐点、もしくはそれにできるだけ近い位置にある祖先の姿を明らかにし、彼らがどの時代、どの地域で、どのようにして生まれたのかを解明することである。

（中橋孝博『日本人の起源　古人骨からルーツを探る』講談社）

*類人猿：オランウータンなど、人に近い特徴を持つ動物

① 現代人と人類の祖先との違いを見分けること
② 類人猿に近い種類の動物の化石を調べること
③ 類人猿が現在どこの地域で生活しているか調べること
④ 人類と類人猿に分かれたときの祖先について解明すること

1. 필자는, 밑줄 부분 '어디에서 인류가 탄생했는가?' 라는 질문에 대답하기 위해서 무엇을 해야 한다고 서술하고 있습니까?

이 지구상에 언제쯤, 어디에서 인류가 탄생했을까? 그것을 물으려면, 우선 인류라고 하는 것은 무엇인가, 무엇을 가지고 인류라고 하는지를 따져봐야 한다. 이것은 생각하기에 따라서는 상당한 어려운 문제다.
(중략)
이야기가 한꺼번에 즉물적으로 되는데, 탐색의 여지가 되는 것은 화석 자료이기 때문에, 그 형태의 어떠한 특징으로 인류와 다른, 특히 유인원의 선조와 구분할지, 우선은 그 부분을 처음에 확실하게 해 둘 필요가 있다. 왜냐하면, **1** 화석이 오래되면 될수록 현대인과의 차이가 벌어져서, **2** 아마 공통 선조를 갖는 유인원과 유사한 부분도 늘어나게 되어 양자의 구별이 점점 어려워져 갈 터이기 때문이다. 그러나, 본래 어딘가에 한쪽은 인류로, 한쪽은 유인원으로 나누어지는 분기점이 있었을 것이며, 현실에는 대부분이 파편이 되어 있는 화석을 어떻게 하든지 어느 쪽인가로 식별하여 이야기를 조립해 나가지 않으면 안 된다. **4** 인류의 기원을 명확히 하는 데 있어서 요구되는 것은 그 분기점, 혹은 그것에 될 수 있는 한 가까운 위치에 있는 선조의 모습을 명확하게 하고, 그들이 어느 시대 어느 지역에서 어떻게 탄생했는지를 해명하는 것이다.

*유인원: 오랑우탄 등 사람과 가까운 특징을 가진 동물

① 현대인과 인류의 선조와의 차이를 구분하는 것
② 유인원에 가까운 종류의 동물 화석을 조사하는 것
③ 유인원이 현재 어느 지역에서 생활하고 있는지 조사하는 것
④ 인류와 유인원으로 나뉘어질 때의 선조에 관하여 해명하는 것

해설

질문에 제시된 '어디에서 인류가 탄생했는가?'는 본문의 「人類（じんるい）とは何（なに）か(인류는 무엇인가?)」와 같은 의미이다, 즉,'어디에서 인류가 탄생했는가?'는 '인류는 무엇인가'의 페러프레이징이라고 생각할 수 있다. '인류는 무엇인가?'의 질문에 본문에서는 인류와 유인원으로 나뉘는 부분 즉 '분기점'을 명확히 하는 것이 중요하다고 했으므로 4번이 정답이다. 밑줄의 내용을 문장 하단부에서 유사표현으로 반복하고 있다는 것을 알아차리는 것이 포인트이다.

어휘 人類（じんるい） 인류 | 問（と）う 묻다 | 探索（たんさく） 탐색 | 依（よ）りどころ 근거, 믿는 곳 | 化石燃料（かせきねんりょう） 화석연료 | 分岐点（ぶんきてん） 분기점 | 破片（はへん） 파편 | 識別（しきべつ）する 식별하다 | 起源（きげん） 기원

Ⅱ　水曜日の4時間目に自習室で遠隔授業を受ける場合、何が必要ですか。

自習室利用のお知らせ

今学期の授業は、教室での対面授業とオンラインによる遠隔授業を併用して行います。対面授業の前後に遠隔授業がある場合、自宅に戻って遠隔授業を受けることが困難なため、自習室内の一部に遠隔授業受講のためのエリアを設けました。対面授業の前後に遠隔授業がある学生は、利用してください。曜日と時間によって開放している自習室が異なるので、下の表を確認してください。

遠隔授業受講エリアはパーティションで仕切られていて、それぞれに机と椅子、電源コードがありますが、コンピュータ自習室を除き、パソコンは設置されていません。パソコンは各自持参してください。自習室では他の学生が自習しているので、遠隔授業受講時には必ずヘッドセットを使用してください。コンピュータ自習室のパソコンにもヘッドセットはありません。

事前予約は不要ですが、席数に限りがあります。万が一、席が確保できない場合は、学生ホールのロビー等を利用してください。

	午前	午後1 13:00~14:40	午後2 14:30~18:00
月曜日	第一自習室	第二自習室	コンピュータ自習室
火曜日	第一自習室	第一自習室	コンピュータ自習室
水曜日	第一自習室	第一自習室	コンピュータ自習室
木曜日	第二自習室	第二自習室	第一自習室
金曜日	第二自習室	第二自習室	第一自習室

※コンピュータ自習室への入室には学生証が必要です。

<大学の授業時間>

【午前】1時間目 9：00-10：30
　　　　2時間目 10：40-12：10

【午後】3時間目 13：00-14：30
　　　　4時間目 14：40-16：10
　　　　5時間目 16：20-17：50

① 学生証とヘッドセット
② 学生証とパソコン
③ パソコンとヘッドセット
④ 学生証とパソコンとヘッドセット

2. 수요일 4시간째에 자습실에서 원격수업을 받을 경우, 무엇이 필요합니까?

자습실 이용안내

이번 학기의 수업은, 교실에서의 대면수업과 온라인에 의한 원격 수업을 병행하여 실시합니다. 대면 수업의 전후에 원격 수업이 있는 경우, 자택으로 돌아가 원격수업을 받는 것이 곤란하기 때문에, 자습실 내 일부에 원격 수업 수강을 위한 구역을 마련했습니다. 대면 수업 전후에 원격 수업이 있는 학생은 이용해 주세요. 요일과 시간에 따라서 개방하는 자습실이 다르기 때문에, 아래 표를 확인하세요.

원격 수업 수강 구역은 칸막이로 나뉘어져 있어, 각각에 책상과 의자, 전원코드가 있습니다만, 컴퓨터 자습실을 제외하고 컴퓨터는 설치되어 있지 않습니다. 컴퓨터는 각자 지참해 주세요. **1** 자습실에서는 학생이 자습하고 있기 때문에, 원격 수업 수강 시에는 반드시 헤드셋을 사용해 주세요. 컴퓨터 자습실의 컴퓨터에도 헤드셋은 없습니다.

사전 예약은 필요 없지만, 자리에 한정이 있습니다. 만일, 자리가 확보되지 않은 경우는, 학생 홀 로비 등을 이용해주세요.

	오전	오후1 13:00~14:40	오후2 14:30~18:00
월요일	제1자습실	제2자습실	컴퓨터 자습실
화요일	제1자습실	제1자습실	컴퓨터 자습실
수요일	제1자습실	제1자습실	컴퓨터 자습실
목요일	제2자습실	제2자습실	제1자습실
금요일	제2자습실	제2자습실	제1자습실

※ **1** 컴퓨터 자습실로 입실하려면 학생증이 필요합니다.

<대학 수업시간>

【오전】1교시 9:00~10:30
　　　　2교시 10:40~12:10

【오후】3교시 13:00~14:30
　　　　4교시 14:40~16:10
　　　　5교시 16:20~17:50

① 학생증과 헤드셋
② 학생증과 컴퓨터
③ 컴퓨터와 헤드셋
④ 학생증과 컴퓨터와 헤드셋

해설

많은 조건 중에서 다른 조건에 휘말리지 않고 '수요일 4교시 자습실 원격수업'이라는 질문의 조건에만 주목하는 것이 포인트이다. 수요일 4교시, 즉, 수요일 오후를 확인하면 '컴퓨터 자습실'이다 '컴퓨터 자습실'에는 '컴퓨터가 있고 헤드셋은 없다.' 또한 '컴퓨터 자습실에 입장하기 위한 학생증'이 필요하다. 따라서 1번이 정답이다.

어휘 対面授業(たいめんじゅぎょう) 대면 수업 | 遠隔授業(えんかくじゅぎょう) 원격 수업, 온라인 수업 | 併用(へいよう)する 병용하다 | エリア 구역 | 設(もう)ける 설치하다, 마련하다 | 除(のぞ)く 제외하다 | 設置(せっち)する 설치하다 | 各自持参(かくじじさん) 각자 지참 | 確保(かくほ)する 확보하다

Ⅲ　次の文章の内容と合っているものはどれですか。

ちょっと意外な話をします。スパイスには、「味をつける」という作用はありません。もちろん、呈味(ていみ)成分はあります。呈味とは、「塩味、酸味(さんみ)、苦味、甘味、旨味(うまみ)」などの味わいのこと。

…(略)…

呈味成分の量の問題も関係しますが、"味がする"ことと"味をつける"ことは別だと考えてください。そして、呈味の要素もきわめて弱いのがスパイスの特徴です。

いまいちピンとこないという方は、自宅にあるカレー粉の缶を開け、中身を指でつまんで食べてみてください。どんな味がしますか？カレーの味がしますか？しませんね。感じるとしたら雑味(ざつみ)でしょうか。たくさん口に入れすぎると苦味を感じたりするかもしれません。でも決して「おいしい！」と思う人はいない。

カレー粉は複数種類のスパイスを混ぜ合わせたものですが、それ単体でおいしい味がするとしたら、そのカレー粉には塩が含まれている可能性があります。本来、味つけの作用がないカレー粉で作ったカレーがおいしいのは、その鍋の中で炒め、煮込まれた素材の味わいがカレー粉の香りで引き立てられているからなんです。

スパイスに味つけという作用はない。極めて少ない。でもその香りが味を引き出し、引き立てる作用は存分に持っています。

（水野仁輔『いちばんやさしいスパイスの教科書』パイ インターナショナル）

① スパイスを入れると料理にいろいろな味がつけられる。
② スパイスには香りはあるが味はほとんどない。
③ スパイスが持つ呈味成分が料理の味をおいしくする。
④ スパイスを混ぜ合わせると煮込まれた素材の味になる。

3. 다음 문장의 내용과 맞는 것은 어느 것입니까?

조금 의외의 이야기를 하겠습니다. **1 3 4** 스파이스에는 '맛을 낸다'는 작용은 없습니다. 물론, 정미성분은 있습니다. 정미라는 것은 '짠맛, 신맛, 쓴맛, 단맛, 감칠맛' 등의 맛입니다.

(중략)

정미성분의 양 문제도 관계합니다만, '맛이 난다'라는 것과 맛을 낸다'는 것은 별개라고 생각해 주세요. 그리고, 정미의 요소도 지극히 약한 것이 스파이스의 특징입니다.

아직 느낌이 안 오신다는 분은 자택이 있는 카레 가루 캔을 열고 내용물을, 손가락으로 집어서 먹어봐 주세요. 어떤 맛이 납니까? 카레의 맛이 납니까? 나지 않지요? 느낌으로 치자면 여러 가지가 섞인 맛일까요? 많이 입에 넣으면 쓴맛이 나거나 할지도 모릅니다. 하지만, 결코 '맛있다!'고 생각하는 사람은 없다.

카레 가루는 복수 종류의 스파이스를 서로 섞은 것입니다만, 그것 하나만으로 맛있는 맛이 난다고 한다면, 그 카레 가루에는 소금이 포함되어 있을 가능성이 있습니다. 본래, 맛을 내는 작용이 없는 카레 가루로 만든 카레가 맛있는 것은, 그 냄비 안에서 볶고 끓인 소재의 맛이 카레 가루 향으로 끌어올려졌기 때문입니다.

2 스파이스에 맛을 낸다는 작용은 없다. 지극히 적다. 하지만 그 향이 맛을 끌어내고 끌어올리는 작용은 충분히 가지고 있습니다.

① 스파이스를 넣으면 요리에 여러 가지 맛을 낼 수 있다.
② 스파이스에는 향은 있지만 맛은 거의 없다.
③ 스파이스가 갖는 정미성분이 요리의 맛을 맛있게 한다.
④ 스파이스를 서로 섞으면 끓여진 소재의 맛이 된다.

해설

스파이스에 대한 설명이다. 내용과 일치하는 것을 찾는 문제 타입에서 본문을 두 번 읽지 않기 위해서는 문제(질문문)나 선택지에 제시된 키워드를 체크하면서 읽는 것이 포인트이다. 이 문제에서는 스파이스에 대한 정보가 주어질 때마다 체크하면서 읽으면 좋다. 필자는 스파이스의 특징은 '맛을 내지 않는다, 영향이 매우 적다, 향이 있다, 향이 맛을 돋보이게 한다' 등이라고 했으므로 2번이 정답이다. 스파이스에는 맛을 내는 작용이 없다고 했으므로 1번 3번 4번 모두가 오답이 된다.

어휘 酸味(さんみ) 신맛 | 苦味(にがみ) 쓴맛 | 甘味(あまみ) 단맛 | 旨味(うまみ) 감칠맛 | 鍋(なべ) 냄비 | 煮込(にこ)む 푹 끓이다 | 素材(そざい) 소재 | 引(ひ)き出(だ)す 끌어내다 | 引(ひ)き立(た)てる 돋보이게 하다 | 存分(ぞんぶん)に 생각대로, 뜻대로

Ⅳ　次の文章の（　A　）に入るものとして、最も適当なものはどれですか。

ところで冷蔵庫は、単に「冷える」だけで売れるほど甘い製品ではありません。デザインやサイズ面が、他の家電製品に比べてより重要なウエイトを占めています。「生活の変化が最も顕著(けんちょ)に現れる家電製品が冷蔵庫である」といっても過言(かごん)ではないでしょう。その背景にはもちろん、技術面における革新も大きく関わっています。

冷蔵庫が普及し始めた当初の1960年代までは、「食材はその日の分を毎日買うもの」でした。生鮮食料品は傷みやすく、冷凍食品も普及しておらず、巨大なスーパーマーケットが登場する以前ですから、食材をまとめ買いすることはまれだったからです。

やがて物流の整備が進んだことで、食材はこまめに買うより、ある程度の量をまとめ買いするほうがラクで便利という生活様式へと変化していきました。冷凍食品の品質向上もあって、冷蔵庫の中に備蓄(びちく)する食品の量は増加の一途をたどっていきます。

その結果、（　A　）冷蔵庫に対する需要が伸びてきました。

（西田宗千佳『すごい家電　いちばん身近な最先端技術』講談社）

① 大型で容量が大きい
② 軽くて移動させやすい
③ 値段が高くても省エネの
④ 丈夫で壊れにくい

4. 다음 문장의 (A)에 들어가는 것으로서, 가장 적당한 것은 어느 것입니까?

그런데 냉장고는 단순히 '차가워지는' 것만으로 팔릴 정도로 쉬운 제품은 아닙니다. 디자인과 사이즈 면이, 다른 가전제품과 비교하여 보다 중요한 비중을 차지하고 있습니다. '생활의 변화가 가장 현저하게 나타나는 가전제품이 냉장고이다'라고 해도 과언이 아니겠지요. 그 배경에는 물론, 기술 면에서의 혁신도 크게 관련이 있습니다.

냉장고가 보급되기 시작한 당초인 1960년대까지는, '식재료는 그날 분량을 매일 사는 것'이었습니다. 신선 식료품은 상하기 쉽고, 냉동식품도 보급되지 않았고, 거대한 슈퍼마켓이 등장하기 이전이니까, 식재료를 한꺼번에 사는 것은 드물었기 때문입니다.

이윽고 물류가 정비됨으로써, **4** 식재료는 여러 번 자주 사기보다, 어느 정도의 양을 한꺼번에 사는 편이 쉽고 편리하다는 생활양식으로 변화해 갔습니다. 냉동식품의 품질향상도 있고, 냉장고의 안에 비축하는 식품의 양은 증가의 일로를 걷고 있습니다.

그 결과, (대형이고 용량이 큰) 냉장고에 대한 수요가 늘어 왔습니다.

① 대형이고 용량이 큰
② 가볍고 이동하기 쉬운
③ 가격이 비싸도 절전형인
④ 튼튼하고 망가지지 않는

해설

괄호 (A)앞에 「その結果(けっか)(그 결과)」라는 표현이 있으므로 괄호 앞 부분이 '원인' 괄호 뒷부분이 '결과'인 인과관계가 형성되어 있다는 것을 알 수 있다. 따라서 괄호 (A) 앞 문장에서 「こまめに買(か)う(여러 번 자주 사다)」→「まとめ買(が)い(한꺼번에 사는 것)」으로 변화함에 따라 「冷蔵庫(れいぞうこ)の中(なか)に備蓄(びちく)(냉장고 안에 비축)」하게 되었다고 하였으므로 비축하기 위해서는 용량이 커져야 한다. 따라서 수요가 늘어난 냉장고는 용량이 크다'는 내용이 들어가야 하므로 1번이 정답이다.

어휘 甘(あま)い 달다, 안이하다 | ウエイト 무게, 비중 | 顕著(けんちょ)に 현저히 | 過言(かごん) 과언 | 背景(はいけい) 배경 | 革新(かくしん) 혁신 | 普及(ふきゅう)する 보급하다 | 物流(ぶつりゅう) 물류 | 楽(らく)だ 편하다 | 備蓄(びちく)する 비축하다 | 一途(いっと)をたどる 일로를 걷다 | 需要(じゅよう) 수요

V　次の文章の下線部「あってはならないような不調」が起きたのは、なぜですか。

人間が書くプログラムというものは些細な間違いでも動かなくなってしまう。命令の綴りを一ヵ所間違っただけでそもそも実行できなくなってしまうこともある。それは最も単純なコンピュータである*チューリングマシンでも同じことだ。人間が作るプログラムはともかく些細な間違いに弱い。これを伝統的にはバグ＝虫、と呼ぶのだが、些細なバグがシステム全体の崩壊に繋がってしまうことがよくある。…（略）…ちょっと前になるが、複数の大手銀行が合併してできたメガバンクでATMが数日間にわたって使用不能になったことがあった。こんな大規模な、あってはならないような不調が起きるのは、人間が作るプログラムが「きっちり」しているからだ。

きっちりしている、とはどういうことか？たとえば、自動販売機で飲み物を買うとき、一〇〇回に一回くらいお金を入れてもうんともすんとも言わなくてお金を取られっぱなしになったり、お釣りがたまに増えたり減ったりしたらみな怒るだろう（お釣りが増えるほうはひょっとしたら感謝されるかもしれないが）。いつもちゃんと動作することが保証されていることと引き換えに、ちょっとした間違いでもプログラムは動かなくなってしまう。すべてが100%ちゃんと動作すると期待されていると、何かが少し異常を来しただけでシステムそのものが停止してしまう。

（田口善弘『生命はデジタルでできている　情報から見た新しい生命像』講談社）

*チューリングマシン：1936年にイギリスの数学者チューリングが作った数学的モデル

① 人間がプログラムを作るときにはミスが起きやすいから
② プログラムは内容に一つの間違いがあるとうまく動かなくなるから
③ 機械の操作ミスがあったときに停止するようなプログラムだったから
④ システム全体を崩壊させるために誰かがプログラムにバグを入れたから

5. 다음 문장의 밑줄 부분 '있어서는 안 되는 난조'가 일어난 것은 왜입니까?

인간이 쓰는 프로그램이라는 것은 사소한 잘못이라도 움직이지 않게 되어 버린다. 명령 철자를 한 군데 틀린 것만으로 애초에 실행할 수 없게 되어 버리는 경우도 있다. 그것은 가장 단순한 컴퓨터인 튜링 머신도 마찬가지다. 인간이 만든 프로그램은 좌우지간 사소한 실수에 약하다. 이것을 전통적으로 버그=벌레라고 부르는데, 사소한 버그가 시스템 전체 붕괴로 이어져 버리는 경우가 자주 있다. (중략)
얼마 전에, 복수의 대형 은행이 합병하여 만들어진 메가뱅크에서 ATM이 수일간에 걸쳐서 사용불능이 된 적이 있었다. 이런 대규모의, 있어서는 안 되는 부조(좋지 않은 상태, 일)가 일어나는 것은, **2** 인간이 만든 프로그램이 '제대로' 작동하고 있기 때문이다.
제대로 작동하고 있다는 것은 어떤 의미일까? 예를 들면, 자동판매기에서 음료를 살 때, 100번에 1번 정도 돈을 넣어도 꿈쩍도 하지 않고 돈을 먹어버리거나, 잔돈이 가끔 늘거나 줄거나 하면 모두 화가 날 것이다. (잔돈이 느는 편은 어쩌면 고마워할지 모르겠지만). **2** 언제나 제대로 동작하는 것이 보증된 것과 반대로, 조금의 잘못이라도 프로그램은 움직이지 않게 되어 버린다. 모두가 100% 제대로 동작한다고 기대하고 있으면, 무언가가 조금 이상을 초래하는 것만으로 시스템 그 자체가 정지해 버린다.

*튜링 머신: 1936년 영국 수학자 튜링이 만든 수학적 모델

① 인간이 프로그램을 만들 때에는 미스가 일어나기 쉽기 때문에
② 프로그램은 내용에 하나의 실수가 있으면 잘 움직이지 않게 되기 때문에
③ 기계의 조작 미스가 있을 때에 정지하는 것과 같은 프로그램이었기 때문에
④ 시스템 전체를 붕괴시키기 위하여 누군가가 프로그램에 버그를 넣었기 때문에

해설

키워드(밑줄 부분)가 일어난 이유를 찾는 문제이다. 밑줄 다음 문장을 보면 「きっちりしているからだ」라고 원인 이유가 제시되어 있으므로 이 부분을 자세히 살펴보면 된다. 필자는 「きっちりしているからだ」→「きっちりしている、とはどういうことか？(제대로 작동하고 있다는 것은 어떤 의미일까?)」라고 언급한 뒤, 문장 하단부에서 예시를 들어 설명하고 있다. 예시를 통하여 「きっちりしている」의 의미를 유추하는 것이 포인트이다. 예시에서 '무언가 사소한 부주의로 프로그램 전체가 움직이지 않게 되어 버린다'고 했으므로 2번이 정답이다. 예시적 표현과 개념적 표현을 통해서, 선택지의 개념적 표현을 조합해야 하는 타입의 문제로 틀리기 쉬우니 잘 복습해 두자.

어휘 些細な 사소한 | 綴り 철자, 스펠링 | 崩壊 붕괴 | 繋がる 이어지다 | うんともすんとも 아무런 반응이 없는 모양 | 引き換えに 바꾸어, 상환하여 | 停止する 정지하다

VI　下線部「地球上で一番高い山は、実はエベレストではない」とありますが、その理由として最も適当なものはどれですか。

海底にはいたるところに独立した山があります。陸上にも山はたくさんありますが、海の中は目で見えにくいこともあって、まさに数えきれないほどの山があります。これらは「海山」と呼ばれています。海山の多くはよく見るとある線に沿って並んでいて、山脈のように見えます。むしろ山脈として分布しているものが目立ちます。大西洋の真ん中には、北極海(ほっきょくかい)から、火山と温泉と氷の島・アイスランドを経て南極海(なんきょくかい)まで、およそ2万kmにもわたって海底の山脈が連(つら)なっています。こうした海の真ん中にある山脈を中央海嶺(かいれい)といい、大西洋にある中央海嶺は「大西洋中央海嶺」と呼ばれています。海底の山脈は陸上の山脈に比べると、その比高(ひこう)（周辺の海底からの高さ）は3000m程度ですが、山脈のすそ野（幅）はなんと1000kmにも及んでいて、全体としてはのっぺりした地形を呈(てい)しています。

このように海中までも視野に入れると、地球上で一番高い山は、実はエベレストではないのです。ハワイ島にある火山、マウナケア。標高4205mと陸上の山としてはとるに足らない高さですが、この山は水の上に浮かんでいるわけではありません。標高は海抜で測りますがそれは海面から上の話で、マウナケアは海の底から聳(そび)えています。周辺の海底の深さは、およそ5000mあります。つまり、もし海水を取り去ったとすると、なんと9000mを超える巨大な山が出現することになるのです。

（藤岡換太郎『山はどうしてできるのか　ダイナミックな地球科学入門』講談社）

① 海の底から測った場合にエベレストよりも高い山があるから
② 海の中にはまだ地上に現れていない高い山が存在するから
③ 山脈の幅で測った場合にはエベレストを越える山脈が多くあるから
④ 海に浮かんでいる山の高さを正確に測るとエベレストを越えるから

6. 밑줄 부분 '지구상에서 가장 높은 산은, 실은 에베레스트가 아니다'라고 있습니다만, 그 이유로서 가장 적당한 것은 어느 것입니까?

해저에는 도처에 독립된 산이 있습니다. 육상에도 산은 많이 있습니다만, 바다 속은 눈으로 보기 어려운 경우도 있어, 정말 수를 헤아릴 수 없을 정도의 산이 있습니다. 이것들은 '해산'이라고 불리고 있습니다. 해산의 대부분은 잘 보면 어느 선을 따라서 늘어서 있어, 산맥처럼 보입니다. 오히려 산맥으로서 분포하고 있는 것이 눈에 띕니다. 대서양 한가운데에는 북극해에서 화산과 온천과 어름의 섬 아이슬란드를 거쳐 남극해까지, 약 2만 킬로에 걸쳐서 해저 산맥이 연결되어 있습니다. 이러한 바다 한가운데에 있는 산맥을 중앙 해령이라 하고, 대서양에 있는 중앙 해령은 '대서양 중앙 해령'이라고 부르고 있습니다. 해저 산맥은 육상의 산맥에 비교하면, 그 비고(주변의 해저로부터의 높이)는 3,000미터 정도입니다만, 산맥의 아래(폭)는 무려 1,000킬로미터에나 이르고 있어, 전체로서는 밋밋한 지형을 보이고 있습니다.

1 이와 같이 바다속까지도 시야에 넣으면, 지구상에서 가장 높은 산은 실은 에베레스트가 아닙니다. 하와이에 있는 화산, 마우나케아. 표고 4,205미터로 육상의 산으로서는 보잘것없는 높이이지만, 이 산은 물 위에 떠 있는 것은 아닙니다. 표고는 해발로 측정하지만, 그것은 해수면부터 위의 이야기이고, **1** 마우나케아는 바다 바닥부터 솟아 있습니다. 주변 해저 높이는, 약 5,000미터나 됩니다. 즉, 만약 해수를 제거했다고 한다면, 무려 9,000미터를 넘는 거대한 산이 출현하게 되는 것입니다.

① 바다 바닥부터 측정했을 경우 에베레스트 보다 높은 산이 있기 때문에
② 바다 속에는 아직 지상에 출현하지 않은 산이 존재하기 때문에
③ 산맥의 폭으로 측정했을 경우에는 에베레스트를 넘는 산맥이 많이 있기 때문에
④ 바다에 떠 있는 산의 높이를 정확하게 측정하면 에베레스트를 넘기 때문에

해설

마지막 단락에서 바다의 바닥에서 솟아 있는 경우와 해발의 차이에 대해 설명하고 있는데, 필자는 '바다 바닥부터 측정한다면'이라는 전제를 주고 있으므로 바다 바닥부터 측정하면 마우나케아는 '약 9,000미터'나 된다고 했으므로 정답은 1번이 된다. 밑줄 부분의 이유나 의미를 파악하는 문제는 밑줄이 포함된 문장 전체를 읽어보면 정답으로 연결되는 힌트가 되는 문장이 제시되어 있는 경우가 많으므로 밑줄이 포함된 문장은 꼼꼼히 읽는 것이 좋다.

4번은 일반적 해발의 측정 방식으로 에베레스트가 가장 높은 산이 되므로 오답이고, 폭의 문제가 아닌 '높은 산'을 찾아야 하는 높이의 문제이므로 3번도 오답이다.

어휘 海底(かいてい) 해저 | 陸上(りくじょう) 육상 | 山脈(さんみゃく) 산맥 | 分布(ぶんぷ)する 분포하다 | 経(へ)る 거치다, 경유하다 | 連(つら)なる 연결되다 | 呈(てい)する 나타내다, 보이다 | 標高(ひょうこう) 표고 | 聳(そび)える 우뚝 솟다 | 取(と)り去(さ)る 제거하다 | 巨大(きょだい) 거대

Ⅶ　次の文章の下線部「その」が指す内容として、最も適当なものはどれですか。

音楽の長い歴史のなかで、場所、空間、時間の制約から解き放たれて自由に演奏を聴けるようになったのはこの100年ほどのことに過ぎません。19世紀末まではコンサートホール、劇場、教会など、実際に演奏家が音を出している場所に居合わせない限り、音楽を聴くことはできませんでした。新しい曲が作られたときは、初演や再演のコンサートに出かけるか、または出版された楽譜を購入し、家族や仲間と実際に演奏して楽しむというのが唯一(ゆいいつ)の方法だったのです。

ところが、*ベルリナーの円盤式蓄音機(えんばんしきちくおんき)が登場した1880年代以降、音楽の楽しみ方はガラリと変わりました。演奏を円盤上に機械的に記録し、専用の再生装置で何度でも聴けるようになったのです。1回限りで消えてしまうその場限りの体験から、繰り返し味わうことのできる楽しみへと、音楽の聴き方に本質的な変化が起こりました。

演奏現場に行かなくても音楽が聴けるようになったとはいえ、当時の音質は現代とは比べ物にならないほど貧弱(ひんじゃく)なもので、生の演奏を聴くのとはまったく別の体験になってしまったはずです。しかし、その場にいなくても繰り返し演奏を追体験できることがどれほど画期的なことだったか、いまの時代からはなかなか想像できません。その衝撃の大きさが、音質や使い勝手の改善を加速させ、音楽を繰り返し聴く環境を大きく進化させる原動力になったのです。

（山之内正『ネットオーディオ入門　オーディオ史上最高の音質を楽しむ』講談社）

*ベルリナー：アメリカの発明家

① 円盤式蓄音機によって生の演奏の良さが改めて認められたこと
② 円盤式蓄音機の音質が現代の再生装置と比べてとても悪かったこと
③ 円盤式蓄音機によってどこでも何度でも音楽が聴けるようになったこと
④ 円盤式蓄音機によってその場限りの貴重な体験ができるようになったこと

7. 다음 문장의 밑줄 부분 '그'가 가리키는 내용으로서, 가장 적당한 것은 어느 것입니까?

음악의 오랜 역사 속에서, 장소, 공간, 시간 제약으로부터 해방되어 자유롭게 연주를 들을 수 있게 된 것은 근래 100년 정도에 지나지 않습니다. 19세기 말까지는 콘서트홀, 극장, 교회 등, 실제로 연주가가 음을 내는 장소에 같이 있지 않은 한, 음악을 들을 수 없었습니다. 새로운 곡이 만들어졌을 때는 초연과 재연 콘서트에 가거나, 또는 출판된 악보를 구입하여 가족이나 동료와 실제로 연주하며 즐긴다는 것이 유일한 방법이었던 것입니다.

그러나, 베르리나의 원반식 축음기가 등장한 1880년대 이후, 음악을 즐기는 방식은 확 바뀌었습니다. 연주를 원반상에 기계적으로 기록하고, 전용 재생장치로 몇 번이고 들을 수 있게 된 것입니다. 1회 한정으로 사라져 버리는 그 장소 한정의 체험에서 반복해서 음미할 수 있는 즐거움으로 음악을 듣는 방식에 본질적인 변화가 일어났습니다.

연주 현장에 가지 않아도 음악을 들을 수 있게 됐다고는 하더라도, 당시 음질은 현대와는 비교가 되지 않을 정도로 빈약한 것으로, 생생한 연주를 듣는 것과는 전혀 다른 체험이 되었을 것입니다. 그러나, **3** 그 장소에 없어도 반복해서 연주를 간접 체험할 수 있는 것이 얼마나 획기적인 일이었는지, 지금 시대에는 좀처럼 상상이 가지 않습니다. **3** 그 충격의 크기가, 음질과 사용 방법 개선을 가속해 와서, 음악을 반복해서 듣는 환경이 크게 진화하게 해 온 원동력이 된 것입니다.

*베르리나: 미국 발명가

① 원반식 축음기에 의해서 생생한 연주의 장점이 새로이 인정받게 된 것
② 원반식 축음기의 음질이 현대의 재생장치와 비교하여 매우 나빴던 것
③ 원반식 축음기에 의해서 어디에서나 몇 번이고 음악을 들을 수 있게 된 것
④ 원반식 축음기에 의해서 그 장소 한정의 귀중한 체험을 할 수 있게 된 것

해설

밑줄의 지시대명사 의미를 찾는 문제이다. '지시어'가 가리키는 내용은 일반적으로 지시어 앞뒤 3문장 내에 있다. 따라서 정답에 큰 관계가 없는 두 번째 단락까지, 빠르게 읽어 소화해서 문제 푸는 시간을 줄이는 것이 포인트이다. '그 충격이' '음악을 반복하여 듣는 환경을 진화하게 해 온 원동력'이라는 표현에서 「その」→「その場所(ばしょ)にいなくても繰(く)り返(かえ)し演奏(えんそう)を追体験(ついたいけん)できること(그 장소에 없어도 반복해서 연주를 간접 체험할 수 있는 것)」을 유추할 수 있으므로, 장소와 반복을 서술한 3번이 정답이다.

어휘 演奏(えんそう) 연주 | 劇場(げきじょう) 극장 | 初演(しょえん) 초연 | 再演(さいえん) 재연 | 楽譜(がくふ) 악보 | 円盤(えんばん) 원반 | 貧弱(ひんじゃく) 빈약 | 画期的(かっきてき) 획기적 | 衝撃(しょうげき) 충격

Ⅷ ヒトの赤ん坊に「土踏まず」がないのはなぜですか。

足部のアーチである足底弓蓋(そくていきゅうがい)は、一般に「土踏(つちふ)まず」といわれており、骨、関節、筋肉、靭帯(じんたい)などが一体となった機能的なシステムです。人類が長い時間をかけて身につけた適応現象といえ、湾曲(わんきょく)の変化と柔軟(じゅうなん)性によって、歩いたり、走ったり、凸凹(でこぼこ)な所でも自由に動けるという、ヒトに固有の運動を可能にしました。

土踏まずは、ヒト以外の動物にはありません。また、ヒトでも赤ん坊にはありません。立つことができない赤ん坊には必要がないのです。成長にともない、立てるようになり、歩きだすにつれて、次第に形成されていきます。

土踏まずの役割は次の四つが挙げられます。すなわち、衝撃吸収、足部の保護、あおり歩行の効率を高める、放熱(ほうねつ)の四つです。

このうち最も重要な役割は足のバネ、つまり接地(せっち)の際の衝撃(しょうげき)を和らげる働きをしていることにあります。たとえばジョギング中に地面から受ける衝撃は、体重の三倍にもなりますが、それを和らげるのが土踏まずです。土踏まずのこの働きで、さまざまな路面での歩行・走行が力学的にも効率よくスムーズに行われるのです。

（野田雄二『足の裏からみた体　脳と足の裏は直結している』講談社）

① 足が地面に接地する際の衝撃を和らげる必要がないから
② 生まれて間もないので環境に適応する準備ができていないから
③ 外を出歩かないので足部を保護する必要がまだないから
④ 動き回らず体温が上がらないので放熱する必要がないから

8. 사람의 아이에게 '발바닥의 아치'가 없는 것은 왜입니까?

발 부분의 아치인 족저궁은 일반적으로 '츠치후마즈'라고 일컬어지고 있으며, 뼈, 관절, 근육, 인대 등이 일체가 된 기능적 시스템입니다. 인류가 오랜 시간을 들여서 몸에 익힌 적응 현상이라고 하더라도, 완곡의 변화나 유연성에 의해서, 걷거나, 달리거나, 울퉁불퉁 한 곳이라도 자유롭게 움직일 수 있다는, 인간 고유의 운동을 가능하게 하였습니다.

족저궁은, 사람 이외의 동물은 없습니다. 또 **1** 사람이라도 갓난 아이에게는 없습니다. 설 수 없는 아이에게는 필요가 없는 것입니다. 성장에 따라서, 설 수 있게 되고 걷기 시작함에 따라서 차차 형성되어 갑니다.

족저궁의 역할은 다음 4가지를 들 수 있습니다. 즉, 충격 흡수, 발 부분의 보호, 아오리(뒤꿈치로 딛고 발끝을 차며 걷는 방식) 걷기 효과를 높인다, 방열 4가지입니다.

이 중 가장 중요한 역할은 발의 탄력, 즉 접지할 때 충격을 완화하는 작용을 하는 것에 있습니다. 예를 들면, 조깅 중에 지면으로부터 받는 충격은, 체중의 3배나 됩니다만, 그것을 완화해 준 것이 족저궁입니다. 족저궁의 이 작용으로, 다양한 노면에서의 보행, 주행이 역학적으로도 효율 있게 원활하게 행해지는 것입니다.

① 다리가 지면에 접지할 때의 충격을 완화할 필요가 없기 때문에
② 태어나서 얼마 되지 않아서 환경에 적응할 준비가 되어 있지 않기 때문에
③ 바깥을 나가 걷지 않아서 발 부분을 보호할 필요가 아직 없기 때문에
④ 움직이며 돌아다니지 않고 체온이 오르지 않아서 방열할 필요가 없기 때문에

해설

두 번째 단락에서 '설 수 없는 아이에게는 필요 없다'고 하였으므로 정답은 1번, 3번, 4번으로 압축된다. 그 다음 단락에서 '족저궁'의 역할은 '충격 흡수, 발 부분의 보호, 충격 완화, 방열'의 4가지라고 하였는데, 마지막 단락에서는 이 중 가장 중요한 역할이 '충격 완화'라고 하였다. 두 번째 단락에서 아기는 애초에 '설 수 없다'고 하였고, 이것은 집 안에서도 밖에서도 설 수 없기 때문에 '충격 완화, 충격 흡수'가 필요 없다는 의미이므로 정답은 1번이 된다. 아기의 '방열' 기능에 대해서는 본문에서 언급하고 있지 않으므로 4번은 오답이 된다.

어휘 関節(かんせつ) 관절 | 靭帯(じんたい) 인대 | 湾曲(わんきょく) 완곡 | 柔軟性(じゅうなんせい) 유연성 | 凸凹(でこぼこ) 울퉁불퉁 | 衝撃吸収(しょうげききゅうしゅう) 충격흡수 | 放熱(ほうねつ) 방열 | 足(あし)のバネ 발의 탄력 | 和(やわ)らげる 완화하다

IX　次の文章によると、一四世紀からどのようにして服を作るようになりましたか。

一枚の布があるとしよう。これを使って服を作るにはどうしたら良いだろうか。布を体に巻きつけたり、体を布で覆(おお)ったりすることもできるが、体の形や大きさにぴったりと合う服を求めるならば、布を切る必要が出てくる。なぜなら布は平面であるが、体は立体だからだ。西洋の衣服が体の形に沿う傾向を取り始めた一四世紀から、布地の裁断(さいだん)はスタイルを決定する重要な要素となった。そこで問題となるのは、どのように布を切るかである。体に直接布を当てて服の形を作りながら裁(た)つこともできるが、誤って鋏(はさみ)を入れてしまえば布は無駄(むだ)になるし、同じものを二度作ることは難しい。では切り取るべき布の形があらかじめ決まっていれば、どうだろう。服をいくつかの部分に分け、体の各部位に即した形に分割しておく。そして分割された布の形を鋏で切り取り、パーツを縫(ぬ)い合わせれば服が出来上がる。ならば服作りは格段に取り組みやすくなるだろう。このとき、布の切り方を示すガイドの役割を果たすのが「パターン」であり、それは布地を裁断するための型のことを指す。

（平芳裕子『まなざしの装置　ファッションと近代アメリカ』青土社）

① 体に直接布を当てて服の形を作るようになった。

② パターンを使って服を分割するようになった。

③ 布が無駄にならないように布に鋏を入れなくなった。

④ 布の切り方を示すガイド役の人を置くようになった。

9. 다음 문장에 의하면 14세기부터 어떻게 옷을 만들게 되었습니까?

한 장의 천이 있다고 하자. 이것을 사용하여 옷을 만들려면 어떻게 하면 좋을까? 천을 몸에 감아 말거나, 천으로 몸을 덮거나 할 수도 있지만, 몸의 형태와 크기에 딱 맞는 옷을 구한다면, 천을 자를 필요가 생긴다. 왜냐하면 천은 평면이지만, 몸은 입체이기 때문이다. 서양 의복이 몸의 형태에 맞추는 경향을 띠기 시작한 **2** 14세기부터 천 원단 재단은 스타일을 결정하는 중요한 요소가 되었다. 그래서 문제가 된 것은 어떻게 천을 자를까이다. 몸에 직접 천을 대고 옷의 형태를 만들면서 재단할 수 있지만, 실수해서 가위질해 버리면 천은 못쓰게 되고, 같은 것을 두 번 만드는 것은 어렵다. 그럼 잘라 내야 할 천의 형태가 미리 결정되어 있다면 어떨까? **2** 옷을 몇 개의 부분으로 나누어, 몸의 각 부위에 따른 형태로 분할해 둔다. 그리고 분할된 천의 형태를 가위로 잘라내서 파트를 바느질하여 맞추면 옷이 완성된다. 그러면 옷 만들기는 훨씬 하기 수월해질 것이다. **2** 이때, 천을 자르는 방식을 나타내는 가이드의 역할을 해내는 것이 '패턴'이고, 그것은 천 원단을 재단하기 위한 형태(틀)를 가리킨다.

① 몸에 직접 천을 대고 옷의 형태를 만들게 되었다.

② 패턴을 사용하여 옷을 분할하게 되었다.

③ 천이 낭비되지 않도록 천에 가위질을 하지 않게 되었다.

④ 천의 자르는 방식을 나타내는 가이드 역의 사람을 두게 되었다.

해설

문제에서 14세기부터라고 했으니, 14세기 전후로 구분하며 글을 읽는 것이 포인트이다. '14세기부터 재단이 중요해짐 → 몇 개의 부분으로 나누어 몸의 형태로 분할 → 파트(패턴)를 만들어 조합' 등의 문장 내용에서 점차 재단을 해서 패턴을 만드는 형태로 옷을 만들게 되었다는 것을 알 수 있으므로 정답은 2번이다. 1번은 14세기이전 서양으로 오답이며, 3번은 자르는 방식이므로 오답이다. 4번은 문장에서 언급하지 않았으므로 오답이다.

어휘 覆(おお)う 덮다 | 布地(ぬのじ) 천, 옷감 | 平面(へいめん) 평면 | 立体(りったい) 입체 | 裁断(さいだん)する 재단하다 | 鋏(はさみ) 가위 | 縫(ぬ)う 바느질하다

X　次の文章の内容と合っているものはどれですか。

動物にとっての警戒警報は鳴き声だ。タカに狙われたリスや、ライオンの鋭い視線を察知(さっち)したヌーが発する鳴き声が（結果的に）仲間に危険を知らせる。それは「怖い、逃げよう」とするキモチが「自動的に無思考に」横隔膜(おうかくまく)を弛緩(しかん)させ、声帯をせばめ、呼気を鼻腔(びくう)と口腔(こうくう)で共鳴させる。それを耳にした仲間が危険信号ととらえ、いっせいに逃げる。しかし、最初に鳴き声をあげるリスやヌーに特別な意図はない。あなたが薮(やぶ)のなかで突然足もとからニョロニョロと出てきたヘビに驚いて「ワッ！」と発する声とおなじだ。鳴き声が警戒警報を意図する言葉であるならば、知らせるべき相手の状況を脳内でシミュレートできなくてはならない。つまり相手がどう意味づけをするかを想定できなければならないが、リスやヌーにはそのような脳内回路はない。思考や抽象化といった高度な脳作業ができるヒトにおいてさえ、ヘビに驚いたときに発する「ワッ！」は仲間を意識したものではない（でも、それを耳にした同行者はまちがいなくとっさに警戒(けいかい)姿勢(しせい)をとる）。

動物の鳴き声は意思疎通(そつう)をはかる言葉でなくシグナルでしかない。性周期にともなう匂いが単なるシグナルに過ぎないのと同じだ。リスやヌーも、そしてヒトも生を追求する意思と欲求は微生物(びせいぶつ)と変わらない。

（三村芳和『カラダの知恵　細胞たちのコミュニケーション』中央公論新社）

① 動物は、一番早く危険を知ったものが仲間に危険を知らせるために鳴く。

② ヒトは、突然現れた危険な動物に対して怖がらせるために自然と声を発する。

③ 動物もヒトも突然危険にであって出る声は、仲間への伝達の意図はない。

④ 動物もヒトも危険な場面では、仲間に警戒態勢を取らせるためのシグナルを出す。

10. 다음 문장의 내용과 맞는 것은 어느 것입니까?

동물에게 경계경보는 울음소리이다. 매가 노리는 다람쥐나 사자의 날카로운 시선을 알아차린 누(대형 영양)가 내는 울음소리가 (결과적으로) 동료에게 위험을 알린다. 그것은 '무서워, 도망가자'라는 마음이 '자동으로 무의식적으로' 횡격막을 이완시키고 성대를 좁게 해서 들숨을 비강과 구강에서 울리게 한다. 그것을 들은 동료가 위험신호로 파악하고, 일제히 도망간다. **3** 그러나, 처음에 울음소리를 내는 다람쥐와 누(대형 영양)에게 특별한 의도는 없다. 당신이 덤불 속에서 갑자기 발밑에서 꿈틀꿈틀 나온 뱀에 놀라 '와!'하고 내는 소리와 같다. 울음소리가 경계경보를 의도하는 말이라면, 알려야만 하는 상대 상황을 뇌 안에서 시뮬레이션할 수 있어야 한다. 즉 상대가 어떤 의미를 부여할지 예상할 수 있어야 하지만, 다람쥐와 누(대형 영양)에게는 그와 같은 뇌 내 회로는 없다. 사고와 추상화 등과 같은 고도의 뇌 작업을 할 수 있는 **3** 인간에게 있어서 조차, 뱀에게 놀랐을 때 나오는 '와!'는 동료를 의식한 것이 아니다(하지만, 그것을 들은 동행자는 틀림없이 재빨리 경계 자세를 취한다).

동물의 울음소리는 의사소통을 꾀하는 말이 아니고 신호밖에 되지 않는다. 성주기를 동반한 냄새가 단순한 신호에 지나지 않는 것과 마찬가지이다. 다람쥐와 누(대형 영양)도, 그리고 인간도 삶을 추구하는 의사와 욕구는 미생물과 다르지 않다.

① 동물은, 가장 빠르게 위험을 안 개체가 동료에게 위험을 알려주기 위하여 운다.

② 사람은, 갑자기 나타난 위험한 동물에 대하여 겁을 주기 위해 자연스럽게 목소리를 낸다.

③ 동물도 사람도 돌발적 위험에 맞닥뜨려 나오는 소리는, 동료에 대한 전달의 의도는 없다.

④ 동물도 사람도 위험한 장면에서는, 동료에게 경계태세를 취하게 하기 위하여 신호를 낸다.

해설

내용과 일치하는 것을 고르는 타입의 문제는 기본적으로 전체의 요지를 파악하는 것이 포인트이다. 본문에서 「最初に鳴き声をあげるリスやヌーに特別な意図はない(처음에 울음소리를 내는 다람쥐와 누(대형 영양)에게 특별한 의도는 없다)」에서 동물은 동료에게 위험을 알려주려고 우는 것이 아니다는 것을 알 수 있다. 따라서 1번과 4번이 제외된다. 그 이후에 「あなたが~発する声と同じだ」에서 사람도 동물과 마찬가지로 위험을 알리려는 의도는 없다는 것을 알 수 있다. 따라서 정답은 3번이 된다.

어휘 警戒警報 경계 경보 | 狙う 노리다, 목표로 하다 | 鋭い 날카롭다, 예리하다 | 察知する 알아차리다 | 逃げる 도망가다 | 横隔膜 횡격막 | 声帯 성대 | 狭める 좁히다 | 藪 덤불 | 突然 돌연, 갑자기 | 意思疎通 의사 소통

XI　次の文章を読んで後の問いに答えなさい。

新聞の魅力は何でしょう？

私は「ノイズ」だと思います。

新聞を広げて読んでいると、自分が読みたい記事とは関係なく、勝手に目に飛び込んでくる記事があります。

「これ何だろう？　初めて見た」

「世の中こんなことになっていたのか！」

などと興味を持ち、ちょっとネットで調べてみようということもあります。

ネットでは、多くの人は基本的には自分の興味のあることを検索し、読みたいと思っている人のツイッターをフォローします。SNSでつながっている人は、感性（かんせい）も趣味も似ているのではないでしょうか。

すると、目に入ってくるのは、特定の分野の似たような情報ばかり。*タコツボ化していくばかりで、世界が広がっていきません。

一方、新聞では、いやおうなしに、興味のない記事も目に入ります。そこから興味関心が広がっていきます。思いがけない出合いを楽しみにして、私は毎日、新聞を読んでいるのです。

新聞を読んで興味や関心の幅が広がれば、専門分野以外のことでも、人と話せるようになります。たとえば営業マンにとっては、欠かせないスキルでしょう。新聞で仕入れた知識で「いい質問」をし、「この人はちょっと違うな」と信頼を勝ち取れるかもしれません。

（池上彰『考える力と情報力が身につく　新聞の読み方』祥伝社）

*タコツボ化：ある狭い範囲のことだけに関心を向けること

問1　下線部「新聞の魅力」を表したものとして、最も適当なものはどれですか。

① 興味のあるなしに関係なく記事が目に入ること

② 「ノイズ」に関する記事が読めること

③ ネットよりも詳しい記事が載っていること

④ 自分の興味のある記事が読めること

11. 다음 문장을 읽고 이후의 질문에 답하시오.

신문의 매력은 뭘까요?
나는 '**11** 노이즈'라고 생각합니다.
신문을 펼쳐 읽고 있으면, **11** 자신이 읽고 싶은 기사와는 관계없이, 멋대로 눈에 들어오는 기사가 있습니다.

'이게 뭐지? 처음 봤어.'

'세상에 이런 일이!'

등 흥미를 느끼고 조금 인터넷으로 조사해 보려고 하는 경우도 있습니다.

인터넷에서는 대부분의 사람은 기본적으로는 자신이 흥미가 있는 것을 검색하고, 읽고 싶다고 생각하는 사람의 트위터를 팔로우합니다. SNS로 이어져 있는 사람은 감성도 취미도 유사한 것은 아닐까요?

그러면 눈에 들어오는 것은, 특정 분야의 유사한 정보뿐. 문어 잡는 항아리화 되어 가기만 하고 세계가 확장되어 가지 않습니다.

한편, **12** 신문에서는 좋든 싫든 흥미가 없는 기사도 눈에 들어옵니다. 거기에서 흥미 관심이 확장되어 갑니다. **12** 나는 예기치 못한 만남을 기대하고 매일 신문을 읽는 것입니다.

신문을 읽고 흥미와 관심의 폭이 넓어진다면, 전문 분야 이외의 일이라도 타인과 대화할 수 있게 됩니다. 예를 들면 영업사원에게 있어서는, 빠뜨릴 수 없는 스킬이겠지요. 신문에서 들여온 지식으로 '좋은 질문'을 하고 '이 사람은 조금 다르구나'라고 신뢰를 얻을 수 있을지도 모릅니다.

*문어 잡는 항아리화: 어떤 좁은 범위에만 관심을 갖는 것.

문1 밑줄 부분 '신문의 매력'을 나타내는 것으로서, 가장 적당한 것은 어느 것입니까?

① 흥미가 있고 없음에 관계없이 기사가 눈에 들어오는 것

② '노이즈'에 관한 기사를 읽을 수 있는 것

③ 인터넷보다도 상세한 기사가 실려 있는 것

④ 자신이 흥미 있는 기사를 읽을 수 있는 것

問2　この文章で筆者は何を楽しみに新聞を読んでいると述べていますか。

① いい質問ができるようになること

② 今まで知らなかった人と出合えること

③ 新たに興味をひく記事が見つかること

④ 営業マンに必要なスキルがわかること

문2 이 문장에서 필자는 무엇을 기대하고 신문을 읽고 있다고 서술하고 있습니까?

① 좋은 질문을 할 수 있게 되는 것

② 지금까지 알지 못했던 사람과 만나는 것

③ 새로운 흥미를 끄는 기사를 발견하게 되는 것

④ 영업사원에게 필요한 스킬을 알 수 있는 것

해설

11

키워드의 정의를 찾는 문제 타입은 개념(정의) 부분과 예시 부분을 구분하여 의미를 파악하는 것이 포인트이다. '신문의 매력' = '노이즈'를 전문용어로 인식하고 정의 설명을 찾아야 한다. 예시 표현 부분에서 이 '노이즈'를 '읽고 싶지 않은 기사도 시야에 들어온다'라고 설명하고 있으므로 정답은 1번이다.

12

본문에서 「思(おも)いがけない出会(であ)いを楽(たの)しみにして~新聞(しんぶん)を読(よ)んでいる(예기치 못한 만남을 기대하고~신문을 읽는 것입니다)」라고 질문을 반복하고 있다. 여기서 「思(おも)いがけない出会(であ)い」는 '흥미 없는 기사도 눈에 들어오는 것' 즉 '신문의 매력'을 나타내므로 3번이 정답이다.

어휘 魅力(みりょく) 매력 | 勝手(かって)に 자기 멋대로 | 興味(きょうみ) 흥미 | 目(め)に飛(と)び込(こ)む 우연히 시야에 들어오다 | 趣味(しゅみ) 취미

XII　次の文章を読んで後の問いに答えなさい。

四季のある日本に住んでいると、花が咲くという現象について季節との関係をまず思い浮かべるだろうが、一年という長いスパンではなくて、一日という短いスパンでも、それぞれの植物にそれぞれの開花特性がある。

たとえば、アサガオといえば、誰もが朝に咲く姿を思い浮かべることは間違いないだろう。逆にマツヨイグサといえば夜咲くイメージだろう。一年を通して、ほとんどの植物は花の咲く時期が決まっているが、一日の中でもやはりそれぞれの植物で花の咲く時間は決まっている。

このことは古くから経験的に知られていたようで、開花する時間が植物の名前となったものがある。その代表がスイレン科のヒツジグサである。この名前は動物のヒツジに由来するものではなくて、江戸時代に用いられた時刻法で未(ひつじ)の刻、現在の時刻に置き換えると午後二時ごろに開花することから名付けられた。このようなことは外国でも認識されていたようで、オシロイバナの英語名は"フォー・オクロック"というが、これはオシロイバナが夕方の四時ごろに咲き始めることから名付けられた。

（岩科司『花はふしぎ　なぜ自然界に青いバラは存在しないのか？』講談社）

問1　下線部「このこと」が指す内容として、最も適当なものはどれですか。

① アサガオは朝に咲き、マツヨイグサは夜に咲くこと
② 一年のどの季節にどの植物が咲くか決まっていること
③ 植物には一日という短いスパンでも開花特性があること
④ 四季のある日本では、季節によって異なる花が咲くこと

12. 다음문장을 읽고 이후의 질문에 답하시오.

사계절이 있는 일본에 살고 있으면 꽃이 핀다는 현상에 관하여 계절과의 관계를 우선 떠올리겠지만, 일 년이라는 긴 기간이 아니라 하루라는 짧은 기간이라도, **13** 각각의 식물에 각각의 개화 특성이 있다.

예를 들면, 나팔꽃으로 말하자면, 누구나가 아침에 피는 모습을 떠올릴 것은 틀림없을 것이다. 반대로 달맞이꽃으로 말하자면 밤에 피는 이미지일 것이다. 1년 내내, 거의 식물은 꽃이 피는 시기가 정해져 있지만, **13** 하루 중에서도 역시 각각의 식물에 꽃이 피는 시간은 정해져 있다.

이것은 예로부터 경험적으로 알려져 있었던 것 같아서, 개화하는 시간이 식물의 이름이 된 것이 있다. 그 대표가 수련과의 각시수련(히츠지구사)이다. **14** 이 이름은 동물인 양에 유래하는 것이 아니라, 에도 시대에 이용되었던 시각 법에서 미의 시각, 현재 시각으로 바꾸면, 오후 2시경에 개화하는 것으로 인해 이름 붙여졌다. 이와 같은 것은 외국에서도 인식되고 있는 것 같아서, 분꽃의 영어명은 '포 어클록'이라고 하는데, 이것은 분꽃이 오후 4시경에 피기 시작하는 것에서 이름이 붙었다.

문1 밑줄 부분 '이것'이 가리키는 내용으로서, 가장 적당한 것은 어느 것입니까?

① 나팔꽃은 아침에 피고, 금달맞이꽃은 밤에 피는 것
② 1년의 어느 계절에 어느 식물이 피는가 정해져 있는 것
③ 식물에는 하루라는 짧은 기간이라도 개화특성이 있는 것
④ 사계가 있는 일본에서는, 계절에 따라서 다른 꽃이 피는 것

問2 「ヒツジグサ」の名前の由来として、最も適当なものはどれですか。

① ヒツジグサの花が午後二時ごろ咲くことから、その名前が付けられた。

② ヒツジグサの花の形が羊に似ていることから、その名前が付けられた。

③ ヒツジグサが羊の好物であることから、その名前が付けられた。

④ ヒツジグサが羊の食事の時間に咲くことから、その名前が付けられた。

문2 '히츠지구사'의 이름의 유래로서, 가장 적당한 것은 어느 것입니까?

① 히츠지구사 꽃이 오후 2시경에 피는 것으로부터, 그 이름이 붙여졌다.

② 히츠지구사 꽃의 형태가 양과 닮은 것에서 그 이름이 붙여졌다.

③ 히츠지구사를 양이 좋아하는 것에서 그 이름이 붙여졌다.

④ 히츠지구사가 양의 식사 시간에 피는 것에서 그 이름이 붙여졌다.

해설

13

밑줄 부분 「このこと」는 지시어의 바로 앞 문장인 두 번째 단락의 구체적 예시 「一日の中でもやはりそれぞれの植物で花の咲く時間は決まっている(하루 중에서도 역시 각각의 식물에 꽃이 피는 시간은 정해져 있다)」를 가리킨다. 전체 흐름을 살펴 보면, 두 번째 단락은 첫 번째 단락의 구체 예시라는 것을 알 수 있고, 개념(정의) 부분은 첫 번째 단락의 「一日の中でも開花特性があること(하루 중에도 개화 특성이 있는 것)」이다. 따라서, 하루 중에도 개화 특성이 있다고 하는 3번이 정답이다.

14

특정 키워드의 정의나 내용을 파악하는 문제 타입은 그 키워드가 나오는 단락을 주의해 읽으면 된다. 마지막 단락에서 '히츠지구사'의 이름의 유래는 동물(히츠지=양)이 아니라고 했으므로, 3번, 4번은 오답이 된다. 미의 시각, 현재 시각으로 나타내면 오후 2시에 개화하는 특성에서 그 이름이 유래되었다고 했으므로 1번이 정답이 된다.

어휘 思い浮かべる 생각을 떠올리다 | スパン 짧은 기간, 사이의 거리 | 由来する 유래하다 | 置き換える 바꿔놓다

XIII　次の文章を読んで後の問いに答えなさい。

学習者がすでにつくり上げている知識の体系に新たな知識を関連づけながら定着させていく学習のことを有意味受容学習という。意味を理解し、これまでの出来事や学んだことに関連づけながら学習すると記憶に定着しやすい。対照的に、そのような意味の理解や関連づけを行わず丸暗記するのが機械的受容(じゅよう)学習である。たとえば、パソコンのブラウザを立ち上げて、まったく読むことができない言語を使う国のホームページを探し、20秒間暗記して、それを紙の上に再現してみよう。写真や記号、アイコンの一部などは再現することができたかもしれないが、すぐに内容が尽きてしまうだろう。意味がわからなければわれわれは丸暗記（　A　）に頼るしかない。丸暗記は非常に効率が悪い暗記法なのである。一方、日本語のニュースのページなどを立ち上げて、同じく20秒間暗記し同様に紙の上に再現してみよう。見出し、写真、大まかなニュースの内容、同時にあげられていた広告商品の名前など、さまざまなことが思い出され5分程度は描いていられる。このように意味を理解して学習することは記憶に定着させることの第一歩なのである。

（安部博史「第5章　勉強を教えるチカラ」　古川聡編『教育心理学をきわめる10のチカラ〔改訂版〕』福村出版）

13. 다음 문장을 읽고 이후의 문제에 답하시오.

15 학습자가 이미 만들어 낸 지식체계에 새로운 지식을 관련지으면서 정착시켜 가는 학습을 유의미 수용 학습이라고 한다. 의미를 이해하고, 지금까지의 사건, 사고나 배운 것에 관련지으면서 학습하면 기억에 정착하기 쉽다. 대조적으로, 이러한 의미 이해와 관련 부여를 행하지 않고 **15** 통째로 암기하는 것이 기계적 수용 학습이다. 예를 들면, 컴퓨터 브라우저를 켜고, 전혀 읽을 수 없는 언어를 사용하는 나라 홈페이지를 찾아 20초간 암기하고, 그것을 종이 위에 재현해 보자. 사진이나 기호, 아이콘 일부 등은 재현할 수 있을지도 모르지만, 바로 내용이 바닥나 버릴 것이다. 의미를 모르면 우리들은 **15** 통째로 암기하는 (기계적 수용 학습)에 의지할 수밖에 없다. 통째로 암기하는 것은 대단히 효율이 나쁜 암기법인 것이다. 한편, 일본어 뉴스 페이지 등을 켜고, 똑같이 20초간 암기하고 똑같이 종이 위에 재현해 보자. 머리기사, 사진, 대략적인 뉴스 내용, 동시에 거론됐던 광고 상품의 이름 등, 여러 가지 것이 생각이 나 5분 정도는 적고 있을 수 있다. **16** 이처럼 의미를 이해하고 학습하는 것은 기억에 정착시키는 것의 첫걸음 것이다.

問1　（　A　）に入るものとして、最も適当なものはどれですか。

① 知識の体系
② 意味の関連づけ
③ 有意味受容学習
④ 機械的受容学習

문1 (A) 에 들어갈 것으로서, 가장 적당한 것은 어느 것입니까.

① 지식의 체계
② 의미의 관련부여
③ 유의미 수용 학습
④ 기계적 수용 학습

問2　下線部「さまざまなことが思い出され5分程度は描いていられる」理由として、最も適当なものはどれですか。

① 有意味受容学習が行われているから
② 機械的受容学習が行われているから
③ 有意味受容学習と機械的受容学習の両方が行われているから
④ そのページが丸暗記できているから

문2 밑줄 부분 '여러 가지 것이 생각이 나 5분정도는 적고 있을 수 있다'는 이유로서, 가장 적당한 것은 어느 것입니까.

① 유의미 수용 학습이 행해지고 있기 때문에
② 기계적 수용 학습이 행해지고 있기 때문에
③ 유의미 수용 학습과 기계적 수용 학습의 양쪽이 행해지고 있기 때문에
④ 그 페이지를 통째로 암기 할 수 있기 때문에

해설

15

문장 서두에 등장한 전문용어 '유의미 수용 학습'과 '기계적 수용 학습'의 정의를 명확하게 파악해 두는 것이 중요하다. 의미를 이해하고 자신이 가지고 있는 지식과 연관 지으며 암기하는 것이 '유의미 수용 학습'인 반면, '통째로 암기=기계적 수용 학습'이라는 것을 알 수 있으므로 4번이 정답이 된다. 참고로 괄호 (A) 앞뒤에 특별한 접속사, 접속 부사가 보이지 않는다면 순접으로 인식하는 것이 포인트이다.

16

밑줄 위의 「一方(いっぽう)」를 기준으로 그 이전은 기계적수용 학습에 관한 내용이며, 그 이후에는 대조적인 '유의미 수용 학습'에 관한 서술이라는 것을 알 수 있다. 그리고, 밑줄에 이어지는 「このように」는 예시를 받아 결론, 주장 등을 서술하는 접속사이므로 그 앞 문장과 「このように」 이후는 동일한 내용이라고 할 수 있다. 「このように」 이후의 문장을 보면, '의미를 이해하고 학습한다'고 설명하고 있으므로 '유의미 수용 학습'의 결과라는 것을 알 수 있다. 선택지 2번 3번 4번이 '기계적수용 학습'의 내용을 포함하고 있으므로 오답이고 1번이 정답이다.

어휘 新(あら)たな 새로운 | 定着(ていちゃく)させる 정착시키다 | 対照的(たいしょうてき) 대조적 | 丸暗記(まるあんき)する 통으로 암기하다 | 尽(つ)きる 다하다, 떨어지다 | 効率(こうりつ) 효율 | 再現(さいげん)する 재현하다 | 見出(みだ)し 헤드라인, 머리기사

XIV　次の文章を読んで後の問いに答えなさい。

日頃、私たちは何気なく「お茶にしませんか？」と口にしますが、実際に飲んでいるものは「茶」とは限りません。私たちの暮らしの中には、緑茶、紅茶、烏龍茶(ウーロンチャ)からコーヒーやココア、さらにハーブティーや麦茶(むぎちゃ)など、様々な飲み物があります。コーヒーやココアは豆類(まめるい)から作られるので、茶ではないと推測できるでしょう。では、ハーブティーや麦茶などの「茶」は、果たして茶なのでしょうか？

日本では、植物の葉を湯に入れて成分を浸出した飲み物を「茶」と呼ぶ習慣があります。その葉がヨモギであればヨモギ茶、カキの葉であれば柿の葉茶、杜仲(とちゅう)の葉であれば杜仲茶と呼んでいます。

しかし、本来「茶」とは、ツバキ科ツバキ属に属するチャの葉や芽を使用して製造されたものを指します。つまり、日本茶・紅茶・烏龍茶などは茶ですが、他の作物、植物から作られていてチャの葉や芽を含まないものは、茶ではないわけです。それらの「茶ではない茶」は、農林水産省や総務省等の国の生産・消費等の統計などで「他の茶葉」に分類され、本物の茶とは区別されています（但し、玄米茶は「他の茶葉」に分類されています）。

お茶は安心して飲まれてきた長い歴史があるため、本来は茶でない飲み物にも茶をつけて呼ぶようなったのでしょう。

（NPO法人日本茶インストラクター協会『日本茶のすべてがわかる本　日本茶検定公式テキスト』日本茶インストラクター協会）

問1　下線部「本物の茶」に分類されるものとして、最も適当なものはどれですか。

① 柿の葉茶

② ココア

③ 烏龍茶

④ 玄米茶

14. 다음 문장을 읽고 이후의 문제에 답하시오.

평소, 우리들은 별 의미 없이 '차 드시겠습니까?'라고 말하는데, 실제로 마시고 있는 것이 '차'라고는 할 수 없습니다. 우리들의 생활 속에는 녹차, 홍차, 우롱차부터 커피와 코코아, 나아가 허브차와 보리차 등, 여러 음료가 있습니다. 커피와 코코아는 콩류로 만들어지기 때문에, 차가 아니라고 추측할 수 있겠죠. 그럼 허브차와 보리차 등의 '차'는 과연 차일까요?

일본에서는, 식물의 잎을 뜨거운 물에 넣어서 성분을 우려낸 음료를 '차'라고 부르는 습관이 있습니다. 그 잎이 쑥이라면 쑥 차, 감잎이라면 감잎차, 두충의 잎이라면 두충차라고 부르고 있습니다.

그러나, **17** 본래 '차'라는 것은 동백과 동백속에 속하는 차나무 잎을 사용하여 제조된 것을 가리킵니다. 즉, **17** 니혼차, 홍차, 우롱차 등은 차입니다만, **17** 다른 것은 작물, 식물로부터 만들어져 있어 차나무 잎과 싹을 포함하지 않는 것은 차가 아닌 셈입니다. **17** 그것들의 '차가 아닌 차'는 농림수산성과 총무성 등, 나라의 생산, 소비 등의 통계 등에서 '그 외 찻잎'으로 분류되어 진짜(진정한) 차와는 구별되고 있습니다 (다만, 현미차는 '그 외 찻잎'으로 분류되고 있습니다).

18 차는 안심하고 마셔온 오랜 역사가 있기 때문에, 본래는 차가 아닌 음료에도 차를 붙여서 부르게 된 것입니다.

문1 밑줄 부분 '본래의 차'로 분류되는 것으로서, 가장 적당한 것은 어느 것입니까.

① 감잎차

② 코코아

③ 우롱차

④ 현미차

問2　この文章の内容と合っているものはどれですか。

① 「茶」と呼ばれるものには「本物の茶」ではないものが含まれる。

② 「他の茶葉」に分類されるものを「茶」と呼んではいけない。

③ 「他の茶葉」に分類されるものも統計上は「茶」と同じ分類をする。

④ 日本ではツバキ科ツバキ属に属する葉や芽を使用したものだけを「茶」と呼ぶ。

문2 이 문장의 내용과 맞는 것은 어느 것입니까.

① '차'라고 불리어지는 것에는 '본래의 차'가 아닌 것이 포함된다.

② '그 외 차잎'으로 분류되는 것을 '차'라고 불러서는 안 된다.

③ '그 외 차잎'으로 분류되는 것도 통계상은 '차'라고 같이 분류한다.

④ 일본에서는 동백과 동백속에 속하는 잎과 싹을 사용한 것만을 '차'로 부른다.

해설

17

'진짜 차'와 '차가 아닌 차' 정의를 구분하여 파악하는 것이 포인트이다. 「本来(ほんらい)「茶(ちゃ)」とは~」이후 정의에서 진짜 차는 '니혼차, 홍차, 우롱차'가 해당한다고 설명하고 있으므로 3번이 정답이다. 항상 '정의'는 필자의 생각을 직, 간접적으로 담고 있으므로 꼭 체크해 두자.

18

마지막 문장에서 일본에서는 본래는 차가 아닌 것에도 '차'라는 이름을 붙인다고 했으므로 정답은 1번이다. '그 외의 차'로 구분되는 것은 통계상으로는 '차'와 구분 짓는다고 했으므로 3번은 오답이다. 선택지의 2번과 4번은 동일한 내용이며, 1번과 대조되는 내용이다. 이런 대조되는 내용의 선택지가 있는 경우, 어느 한 쪽이 정답, 다른 한 쪽이 오답일 가능성이 큰데, 2번과 4번은 동일한 내용이므로 정답이 될 수 없다는 점도 기억해 두면 좋다.

어휘 何気(なにげ)なく 별 뜻 없이, 별 관심 없이 | 麦茶(むぎちゃ) 보리차 | 推測(すいそく)する 추측하다 | 浸出(しんしゅつ)する 침출하다, 우려내다 | ~に属(ぞく)する ~에 속하다 | 葉(は) 잎 | 芽(め) 싹 | 含(ふく)む 포함하다 | 玄米(げんまい) 현미 | 分類(ぶんるい)する 분류하다

XV　次の文章を読んで後の問いに答えなさい。

突然ですが「障害」はなぜ生じるのでしょうか。

歩けない、見えない、聞こえない、話せない、コミュニケーションが苦手、それらを「機能制限」と言います。そういった、その人にある機能制限が原因でその人が生きにくさを感じているのではないかというところに障害の問題がとらえられてきました。それは「医学モデル」とか、「個人モデル」といわれるとらえ方です。障害をそういったとらえ方で見ると、障害のある人たちが障害のない人たちと同等の生き方をしようとするならば、手術を受けて治しなさいとか、器具を付けなさいとか、リハビリをしなさい、ということだけが求められて、あなた自身が頑張りなさい、努力しなさいということになってしまうのです。

ところが、今の医学の水準では、目が見えない人がどんなに頑張っても目が見えるようになるわけではありません。耳が聞こえない人がどんなに頑張っても耳が聞こえるようになるわけではありません。個人で解決できる領域というのは非常に限られています。そこで、機能制限があることによって社会参加ができない、またはしにくい状態に置かれている人たちが、社会で活躍できるようにするにはどうしたら良いかという議論がなされるようになりました。それが1980年代、イギリスの*マイケル・オリバーという人たちが中心になって出された「障害の社会モデル」という考え方です。

（船越高樹「障害のある学生の支援における大学と大学生協の連携について」全国大学生活協同組合連合会教職員委員会編『大学生のためのセーフティーネット　学生生活支援を考える』）

*マイケル・オリバー：イギリスの研究者

15. 다음 문장을 읽고 이후의 문제에 답하시오.

갑작스럽지만 '장애'는 왜 생기는 것일까요?

걸을 수 없다, 보이지 않는다, 들리지 않는다, 말을 할 수 없다, 커뮤니케이션이 서툴다, 그것들을 '기능 제한'이라고 합니다. **19** 그러한, 그 사람에게 있는 기능 제한이 원인으로 그 사람이 살기 힘듦을 느끼는 것은 아닐까? 라는 점에 장애의 문제를 파악해 왔습니다. **19** 그것은 '의학 모델'이라든가 '개인 모델'이라고 일컬어지는 파악 방식입니다. 장애를 그러한 방식에서 보면 장애가 있는 사람들이 장애가 없는 사람들과 동등한 삶의 방식을 하려고 한다면, 수술을 받아서 고쳐, 라든가, 기구를 달아, 라든가 재활훈련을 해, 라는 것만이 요구되어, 너 자신이 힘내라, 노력해라, 라고 하게 되는 것입니다.

20 그러나, 지금의 의학 수준에서는, 눈이 보이지 않는 사람이 아무리 노력해도 눈이 보이게 될 수는 없습니다. 귀가 들리지 않는 사람이 아무리 노력해도 들리게 될 수는 없습니다. 개인으로 해결할 수 있는 영역이라는 것은 대단히 한정되어 있습니다. 그래서, **20** 기능 제한이 있는 것에 의해 사회 참가를 할 수 없는, 또는 하기 어려운 상태에 놓여 있는 사람들이 사회에서 활약할 수 있도록 하려면 어떻게 하면 좋을까? 라는 논의가 이루어지게 되었습니다. 그것이 1980년대 영국의 마이클 올리버라는 사람들이 중심이 되어서 내어진 '장애의 사회모델'이라는 사고방식입니다.

*마이클 올리버: 영국의 연구자

問1　「医学モデル」についての記述と合っているものはどれですか。

① 医学モデルでは、障害を持つ人の生きづらさは解決できない。

② 医学モデルでは、障害を持つ人が頑張ろうという気持ちになれない。

③ 医学モデルによって、障害を持つ人の機能制限の問題が解決できる。

④ 医学モデルによって、障害を持つ人と持たない人が同等の生活を送れる。

문1 '의학 모델'에 관한 기술과 맞는 것은 어느 것입니까?

① 의학모델로는, 장애를 가진 사람의 삶의 힘듦은 해결할 수 없다.

② 의학모델로는, 장애를 가진 사람이 힘내자는 마음이 들 수 없다.

③ 의학모델에 의해서, 장애를 가진 사람의 기능 제한의 문제가 해결될 수 있다.

④ 의학모델에 의해서, 장애를 가진 사람과 갖지 않은 사람이 동등한 생활을 보낼 수 있다.

問2　下線部「障害の社会モデル」の内容として合っているものはどれですか。

① その人の機能制限が良くなるように社会が手助けすること

② その人に機能制限があっても社会が対応できるようにすること

③ 機能制限がある人に対して社会全体で治療費を負担すること

④ 機能制限がある人が集まってよりよい社会について議論すること

문2 밑줄 부분 '장애의 사회모델'의 내용으로서 맞는 것은 어느 것입니까?

① 그 사람의 기능제한이 좋아지도록 사회가 도움을 주는 것

② 그 사람에게 기능제한이 있어도 사회가 대응할 수 있도록 하는 것

③ 기능제한 있는 사람에 대하여 사회전체가 치료비를 부담하는 것

④ 기능제한이 있는 사람이 모여서 보다 좋은 사회에 관하여 논의하는 것

해설

19

우선 「歩(ある)けない~」로 시작하는 단락에서 '의학 모델=개인 모델'을 정의하고 있는데, 그 다음 단락에서 당사자, 즉 개인의 노력만으로는 '기능제한'을 해결 할 수 없다고 했으므로 1번이 정답이 되며, 3번과 4번은 오답이다. 2번은 정답의 가능성이 있지만, 장애를 가진 사람 자신이 열심히 하고자 하느냐 하지 않느냐 라는 것까지는 본문에서 언급하지 않았으므로 오답이다.

20

밑줄 부분의 내용을 파악하는 문제는, 제일 먼저 밑줄을 포함하고 있는 문장 전체를 읽는 것이 중요하다. 밑줄을 포함한 문장을 보면, 지시어 「それが」가 가리키는 내용을 파악하는 문제라는 것을 알 수 있다. 밑줄을 포함한 문장의 앞 문장을 보면, 「それが」가 '기능제한'에 의해서 사회참여가 어려운 사람들이 사회에서 활약하려면 어떻게 하면 되는가? 즉 어떻게 대응해야 하는가를 가리키고 있다는 것을 알 수 있으므로 2번이 정답이다.

어휘 障害(しょうがい) 장애 | 機能制限(きのうせいげん) 기능제한 | リハビリ リハビリテーション의 줄임 말, 재활훈련 | 活躍(かつやく)する 활약하다

XVI　次の文章を読んで後の問いに答えなさい。

考えてみれば、現代の就職期の学生に職業についての明確な意識を持てとか、仕事のイメージを思い描けとかいっても、これは土台無理な注文かもしれない。学生という身分と、実社会とがあまりにかけ離れてしまったからだ。いわゆる「サラリーマン社会」と呼ばれるようなものが出来上って以降のことである。

農業をとりあげてみればその間の事情は直ちに理解出来る。それを好むと好まぬとにかかわらず、農村の若い人々は農家の仕事を知っている。親達がどこでどのような農作業に従事しているかは、子供の頃から見て知っているはずである。

商家についてもそのことは言えるだろう。つまり、家が仕事場であるような自営業をいとなむ人々の子供は、それぞれ親の働く様を見て育って来ている。自然のうちに、親を通して職業のイメージが育てられているわけである。

大量の親達が「サラリーマン」と化して日中家にいないようになってから、子供は仕事の絵を失った。働く親の姿が見えなくなってしまった。つまり、家庭と仕事の間に通勤の壁が立ちふさがってしまったわけである。

（黒井千次『働くということ　実社会との出会い』講談社）

問1　下線部「これは土台無理な注文かもしれない」とありますが、その理由として適当なものはどれですか。

① 現代の学生は、農家として働いた経験がないから

② 現代の学生は、親の仕事をする姿を見ていないから

③ 現代では、農業や商業を目指す学生が減っているから

④ 現代では、学生が就職するのが難しくなっているから

問2　下線部「仕事の絵」のここでの意味を具体的に表したものとして、最も適当なものはどれですか。

① 日中の家での過ごし方

② 仕事に対するイメージ

③ 職場に通勤する手段

④ サラリーマンになる方法

16. 다음 문장을 읽고 이후의 문제에 답하시오.

생각해 보면, 현대의 취직 시기 학생에게 직업에 관한 명확한 의식을 가지라든가 일의 이미지를 그리라든가 말해도, 이것은 애당초 무리한 주문일지도 모른다. **21** 학생이라는 신분과 실제 사회가 너무나도 떨어져 버렸기 때문이다. 소위 '샐러리만 사회'라고 불리는 것이 만들어진 이후의 일이다.

농업을 예로 들어보면 그사이의 사정을 즉시 이해할 수 있다. 그것을 좋아하든 좋아하진 않든 관계없이 농촌의 젊은 사람들은 농가의 일을 알고 있다. 부모들이 어딘가에서 어떠한 농업에 종사하고 있는지는 어렸을 적부터 보고 알고 있을 것이다.

장사하는 집안에 관해서도 그것은 말할 수 있을 것이다. 즉, 집이 일터인 것과 같은 자영업을 경영하는 사람들의 아이들은, 각각 부모가 일하는 모습을 보고 자라왔다. 저절로 부모를 통해서 직업의 이미지가 길러진 것이다.

많은 부모가 '샐러리맨'화 되어 낮에 집에 없게 되고 나서, 아이들은 일의 그림을 잃어버렸다. **22** 일하는 부모의 모습이 보이지 않게 되어버렸다. 즉, 가정과 일 사이에 통근의 벽이 가로막아 버린 셈이다.

문1 밑줄 부분 '이것은 애당초 무리한 주문일지도 모른다'라고 있습니다만, 그 이유로서 적당한 것은 어느 것입니까?

① 현대의 학생은, 농부로서 일한 경험이 없기 때문에

② 현대의 학생은, 부모의 일하는 모습을 보지 않기 때문에

③ 현대에서는, 농업과 상업을 목표로 하는 학생이 감소했기 때문에

④ 현대에서는, 학생이 취직하는 것이 어려워졌기 때문에

문2 밑줄 부분 '일의 그림'의 여기서의 의미를 구체적으로 나타낸 것으로서, 가장 적당한 것은 어느 것입니까.

① 낮에 집에서 보내는 방식

② 일에 대한 이미지

③ 직장에 통근하는 수단

④ 샐러리맨이 되는 방법

해설

21

밑줄 부분에 이어서, '학생과 실사회가 너무나 떨어져 있기 때문'이라고 이유를 서술하고 있다. 관계된 같은 내용을 그 다음 단락에서 찾아보면, 일하는 부모를 통해서 직업의 이미지가 형성되기 어렵기 때문이라는 것을 예시를 통해서 알 수 있으므로 정답은 2번이 된다. 과거와 현재의 전후 관계 등 대조 대비가 되는 문장 내용을 확실하게 이해하는 것이 포인트이다.

22

밑줄 부분 다음 문장을 보면 「仕事の絵(일의 그림)」은 「働く親の姿(일하는 부모의 모습)」을 의미한다는 것을 알 수 있다. 또한, '일하는 부모의 모습'은 「職業のイメージ(직업의 이미지)」와 같은 의미이므로 2번이 정답이다. 「仕事の絵(일의 그림)」은 이어지는 문장에서 「働く親の姿(일하는 부모의 모습)」이 보이지 않는다고 했으므로, 같은 의미라는 것을 알 수 있고, 앞서 부모를 통해서 「職業のイメージ(직업의 이미지)」가 길러 진다고 했으므로 2번이 정답이다.

어휘 土台 토대, 원래, 애당초 | 農業 농업 | 直ちに 즉시, 바로 | 従事する 종사하다 | 商家 상가, 장사하는 집 | 立ちふさがる 앞을 가로막아 서다

XVII　次の文章を読んで後の問いに答えなさい。

今日人類が《科学技術の時代》を生きていること、そして多くの人々がそのことを自覚していることに、異議を唱える人は少ないであろう。そして、科学技術がこれほど生活の隅々に浸透し、大きな威力(いりょく)を発揮している状況は、決して古くからあることではなく、人類の歴史の中ではかなり新しい現象である。産業革命がイギリスで始まったのはほんの二五〇年ほど前のことであるし、それが欧米で本格化したのは一九世紀以降のことである。さらにわが日本に欧米の産業技術が移入され始めたのは、ようやく一五〇年ほど前のことになる。一〇〇万年とも二〇〇万年とも言われる人類の歴史の中で、われわれはかなり珍しい時代を生きていることになる。

科学技術に一瞬たりとも関わらないでは生活が成り立たないという、特殊な状況の中で現代人は生きているわけであるが、この状況下で現代人が科学技術と向き合うときの姿勢は、肯定と否定の双方を含んだ*アンビヴァレントなものになっていると言えよう。

われわれが科学技術にかけている期待は、今日でもかなり大きい。たとえば近年、人工知能やロボットの開発が加速している状況や、それが車両の自動運転システムに応用されようとしていること、また**身障者や高齢者の介助に役立てる途(みち)が探られていること等が伝えられている。また医療の分野では、再生医療の進歩に大きな期待がかけられており、これまで手の施しようのなかった難病に、いままでとまったく異なる方法で対処してゆけるかもしれないという希望が膨らんでいる。

だが他方で、科学技術の進歩を否定的に受けとめる見方も、かなり以前から存在してきた。科学技術によって危険が増えているように見える現象は、***枚挙(まいきょ)に暇(いとま)がないほど多い。たとえば、自動車事故でときに人命が失われることは、すでにわれわれに馴染(なじ)みのものになってしまった。また科学技術にむしろ人間のほうが仕えなければならないような現象も、すでに初期資本主義の時代から見られてきた。当時の工場労働者は、機械を用いた大量生産に従事するために、一日一〇時間以上も働かなければならなかった。今日ときに人間のほうがコンピュータに従わなければならないのに似た状況は、科学技術の確立とともに存在してきたものにほかならない。

17. 다음 문장을 읽고 이후의 문제에 답하시오.

오늘날 인류가 <과학기술의 시대>를 살고 있는 것, 그리고 많은 사람이 그것을 자각하고 있는 것에 이의를 제기할 사람은 적을 것이다. 그리고, **24** 과학 기술이 이만큼 생활 구석구석에 침투하고, 커다란 위력을 발휘하고 있는 상황은 결코 옛날부터 있는 일이 아니고, 인류의 역사 속에서는 상당히 새로운 현상이다. 산업혁명이 영국에서 시작된 것은 고작 250년 정도 전의 일이고, 그것이 서구에서 본격화된 것은 19세기 이후의 일이다. 더욱이 우리 일본에 서구 산업기술이 이입되기 시작한 것은, 약 150년 정도 전의 일이 된다. 100만 년이라고도 200만 년이라고도 일컬어지는 인류의 역사 속에서 우리들은 상당히 **24** 진귀한 시대를 살고 있는 것이 된다.

23 과학기술에 한순간이라도 관여하지 않고는 생활이 성립되지 않는다는, 특수한 상황 속에서 현대인은 살고 있는 셈이지만, 이 상황에서 현대인이 과학 기술과 마주할 때의 자세는 긍정과 부정 쌍방을 포함한 모순된 것이 되었다고 말할 수 있을 것이다.

우리들이 과학기술에 걸고 있는 기대는 오늘날에도 상당히 크다. 예를 들면 최근, 인공지능과 로봇 개발이 가속되고 있는 상황과 그것이 차량의 자동운전 시스템에 응용되려 하는 것, 또 신체장애인과 고령자의 간호에 도움이 되는 길을 찾고 있는 것 등이 전해지고 있다. 또 의료분야에선, 재생의료 진보에 커다란 기대를 걸고 있고, 지금까지 손 쓸 수 없었던 난치병에, 지금까지와는 전혀 다른 방법으로 대처해 갈 수 있을지도 모른다는 희망이 부풀어 오르고 있다.

하지만 한편으로, **25** 과학기술의 진보를 부정적으로 받아들이는 견해도 상당히 이전부터 존재해 왔다. 과학기술에 의해서 위험이 늘어난 것처럼 보이는 현상은, 헤아릴 수 없을 정도로 많다. 예를 들면, 자동차 사고로 때로 사람의 목숨을 잃어버리는 일은 이미 우리에게 익숙한 것이 되어버렸다. 또 과학기술에 오히려 인간 쪽이 따르지 않으면 안 되는 현상도, 이미 초기 자본주의 시대부터 보여 왔다. 당시의 공장노동자는, 기계를 이용한 대량생산에 종사하기 위하여 1일 10시간 이상이나 일해야만 했다. 오늘날, 때로 인간 쪽이 컴퓨터에 따르지 않으면 안 되는 것과 유사한 상황은, 다름 아니라 과학기술의 확립과 함께 존재해 온 것이다.

（宮坂和男『科学技術の現況といま必要な倫理』晃洋書房）

*アンビヴァレント：矛盾した
**身障者：体に何らかの機能制限を持った人
***枚挙に暇がない：例が多いことを表す

*앰비벌렌트: 모순된.
**신장자: 몸에 무언가 기능제한을 가진 사람. 신체장애자의 줄임말.
***일일이 셀 겨를도 없다: 예가 많은 것을 나타낸다.

問1　下線部「この状況下」を具体的に表したものとして、最も適当なものはどれですか。

① 科学技術が速いスピードで進歩している状況
② 科学技術が生活に必要不可欠になった状況
③ すべての人が科学技術の発展に関わっている状況
④ 科学技術によって生活が一瞬で変わる状況

문1 밑줄 부분 '이 상황'을 구체적으로 나타낸 것으로서, 가장 적당한 것은 어느 것입니까?

① 과학기술이 빠른 속도로 진보하고 있는 상황
② 과학기술이 생활에 빠질 수 없게 된 상황
③ 모든 사람이 과학기술의 발전에 관여하게 된 상황
④ 과학기술에 의해서 생활이 한 순간에 바뀌는 상황

問2　筆者は今の時代を「珍しい時代」と言っていますが、どうして珍しいのですか。

① 昔に比べて現代は科学の発展スピードが遅くなっているから
② 人類の歴史から見たら、科学が生活に浸透したのが最近のことだから
③ 現代人のなかには科学技術の進歩に否定的な見方をする人がいるから
④ 人類の歴史の中で科学技術にかける期待が特に大きくなっているから

문2 필자는 지금의 시대를 '진귀한 시대'라고 말하고 있습니다만, 어째서 진귀한 것입니까?

① 옛날과 비교하여 현대는 과학의 발전속도가 늦어졌기 때문에
② 인류 역사 관점에서 보면, 과학이 생활에 침투한 것이 최근의 일이기 때문에
③ 현대인 중에는 과학기술의 진보에 부정적인 견해를 가진 사람이 있기 때문에
④ 인류의 역사 속에서 과학기술에 거는 기대가 커졌기 때문에

問3　この文章の内容と合っているものはどれですか。

① 科学技術の進歩への肯定的な見方は、初期資本主義の時代には見られなかった。
② 科学技術にかける期待が大きい現代では、科学技術を肯定的に見る人が多い。
③ 科学技術に対する否定的な見方が、科学の進歩に大きな役割を果たしている。
④ 科学技術の進歩に対する否定的な見方には、過去と現在で共通するものがある。

문3 이 문장의 내용과 맞는 것은 어느 것입니까?

① 과학기술의 진보에 대한 긍정적 견해는, 초기자본주의 시대에는 볼 수 없었다.
② 과학기술에 거는 기대가 큰 시대에서는, 과학기술을 긍정적으로 보는 사람이 많다.
③ 과학기술에 대한 부정적인 견해가, 과학의 진보에 커다란 역할을 해나고 있다.
④ 과학기술의 진보에 대한 부정적 견해에는, 과거와 현재에서 공통되는 바가 있다.

해설

23

밑줄 부분에 지시어가 있는 경우에는 지시어 내용을 파악하는 문제라고 생각해도 무방하다. 지시어의 내용은 전후 2~3문장(일반적으로는 앞 문장)에 나와 있는 경우가 많은데, 이 문제에서는 밑줄이 포함되어 있는 문장을 잘 읽어 보면 정답을 도출해 낼 수 있다. 「一瞬たりとも関わらないでは生活が立たないという特殊な状況(과학기술에 한순간이라도 관여하지 않고는 생활이 성립되지 않는다는, 특수한 상황)」은 「この状況(이 상황)」을 가리킨다. 즉, 항상 생활에 관여한다는 것은 '필요 불가결'한 상황이므로 2번이 정답이다.

24

키워드의 내용을 파악하는 문제의 경우, 키워드가 반복되고 있거나 페러프레이징된 부분이 있는지 확인하는 것이 중요하다. 첫 번째 단락 마지막 문장 「われわれはかなり珍しい時代を生きていることになる」에서 문제가 반복되고 있으며, 「~ことになる」라는 표현에서 그 주체가 앞서 설명되었다고 유추할 수 있다. 따라서 우리가 사는 시대를 서술하는 표현인 '과학기술이 침투한 위력을 발휘하는 사회'는 새로운 현상이고 진귀한 시대라고 볼 수 있으므로 2번이 정답이다.

25

마지막 단락에서 과학기술의 진보에 관하여 부정적 견해를 서술하고 있다. '그것은 이제서야 시작된 것이 아니라 과거에도 똑같이 일어나고 있었다'라고 설명하고 있으므로 4번이 정답이다. 나머지 선택지는 본문에서 사용된 어휘를 사용하였으나 관계나 긍정과 부정을 달리하는 선택지로 정확한 의미해석을 하면 오답이라는 것을 쉽게 파악할 수 있다.

어휘 人類 인류 | 自覚する 자각하다 | 異議を唱える 이의를 제기하다 | 隅々 구석구석 | 浸透する 침투하다 | 威力 위력 | 発揮する 발휘하다 | 一瞬たりとも 한 순간이라도 | 特殊 특수 | 加速する 가속되다 | 身障者 신체장애인의 준말 | 途を探る 길, 방법을 찾다 | 施す 시술, 시행, 시공 하다 | 対処する 대처하다 | 希望 희망 | 膨らむ 부풀다 | 枚挙に暇がない 그 예가 많아 셀 수 없다

기술

Point **두 개 의견이 있는 주제에 관해서 어떤 한 쪽을 골라 자기 의견을 적는 문제입니다.**

대책

1. 다른 문제 형식과 마찬가지로 자신과 반대 입장 의견도 언급해야 합니다.
2. 일반적인 주제가 출제되는 경우가 많기 때문에 특별한 지식이 필요 없고, 자기 의견을 적으면 되기 때문에 비교적 쓰기 쉽습니다. 사회 전반에 관심을 가져 두는 것이 좋습니다.
3. 얼마나 설득력 있게 자기 의견을 주장하느냐가 중요합니다. 예를 들거나 반대 입장 문제점을 지적하거나 하는 것이 좋습니다.

예시답안 1

本を一冊読むのには、時間がかかる。外国語の本なら、かかる時間はもっと増えるだろう。時間をかけずに読むなら、やさしい本がいいが、やさしい本を読んでも、外国語の勉強にならない気もする。どちらが良いのだろうか。

まず、難しい本を読むときの良い点を考える。難しい本には、知らない単語や文法がある。それを辞書で調べると、新しい言葉の意味を知ることができたり、文法の使い方がわかったりする。それを何度も繰り返すと、新しく覚える言葉や文法がどんどん増える。しかし、辞書を引くのは時間がかかるので、何度も引いていると、本を読むのが嫌になって途中でやめてしまうかもしれない。

やさしい本はどうだろうか。やさしい本なら、スムーズに読める。辞書を引かないので、より深く内容に集中できるだろう。難しい本に比べて１冊を読み終える時間も短いし、同じ時間でたくさんの本が読めるかもしれない。

本を読む目的の第一は、内容を楽しむことではないか。単語や文法の勉強は、別ですればいい。外国語で長い文章を読む練習をするのも、外国語の勉強の一つだと思う。だから、私はやさしい本を読んだほうがいいと思う。

그 외의 의견

辞書なしでも読めるやさしい本を読む

良い点　本が読めたという達成感が学習のモチベーションにもつながる

問題点　新しい語彙や表現に出会う機会が少ない

辞書を使ってでも難しい本を読む

良い点　まだ学んでいない語彙や表現にも触れることができる

問題点　難しい語彙や表現ばかりだと，自分の力だけでは読むことができず，自信が持てなくなる

예시답안 2

栄養の面から考えると、子どもでも大人でもいろいろなものを食べたほうがよい。しかし、子どもが嫌いなものを無理に食べさせると、食事をすることが嫌になる可能性がある。

そもそも、子どもは嫌いなものが多い。ピーマンやニンジンなどは、その代表的なものだ。これらが食べられないからといって、すぐに病気になるわけではない。また、成長するにしたがって、人の味覚は変わっていく。子どものころに嫌いだったものが、いつの間にか好きになっていたという経験はだれにでもあるだろう。ピーマンやニンジンが食べられないと言って泣いている大人はいない。

子どものためを思って親が子どもに嫌いなものを食べさせる気持ちはわかる。しかし、強要されることで、子どもがプレッシャーを感じ、食べること自体を苦痛に感じるようになったら、本末転倒である。

食事はただ栄養を取るだけのものではない。家族と一緒に楽しんで、信頼関係を作るものでもある。嫌いなものが多すぎるのは問題だが、少しぐらいは許容すべきだ。それよりも、子どもが楽しい気分で食事できることが子どもにとっても、家族にとっても大切なことではないだろうか。

그 외의 의견

嫌いなものでも子供に食べさせる

良い点　嫌いなものや苦手なものに挑戦しようという気持ちを持たせることができる
　　　　子どもが嫌いなものは、だいたい栄養価が高い

問題点　無理に食べさせることは、子どもにとってストレスになりかねない
　　　　全部食べられなかったらむだになる

嫌いなものは子どもに食べさせない

良い点　親も子もストレスなく、食事を楽しむことができる
　　　　子どもが食事を残さなくなる

問題点　食事以外でも嫌なことを避けるようになる可能性がある
　　　　極端にメニューが偏る可能性がある

독해

문제	해답 번호	정답
Ⅰ	1	②
Ⅱ	2	④
Ⅲ	3	②
Ⅳ	4	①
Ⅴ	5	④
Ⅵ	6	①
Ⅶ	7	④
Ⅷ	8	②
Ⅸ	9	①
Ⅹ	10	①

문제	해답 번호	정답
XI	11	②
	12	④
XII	13	①
	14	④
XIII	15	①
	16	②
XIV	17	②
	18	①
XV	19	①
	20	①
XVI	21	②
	22	④
XVII	23	④
	24	①
	25	②

Ⅰ　次の文章は、仕事におけるリーダーについて書かれたものです。（　A　）に入るものとして、最も適当なものはどれですか。

中国の古い話の中に、石垣を積んでいる三人の若者の話が出てきます。一人目の若者に「何をしているのだ」と訊けば、「もちろん石を積んでいます」。二人目の若者、「お城の石垣の石を積んでいます」。三人目の若者、「王様が住む頑丈な城を造るために、土台になる石をちゃんと積んでいます」。

では、誰が一番目的にかなって熱心に仕事をしたか。当然、三人目の若者でしょう。自分がしている小さな仕事は、どんな大きな目的を果たすためにどのような理念に基づいて行っているのか。それが明示されると、部下は誇りを持ち、夢を持ち、頑張ってその仕事に取り組むことができます。リーダーに必要なロジックの展開のヒントはここにあるのです。

まず大きな「（　A　）」を示します。そして、その（　A　）を実行に移すための「戦略」を示し、その戦略に時間や具体的な手法を入れた「計画」を示してあげる。そうすると、部下がしっかり動き出すわけです。

（佐藤綾子『非言語表現の威力　パフォーマンス学実践講義』講談社）

① 仕事
② 理念
③ 夢
④ ロジック

1. 다음 문장은, 일에 있어서의 리더에 관하여 쓰여진 것입니다. (A)에 들어갈 것으로서 가장 적당한 것은 어느 것입니까?

중국의 옛날 이야기 중에, 돌담을 쌓고 있는 3명의 젊은이의 이야기가 나옵니다. 첫 번째 젊은이에게 "무엇을 하고 있느냐"라고 물으면 "물론 돌을 쌓고 있습니다" 두 번째 젊은이, "성의 돌담의 돌을 쌓고 있습니다" 세 번째 젊은이, "왕이 살 튼튼한 성을 짓기 위하여 토대가 되는 돌을 잘 쌓고 있습니다"

그럼, 누가 가장 목적에 부합하여 열심히 일을 했는가? 당연 세 번째 젊은이겠죠. 자신이 하는 작은 일이 어떤 커다란 목적을 이루기 위하여 어떠한 **2** 이념에 근거하여 행하고 있는가? **2** 그것이 명시되면 부하는 긍지를 갖고, 꿈을 갖고, 힘내서 그 일에 임할 수 있습니다. 리더에게 필요한 논리 전개의 힌트는 **2** 여기에 있는 것입니다.

우선 커다란 '(이념)'을 제시합니다. 그리고, 그 (이념)을 실행하기 위한 '전략'을 제시하고 그 전략에 시간과 구체적인 방법을 넣은 '계획'을 제시해 줍니다. 그렇게 하면, 부하가 제대로 움직이기 시작하는 것입니다.

① 일
② 이념
③ 꿈
④ 논리

해설

두 번째 단락과 세 번째 단락의 접속관계는 순접이므로 같은 내용이 전개 되고 있음을 알 수 있으며, 괄호 (A) 앞 단락 마지막 문장에서 「ここに」의 「ここ」는 앞 문장의 → 「それが」의 「それ」를 가리키며 그것은 또한 바로 앞 문장의 「理念(りねん)」을 나타낸다. 괄호 넣기 문제는 단순히 의미로 연결되는 것뿐만 아니라 논리적 개연성을 생각하며 풀어나가야 하는데, 가장 쉬운 버전이 지시어와 접속사로 그 관계를 나타내는 것이다. 평소에 문제를 풀 때도 항상 지시어의 내용을 파악하고 단락과 단락 사이의 접속사 관계에 주의해 두는 것이 좋다.

어휘 石垣(いしがき) 돌담 | 訊(き)く 묻다 | 造(つく)る 만들다, 건조하다 | 頑丈(がんじょう)だ 튼튼하다 | ロジック 논리 | 戦略(せんりゃく) 전략

Ⅱ　次の掲示で募集している2つのサポートに共通することは何ですか。

学生サポートスタッフ募集

学生課では、聴覚に障害がある学生のサポートをしてくれる学生を募集しています。
主な仕事は、障害のある学生が受けている授業で音声情報を文字に起こしたり、ノートをとったりします。サポートに入る前に講習を行って、実践練習の機会を設けているので、初めての人でも安心して始めることができます。興味がある学生は、学生課に問い合わせてください。

<サポート内容>

○ノートテイク、パソコンテイク

先生の話や学生の発言などの、音声情報を文字にすることを「テイク」といいます。聴覚障害をもつ学生1名につき、2名の学生がサポートします。ノートテイクは手書き、パソコンテイクはパソコンを使ってタイプします。毎週聴覚障害をもつ学生といっしょに授業に参加するので、サポート学生は自分の授業がない時間帯を選んでサポートしてください。

○字幕付け

オンライン授業の動画に字幕を付けるサポートです。字幕付けの仕事は不定期で、一つの動画に字幕を付けるのに約2週間かかります。作業は自宅で行い、完成した字幕は学生課で確認をします。軽微なミスは学生課の方で修正をしますが、大きく修正が必要な場合は、学生課からサポート学生に連絡し修正を行ってもらいます。

① 毎回サポートにパソコンを使う。

② 毎週サポートに入る前に練習がある。

③ 複数の学生が協力してサポートを行う。

④ 自分の都合に合わせてサポートを行う。

2. 다음 게시에서 모집하고 있는 2개의 서포트에 공통된 것은 무엇입니까.

학생 서포트 스텝 모집

학생과에서는, 청각에 장애가 있는 학생 서포트를 해줄 학생을 모집하고 있습니다.
주된 일은, 장애가 있는 학생이 받는 수업에서 음성 정보를 문자로 하기도 하고, 노트 필기를 하기도 합니다. **2** 서포트에 들어가기 전에 강습하고, 실전연습 기회를 마련하고 있기 때문에, 처음인 사람이라도 안심하고 시작할 수가 있습니다. 흥미가 있는 학생은, 학생과에 문의해 주세요.

<서포트 내용>

○ 노트 작성, 컴퓨터 작성

선생님의 이야기와 학생의 발언 등, 음성 정보를 문자로 하는 것을 '테이크'라고 합니다. 청각 장애를 가진 학생 1명에 2명의 학생이 서포트합니다. **1** 노트 작성은 수기 작성, 컴퓨터 작성은 컴퓨터를 사용하여 타이핑합니다. **4** 매주 청각 장애를 가진 학생과 함께 수업에 참여하기 때문에 서포트 학생은 자기 수업이 없는 시간대를 골라서 서포트해 주세요.

○ 자막 넣기

온라인 수업 동영상에 자막을 붙이는 서포트입니다. **3 4** 자막 넣는 일은 부정기적으로 발생하며, 하나의 동영상에 자막을 붙이는 데 약 2주간 걸립니다. 작업은 자택에서 행하고, 완성된 자막은 학생과에서 확인합니다. 경미한 미스는 학생과 쪽에서 수정합니다만, 크게 수정이 필요한 경우는, 학생과에서 서포트 학생에게 연락하여 수정을 행하도록 합니다.

① 매회 서포트에 컴퓨터를 사용한다.

② 매주 서포트에 들어가기 전에 연습이 있다.

③ 복수의 학생이 협력하여 서포트 한다.

④ 자기 사정에 맞춰서 서포트 한다.

해설

두 서포트의 공통점을 찾아야 하므로, 각각의 특징을 잘 파악해 두어야 한다. 우선, 노트 작성, 컴퓨터 작성은 음성 정보를 문자로 해야 하는데, 수업에 함께 참여해야 하므로 수업이 없을 때를 골라서 서포트하라고 하였으며, 자막 넣기는 하나의 동영상에 약 2주가 소요되며 자택에서 작업을 할 수 있다고 했다. 이 두가지 서포트의 공통점은 자기 시간이 있을 때 서포트할 수 있다는 것이므로 정답은 4번이다. 필기는 수기로 쓰는 경우가 있어 컴퓨터를 매회 써야 하는 것은 아니므로 1번은 오답이며, 연습은 매주 하는 것이 아니고 서포트 들어가기 전에 1회성이므로 2번도 오답이다. 선택지 3번은 자막 넣기에는 해당하지 않으므로 오답이다. 이런 문제는 '매주, 매회, 언제나, 항상…'같은 극단적 표현이 있으면 오답일 가능성이 높으므로 주의하는 것이 포인트이다.

어휘 聴覚(ちょうかく) 청각 | 障害(しょうがい) 장애 | 募集(ぼしゅう)する 모집하다 | 設(もう)ける 설치하다, 마련하다 | 手書(てが)き 수기 | 字幕(じまく) 자막 | 修正(しゅうせい)する 수정하다

Ⅲ　次の文章の下線部「二つの共通点」が指す内容として、最も適当なものはどれですか。

これまで、創造性を生み出してきた偉人(いじん)たちは、どんなことを努力してその力を発揮してきたのでしょうか？
ミケランジェロ、エジソン、ゴッホ、シェークスピア、ニュートン、フロイド、メンデル、ダビンチなどの歴代の独創的な創造力を発揮して人類の発展に貢献(こうけん)した偉大な人たちは必ずしも大学で学んだ高学歴の持ち主ではなく、これらの偉人には二つの共通点を挙げることが出来ます。
一つは、考えの大きな渦(うず)を脳内でどんどん大きくダイナミックに拡大して行くように、目的に向かってそこまで没頭するのかと思うような努力を行っていることです。このため一生結婚することなく独身で過ごした人もおります。真理や芸術性を追い求める場合も、おそらく、普通であれば、もう十分と思われるレベルに達しても、創造力を発揮する人たちは、まだ満足できない高いレベルで物事を考えている方が多いのです。
二つ目は、二つ以上の専門的知識を身につけ、非常に広い視点に立って創作作業を行っていることです。日本では、一つのことを深く掘り下げることでその道の科学者という評価をうけます。これに対して、欧米におけるサイエンスは、元々、専門性の壁をつくらない広く深い視野に立って科学することを意味しております。複数の学問をこなす科学者こそすごい科学者、あるいは、誰もまねの出来ない考えを生み出す人が凄(すご)い科学者として評価されています。

（林成之『思考の解体新書　独創的創造力発生のメカニズムを解く』産経新聞出版）

① 高学歴ではないことと、一生結婚していないこと
② とことんまで深く考えることと、一つの専門の枠にとらわれないこと
③ 考えをダイナミックに拡大していくことと、一つの専門性を深く掘り下げること
④ 真理や芸術性を追求していることと、科学者として高い評価を受けていること

3. 다음 문장의 밑줄 부분 '두 개의 공통점'이 나타내는 내용으로서, 가장 적당한 것은 어느 것입니까?

지금까지 창조성을 만들어낸 위인들은 어떤 것을 노력해 그 힘을 발휘해 온 것일까요?
미켈란젤로, 에디슨, 고흐, 셰익스피어, 뉴턴, 프로이트, 멘델, 다빈치 등 역대로 독창적인 창조력을 발휘해 인류 발전에 공헌한 위대한 사람들은 반드시 대학에서 배운 고학력 소유자는 아니며, 이들 위인에게는 두 개의 공통점을 들 수 있습니다.
2 하나는, 생각의 커다란 소용돌이를 뇌 안에서 점점 크고 다이내믹하게 확대해 가는 것처럼, 목적을 향해서 그렇게까지 몰두할까? 라고 생각하는 것 같은 노력을 하는 것입니다. 이 때문에 **1** 평생 결혼하지 않고 독신으로 보낸 사람도 있습니다. 진리와 예술성을 추구하는 경우도 필시 보통이라면, 이미 충분하다고 생각되는 레벨에 도달해도 창조력을 발휘하는 사람들은 아직 만족할 수 없는 높은 레벨에서 사물을 생각하는 분이 많은 것입니다.
2 두 번째는, 두 개 이상의 전문적 지식을 몸에 익혀 대단히 넓은 시야에 서서 창작 작업을 행하고 있는 것입니다. 일본에서는, **4** 하나를 깊게 파 내려가는 것으로 인해 그 분야의 과학자라는 평가를 받습니다. 이것과는 대조적으로 서구에서의 과학은, 원래 전문성의 벽을 만들지 않는 넓고 깊은 시야에 서서 과학 하는 것을 의미하고 있습니다. 복수의 학문을 소화하는 과학자야말로 대단한 과학자, 혹은 아무도 흉내 낼 수 없는 생각을 만들어내는 엄청난 과학자로서 평가받고 있습니다.

① 고학력이 아닌 것과, 평생 결혼하지 않은 것
② 철저하게 깊게 생각하는 것과, 하나의 전문 틀에 사로잡히지 않는 것
③ 생각을 다이내믹하게 확대해 가는 것과, 하나의 전문성을 깊게 파는 것
④ 진리와 예술성을 추구하고 있는 것과, 과학자로서 높은 평가를 받고 있는 것

해설

질문에서 2개의 공통점이라고 했으므로 2개의 항목을 포함하는 선택지를 찾는 것이 포인트이다. 이런 타입의 문제는 대부분 단락별로 각각 하나씩 특징을 나열하는 경우가 많은데, 각각의 단락이 '개념(정의)-예시'로 구성되어 있는 경우가 많으니 개념 부분을 확실히 체크하는 것이 포인트이다. 창조성을 발휘한 위인들은, 세 번째 단락에서 '목적을 향하여 몰입', 네 번째 단락에서 '두 개 이상의 전문적 지식을 익혀 넓은 시점에서 창작 작업'을 한다고 했으므로 이 두가지 내용이 포함된 2번이 정답이다. 세번째 단락에서 '독신으로 보낸 사람이 있다'라는 것은 그렇지 않은 사람도 있다는 것을 나타내므로 1번은 오답이며, 하나의 전문성에 사로잡히지 않고 넓은 시점을 갖는다고 했으므로 3번도 오답이다. 과학자에 대한 평가에 국한되는 것은 아니므로 4번도 오답이다.

어휘 創造性(そうぞうせい) 창조성 | 生(う)み出(だ)す 만들어내다 | 独創的(どくそうてき) 독창적 | 貢献(こうけん)する 공헌하다 | 持(も)ち主(ぬし) 소유자 | 渦(うず) 소용돌이 | 拡大(かくだい)する 확대하다 | 没頭(ぼっとう)する 몰두하다 | 追(お)い求(もと)める 추구하다 | 掘(ほ)り下(さ)げる 파고들다, 파내려 가다 | 評価(ひょうか) 평가

Ⅳ　次の文章の（　A　）と（　B　）に入るものとして、最も適当なものはどれですか。

私たちの周囲には空気があるが、普段は空気の重さを感じることはない。しかし実際には、空気は大きな力で私たちを押している。この空気が押す力のことを「気圧」という。気圧は、空気が地球の重力で地面側に引きつけられていることで生じる力である。

地面付近の空気は、その上にあるすべての空気によって押されている。その一方で地面の上のほうにある空気は、その上にある空気が少ないため、あまり大きな力を受けない。したがって高いところへ行くほど、空気によって押される力は弱くなる。これを空気の圧力が低い＝「気圧が低い」と表現する。

わかりやすい例では、山頂でお菓子の袋がパンパンに膨れることがある。これは地上付近よりも山の上のほうが気圧が（　A　）ため、袋が空気によって押される力が（　B　）なり、その分、膨れてしまうのだ。これを麓(ふもと)に持ち帰ると逆に袋がペシャンコになってしまうのは逆に、押される力が強くなるからである。

（能勢博他『科学が教える　山歩き超入門』エクシア出版）

① A：低い　B：弱く
② A：高い　B：弱く
③ A：低い　B：強く
④ A：高い　B：強く

4. 다음 문장의 (A) 와 (B)에 들어가는 것으로써, 가장 적당한 것은 어느 것입니까?

우리들 주위에는 공기가 있지만, 평소에는 공기 무게를 느끼는 경우는 없다. 그러나, 실제로는 공기는 커다란 힘으로 우리들을 누르고 있다. 이 공기가 누르는 힘을 '기압'이라고 한다. 기압은 공기가 지구 중력으로 지면 측에 끌어당겨지는 것으로 인해 생기는 힘이다.

지면 부근 공기는 그 위에 있는 모든 공기에 의해서 눌리고 있다. 그 한편, 지면 위쪽에 있는 공기는, 그 위에 있는 공기가 적기 때문에, 그다지 큰 힘을 받지 않는다. 따라서, **1** 높은 곳으로 갈수록, 공기에 의해서 눌리는 힘은 약해진다. 이것을 공기의 압력이 낮다 = '기압이 낮다'고 표현한다.

알기 쉬운 예로는, 산 정상에서 과자 봉지가 빵빵 하게 부풀어 오르는 경우가 있다. 이것은 지상 부근보다도 산 위쪽이 기압이 (낮기)때문에, 봉지가 공기에 의해서 눌리는 힘이 (약해)져서 그 만큼 부풀어버리는 것이다. 이것을 산기슭에 가지고 돌아가면 반대로 봉지가 납작해져 버리는 것은, 반대로 눌리는 힘이 강해지기 때문이다.

① A: 낮다　B: 약하다
② A: 높다　B: 약하다
③ A: 낮다　B: 강하다
④ A: 높다　B: 강하다

해설

괄호나 밑줄 부분이 포함된 단락이 '예를 들면'으로 시작되는 경우, 전후 단락의 '개념(정의)'이 있는 부분을 찾아 예시에 대한 내용을 파악하는 것이 좋다. 두 번째 단락을 요약하면, '높은 곳=누르는 힘이 약하다=기압이 낮다' '낮은 곳=누르는 힘이 강하다=기압이 높다'가 성립하며, 그 관계를 잘 이해해 두는 것이 포인트이다.
괄호 (A)가 포함된 문장의 주어는 '산 정상'이므로 즉, '높은 곳'이라고 생각할 수 있다. 따라서 기압이 '낮다', 눌리는 힘이 '약하다'가 괄호에 들어가야 하므로 1번이 정답이다.

어휘 周囲(しゅうい) 주위 | 重力(じゅうりょく) 중력 | 地面付近(じめんふきん) 지면부근 | 袋(ふくろ) 봉지, 주머니 | 膨(ふく)れる 부풀다 | 麓(ふもと) 산기슭 | ペシャンコ 납작한 모양

V　イメージトレーニングによって、下線部「実際に身体を動かしてトレーニングするのに近い効果が得られる」理由として、最も適当なものはどれですか。

プロのアスリートやスポーツ選手で、「イメージトレーニングをしない」という人はほとんどいないと思います。自分の技がうまくいく場面、試合の流れ、勝つ場面をありありとイメージすることで、それが現実化するというのがイメージトレーニングです。

イメージするだけで現実化する。そんなことがあり得るのでしょうか?

イメージトレーニングは、スポーツ心理学でも研究が進んでいて、イメージトレーニングが科学的に効果があることが証明されています。

人間の脳は、現実とイメージを区別できないといいます。脳は現実においても想像においても、同じ神経細胞が反応します。だから現実には起こっていないのに、ありありと想像しただけで、脳の中では同じ反応が起こってしまうのです。

自分の身体の動き、実際にどの筋肉を使って、身体がどういう位置にあって、それがどう変わっていくのか。精緻(せいち)にイメージすることは、実際に身体を動かしてトレーニングするのと、脳内では同じ神経が発火(はっか)するので、実際に身体を動かしてトレーニングするのに近い効果が得られるわけです。

(樺沢紫苑『いい緊張は能力を2倍にする』文響社)

① 脳を鍛えるために効果的だから
② 試合の流れを事前に予測できるから
③ 筋肉はイメージしないと動かないから
④ 脳が現実とイメージを区別できないから

5. 이미지 트레이닝에 의해서, 밑줄 부분 '실제로 신체를 움직여서 트레이닝 하는 것에 가까운 효과를 얻을 수 있는' 이유로서, 가장 적당한 것은 어느 것입니까?

프로 육상선수와 운동선수 중에서 '이미지 트레이닝을 하지 않는다'는 사람은 거의 없다고 생각합니다. 자기 기술이 잘 구사되는 장면, 시합 흐름, 이기는 장면을 생생히 이미지화함으로써, 그것이 현실화하는 것이 이미지 트레이닝입니다.

이미지화하는 것만으로 현실화한다. 그런 일이 있을 수 있을까요?

이미지 트레이닝은, 스포츠 심리학에서도 연구가 진행되고 있고, 이미지 트레이닝이 과학적으로 효과가 있는 것이 증명되었습니다.

4 인간의 뇌는, 현실과 이미지를 구별하지 못한다고 합니다. 뇌는 현실에서도 상상에서도, 같은 신경세포가 반응합니다. 그러니까 현실에는 일어나지 않았는데 생생하게 상상하는 것만으로, 뇌 안에서는 같은 반응이 일어나 버리는 것입니다.

자기 신체 움직임, 실제로 어느 근육을 사용하고 신체가 어떠한 위치에 있고, 그것이 어떻게 바뀌어 가는 걸까? **4** 정밀하게 이미지화하는 것은, 실제로 신체를 움직이게 하여 트레이닝하는 것과 뇌 안에서는 같은 신경이 발화하는 것이기 때문에, 실제로 신체를 움직여서 트레이닝하는 것에 가까운 효과를 얻을 수 있는 것입니다.

① 뇌를 단련하기 위하여 효과적이기 때문에
② 시합의 흐름을 사전에 예측할 수 있기 때문에
③ 근육은 이미지 하지 않으면 움직이지 않기 때문에
④ 뇌가 현실과 이미지를 구별할 수 없기 때문에

해설

밑줄 앞「~ので」표현으로 밑줄 앞 부분이 이유를 나타내고 있다는 것을 알 수 있다. '정밀하게 이미지(상상)하는 것은 실제로 신체를 움직여 트레이닝 하는 것과 같은 신경'과 그 앞 단락 '인간의 뇌는 현실과 이미지를 구별할 수 없다'에서 4번이 정답이라는 것을 알 수 있다.

어휘 ありありと 생생히, 역력히 | イメージする 이미지, 상상하다 | 現実化(げんじつか) 현실화 | 証明(しょうめい) 증명 | 神経細胞(しんけいさいぼう) 신경 세포 | 反応(はんのう)する 반응하다 | 精緻(せいち) 정밀, 정교

VI　社長に言われた仕事をすぐにしなければならないのは、なぜですか。

社長が「これをやってくれ」という命令を下した場合、社長は本当に「すぐ」でなければ納得できないものです。なぜなら、社長の24時間は、ほかの社員たちにとっての24時間とは全く異なり、ものすごいスピードで進んでいるからです。

それに社長は、いつでも同時並行でいくつもの判断をし、複数の仕事をこなしていかなければなりません。ですから、「すぐ」と言えば、本当に今すぐでなければならないのです。それは、すぐ処理しなかったり、その仕事について考えていると、その間に、ほかの重要な仕事が入ってきていくつも処理しなくてはならないことがどんどん積み上がってしまい、処理できないほど溜まってしまうか、あるいは忘れてしまう可能性があるかもしれないからです。

つまり「待てない」のではなく、「忘れてしまうのが怖い」という思いが潜在的にあるからなのです。

…（略）…

社長に命じられたこと、依頼されたことに対しては、どんなときにもクイックレスポンスを心掛けてください。「すぐやれ」と言われたことはもちろん、できる限り、すぐやるしかありません。

（下山博志『一流のフォロワーになるための社長の支え方』総合法令出版）

① 社長は仕事が多くてすぐに処理しなければ忘れてしまうから

② その仕事を処理しなければ会社のほかの仕事が止まってしまうから

③ 社長が「すぐやれ」と言ったのにすぐしなければ社長が怒るから

④ 24 時間以内に処理しなければならないほどスピードが要求される仕事だから

6. 사장에게 들은 일을 바로 하지 않으면 안 되는 것은, 왜 입니까?

사장이 '이거 해줘'라고 명령을 내린 경우, 사장은 정말로 '바로'가 아니면 납득할 수 없는 법입니다. 왜냐하면, 사장의 24시간은 다른 사원들에게 있어서의 24시간과는 전혀 다르게, 엄청난 속도로 진행되고 있기 때문입니다.

게다가 사장은, 언제나 동시 병행으로 몇 개나 판단하고 여러 일을 소화해 가야 합니다. 그러니까 '바로'라고 하면, 정말로 지금 바로가 아니면 안 되는 것입니다. 그것은, 바로 처리하지 않았거나, 그 일에 관해서 생각하고 있으면, 그 사이에 다른 중요한 일이 들어와 몇 개나 처리하지 않으면 안 되는 일이 점점이 쌓여 버려서, 처리할 수 없을 정도로 정체돼 버리거나 혹은 잊어버릴 가능성이 있을지도 모르기 때문입니다.

1 즉, '기다릴 수 없는' 것이 아니라, '잊어버리는 것이 무섭다'는 생각이 잠재적으로 있기 때문입니다.

(중략)

사장에게 명령받은 것, 의뢰받은 것에 대해서는, 어떤 때라도 퀵 리스폰스를 신경 써주세요. '바로 해'라고 들은 것은 물론, 될 수 있는 한 바로 할 수밖에 없습니다.

① 사장은 일이 많아서 바로 처리하지 않으면 잊어버리기 때문에

② 그 일을 처리하지 않으면 회사의 다른 일이 멈춰버리기 때문에

③ 사장이 '바로 해'라고 말했는데도 바로 하지 않으면 사장이 화를 내기 때문에

④ 24시간 이내에 처리하지 않으면 안될 만큼 속도가 요구되는 일이기 때문에

해설

위 두 단락을 세 번째 단락 「つまり」 이후에서 정리하고 있다. 「つまり」가 단락과 단락을 잇는 접속사로 나올 경우, 필자의 주장이나 전체 요지를 제시하는 경우가 많으니 체크해 두면 좋다. '기다릴 수 없는'것이 아니라 '잊어버리는 것이 두렵다'고 하고 있으므로 '잊어버리다'라는 표현이 들어 있는 1번을 먼저 체크해 두는 것이 중요하다. 필자는 '잊는 것이 두렵다'고 했으므로 1번이 정답이다.

어휘 命令(めいれい)を下(おろ)す 명령을 내리다 | 納得(なっとく)する 납득하다 | 同時並行(どうじへいこう) 동시병행 | 処理(しょり)する 처리하다 | 留(とど)まる 머무르다, 그치다 | 依頼(いらい)する 의뢰하다 | 心掛(こころが)ける 유의하다, 주의하다, 명심하다

Ⅶ　次の文章の内容と合っているものはどれですか。

われわれが知っている恐竜のイメージといえば、まず博物館に展示してある全身骨格によって培(つちか)われたものである。まあ、ほとんどの場合、展示骨格とは言っても、そこに飾られているのは、実物の骨からシリコン・ゴムなどで型取りし、複製したキャスト（雄型）である場合がほとんどだ。…（略）…

あのように組み立てられた骨格は、実際のところ、恐竜の発掘から復元、研究までの長い長い行程(こうてい)の一番最後に付け足される、いわばおまけのようなものにすぎない。ほとんどの場合、研究に用いる本物の骨は、博物館のバックヤードに大事に保管され、研究者からの要請があったときにのみ収蔵庫から出してこられるのである。キャストを作って展示するのは、すでに論文も書きおわり、調べることは調べ尽くし、しかも全身の復元が可能なほど保存のよかったものに限られる。それでも、全身の骨がオリジナルの化石から型取りされる標本などまず皆無(かいむ)に等しい。必ず、体のどこかの骨が欠損していて、他の標本からとったキャストで継ぎ足してあるものと思って間違いないだろう。

（金子隆一『恐竜学のすすめ』裳華房）

① 恐竜の展示骨格は実物の骨で足りない部分をシリコン・ゴムで補っている。

② 完全に全身が復元できる恐竜の標本でしか展示骨格は作れない。

③ 人工的に複製した展示骨格が博物館に飾られることはほとんどない。

④ 十分に研究が終わってからでなければ標本から展示骨格は作られない。

7. 다음 문장 내용에 맞는 것은 어느 것입니까?

우리들이 알고 있는 공룡의 이미지라고 하면, 우선 박물관에 전시된 전신 골격에 의해서 만들어진 것입니다. 그냥 대부분의 경우, 전시 골격이라 하더라도, 거기에 장식된 것은 실물 뼈에서 실리콘 고무 등으로 본을 떠서 복제한 캐스트(웅기형)인 경우가 대부분이다.

(중략)

4 이처럼 조립된 골격은, 실제로 공룡 발굴에서 복원, 연구까지 오랜 과정의 가장 마지막에 첨가된 예컨대, 덤과 같은 것에 지나지 않는다. 대부분의 경우, 연구에 이용되는 진짜 뼈는 박물관 뒤뜰에 소중히 보관되고, 연구자로부터 요청이 있을 때만, 수장고로부터 내어져 오는 것이다. 캐스트(주물)를 만들어 전시하는 것은 이미 논문도 다 썼고, 조사할 것은 다 조사했고, 게다가 전신 복원이 가능할 정도로 보존이 좋은 것에 한정된다. 그럼에도, 전신 뼈가 오리지널 화석에서 본을 뜬 표본 등은 우선 전무한 것이나 마찬가지이다. 반드시, 몸 어딘가의 뼈가 결손 부분이 있어서 다른 표본에서 취한 캐스트로 이어 덧대는 것으로 생각해도 틀림없을 것이다.

① 공룡의 전시골격은 실물의 뼈에서 부족한 부분을 실리콘 고무로 보충하고 있다.

② 완전하게 전신을 복원할 수 있는 공룡의 표본에서 밖에 전시골격은 만들 수 없다.

③ 인공적으로 복제된 전시골격이 박물관에 꾸며지는 경우는 거의 없다.

④ 충분히 연구가 끝나고 나서가 아니면 표본으로 전시골격은 만들 수 없다.

해설

EJU 독해 시험의 경우, 내용과 일치하는 것을 찾는 문제의 정답은 '전체 내용의 요지'나 '필자의 주장'과 관련이 있는 경우가 많으므로 전체 내용이 정리되어 있는 부분을 먼저 체크해 두면 좋다. 두 번째 단락에서 전시되는 골격은 논문과 자료 조사를 마친 것이 대부분이라고 했으므로 4번이 정답이 된다.
첫 번째 단락 마지막 문장에서 전시된 전신골격은, '실리콘과 고무로 본을 뜨고 복제한다'고 했으므로' 1번과 3번은 오답이다. 문장 하단부에서 전신의 뼈가 갖춰져 있는 경우는 거의 없다 했으므로 2번도 오답이다.

어휘 展示(てんじ)する 전시하다 | 全身骨格(ぜんしんこっかく) 전신골격 | 飾(かざ)る 꾸미다, 장식하다 | 複製(ふくせい)する 복제하다 | 発掘(はっくつ) 발굴 | 行程(こうてい) 행정, 과정 | 付(つ)け足(た)す 덧붙이다 | 保管(ほかん)する 보관하다 | 皆無(かいむ)に等(ひと)しい 전무에 가깝다, 마찬가지이다 | 欠損(けっそん)する 결손을 보다 | 標本(ひょうほん) 표본

Ⅷ 下線部「たちまち奇酒としてしまうだろう」とありますが、その理由として最も適当なものはどれですか。

酒を発明してから今日までの長い酒の歴史の中で、人類はさまざまな酒を造り、育ててきた。ある酒はいつとはなく消えてしまい、またある酒はすばらしい酒へと変身しながら確実に前進し続けて現在に至っている。…(略)…古代の酒は今の酒からみればすべてが奇酒(きしゅ)・珍酒(ちんしゅ)であった。たとえば今日のビールは泡だちがよい上に特有の苦味があって、爽快(そうかい)そのものであるが、古代のビールは発芽した穀物(こくもつ)を生のままつぶしてこれでパンを焼き、それに水を加えて自然発酵(はっこう)させたにすぎないから、われわれが古代人に「このビールの味はいかがですか?」といわれたら、おそらく皆が苦笑して、たちまち奇酒としてしまうだろう。

だが古代のビールは麦や他の穀類を原料に選んでいるから、実はまだまともな酒であって、今日、世界の各地に残っている酒や、つい数世紀前まで飲まれていた酒の中には、意外な原料を使った奇酒や珍酒の例が数々ある。酒学上に奇酒や珍酒たる定義はないが、一般的にはその酒を醸(かも)す原料によってこの名を付ける例が多い。この場合の原料は圧倒的に植物系が多いが、なかには動物系原料もある。

(小泉武夫『酒の話』講談社)

① 古代のビールの原料が今と異なるから
② 古代のビールの作り方が今と異なるから
③ 古代のビールの飲み方が今と異なるから
④ 古代のビールはパンを焼く材料に使われたから

8. 밑줄 부분 '바로 즉시 기주라고 해버릴 것이다' 라고 있습니다만, 그 이유로서 가장 적당한 것은 어느 것입니까?

술을 발명하고 나서 오늘날까지 오랜 술의 역사 속에서, 인류는 여러 술을 만들고 키워 왔다. 어떤 술은 언제라고 할 것 없이 사라져 버리고, 또 어떤 술은 훌륭한 술로 변신하면서, 확실하게 계속 전진하여 현재에 이르고 있다. (중략) 고대의 술은 지금 술 관점에서 보면, 이미 기주(기이한 술), 진주(이상한 술)이었다. 예를 들면 **2** 오늘날의 맥주는 거품이 잘 나는 데다 특유의 쓴맛이 있어 상쾌 그 자체이지만, 고대의 맥주는 발아한 곡물을 생으로 뭉개어 이것으로 빵을 굽고, 거기에 물을 더하여 자연 발효한 것에 지나지 않기 때문에, 우리에게 고대인이 '이 맥주 맛은 어떻습니까?'라고 묻는다면, 필시 모두가 쓴웃음을 지으며, 바로 기이한 술이라 해버릴 것이다.

하지만, 고대의 맥주는 보리와 다른 곡물을 원료로 선택했기 때문에 실은 아직 정상적인 술이며, 오늘날 세계 각지에 남아 있는 술과, 바로 수 세기 전까지 마시고 있었던 술에는 의외의 원료를 사용한 기이한 술과 진귀한 술의 예가 수없이 많이 있다. 주학상에 기이한 술과 진귀한 술이라는 정의는 없지만, 일반적으로는 그 술을 빚어내는 원료에 의해서 이름을 붙이는 예가 많다. 이 경우 원료는 압도적으로 식물계가 많지만, 그중에는 동물계 원료도 있다.

① 고대 맥주의 원료가 지금과 다르기 때문에
② 고대 맥주의 만드는 방식이 지금과 다르기 때문에
③ 고대 맥주의 마시는 방식이 지금과 다르기 때문에
④ 고대 맥주는 빵을 굽는 재료에 사용되었기 때문에

해설

'원인, 이유'를 찾는 문제는 제일 먼저 질문에서 제시된 '단어, 문장' 주위의 원인이나 이유를 나타내는 표현을 체크하는 것이 중요하다. 밑줄 앞 문장에서 「~自然発酵(しぜんはっこう)させたにすぎないから(자연 발효한 것에 지나지 않으니까)」에서 술을 만드는 방식이 지금과는 크게 다르다는 것을 알 수 있다. 따라서 정답은 2번이다. 1번과 4번은 재료와 원료에 관한 선택지이므로 오답이다.

어휘 発明(はつめい)する 발명하다 | 変身(へんしん)する 변신하다 | 泡(あわ) 거품 | 爽快(そうかい) 상쾌 | 自然発酵(しぜんはっこう) 자연발효 | 苦笑(くしょう)する 쓴 웃음짓다 | 穀類(こくるい) 곡물류 | 醸(かも)す 빚다, 술을 양조하다

Ⅸ 次の文章の下線部「海の水はいつから塩辛いのか?」という質問に対する筆者の主張として、最も適当なものはどれですか。

一般市民やマスコミから数年に一度は必ず聞かれる質問がある。「海の水はいつから塩辛いのか?」というものだ。海の水が塩辛いのは、海水に塩分(ナトリウムイオンや塩素イオンなど)が溶け込んでいるからであるが、そのようになったのはいったいいつからなのか、ということである。

これは大変素朴(そぼく)な疑問ではあるが、じつはかなり本質的な問いでもある。というのは、この問題は、大気や海洋の起源、すなわち大気や海がいつどのようにして形成されたのか、という問題に関係しているからである。つまり、これは海水に溶けている塩分の起源だけでなく、大気や海洋自体の起源にまでつながっている問題なのだ。

そもそも、大気や海洋は「地球システム」を構成する要素(サブシステム)のひとつである。サブシステム間においては熱や物質のやり取りが生じている。したがって、大気や海洋は、それ自体が単独でほかと無関係に存在しているわけではない。…(略)…河川水には、大陸地殻(ちかく)を構成する鉱物が雨水や地下水によって溶解し(これを「化学的風化作用」という)、溶け出たカルシウムイオンやナトリウムイオンなどがたくさん含まれている。つまり、大気や海には、地球内部や大陸地殻などの固体地球からさまざまな物質が供給され、長い時間をかけてそれらが蓄積した結果、現在みられるような姿になったのではないかと考えられるのだ。

(田近英一『地球環境46億年の大変動史』化学同人)

① 地球システム全体から考えなければならない問いである。

② 他のサブシステムと切り離して考えるべき問いである。

③ 地球の起源とは無関係に存在する問いである。

④ 長い時間をかけて考えなければならない問いである。

9. 다음 문장의 밑줄 부분 '바닷물은 언제부터 짰었는가?' 라는 질문에 대한 필자의 주장으로써 가장 적당한 것은 어느 것입니까?

일반시민과 매스컴으로부터 몇 년에 한 번은 반드시 듣는 질문이 있다. '바닷물은 어제부터 짰었는가?' 라는 것이다. 바닷물이 짠 것은, 해수에 염분(나트륨이온과 염소이온 등)이 녹아 있기 때문이지만, 그렇게 된 것은 언제부터인가? 라는 뜻이다.

이것은 대단히 소박한 의문이기는 하지만, 실은 상당히 본질적인 질문이기도 하다. 왜냐하면, 이 문제는 대기와 해양의 기원, 즉 대기와 바다가 언제 어떻게 해서 형성되었는가, 라는 문제와 관계되어 있기 때문이다. 즉, 이것은 해수에 녹아 있는 염분의 기원뿐만 아니라, 대기와 해양 자체의 기원에까지 이어져 있는 문제이다.

본래, 대기와 해양은 '지구 시스템'을 구성하는 요소 (서브 시스템) 중 하나이다. 서브 시스템 사이에 있어서는 열과 물질의 교환이 생기고 있다. **1** 따라서, 대기와 해양은, 그 자체가 단독으로 다른 것과 무관계로 존재하는 것이 아니다. (중략) 하천의 물에는, 대륙 지각을 구성하는 광물이 빗물과 지하수에 의해서 용해되고 (이것을 '화학적 풍화작용'이라고 한다), 녹아 나온 칼슘이온과 나트륨이온 등이 많이 포함되어 있다. 즉, 대기와 바다에는, 지구 내부와 대륙지각 등의 고체 지구로부터 여러 가지 물질이 공급되어, 오랜 시간을 거쳐서 그것들이 축적된 결과, 현재 볼 수 있는 것과 같은 모습이 된 것은 아닐까? 라고 생각할 수 있는 것이다.

① 지구시스템 전체에서 생각하지 않으면 안 되는 문제이다.

② 다른 서브시스템과 분리해서 생각해야 하는 문제이다.

③ 지구의 기원과는 무관계로 존재하는 문제이다.

④ 오랜 시간을 거쳐서 생각하지 않으면 안 되는 문제이다.

해설

밑줄 내용을「これは大変素朴(たいへんそぼく)な疑問(ぎもん)」→「本質的(ほんしつてき)な問(と)い」→「この問題(もんだい)は~」→「つまり、これは~問題(もんだい)だ」와 같이 문장 하단부로 논리적 개연성을 유지하며 설명하고 있다. '대기와 해양의 기원의 문제' 이며, '그 자체가 단독으로 다른 것과 무관계로 존재하지 않는다'라는 본문 내용에서 '지구 전체 시스템'으로 봐야 한다는 내용이라는 것을 알 수 있으므로 정답은 1번이다. 2번과 3번은 분리와 무관계를 말하고 있으므로 오답이 된다.

어휘 塩辛(しおから)い 짜다 | 塩分(えんぶん) 염분 | 塩素(えんそ) 염소 | 溶(と)け込(こ)む 녹아 들다 | 素朴(そぼく) 소박 | 起源(きげん) 기원 | 構成(こうせい)する 구성하다 | 要素(ようそ) 요소 | 単独(たんどく) 단독 | 鉱物(こうぶつ) 광물 | 溶解(ようかい)する 용해되다 | 蓄積(ちくせき)する 축적하다

X　次の文章の内容と合っているものはどれですか。

ここで、少し長い寄り道になりますが、歴史的にみて「近代家族」はどのような意味で新しい家族像と言えるのか、という問題に立ち入って説明を加えておきたいと思います。…（略）…

そもそも「近代家族」という言葉は、ヨーロッパの歴史研究のなかから、一九八〇年代に生み出された学術用語です。夫は一家を養う収入を得るために外へ働きに出て、妻は家庭を守るために家事と育児を一手に担うという性別役割分業のもとで、夫婦と親子が愛情に基づく情緒的な関係で結ばれ、もっぱら消費の単位としてプライベートな領域を形作っているような家族。このような、少なくとも一九八〇年代当時は「家族」と聞いて誰もが一様に思い浮かべたような家族のあり方が、実は「近代」に広がった新しい家族像だったということが発見されたのです。

今の感覚からすると、このような家族のあり方は、必ずしも当たり前のものではないと思います。厳しい経済状況のなかで、夫婦ともに働きに出なければ、日々の暮らしが成り立たないという家族も増えていますし、それ以前に結婚せずに、あるいは結婚できずに暮らしている人びとも決して少なくありません。その意味では、あくまでも今と地続きの「現代」ではなく、ひと昔前の「近代」の家族とみる必要があるでしょう。

（満薗勇『商店街はいま必要なのか　「日本型流通」の近現代史』講談社）

① 一九八〇年代に家族というと、「近代家族」のような家族をイメージした。

② 現代では、一昔前の「近代家族」のような家族像が見直されている。

③ 「近代家族」の考え方の悪い点を修正して、現代の家族像が生まれた。

④ 近代の家族像から現代の家族像が生まれているので両者は共通点が多い。

10. 다음 문장의 내용과 맞는 것은 어느 것입니까?

여기서, 조금 많이 돌아가게 됩니다만, 역사적으로 보아 '근대 가족'은 어떠한 의미에서 새로운 가족상이라 말할 수 있는 것일까? 라는 문제에 관하여 설명을 덧붙여 두고 싶다고 생각합니다. (중략)

본래 '근대 가족'이라는 말은, 유럽 역사 연구 속에서 1980년대에 만들어진 학술 용어입니다. 남편은 일가를 부양하는 수입을 얻기 위해서 바깥에 일하러 나가고, 아내는 가정을 지키기 위해서 가사와 육아를 혼자서 담당한다는 성별 역할 분업 하에, 부부와 부모 자식이 애정을 기초로한 정서적인 관계로 이어져 있고, 오로지 소비 단위로서 프라이빗한 영역을 만들고 있는 것과 같은 가족. 이러한, 적어도 **1** 1980년대 당시는 '가족'이라고 듣고 누구나가 하나같이 떠올렸던 가족의 모습이, 실은 '근대'에 퍼진 새로운 가족상이었다는 것이 발견된 것입니다.

지금 감각에서 보자면, 이와 같은 가족 모습은, 반드시 당연한 것은 아니라고 생각합니다. 혹독한 경제 상황 속에서, 부부 모두 일하러 나가지 않으면 하루하루의 생활이 성립되지 않는다는 가족도 늘어났으며, 그 이전에 결혼하지 않고, 혹은 결혼하지 못하고 생활하고 있는 사람들도 결코 적지 않습니다. 그런 의미에서는 어디까지나 지금과 맞닿아 있는 '현대'가 아니라, 조금 옛날 전의 '근대' 가족으로 볼 필요가 있겠지요.

① 1980년대에 가족이라 하면, '근대 가족'과 같은 가족을 상상했다.

② 현대에서는, 조금 옛날 전의 '근대 가족'과 같은 가족상이 재고되고 있다.

③ '근대 가족'의 사고방식의 나쁜 점을 수정하여, 현대 가족상이 생겨났다.

④ 근대 가족상으로부터 현대의 가족상이 생겨났기 때문에 양자는 공통점이 많다.

해설

처음부터 문장을 읽는 과정에서 '근대'와 '현대'의 다른 가족상, 대조대비 구도를 파악하는 것이 포인트이다. 선택지에 나와 있는 키워드가 본문 어느 부분에 나와 있는지도 파악해 두면 좋다. 두 번째 단락 마지막 문장에서 1980년대 당시 가족이라고 하면 떠올렸던 가족의 모습은 실은 '근대 가족'이라고 했으므로 선택지 1번의 내용과 부합하여 정답은 1번이다. '재고하거나' '수정하거나' 하는 것이 아니므로 2번과 3번은 오답이다.

어휘 寄り道 가는 길에 들름, 다른데 들름 | 立ち入る 들어서다, 개입하다 | 加える 더하다 | 養う 부양하다 | 担う 담당하다 | 情緒 정서 | 領域 영역 | 地続き 이웃해 있음, 땅 등이 맞닿아 있음

XI　次の文章を読んで後の問いに答えなさい。

僕は、一般にビジネス書はあまり読みません（実務書は別です）。ビジネス書があまり好きでないのは、

①ビジネス書は、後出しジャンケンである
②ビジネス書は、抽象化されすぎている
という、おもに2つの理由からです。

たとえば、大成功した*立志伝中の、僕も大変尊敬している立派な人物がいます。彼はまた、たくさんのビジネス書を残しています。
僕自身、彼のことは嫌いではありません。でも、彼の書いた本を読んで、「正直、何の役に立つのだろう？」と疑問に思ったことが何度かあります。

彼の本の多くは、晩年、ビジネスの第一線を退いたあとに、口述した内容を筆記したものです。歳を重ねれば、誰だって記憶があやふやになるので、彼も例外ではありません。昨日話した内容と、今日話している内容が違うこともあったのではないでしょうか。

けれど、彼には大成功したという厳然たる事実があるわけですから、何を言っても、正しくなってしまいます。何を話したところで、大成功したという事実があれば、すべては正当化されてしまうでしょう。

極論すればすべての成功体験は後出しジャンケンの最たるもので、読んだところで何か身のためになるのだろうか、といつも思うのです。

成功者があとから自分を振り返って「こうしたから成功した」と述べたところで、それが次の成功をもたらす保証がどこにあるのでしょうか。
成功体験は、いくらでも後づけで考えられます。

（出口治明『本の「使い方」1万冊を血肉にした方法』KADOKAWA）

11. 다음 문장을 읽고 이후의 질문에 답하시오.

나는, 일반적으로 비즈니스서는 그다지 읽지 않습니다 (실무서는 별개입니다). 비즈니스서를 그다지 좋아하지 않는 것은

① 비즈니스서는, 늦게 내는 가위바위보이다
② 비즈니스서는, 지나치게 추상화되어 있다
라는, 주로 2개의 이유에서입니다.

예를 들면, 대성공한 입지전 속의, 저도 대단히 존경하고 있는 훌륭한 인물이 있습니다. 그는 또, 많은 비즈니스서를 남기고 있습니다.
나 자신, 그는 싫어하지는 않습니다. 하지만, 그가 쓴 책을 읽고 '**11** 솔직히, 무슨 도움이 되는 것일까?'라고 궁금하게 생각한 적이 몇 번인가 있습니다.

그의 책 대부분은, 만년에 비즈니스 제일선에서 물러난 후에 말로 서술한 내용을 글로 쓴 것입니다. 나이를 먹으면, 누구라도 기억이 애매모호해지기 때문에, 그도 예외는 아닙니다. 어제 이야기한 내용과 오늘 이야기하고 있는 내용이 다른 경우도 있지 않을까요?

하지만, 그에게는 대성공을 이루었다는 엄연한 사실이 있는 것이기 때문에, 뭘 말해도 바르다고 되어버립니다. 무엇을 이야기해도, 대성공을 이루었다는 사실이 있다면, 모든 것이 정당화 되어버리겠죠.

극단적으로 논한다면, 모든 성공체험은 늦게 내는 가위바위보의 최고인 것으로, 읽어보았자 뭐가 도움이 되는가 라고 언제나 생각하는 것입니다.

성공자가 나중에 자신을 되돌아보고 '이렇게 했기 때문에 성공했다'고 서술해도 그것이 다음 성공을 가져온다는 보증이 어디에 있는 것일까?
12 성공체험은, 얼마든지 추가로 생각할 수 있습니다.

問1　下線部「ビジネス書はあまり読みません」とありますが、筆者がビジネス書を読まない理由として最も適当なものはどれですか。

① それを書いた人が嫌いだから
② それを読んでも意味がないと思うから
③ 本の内容が難しくて理解できないから
④ 書いた人が不正をして成功した可能性があるから

문1 밑줄 부분 '비즈니스서는 그다지 읽지 않습니다' 라고 있습니다만, 필자가 비즈니스서를 읽지 않는 이유로서 가장 적당한 것은 어느 것입니까?

① 그것을 쓴 사람이 싫기 때문에
② 그것을 읽어도 의미가 없다고 생각하기 때문에
③ 책의 내용이 어려워서 이해할 수 없기 때문에
④ 쓴 사람이 부정을 하여 성공했을 가능성이 있기 때문에

問2　筆者はビジネス書を「後出しジャンケン」だと言っています。「後出しジャンケン」を言い換えたものとして、最も適当なものはどれですか。

① 大成功した事実

② あやふやな記憶

③ 次の成功をもたらす保証

④ 後づけ

문2 필자는 비즈니스서를 '나중에 내는 가위바위보'라고 했습니다. '나중에 내는 가위바위보'를 바꿔 말한 것으로서, 가장 적당한 것은 어느 것입니까?

① 대성공한 사실

② 애매모호한 기억

③ 다음 성공을 가져오는 보증

④ 추가로 덧붙임

해설

11

필자는 비즈니스서를 읽지 않는 이유를 두 가지 예를 들어 설명하고 있다. 「正直、何の役に立つのだろう？」에서 '도움이 되지 않기 때문에' → '의미가 없다' 라는 이유를 유추할 수 있으므로 2번이 정답이다. '싫은 것은 아니다'라고 했으므로 1번은 오답이다.

12

마지막 문장에서 '성공체험은 얼마든지 추가로 생각할 수 있다'고 했다. '나중에 내는 가위바위보'는 상대가 낸 이후에 자신이 내는 것을 가리키므로, '성공한 이유는 나중에 얼마든지 생각할 수 있다'와 같은 의미라고 볼 수 있다. 따라서 4번이 정답이다. 1번 '대성공한 사실'은 가위바위보 자체를 가리키므로 오답이다. '나중에 내는 것'의 의미로 봐야 한다는 점에 주의하자.

어휘 実務書 실무서 | 後出し 나중에 내기, 상황을 보고 태도를 결정 | 抽象化 추상화 | 尊敬する 존경하다 | 立派 훌륭하다 | 晩年 만년 | 厳然たる事実 엄연한 사실 | 極論 극단적 논의, 극론

XII　次の文章を読んで後の問いに答えなさい。

天気をシミュレーションする、といいましたが、どういうことでしょうか？どうやってコンピュータのなかで天気を再現できるのでしょうか？実際コンピュータのなかにあるのは、数字の*羅列(られつ)です。コンピュータは、与えられたプログラムによって決められた順番で決められた**四則演算(しそくえんざん)を行なっていって、数字を処理していきます。結果として得られるものも、数字の羅列です。つまり、コンピュータで天気をシミュレーションするには、天気を数字の羅列で表現しなくてはなりません。

天気を表現する数字の羅列とは、何でしょうか？そもそも天気とは何でしょう？天気というとまず、晴れ・曇り・雨、これらは空を見ればわかりますね。晴れているときは湿気が少なく、雨のときは湿気が多い。湿気は相対湿度何パーセントというように数字で表現できます。寒い日・暑い日、気温は数字で表現できます。風の強さ、方角、これも全部数字で表現できます。天気を表現するために、大気の状態をこのように要素に分けて、数字で表現します。具体的には、風、気温、湿度、気圧の4つが基本的な大気の要素となります。ここではこれらを気象変数といいましょう。おや、このなかには肝心の天気、晴れ・曇り・雨はありませんね。これについては、湿度と気温から水蒸気の飽和が計算できますから、雲ができるかどうか、雨が降るかどうかは、これらの気象変数から求めることになります。

（三好建正「第7章　天気予報の研究」筆保弘徳・芳村圭編著『天気と気象についてわかっていることいないこと』ベレ出版）

*羅列：ただ並べること
**四則演算：たし算、ひき算、かけ算、わり算のこと

問1　下線部「天気をシミュレーションする」ためには、何が必要ですか。

① 天気を数値に変換すること
② その日の天気を観察すること
③ 天気を言葉で表現すること
④ 天気を見ながら計算すること

12. 다음문장을 읽고 이후의 질문에 답하시오.

날씨를 시뮬레이션한다,고 말합니다만, 어떤 뜻일까요? 어떻게 컴퓨터 안에서 날씨를 재현할 수 있는 것일까요? 실제 컴퓨터 속에 있는 것은, 숫자의 나열입니다. 컴퓨터는 주어진 프로그램에 의해서 정해진 순번으로 정해진 사칙연산을 행해서 숫자를 처리해 갑니다. 결과적으로 얻는 것도 숫자의 나열입니다. **13** 즉, 컴퓨터로 날씨를 시뮬레이션하려면 날씨를 숫자 나열로 표현하지 않으면 안 됩니다.

날씨를 표현하는 숫자의 나열이라는 것은 무엇일까요? 본래 날씨라는 것은 무엇일까요? 날씨라고 하면 우선, 맑음, 흐림, 비, 이것은 하늘을 보면 알 수 있겠죠. 맑을 때는 습기가 적고, 비일 때는 습기가 많다. 습기는 상대습도 몇 퍼센트라는 것처럼 숫자로 표현할 수 있습니다. 추운 날, 더운 날, 기온은 숫자로 표현할 수 있습니다. 바람의 세기, 방향, 이것도 전부 숫자로 표현할 수 있습니다. 날씨를 표현하기 위하여, 대기의 상태를 이처럼 요소로 나눠서 숫자로 표현합니다. 구체적으로는 바람, 기온, 습도, 기압의 4개가 기본적인 대기의 요소가 됩니다. 여기에서는, 이것을 기상변수라고 합시다. 어라? 이 안에 중요한 날씨, 맑음, 흐림, 비는 없네요. **14** 이것에 관해서는, 습도와 기온에서 수증기 포화를 계산할 수 있기 때문에, 구름이 생길지 아닐지, 비가 내릴지 아닐지는 이것들 기상변수에서 구하게 됩니다.

*나열: 단순히 늘어 놓는 것
**사칙연산: 덧셈, 뺄셈, 곱하기, 나누기

문1 밑줄 부분 '날씨를 시뮬레이션 하기'위해서는 무엇이 필요합니까?

① 날씨를 수치로 변환하는 것
② 그 날의 날씨를 관찰하는 것
③ 날씨를 말로 표현하는 것
④ 날씨를 보면서 계산하는 것

問2 下線部「これら」を具体的に表したものとして、最も適当なものはどれですか。

① 雨と曇り

② 寒い日と暑い日

③ 風の強さと方角

④ 気温と湿度

문2 밑줄 부분 '이것들'을 구체적으로 나타낸 것으로써 가장 적당한 것은 어느 것입니까?

① 비와 구름

② 추운 날과 더운 날

③ 바람의 세기와 방향

④ 기온과 습도

해설

13

밑줄의 내용을 첫 단락 마지막 문장에서 반복하고 있다. 시뮬레이션 하기 위해서는 「天気を数字の羅列で表現する(날씨를 숫자 나열로 표현)」한다고 했는데, '숫자의 나열'='수치로 변환'으로 볼 수 있으므로 1번이 정답이다.

14

우선 「これら(이것들)」는 '기상변수'='바람, 기온, 습도, 기압' 중 2개이다. 즉, '눈이 올지 비가 올지'를 구할 때 필요한 것이다. 「これについては」='습도와 기온'으로 계산할 수 있다고 하였으므로, 4번이 정답이다.

어휘 再現する 재현하다 | 羅列 나열 | 四則演算 사칙연산 | 処理する 처리하다 | 表現する 표현하다 | 晴れ 맑음 | 曇り 흐림 | 湿気 습기 | 湿度 습도 | 要素 요소 | 肝心 중요 | 飽和 포화

XIII 次の文章は、外国語の音読指導について書かれた文章です。文章を読んで後の問いに答えなさい。

まず大前提として、個人音読させたら原則としてアドバイスを与えましょう。まあまあのレベルで個人個人が読めるということを確認しながら特にフィードバックをせず、次々に指名してゆくのもたまにはアリだとは思います。しかし指導者からのフィードバックなしの音読では、その時読んだことによって音読がうまくなる、ということはありません。まあまあ良いということを伝えて褒めた上で、もう一段レベルアップするにはどうするかを教えてやってください。

どこを直せばいいかわからない、悪いところがない、自分とまったく同じに読めている、と感じられるのであれば、厳しい言い方をすれば、その生徒はもうあなたのクラスにいる必要がなく、「卒業」です。つまり、あなたにはその生徒を指導する力がないことになります。(以前勤務していた大学の英語クラスに、アメリカに14年間住んだ後に帰ってきた学生がいたことがあります。英語に関して私が指導できる点がまったく見当たらず、むしろ怪(あや)しい日本語を図書館ででも勉強したほうが良いと判断し、出席を免除しました。)しかし普通はそんなことはないはずです。少なくとも自分と同じレベルになるためには何が足らないか、を必ず指摘し、ステップアップのための努力目標を提示してやりましょう。

(静哲人他『英語授業の心・技・愛　小・中・高・大で変わらないこと』研究社)

問1　下線部「「卒業」です」とありますが、どうして「卒業」なのですか。

① 教師が教えることがないから

② 学校の卒業の時期が来たから

③ 学生が授業についていけないから

④ 学生がアメリカに留学するから

13. 다음 문장은, 외국어의 음독지도에 관하여 쓰여진 문장입니다. 문장을 읽고 이후의 질문에 답하시오

우선 대전제로서, 개인 음독을 하게 했다면 원칙적으로 조언을 해 줍시다. 그저 그런 레벨에서 개개인이 읽을 수 있다는 것을 확인하면서, 딱히 피드백하지 않고 차례차례로 지명해 가는 것도 가끔은 있을 수 있다고는 생각합니다. **15** 그러나, 지도자로부터 피드백이 없는 음독으로는 그 때 읽은 것으로 인해서 음독을 잘하게 된다는 일은 없습니다. 그럭저럭 좋다는 것을 전하여 칭찬하고 나서 한 단계 더 도약하려면 어떻게 해야 할지를 가르쳐 주세요.

어디를 고치면 좋을지 모르겠다, 나쁜 부분이 없다, 자신과 완전히 똑같이 읽을 수 있다고 느끼는 것이라면 엄격하게 말하자면, 그 학생은 이미 당신 클래스에 있을 필요가 없는 '졸업'입니다. **16** 즉, 당신에게는 그 학생을 지도할 힘이 없다는 것이 됩니다. (이전 근무했던 대학 영어 클래스에 미국에서 14년간 산 후에 돌아온 학생이 있었습니다. 영어에 관해서 내가 지도할 수 있는 점을 전혀 발견할 수 없어, 오히려 이상한 일본어를 도서관에서라도 공부하는 편이 좋다고 판단하여, 출석을 면제했습니다.) 그러나 보통은 그런 일은 없을 것입니다. 적어도 자신과 같은 레벨이 되기 위해서는 무엇이 부족한지를 반드시 지적하고, 도약하기 위한 노력 목표를 제시해 줍시다.

문1 밑줄 부분 '졸업'입니다 라고 있습니다만, 어째서 '졸업'인 것입니까?

① 교사가 가르칠 것이 없기 때문에

② 학교 졸업의 시기가 왔기 때문에

③ 학생이 수업에 따라 갈수 없기 때문에

④ 학생이 미국에 유학을 가기 때문에

問2 この文章で筆者が述べている外国語の音読指導の方法として、最も適当なものはどれですか。

① 音読のレベルアップのためには、アメリカに留学するのがいい。

② 音読のレベルアップのためには、教師からのフィードバックが欠かせない。

③ 音読のレベルアップのためには、同じレベルの生徒同士で練習するといい。

④ 音読のレベルアップのためには、次々に生徒を指名して読ませたほうがいい。

문2 이 문장에서 필자가 서술하고 있는 외국어의 음독지도의 방법으로서, 가장 적당한 것은 어느 것입니까?

① 음독 레벨 업을 위해서는, 미국에 유학을 하는 것이 좋다.

② 음독 레벨 업을 위해서는, 교사로부터의 피드백을 빠뜨릴 수 없다.

③ 음독 레벨 업을 위해서는, 같은 레벨의 학생끼리 연습하면 좋다.

④ 음독 레벨 업을 위해서는, 계속이어서 학생을 지명하여 읽히게 하는 편이 좋다.

해설

15

'졸업'이라는 비유적 표현이 문장 안에서 어떤 의미를 나타내고 있는지를 파악하는 것이 포인트이다. 밑줄에 이은 「つまり」 이후에서 같은 내용을 반복하며 구체적으로 서술하고 있으므로, 내용을 요약하여 이유를 도출하면 된다. '학생을 지도할 힘이 없다'='가르칠 것이 없다'에 해당하므로 1번이 정답이다.

16

첫 번째 단락에서 '지도자의 피드백이 없어서는 안 된다'고 하였고, 마지막 문장에서 「自分(じぶん)」은 필자 자신을 가리키므로 자신과 같은 레벨이 되는 것은 잘하게 되는 것이고, '무엇이 부족한지 반드시 지적한다' = '피드백'으로 볼 수 있으므로 2번이 정답이다.

4번은 「たまにはアリ」로 일부 긍정하는 듯 보이지만, 바로 뒤에 역접 「しかし(그러나, 하지만)」가 나와 부정하고 있으므로 오답이 된다. 1번은 학생의 예시로 거론했을 뿐, 미국유학을 권하지는 않았으므로 오답이다.

어휘 大前提(だいぜんてい) 대전제 | 音読(おんどく) 음독 | 褒(ほ)める 칭찬하다 | 指導(しどう)する 지도하다 | 免除(めんじょ)する 면제하다 | 指摘(してき)する 지적하다 | 努力(どりょく) 노력 | 目標(もくひょう) 목표 | 提示(ていじ)する 제시하다

XIV　次の文章は、チームのリーダーシップについて述べたものです。文章を読んで後の問いに答えなさい。

尊敬している人に褒められれば、すごく嬉しいと思うし、励まされればがんばろうと思うし、お礼を言われればやってよかったと思うし、たしなめられれば反省する。しかし、軽蔑している人に褒められても嬉しくないだろうし、励まされても「おまえががんばれよ」と思うかもしれないし、叱られたら反発することもあるだろう。同じことを言っても、誰が言ったかによって意味は変わる。

チームを作る際にも"基点"になるのは自分なのである。そう考えれば、巷で常識とされている「褒める」→「モチベーションが上がる」という方程式すら当てはまらないことがあるのがなぜか、よくわかるはずだ。

従来の組織行動は、誰が行っても同じ結果が出るという意味での狭義の「再現性」を求めるあまり、このことが盲点となっているように思われる。だからこそ、リーダーシップは最もよく研究されてきたにもかかわらず、わかっていないことが最も多い領域と言われる事態に陥っているのであろう。

自分に自信がある人ほど、心から尊敬する人のもとで働きたいと願うものだ。自分が培ってきた能力と限られた時間を、尊敬できる人のために、あるいはできるだけ意味あることに使いたいと思うのは自然なことだからだ。

（西條剛央『チームの力　構造構成主義による"新"組織論』筑摩書房）

問1　下線部「方程式すら当てはまらない」理由として、最も適当なものはどれですか。

① 尊敬している人にたしなめられることもあるから

② 尊敬してない人に褒められても嬉しくないから

③ 尊敬している人に対して反発することもあるから

④ 誰が何を言っても聞きたくないこともあるから

14. 다음 문장은, 팀의 리더십에 관하여 서술한 것입니다. 문장을 읽고 이후의 물음에 답하시오.

존경하는 사람에게 칭찬받으면 굉장히 기쁘다고 생각할 테고, 격려받으면 열심히 하려고 생각할 테고, 감사 인사를 들으면 하기를 잘했다고 생각할 테고, 비난받으면 반성할 것이다. 하지만, **17** 경멸하는 사람에게 칭찬받아도 기쁘지 않을 것이고, 격려받아도 '너나 열심히 해'라고 생각할지도 모르고, 혼나면 반발하는 경우도 있을 것이다. 같은 말을 해도 누가 했는지에 따라서 의미가 바뀐다.

팀을 만들 때도, "기점"이 되는 것은 자신이다. 그렇게 생각하면, **18** 항간에 상식으로 여겨지고 있는 '칭찬한다' → '모티베이션이 올라간다'는 방정식조차 맞지 않는 경우가 있는 것이 왜인지, 잘 알 수 있을 것이다.

종래의 조직행동은 누가 해도 같은 결과가 나온다는 의미에서 좁은 의미의 '재현성'을 요구한 나머지, 이것이 맹점이 되어 있다고 생각된다. 그러니까 리더십은 가장 잘 연구되어 왔음에도 불구하고, 모르는 것이 가장 많은 영역이라 말해지고 있는 사태에 빠져 있는 것이다. 자기에게 자신감이 있는 사람일수록 진심으로 존경하는 사람 밑에서 일하고 싶다고 바라는 법이다. 자신이 길러온 능력과 한정된 시간을 존경할 수 있는 사람을 위하여, 혹은 가능한 한 의미 있는 일에 사용하고 싶다고 생각하는 것은 자연스러운 일이기 때문이다.

문1 밑줄 부분 '방정식조차 맞지 않는'이유로서, 가장 적당한 것은 어느 것입니까.

① 존경하고 있는 사람에게 비난 받는 경우도 있기 때문에

② 존경하지 않는 사람에게 칭찬을 받아도 기쁘지 않기 때문에

③ 존경하고 있는 사람에 대하여 반발 하는 경우도 있기 때문에

④ 누가 무엇을 말해도, 듣고 싶지 않는 경우도 있기 때문에

問2　下線部「このこと」が指す内容として、最も適当なものはどれですか。

① 褒めても必ずしもモチベーションが上がるとは限らないこと

② モチベーションを上げるためには褒める必要があるということ

③ 褒めることとモチベーションは無関係だということ

④ 褒めれば褒めるほどモチベーションが下がるということ

문2 밑줄 부분 '이것'이 가리키는 내용으로써 가장 적당한 것은 어느 것입니까.

① 칭찬해도 반드시 모티베이션이 오른다고는 할 수 없는 것

② 모티베이션을 올리기 위해서는 칭찬할 필요가 있다는 것

③ 칭찬하는 것과 모티베이션은 무관계라고 하는 것

④ 칭찬하면 할수록 모티베이션이 내려간다는 것

해설

17

밑줄 부분 '방정식' = '칭찬 → 모티베이션이 오른다'이며, 첫 번째 단락에서 이것이 성립되지 않는 경우의 예시를 들고 있다. 즉, 바로 앞 단락의 「同じことを言っても、誰が言ったかによって意味は変わる(같은 말을 해도 누가 했는지에 따라서 의미가 바뀐다)」를 가리키므로 2번이 정답이다.

18

문맥 상, 밑줄 앞 내용 '누가 해도 같은 결과가 나온다는 의미의 재현성을 구한'나머지, 밑줄 부분의 이것이 맹점이 되고 있다는 흐름이다. 따라서, 이것은 '누가 해도 같은 결과가 나오지 않는다'라는 내용이어야 하며, 위 내용의 방정식이 성립하지 않는 경우를 가리키므로 1번이 정답이다.

어휘 尊敬する 존경하다 | 嬉しい 기쁘다 | 励ます 위로하다, 격려하다 | たしなむ 즐기다 | 軽蔑する 경멸하다 | 叱る 혼내다 | 反発する 반발하다 | 巷 항간, 번잡한 거리 | 方程式 방정식 | 狭義 좁은 뜻, 의미 | 盲点 맹점 | 領域 영역 | 陥る 빠지다 | 培う 기르다, 배양하다

XV　次の文章を読んで後の問いに答えなさい。

植物は*スキマに生えるものである。

コンクリートの割れ目、アスファルトのひび割れ、石垣の隙間など、都市部のあちこちで目にするスキマには、しばしば植物がその生を謳歌(おうか)している。

彼らは孤独に悩んだり、住まいの狭さを嘆いたりなどはしていない。むしろ呑気(のんき)に、自らの生活の糧(かて)であるところの太陽の光を憂(う)いなく浴び、この世の自由を満喫(まんきつ)しているところだ。隣に邪魔者が来る心配がないこと、これは、光を他の植物に先取りされ、陰に回ってしまわないよう、常に競争を強いられている植物にとって、なによりの恩恵である。隣の植物と背比べをし続けなくて済む好運、自分のペースで成長していればよいスキマという環境こそは、植物にとってじつに快適な空間なのだ。

…(略)…

都市部に限らず植物は、一般にスキマを活用して暮らす生物である。山岳地帯ではしばしば、岩の割れ目以外、他に根を張る場所として選べるところがない。海岸地帯の**磯(いそ)や断崖も同様である。植物はもともと、ヒトが都市なるものを建設し、至るところにスキマを作り出す以前から、そうした環境をうまく利用して暮らしてきた。街のスキマの植物は、その古来の能力を、都市のスキマに応用して適応している都市生活者なのだ。スキマの植物の世界を理解することは、植物一般の生を理解する早道の一つでもあるだろう。

（塚谷裕一『スキマの植物の世界』中央公論新社）

*スキマ：隙間のこと
**磯：海のそばの岩の多い場所

問1　下線部「古来の能力」を具体的に表したものはどれですか。

① スキマで生きる能力
② ヒトと生きる能力
③ 都市で生きる能力
④ 海岸地帯で生きる能力

15. 다음 문장을 읽고 이후의 질문에 답하시오.

식물은 빈 틈에 자라는 법이다.

콘크리트 깨진 부분, 아스팔트에 금 가고 깨진 틈, 돌 계단의 빈 틈 등, 도시부의 여기저기에 보이는 빈틈에는 종종 식물이 그 생을 구가하고 있다.

그들은 고독으로 고민하거나, 집이 좁음을 한탄하거나 등은 하고 있지 않다. **20** 오히려 한가로이 자신의 생활 식량인 태양 빛을 걱정 없이 쐬고, 이 세상의 자유를 만끽하고 있는 참이다. 이웃에 훼방꾼이 올 걱정이 없는 것, 이것은 빛을 다른 식물에 먼저 빼앗겨 그늘이 들지 않도록, 항상 경쟁을 강요받는 식물에 있어서는 최고의 은혜이다. 이웃 식물과 계속해서 비교하지 않아도 괜찮은 행운, 자신의 페이스로 성장하면 되는 빈틈이라고 하는 환경이야말로, 식물에 있어서 실로 쾌적한 공간이다.
(중략)

도심뿐만이 아니라, 식물은 일반적으로 빈틈을 활용하여 생활하는 생물이다. 산악지대에서는 종종 바위 깨진 부분 이외의 다른 곳에 뿌리를 뻗을 장소로써 선택할 곳이 없다. 해안지대의 갯바위와 낭떠러지도 마찬가지이다. **19** 식물은 원래, 사람이 도시라는 것을 건설하고 도처에 빈틈을 만들어내기 전부터 그러한 환경을 잘 이용하여 생활해 왔다. 거리의 빈틈에서 자라는 식물은, 그 예로부터의 능력을, 도시 빈틈에 응용하여 적응하고 있는 도시생활자인 것이다. 빈틈 식물의 세계를 이해하는 것은 식물 일반의 생을 이해하는 빠른 길 중 하나일 것이다.

*빈틈, 틈새: 틈새
**갯바위: 바다 옆 바위가 많은 장소

문1 밑줄 부분 '예로부터의 능력'을 구체적으로 나타낸 것은 어느 것입니까?

① 빈틈에서 사는 능력
② 사람과 사는 능력
③ 도시에서 사는 능력
④ 해안지대에서 사는 능력

問2　スキマに生きる植物にとってスキマはどのような環境だと考えられますか。	문2 빈틈에 사는 식물에게 있어서 빈틈은 어떠한 환경이라고 생각할 수 있습니까?
① 生きやすい環境	① 살기 쉬운 환경
② 苦労しながら生きる環境	② 고생하면서 사는 환경
③ 常に競争相手がいる環境	③ 항상 경쟁상대가 있는 환경
④ 人間に見つかりにくい環境	④ 인간에게 발견되기 어려운 환경

해설

19

밑줄 바로 앞 부분에 '그'라는 지시어가 있는 것을 체크하자. EJU 독해 문제에서 밑줄 부분(키워드)의 내용을 파악하는 문제 중에는 '지시어' 내용을 파악하는 문제도 상당히 자주 출제된다. 평소부터 지시어 내용을 확실히 파악해 두는 습관을 길러 두면 좋다. 이 문제에서는 바로 앞문장을 따라 가면, '예로부터의 능력' → '그러한 환경을 잘 이용' → '빈틈을 잘 이용'이라는 것을 알 수 있으므로 1번이 정답이다. 지시어 내용을 잘 따라 가는 것이 중요하다.

20

본문 전체에서 개념(정의)과 예시를 나타내는 단락이 어느 부분인지 미리 파악해 두는 것이 포인트이다. 두 번째 단락에서 식물에 있어서 '빈틈'이 어떤 의미인지에 관하여 설명하고 있는데, 긍정적인 장소여서 잘 이용하고 있다고 하고, 빛에 대한 경쟁이 없는 틈새가 '최고의 은혜'라고 했으므로 '살기 쉬운 환경'임을 설명하고 있는 것이 되어 정답은 1번이다. 2번, 3번, 4번은 부정적인 환경을 나타내고 있으므로 오답이다.

어휘 割れ目 갈라진 틈 | ひび割れ 금이 감, 균열 | 石垣 돌담 | 隙間 빈틈 | 謳歌する 구가하다 | 嘆く 한탄하다 | 生活の糧 생활의 양식 | 憂いなく 근심, 걱정 없이 | 満喫する 만끽하다 | 邪魔者 방해꾼 | 強いる 강요하다 | 恩恵 은혜 | 背比べ 키 재기 | 山岳地帯 산악지대 | 海岸地帯 해안지대 | 磯 바위로 된 해안 | 断崖 절벽, 낭떠러지 | 古来 예로부터 | 早道 지름길, 빠른 방법

XVI　次の文章を読んで後の問いに答えなさい。

業種にもよるが、サラリーマンをしていると、時として仕事で文章を書かなければならないことがある。いわゆる仕事上の実用文書だ。企画書、報告書、依頼書、謝罪文（おわびの書）、始末書など、いろいろある。

それらをうまく書くにはどうすればいいのかを、考えてみよう。

そこで、まず最初に言いたいのは、その種の実用文には定型があるということだ。こう書くのが普通という、決まり型があるのだから、それは勉強しなければならない。

私も学校を出てから十年間サラリーマンをした時には、そういう型にのっとって実用文書を書いていた。そこから足を洗ってからかなりたつのでもう忘れてしまったが、企画主旨、とか、この企画の波及効果、とか、項目を立てて書いていたような記憶がある。自分の会社のことを弊社、と書くのだった。

そういう定型は、とりあえず勉強しよう。多分、それを指南する本があるはずだから、買って読むのだ。そして、もっといい勉強法は、先輩社員の書いた過去の文書を読ませてもらうことだ。たとえば企画書なら、その企画は通った、というものを学ぶのがよい。依頼書ならば、その依頼は受けてもらえた、というのを手本にするのだ。

そこまでは、やって当然の努力だ。かつて例を見ない企画書の*ヌーベルバーグを創出しよう、ともくろむ必要はない。まずは、型通りにきっちりと書けることが、実用文書では重要なことなのだ。

（清水義範『大人のための文章教室』講談社）

*ヌーベルバーグ：フランスの映画監督。古い映画作法を壊そうとした

問1　下線部「そこ」が指す内容として、最も適当なものはどれですか。

① 学校
② サラリーマン
③ 型
④ 実用文書

16. 다음 문장을 읽고 이후의 질문에 답하시오.

업종에 따라서도 다르지만, 샐러리맨을 하고 있으면 때로는 일로 문장을 써야 하는 경우가 있다. 소위 업무상의 실용문서이다. 기획서, 보고서, 의뢰서, 사죄문(사과의 글), 시말서 등 여러 가지가 있다.

그것들을 잘 쓰려면 어떻게 하면 좋을지 생각해 보자.

그래서, 우선 처음에 말하고 싶은 것은, 그 종류의 실용문에는 정형(정해져 있는 형식)이 있다는 것이다. 이렇게 쓰는 것이 보통이라는 정해진 형식이 있기 때문에, 그것은 공부하지 않으면 안 된다.

20 나도 학교를 졸업하고 나서 10년간 샐러리맨을 하고 있던 때는, 그러한 형식에 입각하여 실용 문서를 썼다. 거기에서 손을 떼고 나서 상당히 시간이 지났기 때문에 이미 잊어버렸지만, 기획취지라든가, 이 기획의 파급 효과라든가, 항목을 세워 썼던 기억이 있다. 자신의 회사를 폐사(우리 회사)라고 쓰는 것이었다.

그러한 정형은 우선 공부하자. 아마 그것을 지도하는 책이 있을 터이니, 사서 읽어야 한다. 그리고, 가장 좋은 공부법은 선배 사원이 쓴 과거 문서를 읽도록 하는 것이다. 예를 들면 기획서라면 그 기획은 통과 되었다는 것을 배우는 것이 좋다. 의뢰서라면 그 의뢰를 받아 주었다는 것을 견본으로 삼아야 한다.

거기까지는, 당연히 해야 하는 노력이다. **21** 일찍이 예를 보지 못한 기획서의 누벨바그를 창출하려고 꾀할 필요는 없다. 우선은, 형태(틀)대로 확실히 쓸 수 있는 것이 실용 문서에서는 중요한 것이다.

*누벨바그: 프랑스 영화 감독. 오래된 영화를 만드는 방식을 깨려고 했다.

문1 밑줄 부분 '거기'가 가리키는 내용으로서, 가장 적당한 것은 어느 것입니까?

① 학교
② 샐러리맨
③ 형식
④ 실용문서

問2　この文章で筆者が最も言いたいことはどれですか。

① 実用文書は、古い習慣を壊して新しい形式を見つけるべきだ。

② 実用文書であっても、自分の個性が出るように工夫したほうがいい。

③ 実用文書を書くときは、過去の自分の経験や記憶を頼りにするといい。

④ 実用文書は、決まりを守ってルール通りに書けばいい。

문2 이 문장에서 필자가 가장 말하고 싶은 것은 어느 것입니까?

① 실용문서는, 낡은 습관을 깨뜨리고 새로운 형식을 발견해야만 한다.

② 실용문서라 하더라도, 자신의 개성이 나오도록 궁리하는 편이 좋다.

③ 실용문서를 쓸 때는, 과거의 자신의 경험과 기억을 의지하면 좋다.

④ 실용문서는 형식을 지키고 룰대로 쓰면 된다.

해설

21

「足を洗う」는 직역하면 '손을 씻다'라는 의미이지만 '어떤 영역에서의 일을 그만 두다, 나쁜 일을 그만두다'라는 관용적인 의미로 쓰인다. EJU 독해 시험에는 JLPT 시험에는 잘 출제되지 않는 관용표현도 많이 나오니, 이런 표현들을 정리해 두면 많이 도움이 된다.
'거기에서 손을 떼다'라고 했는데, 바로 앞 문장에서 실용문서를 쓰고 기획취지를 쓰던 기억'등의 표현을 힌트로 필자가 손을 뗀 일은 '샐러리맨'이라는 것을 유추할 수 있다. 따라서 2번이 정답이다.

22

마지막 단락에서 '형태(틀)대로 쓸 수 있는 것'이 중요한 일이라고 강조하고 있다. 여기에서 「型通り」 = 「決まり」 = 「ルール」로 볼 수 있으므로 4번이 정답이다. 새로운 것을 창출할 필요가 없다고 했으므로 1번 2번은 오답이 된다.

어휘 業種 업종 | 謝罪 사죄 | 定型 정형 | 足を洗う 손을 씻다 | 波及効果 파급 효과 | 企画趣旨 기획취지 | 指南する 지도하다 | 依頼 의뢰 | 手本 본보기 | 創出する 창출하다

XVII　次の文章を読んで後の問いに答えなさい。

友だちと別れた後に夕日を見て悲しい気持ちになったり、旅行に行って広大な景色を見て美しいと感じたりする経験は誰でも持っています。喜怒哀楽と言われる私たちの感情は、心と意思決定とどのように関連しているのでしょうか？

友だちと旅行に行く前に、南の島のビーチと、高原リゾートのどちらにするか決める場面で、自分の過去の体験や、テレビやインターネットで見た旅行番組のシーンなどの情報が意思決定の根拠となります。南の島のビーチでとても楽しい体験をした友人の話を聞いていれば、ビーチを選び、高原リゾートで夏の熱さを忘れる映像を見た人は高原リゾートを選ぶ理由となります。一方、過去に海で溺(おぼ)れそうになるなど怖い体験をした人はビーチを避けるでしょう。山での遭難事件の映画を観た人は高原リゾートを避けるでしょう。この例ではプラスとマイナスの感情が意思決定に大きく影響しています。

意思決定の根拠となる「価値観」は、ひとりひとりの過去の体験や、多様な情報の組み合わせに、感情というラベルがつけられて記憶の中に保存されています。私たちの心の中で複雑に形作られた価値観は、体験・情報・感情などが入り交じって形成され、時間の経過の中で、新しく強い体験・情報・感情の情報が入ってくるたびに書き換えられ、更新されます。「価値観」は多様な側面を持ち、倫理的価値観や経済的（金銭的）価値観、哲学的価値観など、多様な視点から形成されています。また1つの価値観と異なる価値観が融合されたり、対立したまま持っていたり、人それぞれの心の中には、何千、何万という細かい価値観が積み重ねられ、複雑に交差しながら形成されています。

このように私たちの意思決定の根拠の源を探ると、人が持っている価値観に行き着きます。人生において大切な意思決定から、日常的な意思決定、私たちが無意識に行っている意思決定まで、これまでの体験・情報・感情をもとにした価値観を評価基準として、最適な意思決定（自分はそう思っている）を行っているのです。

現在AIが行っているデータ分析は、私たちの過去の意思決定の積み重ねを分析して、つまり「結果の集合体」から推測した未来の選択肢を選び出しています。購入した本の履歴からお薦めの本を探して提案し、SNSの文章やアップした写真から好みのレストランをお薦め

17. 다음 문장을 읽고 이후의 질문에 답하시오.

친구들과 헤어진 후에 석양을 보고 쓸쓸한 기분이 들거나, 여행을 가서 광대한 경치를 보고 아름답다고 느끼는 경험은 누구나가 가지고 있습니다. 희로애락이라고 일컬어지는 우리들의 감정은 마음과 의사 결정과 어떻게 관련되어 있는 것일까?

친구들과 여행 가기 전에, 남쪽 섬 해변과 고원 리조트 어느 쪽으로 할지 결정하는 장면에서, 자신의 과거 경험이나, 텔레비전이나 인터넷에서 본 여행 방송 장면 등의 정보가 의사 결정 근거가 됩니다. 남쪽 섬 해변에서 매우 즐거운 체험을 한 친구 이야기를 들었다면 해변을 선택하고, 고원 리조트에서 여름 더위를 잊는 영상을 본 사람은 고원 리조트를 선택할 이유가 됩니다. 한편, 과거에 바다에 빠질뻔하는 등 무서운 체험을 한 사람은 해변을 피하겠죠. 산에서 조난 사건이 난 영화를 본 사람은 고원 리조트를 피하겠죠. 이 예시에서는 플러스와 마이너스 감정이 의사결정에 크게 영향을 주고 있습니다.

의사결정 근거가 되는 '가치관'은 한 사람 한 사람의 과거 체험이나 다양한 정보 조합에 감정이라는 라벨이 붙여져 기억 안에 보존되어 있습니다. 우리들 마음속에서 복잡하게 만들어진 가치관은 체험 정보 감정 등이 뒤섞여 형성되어, 시간 경과 속에서 새로운 강한 체험, 정보, 감정 정보가 들어올 때마다 다시 쓰여 갱신됩니다. **23** '가치관'은 다양한 측면을 가지며 윤리적 가치관과 경제적(금전적) 가치관, 철학적 가치관 등, 다양한 시점으로 형성되어 있습니다. 또 하나의 가치관과 다른 가치관이 융합되거나, 대립한 채로 가지고 있거나, 사람 각각의 마음속에는, 몇천, 몇만이라는 세세한 가치관이 축적되어 복잡하게 교차하면서 형성되어 있습니다.

이처럼 **24** 우리들의 의사결정 근거 원천을 찾으면 사람이 갖고 있는 가치관에 다다릅니다. 인생에 있어서 중요한 의사 결정에서부터 일상적인 의사 결정, 우리들이 무의식적으로 행하고 있는 의사 결정까지, 지금까지 체험, 정보, 감정을 근거로 한 가치관을 평가 기준으로 최적의 의사결정(자신은 그렇게 생각하고 있다)을 행하고 있는 것입니다.

현재 AI가 행하고 있는 데이터 분석은, 우리들의 과거 의사 결정 축적을 분석해서, 즉 '결과의 집합체'로부터 추측한 미래 선택지를 골라내고 있습니다. 구입한 책 이력에서 추천할 책을 찾아서 제안하고, SNS 문장과 올린 사진에서 좋아하는 레스토랑을 추천해 줍니다.

してくれます。

今後AIが私たちひとりひとりの多様な情報から、AIがその人の価値観を作り上げて、その価値観をもとに意思決定を支援するようになってくるでしょう（過去のあなたのデータの集積からAIがあなたの価値観を創り出します）。これは、AIが結果から推測するのではなく、ひとりひとりの価値観から相手を推測する「人の思考方法」に近づいていると言えるでしょう。AIが人の考えを先回りして、アドバイスをしてくれることになれば、とても信頼できるAIとなり、人はAIにまるで心があるように感じることになるかもしれません。

（田中一裕『未来を歩くためのスキル　AI時代に求められる意思決定力』新潟日報事業社）

25 향후 AI가 우리들 한 사람 한 사람의 다양한 정보에서, AI가 그 사람의 가치관을 만들어 내고, 그 가치관을 근거로 의사결정을 지원하게 될 것입니다 (과거의 당신 데이터 집합체에서 AI가 당신의 가치관을 만들어냅니다). 이것은, AI가 결과에서 추측하는 것이 아니라, 한 사람 한 사람의 가치관에서 상대를 추측하는 '사람의 사고 방법'에 가까워지고 있다고 말할 수 있겠죠. AI가 사람의 생각에 앞서서, 조언을 해주게 된다면, 매우 신뢰할 수 있는 AI가 되어, 사람은 AI에 마치 마음이 있는 것처럼 느끼게 될지도 모릅니다.

問1　第三段落で述べられている価値観の説明として、最も適当なものはどれですか。

① 人はたいてい一つの強い価値観に支配される。
② 一度作られた価値観は、簡単には変わることはない。
③ 価値観の中でも経済的（金銭的）価値観が最も強い。
④ 価値観は、いろいろな要素が関係し合って作られる。

문1 제3단락에서 서술되고 있는 가치관의 설명으로서, 가장 적당한 것은 어느 것입니까?

① 사람은 대체로 하나의 강한 가치관에 지배된다.
② 한번 만들어진 가치관은, 간단하게는 바뀌는 경우는 없다.
③ 가치관 안에서도 경제적(금전적) 가치관이 가장 강하다.
④ 가치관은, 여러 가지 요소가 서로 관계하여 만들어진다.

問2　筆者はこの文章で人の価値観と意思決定はどのような関係にあると述べていますか。

① 人は自分の価値観をもとに意思決定する。
② 意思決定がその後の自分の価値観を変える。
③ 他人の価値観が自分の意思決定に強く影響する。
④ 価値観は意思決定にそれほど影響を与えない。

문2 필자는 이 문장에서 사람의 가치관과 의사결정은 어떠한 관계에 있다고 서술하고 있습니까?

① 사람은 자신의 가치관을 근거로 의사 결정한다.
② 의사결정이 그 이후의 자신의 가치관을 바꾼다.
③ 타인의 가치관이 자신의 의사결정에 강하게 영향을 준다.
④ 가치관은 의사결정에 그렇게 영향을 주지 않는다.

問3　筆者はこの文章でAIは今後人の意思決定にどのように関わると述べていますか。

① AIが人に代わって意思決定を行う。
② AIが人の意思決定を手伝う。
③ AIが人の意思決定に悪い影響を与える。
④ AIの意思決定が人の意思決定を超える。

문3 필자는 이 문장에서 AI는 향후 사람의 의사결정에 어떻게 관계할 것이라고 서술하고 있습니까?

① AI가 사람을 대신하여 의사결정을 행한다.
② AI가 사람의 의사결정을 돕는다.
③ AI가 사람의 의사결정에 나쁜 영향을 준다.
④ AI의 의사결정이 사람의 의사결정을 넘어선다.

해설

23
근래 EJU 독해 문제는 본문(지문)이 점점 길어지고 있는데, 이렇게 본문이 길 경우에는 각 단락의 첫 문장, 마지막 문장, 단락과 단락 사이의 접속사 등을 힌트로 전체적인 흐름을 파악해 두면 문제 푸는 시간을 단축할 수 있다.
이 문장의 경우, 첫 문장은 「~のでしょうか？」로 끝났으므로 '화제 제시' 부분이라는 것을 알 수 있다. 그리고 그 다음 단락은 '친구와 여행을 가기 전에~'로 시작되고 있으므로 '구체적 예시'를 들고 있는 단락이라는 것을 유추할 수 있다. 또한, 23번 문제가 '가치관의 설명'을 묻고 있는 문제이므로, 세 번째 단락은 '가치관'에 관해서 정리하고 있는 개념 정리의 단락이라는 것을 알 수 있다. 세 번째 단락에서 필자는, '가치관'은 다양한 측면, 다양한 시점으로 형성된다고 하였으므로 4번이 정답이다. 시간의 경과 속에서 갱신된다는 것은 변한다는 뜻이므로 2번은 오답이고, 3번은 본문에 언급하지 않았으며 1번은 4번의 반대의 의미이므로 오답이다.

24
네 번째 단락에서 「意思決定の根拠」=「価値観」 즉, 의사결정의 근거는 사람들의 가치관이라 하였으므로 1번이 정답이다.

25
마지막 단락에서 'AI가 가치관을 근거로 의사결정을 지원'한다고 하고, 「支援 = 手伝う」와 같이 의사결정을 돕는다고 보는 것이 적절하므로 2번이 정답이다. 사람의 의사결정을 돕는다고 하였으나, 이 사실이 사람을 대신해서 의사결정을 한다는 것을 의미하는 것은 아니므로 1번은 오답이다.

어휘 広大 광대 | 喜怒哀楽 희로애락 | 溺れる 물에 빠지다 | 遭難事件 조난사건 | 入り交じる 뒤섞이다 | 倫理的 윤리적 | 金銭的 금전적 | 哲学的 철학적 | 融合する 융합하다 | 交差する 교차하다 | 積み重ね 축적 | 分析する 분석하다 | 推測する 추측하다 | 履歴 이력